Marcel Reich-Ranicki
Peter Rühmkorf
Der Briefwechsel

Herausgegeben von
Christoph Hilse und Stephan Opitz

Eine Edition der Arno Schmidt Stiftung
in Verbindung mit dem Deutschen
Literaturarchiv Marbach

Wallstein Verlag

Inhalt

Zur Edition

Die Nachlässe von Marcel Reich-Ranicki und Peter Rühmkorf befinden
sich im Deutschen Literaturarchiv Marbach am Neckar. Sie enthalten
auch den hier vorgelegten Briefwechsel. Einzelne Briefe wurden aus
dem Archiv der FAZ ergänzt. Die Briefe von und an Franz Josef Görtz,
Ulrich Greiner, Volker Hage, Hannelore Müller und Dietrich Ratzke
sind Bestandteile der Briefkonvolute in den beiden Nachlässen. Marcel
Reich-Ranicki hat seine Briefe diktiert und die Typoskripte auf Kopfbogen
der FAZ unterzeichnet. Peter Rühmkorfs Briefe sind ebenfalls weit-
gehend Typoskripte, die häufig mit handschriftlichen Korrekturen versehen wurden, die hier nicht eigens verzeichnet werden. Handschriftliche
Ergänzungen oder Postskripta werden vermerkt, eindeutige Tippfehler
stillschweigend korrigiert, orthographische Eigenheiten Peter Rühmkorfs
wurden übernommen, Sperrungen im Typoskript werden wiedergegeben,
Unterstreichungen kursiv gedruckt. Die Texte der Telegramme werden
buchstabengetreu wiedergegeben. Biographische Daten der in den Briefen
und Erläuterungen erwähnten Personen sind im Register nachzulesen.

1. Marcel Reich-Ranicki an Peter Rühmkorf

Hamburg, 9. Juni 1967

Mein Lieber,

aus Anlaß des bevorstehenden fünfzigsten Geburtstags von Heinrich Böll – am 21. Dezember 1967 – bereitet der Verlag Kiepenheuer & Witsch, Köln, ein Sammelwerk vor, dessen Titel lauten soll: IN SACHEN BÖLL – ANSICHTEN UND EINSICHTEN. Da der außergewöhnliche Erfolg Bölls – die Gesamtauflage seiner Bücher beträgt in deutscher Sprache über 4 Millionen und zusammen mit den Übersetzungen 7 Millionen Exemplare – ein Phänomen ist, dessen Ursachen und Wirkungen weit über das Literarische hinausgehen, werden zur Mitarbeit neben Schriftstellern, Philologen und Kritikern auch Soziologen, Philosophen, Historiker, Psychologen, Theologen und politische Publizisten eingeladen.

Als Herausgeber des geplanten Bandes hoffe ich sehr, daß Sie diese Bitte um einen Beitrag nicht abschlagen werden. Um Mißverständnissen vorzubeugen, möchte ich sogleich betonen, daß es sich nicht etwa um eine Festschrift handelt. Und nicht Lobreden, Gratulationen oder Grußbotschaften sollen hier gesammelt werden, sondern Reflexionen, Stellungnahmen oder Untersuchungen, in denen selbstverständlich auch für kritische Äußerungen Platz ist.

Die Form des Beitrags, die von der wissenschaftlichen Abhandlung bis zur Glosse reichen kann, bleibt ganz und gar Ihnen überlassen. Dasselbe gilt für das Thema: Es kann sich auf einen bestimmten zeitgeschichtlichen, moralischen, künstlerischen oder religiösen Aspekt des Böllschen Werkes beziehen oder nur auf ein bestimmtes Buch oder auch auf eine seiner kleinen epischen oder essayistischen Arbeiten. Was die Länge betrifft, so haben wir an einen Umfang von etwa 4 bis 15 Maschinenseiten gedacht. Das Honorar beträgt für das 1. bis 20. Tausend des Buches DM 50,–– (fünfzig) für die Manuskriptseite (30 Zeilen). Als Ablieferungstermin wurde der 5. September festgesetzt.

Ich würde mich sehr freuen, wenn Sie bei diesem editorischen Unternehmen mitwirken könnten. Und ich wäre Ihnen sehr dankbar, wenn Sie die Güte hätten, mich möglichst bald wissen zu lassen, ob ich mit einem Beitrag von Ihnen rechnen darf.

Mit bestem Gruß
Ihr Marcel Reich

Maschinenschriftlich auf Kopfbogen Marcel Reich-Ranicki, 1 S. A4
Ein Sammelwerk: In Sachen Böll – Ansichten und Aussichten, hg. von Marcel
   Reich-Ranicki, Köln 1968; ein Text von Peter Rühmkorf ist nicht enthalten.

---

2. Marcel Reich-Ranicki an Peter Rühmkorf

Frankfurt am Main, 5. August 1974 R.-R. / Kz

Mein Lieber,
   Sie erhalten gleichzeitig:
   1. Joachim Ringelnatz »Kuttel-Daddeldu« für die »Frankfurter Anthologie«.
   2. »Denkspiele. Polnische Aphorismen«
   3. Ablichtungen aller bisher erschienenen Beiträge in unserer
»Frankfurter Anthologie«.
   Gleichzeitig reserviere ich für Sie für die »Frankfurter Anthologie«
den Gedichtband »Gegen die symmetrische Welt« von Volker Braun
(bei Suhrkamp).
   Ich erinnere Sie an die Dimensionen: Gedichte für »Frankfurter An-
thologie« bis zu 30 Zeilen, Kommentar bis zu 60 Maschinenzeilen.
   Artikel über »Polnische Aphorismen«: Umfang ganz und gar von
Ihnen abhängig, aber mehr als 6 Maschinenseiten (mit 30 Zeilen) wer-
den Sie doch dafür nicht brauchen?
   Lassen Sie bald von sich hören.
   Sehr herzlich
   Ihr Marcel Reich

Maschinenschriftlich auf Kopfbogen FAZ, 1 S. A4
Kz: Kürzel von Monika Kunz, vgl. Brief 4
Kuttel-Daddeldu: Joachim Ringelnatz, *Kuttel Daddeldu oder das schlüpfrige Leid;*
   Erstveröffentlichung München 1923
Denkspiele. Polnische Aphorismen: Antoni Marianowicz, Ryszard Marek
   Groński, *Denkspiele. Polnische Aphorismen des 20. Jahrhunderts,* Frankfurt
   a. M. 1974; Peter Rühmkorf hat keine Rezension dieses Buches verfaßt.
Gegen die symmetrische Welt: Der Gedichtband von Volker Braun erschien 1974
   in Halle an der Saale und Frankfurt a. M., vgl. Brief 14.
Marcel Reich: Auf den diktierten Briefen unterzeichnete Marcel Reich-Ranicki in
   der Regel handschriftlich mit »Marcel Reich« über einem maschinenschrift-
   lichen »Marcel Reich-Ranicki«.

---

3. Peter Rühmkorf an Marcel Reich-Ranicki

Hamburg, den 8. August, 74

Lieber Herr Ranicki,

Hier anbei der Ringel. Ihre übrigen Interpreten haben sich, scheint mir, so furchtbar viel Mühe nicht gemacht. Auch zeigen sie zu wenig Temperament und Subjektivität, harmonische oder verkantete, egal. Das Gedicht hab ich aus dem Buch herausgetrennt, schicken Sie mir die Seite doch gelegentlich wieder zu. Falls meine Laudatio zu lang ist, können wir kürzen, d. h. ich. Ein Verlust wär's auf jeden Fall. Bitte mir meine Schreibeigentümlichkeiten belassen zu wollen! Nur unterlaufene Rechtschreibefehler korrigieren. »aufgetriebne«, »wechseltierig«, »gekuckt« »organiert« pp sind keine. Auch die doppelsinnige Überschrift bitte nicht verändern. –

Wann ich zu den Aphos komme, weiß ich noch nicht. Schöne schlagende Meteoriten dabei – aber: wie will man die besprechen?? Herzlich Ihr
Peter Rühmkorf

P. S. – pss
Habe eben den Schluß nochmal umgeschrieben, was bei meinen Bohrtiefen wieder einen ganzen Tag gedauert hat. Ich befürchte, die Länge müßte doch in Kauf genommen werden. In jederlei Sinn. So viel Spaß mir diese Art Arbeit macht, so viel Zeit kostet sie mich. Normalerweise laß ich Texte erst über Funk laufen, um wenigstens einigermaßen zum Äquivalent zu kommen. Ich möchte deswegen anregen, in diesem Ausnahmefall wie Rezension zu bezahlen. Es würde der weiteren Zusammenarbeit ein gutes Fundament einziehen helfen. Die Gerechtigkeit gegenüber den Kollegen bliebe in jedem Fall gewahrt, weil ich nie was hinwichse, immer Grundlagenforschung mitliefre. – Nochmals
herzlich
P. R.

Maschinenschriftlich, 2 S. A4
der Ringel: vgl. *In flagranti gefaßt. Über Ringelnatz' Gedicht »Vorm Brunnen in Wimpfen«*, in: FAZ, 7. 9. 1974 (Frankfurter Anthologie). Vgl. auch *Strömungslehre*, S. 167 ff.

4. Marcel Reich-Ranicki an Peter Rühmkorf

Frankfurt am Main, 23. August 1974 R.-R. / M. K.

Mein sehr lieber Herr Rühmkorf,
mehrfach habe ich versucht, Sie telefonisch zu erreichen, allein vergeblich. Für Ihre Ringelnatz-Interpretation danke ich bestens. Sie ist
vorzüglich und wird, obwohl etwas lang, ungekürzt bei uns kommen.

Was das Finanzielle betrifft: Sie können sicher sein, daß ich Sie so
gut behandeln werde, wie Sie es verdienen – und ich meine das nicht
etwa ironisch.

Was macht der Artikel über die polnischen Aphorismen? Enttäuschen Sie mich nicht. Liefern sie etwas Schönes darüber, ob nun kurz
oder lang.

Bei de Gruyter ist ein Buch von Walter Pape erschienen mit dem
Titel: »Joachim Ringelnatz. Parodie und Selbstparodie in Leben und
Werk«. Das ist natürlich ein sehr ernstes, wissenschaftliches Werk, 450
Seiten umfassend, doch davon sind etwa 150 Seiten eine Ringelnatz-
Bibliographie sowie ein Verzeichnis seiner Briefe. Wäre das etwas für
Sie? Es müßte nicht unbedingt eine ausführliche Auseinandersetzung
mit dieser Monographie sein. Sie könnten ja einige Bemerkungen über
das Buch mit Darlegungen über Ringelnatz verbinden.

Nächster Vorschlag: Wie stehen Sie zu Ihrem Hamburger Kollegen
Matthias Claudius? Bei Vandenhoeck & Ruprecht ist ein Buch von An-
nelen Kranefuss »Die Gedichte des Wandsbecker Boten« erschienen
(rund 230 Seiten). Auch hier geht es mir weniger um dieses Buch als
um Claudius. Sie könnten vielleicht das Buch als Vorwand oder Auf-
hänger verwenden, um etwas über die Lyrik des M. C. zu sagen.

Lassen Sie bitte rasch von sich hören, denn beide Bücher reserviere
ich vorerst für Sie.

In alter Herzlichkeit Ihr
Marcel Reich

Maschinenschriftlich auf Kopfbogen FAZ, 1 S. A4
M. K.: Kürzel von Monika Kunz, langjähriger Mitarbeiterin von Marcel Reich-
Ranicki bei der FAZ

5. Peter Rühmkorf an Marcel Reich-Ranicki

Hamburg, den 26. August, 74

Lieber Herr Ranicki,

haben Sie Dank für Ihre freundliche Post. Ich glaube fast, daß ich
Ihnen dankbar wäre, wenn Sie mich von den Aphos, zu denen von mir
aus bisher nur Bedenken, keine Zustimmungen vorliegen, entlasten
würden. Das ganze Genre ist fast unbesprechlich. Außerdem fehlen
mir theoretische Grundlagen. Die gesamte Weltliteratur ist ein Stein-
bruch für Aphos – an Spezialitäten kenne ich nur Lichtenberg, Hiller und Lec – das gibt für mich noch keine geometrische Reihe. Überhaupt schon nicht mehr, wenn man noch die Romantiker mit ihren
»Ideen«- und »Athenäumsfragmenten« hinzuzieht. Solche fast noch
nicht einmal aphoristischen Kenntnisse vom Aphorismus mögen vielleicht gerade zu einem Aphorismus reichen –. Dann die sonderbare
Beobachtung, daß der Brudzinski-Leit-Apho »Der Lorbeerkranz ist
manchmal eine Augenbinde« fast wörtlich als Regie-Schlußanweisung
zu meinem Volsinii-Stück fungiert: »Von der Seite heran tritt ein Lik-
tor, der dem Konsul einen überdimensionalen vergoldeten Lorbeerkranz aufs Haupt drückt. Er verdeckt nahezu das Gesicht.« Frage, wo
fängt der Apho an, wo ist er nur ein versprengtes Stück von einer anderen umfassenderen Welt? –

Ja, bitte, das Ringelnatz-Parodie-Buch, mit dem größten Vergnügen.
Daraus läßt sich, selbst wenn es Wissenschaft darstellt, eine fröhliche
machen. Ich habe den Parodisten Ringel schon lange im Visier; inzwischen haben ihn offensichtlich auch andere, sehr gut.

Zu Matthias Claudius weiß ich zu wenig zu sagen.

Vorschlag von mir: Klaus Kirchner »Flugblätter – Psychologische
Kriegsführung im zweiten Weltkrieg« (Reihe Hanser). a.) kenn ich die
Materie aus dem Ff, weil ich selbst Sammler in Kriegszeiten war (habe
etwa die Hälfte der abgebildeten Exemplare in meiner Sammlung).
b.) hab ich mit Kirchner mal getauscht und habe Einwände gegen sein
neutralistisches Wedernoch. c.) ließe sich der Artikel natürlich auch
hübsch bebildern, nicht nur vom Faksimile, sondern per Original.

Herzlich Ihr

Peter Rühmkorf

P. S. Tel. ist ein bißchen schwierig, weil ich es meist erst ab 16 Uhr reinstecke. Abends – nicht am Wochenende – ist fast immer jemand zuhause.

Maschinenschriftlich, 2 S. A4

»Ideen«- und »Athenäumsfragmenten«: Friedrich Schlegel, *Fragmente,* in: Athenäum, Berlin 1798, 1. Bd. 2. Stück; ders., *Ideen,* in: Athenäum, a. a. O., 3. Bd., 1. Stück

der Brudzinski-Leit-Apho: Der von Peter Rühmkorf erwähnte Aphorismus von Wiesław Brudziński ziert, in eine Illustration umgesetzt, das Titelblatt der *Denkspiele* und wird auf dem hinteren Einbandblatt zitiert.

Regie-Schlußanweisung zu meinem Volsinii-Stück: Was heißt hier Volsinii? Bewegte Szenen aus dem klassischen Wirtschaftsleben, Reinbek 1969

Sammler in Kriegszeiten: vgl. *Jahre* S. 10ff.

---

6. Marcel Reich-Ranicki an Peter Rühmkorf

Frankfurt am Main, 28. August 1974 R.-R. / M. K.

Mein lieber Peter Rühmkorf,

herzlichen Dank für ihren Brief vom 26. August.

Der Vorschlag Claudius ist also gestrichen. Papes Buch über Ringelnatz geht Ihnen beiliegend zu. Ich wäre Ihnen sehr dankbar, wenn Sie sich nicht in eine allzu detaillierte Auseinandersetzung mit dem Wissenschaftler Pape einließen, sondern eher die Gelegenheit verwerteten, um uns über Ringelnatz zu belehren. Ich dachte hier an einen Umfang von etwa 5 Maschinenseiten mit 30 Zeilen.

Was Sie zu dem Aphorismen-Band schreiben, überzeugt mich, wenngleich ich nach wie vor der Ansicht bin, daß Sie hierüber Wichtiges schreiben könnten. Wenn Sie es nun aber endgültig nicht wollen, dann seien Sie doch bitte so freundlich und schicken Sie uns das Büchlein zurück.

In Ihrem Brief erwähnen Sie Lichtenberg. Wie wäre es damit? Es ist gerade bei Hanser eine Auswahl der Aphorismen, Schriften und Briefe Lichtenbergs erschienen, ein stattlicher Band, herausgegeben von Wolfgang Promies. Auch in diesem Fall scheint es mir nicht so wichtig, die Auswahl zu beurteilen, als etwas über Lichtenberg zu sagen. Wer könnte dies besser tun als Sie? Lassen Sie mich bitte wissen, ob ich Ihnen diesen Band zuschicken darf.

Wegen Kirchner gebe ich Ihnen in den nächsten Tagen Bescheid.

Ihre Ringelnatz-Interpretation kommt in unserer »Frankfurter Anthologie« wahrscheinlich in der nächsten Woche.

Sehr herzlich
Ihr Marcel Reich

Maschinenschriftlich auf Kopfbogen FAZ, 1 S. A4
eine Auswahl an Aphorismen: Georg Christoph Lichtenberg, *Aphorismen,*
Schriften, Briefe, hg. von Wolfgang Promies, München, 1974

---

7. Marcel Reich-Ranicki an Peter Rühmkorf

Frankfurt am Main, 30. August 1974 R.-R. / M. K.

Lieber Peter Rühmkorf,

jawohl, eine Besprechung des Buches von Kirchner über Flugblätter möchten wir gerne von Ihnen haben. Hier wäre wohl ein Umfang von etwa 4–5 Maschinenseiten mit 30 Zeilen angebracht, aber bitte nicht mehr!

Ich warte auf Ihre Manuskripte und grüße Sie bestens
Ihr Marcel Reich

Maschinenschriftlich auf Kopfbogen FAZ, 1 S. A4

---

8. Peter Rühmkorf an Marcel Reich-Ranicki

Hamburg, den 4. 10. 74

Lieber Herr Ranicki,

nur in Eile Dank für den Anruf, ich bin sonst nie vor 4 oder 5 Uhr im Bett. Drehe im Augenblick aber HH. Jahnn-Feature und stabilisiere einen Zeh im Rezessions-Fernsehen. Lebensentscheidungen. Muß auch leider anschließend sofort an eine Funksendung für NDR III – »Politik als Alibi«, worauf ich mich wenig freue, was aber auch zu modus pervivendi gehört. Ab Mitte November bin ich aber wieder frei für

Sie und kann schaffen. Was leicht wie flinkes Geldverdienen aussieht, ist das krasse Gegenteil. Habe in bisher drei Theaterstücke soviel Jahre investiert und ergo soviel Geld geschossen, daß ich im Hemd steh. Auch FAZ zahlt mit spröder Langfristigkeit.
Herzlich und bitte keine Ungeduld
Ihr Peter Rühmkorf

Maschinenschriftlich, 1 S. A4

HH. Jahnn-Feature: Ein Mann ohne Ufer. Hans Henny Jahnn; der Film von Paul Kersten und Peter Rühmkorf wurde am 14. 12. 1975 auf NDR 3 gezeigt.

Politik als Alibi: die Rundfunksendung mit dem Titel *Protest als Alibi. Literatur und Politik in der Bundesrepublik* lief am 12. 11. 1974 von 21:00 bis 21:45 Uhr auf NDR 3.

modus pervivendi: lat. etwa »Überlebenstechnik«

drei Theaterstücke: Was heißt hier Volsinii? Bewegte Szenen aus dem klassischen Wirtschaftsleben (1969), *Lombard gibt den Letzten. Ein Schauspiel* (Berlin, 1972) und *Die Handwerker kommen. Ein Familiendrama* (Berlin, 1974)

---

9. Peter Rühmkorf an Marcel Reich-Ranicki

Hamburg, den 19. 11. 74

Lieber Herr Ranicki,
anbei die »Tintenfisch«-Rezension. Alles weitere wie abgesprochen. Telegramm – und, falls schon besetzt, bitte gleich zurück den Durchschlag. Ich glaube allerdings schon, so abgewogen – salomonisch kriegen Sie den Tintenfisch sonst nicht so leicht rezensiert. a) er hat es verdient und b) er hat es nötig: auch die Einwendungen. Ein markanter Schlußsatz steht noch aus.
Herzlich wie immer Ihr
Peter Rühmkorf

Maschinenschriftlich, 1 S. A4

Tintenfisch-Rezension: Ströme unterhalb der Strömung. Ein Jahrbuch für Literatur: Der Tintenfisch, in: FAZ, 14. 12. 1974. Das literarische Jahrbuch Der Tintenfisch erschien von 1968 bis 1987 im Verlag Klaus Wagenbach; neben einer Jahresbibliographie der Werke der deutschsprachigen Verlags-Autoren enthielt jeder Band literarische Kurzprosa deutschsprachiger Autorinnen und Autoren.

10. Marcel Reich-Ranicki an Peter Rühmkorf

herrn peter ruehmkorf 2 hamburg oevelgoenne 50 =

ihren tintenfisch nehmen wir gern. erbitten weiteres =
herzlichst reich-ranicki +
faz 22.11.1974 14.30

Telegramm

---

11. Marcel Reich-Ranicki an Peter Rühmkorf

Frankfurt am Main, 28. November 1974 R.-R. / M. K.

Mein Lieber,
gewiß haben Sie mein Telegramm erhalten. Wir nehmen also Ihre Tintenfisch-Besprechung gern und bringen sie bald.
Den vorletzten Gedichtband von Volker Braun dürften Sie inzwischen auch bekommen haben. Hingegen ist die Arno Holz-Ausgabe leider vergriffen. Ich hoffe aber sehr, daß Sie dennoch ein Arno Holz-Gedicht für uns interpretieren werden. Ich wäre Ihnen sehr dankbar, wenn ich rasch einen Beitrag für die »Frankfurter Anthologie« von Ihnen erhalten könnte, also entweder Volker Braun oder Arno Holz, wobei mir eigentlich der Braun doch etwas eiliger ist.
Und wie schaut es aus mit dem Buch über die Märchen? Damit die Kritik vor Weihnachten kommt, müßte sie jetzt sehr bald in unseren Händen sein.
Lassen Sie von sich hören und seien Sie sehr herzlich gegrüßt
von Ihrem
Marcel Reich

Maschinenschriftlich auf Kopfbogen FAZ, 1 S. A4
vorletzten Gedichtband von Volker Braun: vgl. Briefe 2 und 14
Arno Holz-Ausgabe: wohl Arno Holz, *Werke*, 7 Bde., Neuwied / Berlin 1961–1964
Arno Holz-Gedicht: Peter Rühmkorf hat keine Interpretation eines Gedichtes
    von Arno Holz für die Frankfurter Anthologie verfaßt.
Buch über die Märchen: Jochen Jung (Hg.), *Märchen, Sagen und Abenteuer-*
    geschichten auf alten Bilderbogen. Neu erzählt von Autoren unserer Zeit,
    Gräfelfing 1974

12. Peter Rühmkorf an Marcel Reich-Ranicki

Hamburg, den 10. Dez. 74

Lieber Herr Ranicki,

Dank für Brief und Telegramm! Ich wäre sehr froh, wenn sich die neu angebahnte Beziehung aufrecht erhalten ließe – auch wenn ich Ihnen sagen muß, daß ich im Moment in der gröbsten Terminklemme meines Lebens sitze und vor Weihnachten nicht mehr liefern kann. Ich hatte ja schon bevor wir unsern neuen Rezensionskontakt aufnahmen noch einige Aufträge auf Lager (Rundfunksachen), und der zunächst einmal definitiv letzte muß in diesem Jahr noch abgeschlossen werden. Ich weiß nicht, ob ich Ihnen sagte, daß ich ein Vogelweide-feature mache – nun, jedenfalls hat mich die Arbeit schlimmer als je erahnt in die Mangel gekriegt. Mußte noch mal wieder neu Mittelhochdeutsch lernen, die gesamte Walther-Forschung sondieren pp, kurz, alles nahm viel mehr Zeit in Anspruch als veranschlagt. Bitte also noch einmal etwas Geduld! Ab Januar bin ich aller Auftragslasten ledig und ein freier Mann, d. h. voll lieferfähig und bereit, Sie termingerecht mit Kritiken zu versorgen. Um das Märchenbuch ist es mir natürlich besonders leid – wenn es irgend geht, nehme ich es mir trotz allem noch vor, aber der bloße Gedanke, die laufende Arbeit durch eine Rezension unterbrechen zu müssen, macht mich im Moment völlig konfus.

Sehr herzlich und mit untertänigster Bitte um diesen letzten Aufschub

Ihr Peter Rühmkorf

Maschinenschriftlich, 2 S. A4

einige Aufträge auf Lager: Im zeitlichen Umfeld wurden für den Rundfunk folgende Sendungen von und mit Peter Rühmkorf produziert: *Protest als Alibi* (gesendet am 12. 11. 1974 auf NDR 3), *Walther von der Vogelweide, Klopstock und ich. Ein Gespräch mit Peter Rühmkorf* (gesendet am 31. 1. 1975 auf SDR 2), *Reichssänger und Hausierer. Das Leben Walthers von der Vogelweide* (gesendet am 22. 2. 1975 auf WDR 3) und *Ein wirtschaftliches Interesse liegt nicht vor* (gesendet am 20. 4. 1975 auf SFB 1).

13. Marcel Reich-Ranicki an Peter Rühmkorf

Frankfurt am Main, 12. Dezember 1974 R.-R./M.K.

Mein lieber Herr Rühmkorf,
besten Dank für Ihren Brief vom 10. Dezember. Für Ihre Schwierigkeiten und Nöte habe ich volles Verständnis, und so sei Ihnen noch der erwünschte Aufschub zugebilligt. Aber nun hoffe ich, daß Sie wirklich Wort halten werden und uns rasch die einzelnen Kritiken senden. Natürlich sind alle Bücher, die sich bei Ihnen befinden, für uns auch nach Neujahr aktuell und wichtig.
Da Sie nun ein Vogelweide-Feature machen – könnte bei dieser Gelegenheit nicht auch etwas für uns abfallen? Also vielleicht ein Artikel über Walther aus heutiger Sicht? Oder vielleicht ein Beitrag für die »Frankfurter Anthologie«? Da hat schon Wapnewski für uns ein Walther-Gedicht gemacht (nämlich: »Müeste ich noch geleben daz ich die rosen …«), doch sind inzwischen schon mehrere Wochen vergangen, und man könnte natürlich wieder einmal Walthers in der Anthologie gedenken.
Ihre Tintenfisch-Besprechung ist in unserer Nummer vom 14. Dezember. In finanzieller Hinsicht tue ich für Sie, was in meiner Macht ist und sogar etwas mehr. Für den Tintenfisch werden 330,– DM überwiesen.
Sehr herzlich, auch für die gnädige Frau,
Ihr Marcel Reich

Maschinenschriftlich auf Kopfbogen FAZ, 1 S. A4
hat schon Wapnewski: Peter Wapnewski, *Die große Absage,* in: FAZ, 2.11.1974
die gnädige Frau: Eva Rühmkorf, seit 1964 mit Peter Rühmkorf verheiratet

---

14. Peter Rühmkorf an Marcel Reich-Ranicki

Hamburg, den 9. Jan. 75

Lieber Herr Ranicki,
hier jetzt keine Ankündigung neuer Verzögerungen, sondern nur Nachricht, daß die Arbeit läuft. Sitze am Braun, und die übrigen Sa-

chen kommen gleich hinterher durch die endlich frei gewordne Mangel. Zum Arno Holz: gibt es da nicht wenigstens eine Taschenbuch-Auswahl, auf die wir uns berufen könnten. Ich habe hier, glaube ich, nur den »Schäffer Dafnis« in der Datscha, muß aber Sonntag mal nachgucken. Für Überweisungen geben Sie doch bitte folgende Nummer an Ihre Finanzstelle:

Commerzbank Hamburg 40/19709.

Herzlich und triefend vor Fleiß
Ihr Peter Rühmkorf

P. S. Das Walther-Feature will ich Ihnen gern mal zuschicken, es muß aber erst durch den Funk-Wolf, vielleicht sogar mit Übernahmen hier oder dort.

Maschinenschriftlich, 1 S. A4
Sitze am Braun: Peter Rühmkorf, *Ein Poet mit viel Puste. Über Volker Brauns Gedicht »Durchgearbeitete Landschaft«,* in: FAZ, 12. 4. 1975 (Frankfurter Anthologie), vgl. auch *Widersprüche,* S. 42
»Schäffer Dafnis«: Arno Holz, *Dafnis. Lyrisches Portrait aus dem 17. Jahrhundert,* München 1904; auf dem Einband der Erstausgabe lautet die Titelangabe: *Des berühmbten Schäffers Dafnis sälbst verfärtigte / sämbtliche Freß-Sauff- & Venus-Lieder benebst angehänckten Auffrichtigen und Reuemüthigen Bußthränen.*
in der Datscha: Reetdachkate in Roseburg (Kreis Herzogtum Lauenburg), die Peter Rühmkorf 1970 erwarb, renovierte und als Landsitz nutzte.

---

15. Marcel Reich-Ranicki an Peter Rühmkorf

Frankfurt am Main, 13. Januar 1975 R.-R. / M. K.

Lieber Herr Rühmkorf,
besten Dank für Ihren Brief vom 9. Januar. Ich erwarte nun Ihre Manuskripte, wobei Ringelnatz und der Märchenband besonders eilig sind.

Von Arno Holz gibt es als Reclam-Hefte den »Phantasus«, den »Papa Hamlet« und »Die Familie Selicke«, und damit wird Ihnen, befürchte ich, nicht gedient sein. Wir werden uns in der bibliographischen Notiz auf die vergriffene Luchterhand-Ausgabe berufen.

Herzlichst Ihr

Marcel Reich

Maschinenschriftlich auf Kopfbogen FAZ, 1 S. A4

Ringelnatz: Von Kuttel Daddeldu kam er nicht los. Joachim Ringelnatz, das vervielfachte Original, in: FAZ, 28. 2. 1976

der Märchenband: Peter Rühmkorf, *Das alte neue Alte oder: Unerwartete Verwandtschaften. Deutsche Schriftsteller erzählen Märchen*, in: FAZ, 22. 2. 1975

»Phantasus«: Arno Holz, *Phantasus*, Stuttgart 1968

»Papa Hamlet«: Arno Holz und Johannes Schlaf, *Papa Hamlet / Ein Tod*, Stuttgart 1963

»Familie Selicke«: Arno Holz und Johannes Schlaf, *Die Familie Selicke. Drama in 3 Aufzügen*, Stuttgart 1966

---

16. Peter Rühmkorf an Marcel Reich-Ranicki

Hamburg, den 19. 1. 75

Lieber Herr Ranicki,

hier der Volker Braun. Bißchen lang wieder, aber Sie brauchen ja nur den Strich etwas anzuheben. Eine ganz schnelle Frage: ich muß und will »Literaturmagazin III« (Rowohlt) für NDR III besprechen, könnte das ein gemeinsames Objekt sein. Sie wissen: ich muß sonst anderweitig disponieren.

Herzlich wie immer

Ihr Peter Rühmkorf

P. S. als nächstes kommt der Ringelnatz. Recht so?

Maschinenschriftlich, 1 S. A4

»Literaturmagazin III«: Das Literaturmagazin erschien im Rowohlt-Verlag von 1973 bis 2001 in 46 Ausgaben; Peter Rühmkorf bezieht sich auf den 3. Band mit dem Titel *Die Phantasie an die Macht. Literatur als Utopie*, den Nicolas Born 1975 herausgab. Rühmkorfs Besprechung dieses Bandes erschien in der Zeitschrift Das da (Heft 4, April 1975, S. 41–42) unter dem Titel *Ein Drugstore für Literaritäten. Peter Rühmkorf über Rowohlts »Literaturmagazin III«*. Sie wurde nicht für den NDR produziert.

---

17. Marcel Reich-Ranicki an Peter Rühmkorf

Frankfurt am Main, 24. Januar 1975 R.-R. / M. K.

Lieber Herr Rühmkorf,
in Ergänzung der heutigen Sendung noch ein Hacks-Buch: »Die Dinge in Buta« (Berliner Handpresse).
Herzlichst Ihr
Marcel Reich

Maschinenschriftlich, 1 S. A4
in Ergänzung der heutigen Sendung: nicht mehr zu ermitteln
»Hacks-Buch«: Peter Hacks, *Die Dinge in Buta,* Berlin 1974

---

18. Marcel Reich-Ranicki an Peter Rühmkorf

Frankfurt am Main, 30. Januar 1975 R.-R. / M. K.

Lieber Herr Rühmkorf,
der Ordnung halber sei nur kurz schriftlich bestätigt: Sie schreiben für uns einen kleinen Beitrag für unsere Umfrage aus Anlaß des 100. Geburtstags von Thomas Mann. Die Frage lautet:
»Was bedeutet Ihnen Thomas Mann, was verdanken Sie ihm?«
Die Antwort sollte 50 bis 100 Maschinenzeilen umfassen.
Sie deuteten an, daß Sie eine ganz und gar negative Antwort geben wollen. Dagegen ist von mir aus nichts einzuwenden, nur bitte ich in diesem Fall um eine möglichst überzeugende Begründung.
Ich warte nun auf Ihre Manuskripte über die Märchen und das Ringelnatz-Buch, und grüße Sie herzlichst Ihr
Marcel Reich

Maschinenschriftlich auf Kopfbogen FAZ, 1 S. A4
einen kleinen Beitrag für unsere Umfrage: vgl. *Thomas Mann. Zum hundertsten Geburtstag, Achtzehn Antworten auf die Fragen: Was bedeutet Ihnen Thomas Mann, was verdanken Sie ihm?,* in: FAZ, 31. 5. 1975 (Beiträger: Tibor Déry, Hans Georg Gadamer, Graham Greene, Wolfgang Harich, Walter Jens, Wolfgang Koeppen, Arthur Koestler, Leszek Kołakowski, Günter Kunert, Siegfried Lenz, Golo Mann, Adolf Muschg, Hans Erich

Nossack, Peter Rühmkorf, Manès Sperber, Friedrich Torberg, Hans Weigel, Angus Wilson)

19. Peter Rühmkorf an Marcel Reich-Ranicki

Hamburg, den 3. 2. 75

Lieber Herr Ranicki,

anbei das Kleinod, das für den SPIEGEL wohl zu wenig auf Stromlinie lag. Dabei gehört es gezielt in die laufende Diskussion, nun, Sie werden sehen. Für Spiegel hatte ich übrigens gekürzte Fassung erstellt, was aber, bitte, nicht durchaus sein muß. Die Arbeit hat bei allen Wippchen strengsten methodischen Zusammenhang. 2/3/4 Ms-Seiten max. könnte ich, bei Bedarf und Wunsch, für Sie noch streichen – da geht es aber schon fast an die Substanz. SFB-Sendung ist am 20. April. Danach könnte dann gleich gedruckt werden. Im Nichtverwendungsfalle senden Sie es doch freundlicherweise gleich zurück, es haben sich in der Zwischenzeit noch einige ernsthafte Bewerber eingestellt. Ich habe sie – mit Hinweis auf Ihr Vorkaufsrecht! – an der längeren Leine gelassen.

Herzlich wie immer Ihr P. R.

Maschinenschriftlich, 1 S. A4, hs. Gruß

das Kleinod, das für den SPIEGEL: In Peter Rühmkorfs Briefwechsel mit
dem SPIEGEL-Redakteur Walter Busse Ende 1974 werden der von Peter
Rühmkorf angesprochene Text und dessen problematische Länge zwar
erwähnt, aber ohne einen Titel oder einen inhaltlichen Bezug zu nennen.
Eine Veröffentlichung des Aufsatzes kommt nicht zustande, Rühmkorf bittet
Busse, den Essay anderweitig anbieten zu dürfen, ohne jedoch eine Möglichkeit zu sehen, das bereits erhaltene Honorar wieder zurückzahlen zu können.
Das unveröffentlichte Tagebuch, 24. 9. 1974 (Typoskript), belegt, daß es sich
um den Essay *Kein Apollo-Programm für Lyrik,* in: FAZ, 3. 5. 1975, handelt.
Über SFB 1 wurde der Essay als Radiovortrag unter dem Titel *Ein wirtschaftliches Interesse liegt nicht vor* am 20. 4. 1975 gesendet.

20. Peter Rühmkorf an Marcel Reich-Ranicki

Hamburg, den 10. 2. 75

Lieber Herr Ranicki,
in ganz großer Eile das vor der Eile mit viel Muße und Einfühlungs-
kraft erarbeitete Skript. Thomas-Mann-Anmerkungen folgen noch in
dieser Woche.
Herzlich wie immer
Ihr Peter Rühmkorf

Maschinenschriftlich, 1 S. A4
Skript: Kein Apollo-Programm für Lyrik

21. Marcel Reich-Ranicki an Peter Rühmkorf

Frankfurt am Main, 4. März 1975 R.-R. / M. K.

Mein lieber Herr Rühmkorf,
beiliegend sende ich Ihnen die Fahne Ihres Artikels. Sie werden
sehen, daß wir nur eine kleine Kleinigkeit gestrichen haben. Sehr
wahrscheinlich werden weitere Kürzungen, soweit sich dies schon
jetzt beurteilen läßt, nicht nötig sein. Schauen Sie es sich bitte genau an.
Die Veröffentlichung wird ja erst, im Sinne Ihres Wunsches, gegen
Ende April erfolgen.
Sehr herzlich
Ihr Marcel Reich

Maschinenschriftlich auf Kopfbogen FAZ, 1 S. A4

22. Peter Rühmkorf an Marcel Reich-Ranicki

Hamburg, den 27. 3. 75

Lieber Herr Ranicki,
anbei die »Apollo«-Korrektur und die Th-Mann-Expertise. Mit letz-
terer werden sie sich wenig befreunden können, und ich hör schon das
Gejaule der Großgemeinde, es muß aber doch wohl eine abweichende

Meinung noch möglich sein. Ich kann diesen M a n n in meinen privaten Pluralismus einfach nicht einbauen, er erscheint mir feindlich und
– im beschriebenen Sinn – »apollinisch«. Das goldne Vließ, das man
ihm hingebreitet hat, ist anderen abgezogen worden, sein singulärer
Ruhm wurde von all den zahllosen Vergeßnen mitbezahlt. Nun, lesen
Sie selbst und schütteln sich.

Zum Ringelnatz bin ich noch nicht gekommen, weil ich gern auch
mal wieder frei phantasieren wollte; Sie kriegen ihn aber in Bälde.
Sagen Sie eines: ich würde so sehr gern für den Briefwechsel Jahnn-
Huchel etwas tun, wäre das bei Ihnen möglich? Oder ist er schon vergeben? Das Buch ist – mit vielen Anmerkungen bereits – in meiner
Hand.

Sehr herzlich Ihr Peter Rühmkorf

Maschinenschriftlich, 1 S. A4

Briefwechsel Jahnn-Huchel: Bernd Goldmann (Hg.), *Hans Henny Jahnn/*
Peter Huchel: Ein Briefwechsel (1951–1959), Mainz 1974

das Buch… mit vielen Anmerkungen: Peter Rühmkorfs Exemplar des Jahnn-Huchel-
Briefwechsels enthält auf zahlreichen Seiten Unterstreichungen und Markierungen; handschriftliche Anmerkungen befinden sich als Einlage auf separaten Notizzetteln hinten im Buch (vgl. Bibliothek Peter Rühmkorf im DLA).

---

23. Marcel Reich-Ranicki an Peter Rühmkorf

Frankfurt am Main, 7. April 1975 M. R.-R. / M. K.

Mein lieber Peter Rühmkorf,

Ihre Volker-Braun-Interpretation erscheint in dieser Woche. Ihr
Aufsatz über die Situation der Lyrik kommt höchstwahrscheinlich am
26. April (wir hätten die Arbeit längst gebracht, wenn nicht Ihr besonderer Terminwunsch gewesen wäre). Für Ihren Beitrag zu Thomas
Mann danke ich bestens, noch konnte ich ihn nicht lesen.

Aber wo bleiben denn Ihre Rezensionen? Sie sollten doch noch
schreiben über:

1. Ringelnatz,
2. Kirchners »Flugblätter«,
3. Peter Hacks.

Das Leben ist zu kurz für Ihre Termine. Wir können nicht so spät mit Büchern aus dem Jahre 1974 kommen. Also bitte machen Sie die drei Sachen so bald wie möglich.

Sehr herzlich

Ihr Marcel Reich

Maschinenschriftlich auf Kopfbogen FAZ, 1 S. A4

---

24. Marcel Reich-Ranicki an Peter Rühmkorf

Frankfurt am Main, 8. April 1975 M. R.-R. / M. K.

Lieber Peter Rühmkorf,

meinen gestrigen Brief haben Sie gewiß erhalten.

Inzwischen habe ich Ihr Thomas Mann-Manuskript gelesen. Ich finde jeden Satz, ja jedes Wort in Ihrem Manuskript ganz und gar falsch. Aber ich habe Ihre Äußerungen mit großem Vergnügen gelesen und wir werden sie gern und mit Vergnügen publizieren.

Sie fragten am 27. März nach dem Briefwechsel Jahnn/Huchel. Es hat doch, mein Lieber, keinen Sinn, daß Sie immer mehr Bücher zur Besprechung nehmen und sie somit praktisch blockieren. Machen Sie doch erst einmal die drei Sachen, die bei Ihnen liegen. Im übrigen ist dieser Briefwechsel längst vergeben. Fröhlich wird ihn machen, und so wird Ihrem Jahnn ganz gewiß kein Unrecht geschehen.

In Erwartung Ihrer Manuskripte und mit einem sehr herzlichen Gruß,

Ihr Marcel Reich

Maschinenschriftlich auf Kopfbogen FAZ, 1 S. A4
Fröhlich wird ihn machen: Hans Jürgen Fröhlich, *Es ist nicht umsonst gewesen.*
Der Briefwechsel zwischen Hans Henny Jahnn und Peter Huchel, in: FAZ, 7.6.1975

25. Peter Rühmkorf an Marcel Reich-Ranicki

Hamburg, den 4. Mai 75

Lieber Herr Ranicki,

in allergrößter Eile eine kleine Post. Daß Sie mein »Apolloprogramm« ohne jeglichen! Druckfehler gebracht haben, ermutigt zu manchem. Auch die Zwischenüberschriften waren hervorragend erwählt. Habe ich in meinem Thomas-Mann-Statement eigentlich das Wort Allfanzereien zu Alfanzereien verbessert – mein Durchschlag verzeichnet hier nichts. Es kommt zwar vom italienischen all avanza, aber hat doch dann ein »L« im Deutschen fahrenlassen. – Daß Sie weitere Rezensionen von mir bisher nicht bekommen haben, hat nichts mit Faulheit und nichts mit Entfremdung zu tun. Ich muß vielmehr bis Ende Juni ein neues Buchmanuskript abliefern und bin bis dahin ziemlich verplombt. Der erste Teil handelt – wir sprachen schon mal darüber – von Walther von der Vogelweide und gibt eine Art Lebensbild nebst eingestreuten Gedichtübersetzungen, die Wapnewski, dem Sie nicht trauen, für die besten je geleisteten hält. Da die Konkurrenz auf diesem Feld nicht so groß ist, mag das wenig besagen – auch objektiv wenig – aber: ich glaube schon, daß ich einen ganz neuen Walther (der immer und in jeder Hinsicht eine Übersetzungsfrage ist) zum Leben erweckt habe; und wir sollten uns rechtzeitig über Vorabdruck unterhalten. – Ich fahre jetzt für etwa zehn Tage nach Italien und bin erst Mitte Mai wieder richtig greifbar. Bis dahin in alter Herzlichkeit

Ihr Peter Rühmkorf

P.S. Aber: Den Holthusen und mich auf eine Seite zu zwängen, das zeugt doch bereits wieder von apollinischer Tücke. – Abgesehen davon: Ihr Samstagsfeuilleton, das mich hier immer prompt erreicht, ist in D-Land unübertroffen. Gottseidank bleibe ich von der Umgebung sonstso verschont; manches kommt mir zu Ohren, aber ich lasse es unbesehen vorbeifliegen.

Maschinenschriftlich, 2 S. A4

Alfanzereien: Schwindelei, Possenreißerei, Gaukelei

ein neues Buchmanuskript: WKI

Vorabdruck: Das Bettellied vom Minnesang. Walther von der Vogelweide als Bitt-
   steller und Polemiker, in: FAZ, 1.11.1975
etwa zehn Tage nach Italien: Peter Rühmkorf flog noch am selben Tag nach Rom,
   um bis zum 15.5.1975 einige Tage in der Villa Romana und mit Besichti-
   gungstouren, u.a. nach Pisa und Siena, zu verbringen.
Holthusen: Der Schriftsteller und Literaturwissenschaftler Hans Egon Holthusen
   war langjähriges SS-Mitglied gewesen.

---

26. Marcel Reich-Ranicki an Peter Rühmkorf

Frankfurt am Main, 30. Juni 1975 M.R.-R./M.K.

Mein lieber Herr Rühmkorf,
   die Zusammenarbeit mit Ihnen ist qualvoll. Seit Monaten warte ich
auf vereinbarte Manuskripte von Ihnen und erhalte nichts. Sie wollten
über Peter Hacks schreiben, Sie wollten sich zu den »Flugblättern« von
Kirchner äußern. Das Buch von Kirchner ist 1974 erschienen. Noch ist
es nicht zu spät, aber doch schon allerhöchste Zeit. Sie wollten über
Papes Ringelnatz-Monographie etwas sagen.
   Nun höre ich, daß in den nächsten Wochen ein Bändchen von Ringelnatz bei Rowohlt erscheinen wird. Die beiden Bücher könnte man
doch gewiß miteinander verbinden und zum Gegenstand einer schönen Kritik von 4–5 Maschinenseiten machen.
   Ferner: Wollen Sie nicht wieder einmal eine »Frankfurter Anthologie« für uns schreiben? Ein Klopstock-Gedicht (aber nicht ein langes, höchstens 30 Zeilen) wäre mir sehr recht. Sie dachten in diesem
Zusammenhang auch an Arno Holz.
   Im »Faust« heißt es, glaube ich: »Der Worte sind genug gewechselt,
laßt endlich mich nun Taten sehen«. Mit anderen Worten: Ich warte
auf eine Nachricht von Ihnen und vor allem auf Ihre Manuskripte.
   Grüßen Sie bestens die Dame aus dem Knast und seien Sie selber
herzlichst gegrüßt
von Ihrem
Marcel Reich

Maschinenschriftlich auf Kopfbogen FAZ, 1 S. A4

ein Bändchen von Ringelnatz: Joachim Ringelnatz, *Es wippt eine Lampe durch die Nacht. Gedichte u. Zeichnungen,* Reinbek 1975

im »Faust« heißt es: »Der Worte sind genug gewechselt, / Laßt mich auch endlich Taten sehn«, vgl. Johann Wolfgang Goethe, *Faust. Eine Tragödie, Vorspiel auf dem Theater,* in: *Sämtliche Werke* Bd. 6.1., München 2006, S. 540

die Dame aus dem Knast: Eva Rühmkorf war von 1973 bis 1979 Direktorin der Hamburger Jugendstrafanstalt Vierlande.

---

27. Peter Rühmkorf an Marcel Reich-Ranicki

Hamburg, den 3. Juli 75

Lieber Herr Ranicki,

halten Sie mich um Gotteswillen nicht für den, der ich Ihnen scheine! Ich schreibe ein Buch zu Ende, bin tief in Klosterzucht und Schweigegelübde eingesiegelt, kann aber bald wieder die Augen von der Schreibtischplatte gen Himmel heben, auch gen Süden richten, auch in den Ringelnatz senken – bitte noch ganz etwas Geduld! Zwei Wochen nur. Auch an den Klopstock will ich liebend gern denken. Es gibt da ja immerhin noch Epigramme, schöne, schneidende. Falls die Botschaft Sie bereits erreicht hat: ich habe ja auch selbst einige hübsche neue Gedichte zum Angebot, sowohl Walther-Übersetzungen als auch höchstpersönlich-eigne: da könnte man der armen Innung doch vielleicht mal ein Vorzugsplätzchen einräumen, und sei es nur einen Seitenriemen. Aber überlegen und entscheiden Sie nach Belieben. Noch ist alles feucht-frisch, nur einiges erst über Funk gegangen, u n d – was vielleicht interessieren dürfte – alles g a n z unverfänglich, reine schöne Kunst und gerade das Rechte für kluge Köpfe, die sich hinter was verbergen.

Sehr herzlich

Ihr Peter Rühmkorf

Maschinenschriftlich, 2 S. A4

---

28. Marcel Reich-Ranicki an Peter Rühmkorf

Frankfurt am Main, 7. Juli 1975 M. R.-R. / M. K.

Lieber Herr Rühmkorf,

Ihren Brief vom 3. Juli habe ich mit großer Herzlichkeit gelesen und mit einiger Verärgerung. Sie bestätigen das alte deutsche Vorurteil, daß ein Gespräch mit Lyrikern eigentlich gar nicht möglich ist.

Natürlich werde ich gern oder ungern noch etwas Geduld haben, natürlich kann ich die zwei Wochen noch warten. Und es freut mich, daß Sie dann endlich sich des Ringelnatz annehmen wollen und auch des Klopstock. Aber was sollen Ihre Hinweise auf Ihre neuen Gedichte, auf Ihre Walther-Übersetzungen? Was soll das ganze Angebot? Ich brauche nicht Ihre Ausführungen, sondern Ihre Manuskripte.

Wie oft soll ich Ihnen mitteilen – was ich schon mündlich und schriftlich getan habe –, daß wir Ihre Gedichte gern drucken werden. Dies können wir aber, lieber Herr Rühmkorf, nicht tun, wenn wir sie nicht haben. Natürlich will ich gern Walther-Übersetzungen von Ihnen bringen, vielleicht zusammen mit einigen Erklärungen von Ihnen, warum und wie und weshalb Sie sich damit befaßt haben. Aber wie soll ich das denn eigentlich machen, wenn ich von Ihnen nichts kriege?

Wie gesagt: Ich lese Ihre Briefe sehr gern, aber druckbare Manuskripte wären mir noch lieber. Also schicken Sie mir endlich den Ringelnatz und den Walther, den Klopstock und Ihre eigenen Produkte.

Und grüßen Sie bestens Ihre Frau, mit der es sich ungleich besser verhandeln läßt.

Sehr herzlich

Ihr Marcel Reich

Maschinenschriftlich auf Kopfbogen FAZ, 1 S. A4

---

29. Peter Rühmkorf an Ulrich Greiner

Hamburg, den 28. 8. 75

Lieber Herr Greiner,

Dank für rasche Zumittlung des Seewald-Buches; es warf leider meine Besprechung des Hanser-Büchleins noch einmal ganz durcheinander. Ich lege Ihnen zur Illustration vier Flugblätter aus Privatbesitz zu; es sind Raritäten, und ich bitte sehr, sie bestens zu hüten. Nr. 492 bezieht sich auf Ms-S. 2 unten, Nr. 530 auf MS-S. 3, Nr. G 51 dito auf 3. Die Nr. 294, eine Seltenheit ersten Ranges, böte sich vielleicht auch an, obwohl es nicht ausdrücklich genannt wird. Für Hinweis: aus Privatbesitz des Autors o. ä. wäre ich dankbar. Da ich ab 15. Sept. wieder in Hamburg bin, bitte die Blätter bis dahin in Gewahrsam (sicherstem!) zu halten; ich forder sie dann ab.

Bei lege ich Ihnen außerdem ein unkorrigiertes Umbruchexemplar meines neuen Buches; ich hatte es Herrn Ranicki schon angekündigt. Noch haben Sie völlig freie Hand, Sie müßten sich nur ganz schnell – im Groben – entscheiden, auf was Sie wertlegen würden. Ich würde Ihnen gern einen größeren Komplex daraus überlassen – seien es mehrere eigne Gedichte, seien es einige Walther-Übersetzungen (die dann freilich durch sagen wir mal etwas balladeske Zwischentexte verbunden und/oder erklärt werden müßten). Der Klopstock-Teil ist Überarbeitung einer früheren Darstellung, entfällt also für Vorabdruck.

Soviel für den Moment. Hoffentlich ist Herr Ranicki in absehbarer Zeit wieder im Hause, damit wir disponieren können. Ich muß nämlich (das Buch erscheint Ende Oktober / Anfang November) alle Möglichkeiten des Vorabdruckes wahrnehmen; wollte Ihnen aus alter Geschäftsverbindlichkeit nur das Recht der ersten Hand einräumen. Definitive Nachricht erbitte ich besonders im Hinblick auf meine eignen neuen Poeme eiligst, d. h., bei Bedarf, mit genauen Titelbenennungen. Ich wäre sehr dankbar, wenn ich bei Rückkehr vom Urlaub einen kleinen Bescheid vorfände.

Freundlichst Ihr

Peter Rühmkorf

Maschinenschriftlich, 2 S. A4

Lieber Herr Greiner: Ulrich Greiner war von 1970 bis 1980 Feuilleton-Redakteur bei der FAZ, ab 1980 bei der ZEIT.

des Seewald-Buches: Ortwin Buchbender und Horst Schuh (Hg.), *Heil Beil!*
Flugblattpropaganda im II. Weltkrieg. Dokumentation und Analyse, Stuttgart: Seewald-Verlag 1974

meine Besprechung des Hanser-Büchleins: Enthüllungsstrips im Halbdunkel.
Flugblätter aus dem 2. Weltkrieg, in: FAZ, 13. 9. 1975, vgl. Briefe 5 und 7

vier Flugblätter aus Privatbesitz: Peter Rühmkorf sammelte in seiner Jugend Flugblätter der Alliierten; der überlieferte Teil der Sammlung befindet sich im Nachlaß im DLA Marbach.

Der Klopstock-Teil: vgl. Friedrich Gottlieb Klopstock, *Gedichte.* Ausgewählt von Peter Rühmkorf, Frankfurt a. M. / Hamburg 1969; das Vorwort der Gedichtsammlung (S. 7–28) bildete die Basis für das Kapitel *Friedrich Gottlieb Klopstock. Ein empfindsamer Revolutionär* in *WKI.*

eignen neuen Poeme: vgl. *Einundzwanzig Gedichte,* in: *WKI* (S. 149–180)

Rückkehr vom Urlaub: Eva und Peter Rühmkorf fuhren am 30. 8. 1975 mit dem Auto nach Italien, wo sie sich u. a. in der Gegend um Bolsena (ursprünglich Volsinii Novi), Tarquinia und Cecina (Toskana) aufhielten; von dort kehrten sie vor dem 16. 9. 1975 wieder nach Hamburg zurück.

---

30. Marcel Reich-Ranicki an Peter Rühmkorf

Frankfurt am Main, 15. Sept. 1975 M. R.-R. / M. K.

Mein Lieber,

besten Dank für Ihren Brief vom 28. August. Ihre Flugblatt-Kritik ist, wie Sie gesehen haben, mit drei Abbildungen erschienen, was auf dieser Seite ganz und gar ungewöhnlich ist. Sie sollten dem entnehmen, daß wir Sie besonders gut behandeln.

Einen Abschnitt aus Ihrem Walther von der Vogelweide-Essay bringen wir gern, und zwar so schnell wie möglich. Ich halte es aber für dringend notwendig, daß Sie selber einen solchen Abschnitt auswählen und entsprechend zurechtmachen. Es versteht sich, daß für uns die erzählenden Passagen dieser Arbeit geeigneter sind als die philologischen Darlegungen. Wir möchten das in großer Aufmachung bringen und können maximal 12–13, höchstens 14 Maschinenseiten mit 2000 Anschlägen unterbringen. Sehen Sie Möglichkeiten, die Arbeit zu illustrieren? Das Walther von der Vogelweide-Bild aus der Manesseschen Liederhandschrift ist nicht mehr verwendbar, da es mittlerweile allen zum Halse hinaushängt.

Was Ihre eigenen Gedichte betrifft, so werde ich Sie morgen, spätestens übermorgen informieren.

Wann bekomme ich endlich die versprochenen Rezensionen über

Peter Hacks und Ringelnatz? Von Ringelnatz erscheint jetzt bei Rowohlt noch ein Bändchen. Dies könnte man zu der Monographie hinzunehmen, wodurch die Sache abgerundeter wäre.

Überdies habe ich für Sie noch einen weiteren Vorschlag, nämlich »Das große Liederbuch« bei Diogenes. Den Prospekt dieses Buches lege ich bei. Erbitte rasche Antwort und grüße ergebenst und herzlichst

Ihr Marcel Reich

Maschinenschriftlich auf Kopfbogen FAZ, 1 S. A4

Das Walther von der Vogelweide-Bild aus der Manesseschen Liederhandschrift:
Gemeint ist die Abbildung Walthers auf S. 124 im Codex Manesse (auch Manessische Liederhandschrift oder Manessische Handschrift), Universitätsbibliothek Heidelberg. Zur Illustration des Rühmkorf-Textes wurde die Walther-Miniatur auf S. 147 der Weingartner Liederhandschrift verwendet (Weingartner Liederhandschrift, auch Stuttgarter Liederhandschrift, Württembergische Landesbibliothek).

Das Große Liederbuch bei Diogenes: Das große Liederbuch. 204 deutsche Volks- u. Kinderlieder, gesammelt von Anne Diekmann, unter Mitwirkung von Willi Gohl. Mit 156 bunten Bildern von Tomi Ungerer, Zürich 1975

---

31. Peter Rühmkorf an Marcel Reich-Ranicki

Hamburg, d. 17./18. 9. 75

Lieber Herr Ranicki,

Dank für Ihr promptes Freundliches vom 15. September. Ihren Anschlagbedarf betr. Walther habe ich versucht, in Druckzeilen zu übersetzen, wobei ich auf die beigefügte Menge gekommen bin. Ob es zu viel ist, ob möglicherweise viel zu wenig? ich weiß es nicht; Sie können es aber von Ihrer Satzabteilung schnell prüfen lassen, es gibt da ja diese praktischen Drehscheiben. In jedem der beiden Fälle kann postwendend Abhilfe geschaffen werden. Das Stück selbst ist gut herauslösbar und gibt in der Fazette doch den ganzen Walther, bzw. meine neumoderne Sicht von ihm. Worauf es mir ankommt, ist ja die Klassenunsicherheit, die kommt hier so oder so – erzählerisch/berichterisch oder interpretativ – deutlichst heraus.

Zur Illustration bietet sich gerade in diesem Fall vieles an. 1.) Wart-
burgbilder. 2.) Sängerkrieg auf der Wartburg; es gibt da zeitgenössische Illustrationen, die mir allerdings nur in der ohnmächtigen Nach-
krakelung des alten »König« zur Hand sind. 3.) Das schöne Bilderbuch
»Lustgarten der Äbtissin Herrad von Landsberg«, in dem sich u. a. ein
hübsch-naiver »Troßknecht mit Pferd und Maultier« abgebildet findet
(Bezug auf Walthers Pferd und »Atze«). Nun schnell zu weiterem.
»Das große Liederbuch« – normalerweise hätte ich gern zugegriffen;
ich befürchte aber, hier in ein altes Besprechungsmuster zurückzufallen (siehe den Moos-Märchenband). Hinzu kommt, daß ich ja immer
noch mit Hacks und Ringelnatz in Ihrer Schuld bin und mir neue Schulden ungern aufsacke. Schwierigkeiten machen mir vor allem die beiden Hackse. Ich gewinne keinen rechten Zugang. So ist es leider oft,
wenn man von ferne über die Katze im Sack verhandelt; man spitzt
bereits interessiert die Augen, und dann ist es doch nichts rechtes. Ich
möchte auch mal wieder lauthals loben – das kann ich im Moment nur
beim Ringel. Gern würde ich mal wieder ein kleines Gedicht besprechen, aber was? »Die frühen Gräber« hat Wap mir weggeschaufelt,
Trakl und Benn sind auch gerade dran gewesen, also wen? Hardekopf
würde mich interessieren, auch Lichtenstein, überhaupt Expressionismus. An »neuer Subjektivität« wäre vielleicht Nicolas Born interessant, er hat manchmal diese schönen schrägen Flöten. Biermann soll ja
wohl ein Büchlein (oder Platte?) mit Liebesliedern in der Mache/Plane
haben – ist da schon etwas heraus? Seit ich keinen eignen Lektorats-,
bzw. Redaktionsstuhl mehr habe, sehe ich Neuerscheinungen immer
nur in flagranti. Peter Wapnewskis »Waz ist minne« – auch das wäre
natürlich ein Gegenstand. Er hat mich hinsichtlich m e i n e s Walther
freundschaftlichst beraten; aber ich glaube, wir denken im Hinblick
auf Minnesang und ergo Minne ziemlich divergent. Er zunächst vom
Überbau her und ich von der plan/platten Basis aus. Vermutlich hält er
mich für einen Einbrecher in die Zunft, einen Bönhasen, ich ihn für einen Domänen-Verwalter, der manchmal einfach nicht sieht, wie unten
(bei den literarischen Produzenten!) der Boden bearbeitet wird. Bei
der Frage »Waz ist minne«? fängt jedenfalls das Problem für mich nicht
bei Schachspiel und Falkenbeize an, sondern bei, siehe Text: Kreuzes-
zug und Heiratsökonomie.

So. Wieder mal vier Uhr morgens, und die Post muß raus. Zu den Gedichten meines Doppelgängers/Namensvetters kann ich von mir aus nichts sagen; außer, daß hier noch zahlreiche Druckfehler vorliegen; auch haben sich einige Strophen noch ein wenig bei der Schlußkorrektur verändert. Dankbar wäre ich Ihnen, wenn Sie mir das vorläufige Umbruchexemplar wieder zusenden könnten und möglicherweise interessierende Gedichte benennen würden.

in alter Herzlichkeit
Ihr Peter Rühmkorf

Maschinenschriftlich, 3 S. A4

des alten »König«: vgl. Robert Koenig, *Deutsche Literaturgeschichte,* Bielefeld und
  Leipzig 1910. In der Bibliothek Peter Rühmkorf im DLA befindet sich die
  32. Auflage, vgl. dort Bd. 1, S. 129.

»Lustgarten der Äbtissin Herrad von Landsberg«: Gemeint ist eine Handschrift aus
  dem 12. Jahrhundert mit dem lateinischen Titel *Hortus deliciarum.* Auf Tafel
  VII der Ausgabe von Christian Moritz Engelhardt, Stuttgart und Tübingen
  1818, findet sich »Troßknecht mit Pferd und Maultier«.

Walthers Pferd: vgl. sog. *Atze-Spruch,* Walter von der Vogelweide, *Gedichte.*
  Mittelhochdeutscher Text und Übertragung, hg. von Peter Wapnewski, Frankfurt a. M. 1962ff., Nr. 68; ebenso *WKI,* S. 39

den Moos-Märchenband: vgl. Brief 15

die beiden Hackse: welches andere Buch von Peter Hacks neben *Die Dinge in
  Buta* (vgl. Brief 17) Marcel Reich-Ranicki Peter Rühmkorf zukommen ließ, ist
  nicht bekannt.

»Die frühen Gräber«: Friedrich Gottlieb Klopstock, *Die frühen Gräber;* Gedicht,
  entstanden 1764, zuerst abgedruckt in Friedrich Gottlieb Klopstock, *Oden*
  (Bd. 1), Hamburg 1771, S. 155

hat Wap mir weggeschaufelt: Peter Wapnewski, *Der Naturhymnus ein Grabgesang. Über Friedrich Gottlieb Klopstocks Gedicht »Die frühen Gräber«,* in:
  FAZ, 23. 8. 1976 (Frankfurter Anthologie)

Biermann … ein Büchlein (oder Platte) mit Liebesliedern: Wolf Biermann, *Liebeslieder.* LP, CBS (1975), vgl. Peter Rühmkorf, *Du, laß Dich nicht verzärteln.*
  Kritisch-solidarische Anmerkungen zu einer neuen Biermann-Platte, in: FAZ,
  29. 5. 1976. Vgl. auch *Strömungslehre,* S. 99f.

Peter Wapnewskis »Waz ist Minne«: Peter Wapnewski, *Waz ist Minne. Studien zur
  mittelhochdeutschen Lyrik,* München 1975

hinsichtlich meines Walther ... *beraten:* Peter Rühmkorf und Peter Wapnewski führten in der Entstehungsphase von *WKI* eine umfangreiche Korrespondenz, vgl. Nachlaß Peter Rühmkorf im DLA
einen Bönhasen: norddt. etwa »Pfuscher«
Gedichten meines Doppelgängers: Selbstironie

---

32. Marcel Reich-Ranicki an Peter Rühmkorf

Frankfurt am Main, 17. Oktober 1975

Lieber Herr Rühmkorf,

Die »Frankfurter Anthologie« wird im nächsten Frühjahr im Insel
Verlag erscheinen. Sie haben gewiß nichts dagegen, daß auch Ihre Beiträge in diesen Band aufgenommen werden. Es versteht sich übrigens,
daß der Verlag sich noch an Sie direkt wenden wird.

Vorerst aber bitte ich Sie, den Text Ihrer Kommentare zu prüfen
und gegebenenfalls zu korrigieren. Abgesehen von sachlichen Korrekturen, sind auch geringfügige Änderungen Ihrer Texte, falls Sie sie für
nötig halten, noch möglich, doch bitte ich, derartige Änderungen in
Grenzen zu halten.

Ich wäre Ihnen außerordentlich dankbar, wenn Sie die Güte hätten,
auch den Text der Gedichte durchsehen und etwaige Druckfehler korrigieren zu wollen.

Schließlich wäre ich für die möglichst baldige Rücksendung sehr
dankbar.

Mit einem sehr freundlichen Gruß
Ihr Marcel Reich

Anlagen: *2*

Maschinenschriftlich auf Kopfbogen FAZ, 1 S. A4, Rundbrief mit hs. eingefügter
Anrede
den Text Ihrer Kommentare: Der 1. Band der Frankfurter Anthologie (Frankfurt
a. M. 1976) enthält zwei Interpretationen von Peter Rühmkorf: *In flagranti
gefasst* (über Joachim Ringelnatz, *Vorm Brunnen in Wimpfen,* S. 101–105)
und *Ein Poet mit viel Puste* (über Volker Braun, *Durchgearbeitete Landschaft,*
S. 265–269).

---

33. Marcel Reich-Ranicki an Peter Rühmkorf

Frankfurt am Main, 21. Oktober 1975 M. R.-R. / M. K.

Lieber Peter Rühmkorf,
1. In Sachen Rilke haben wir ja schon telefonisch gesprochen. Ich sende Ihnen heute beiliegend die Thesen von Egon Schwarz und bitte Sie um eine Stellungnahme, wobei es natürlich Ihnen überlassen bleibt, ob Sie über den von Schwarz skizzierten Themenkreis hinausgehen. Die Stellungnahme sollte etwa 3 Maschinenseiten (mit 30 Zeilen) umfassen. Es wäre schön, wenn ich Ihren Beitrag Anfang, spätestens Mitte November erhalten könnte.
2. Ich wäre Ihnen sehr dankbar, wenn ich jetzt Ihre Besprechung des Buches von Wapnewski bekommen könnte.
3. Wie schaut es mit der versprochenen »Frankfurter Anthologie« aus?
Mit herzlichen Grüßen
Ihr Marcel Reich

Maschinenschriftlich auf Kopfbogen FAZ, 1 S. A4
In Sachen Rilke ... die Thesen von Egon Schwarz: Vermutlich gemeint ist Egon Schwarz, *Das verschluckte Schluchzen. Poesie und Politik bei Rainer Maria Rilke.* Frankfurt a. M. 1972.
Besprechung des Buches von Wapnewski: Der Forscher und der Falkner.
Peter Wapnewskis Studien zur mittelhochdeutschen Lyrik »Waz ist Minne«, in: FAZ, 22. 11. 1975

---

34. Peter Rühmkorf an Marcel Reich-Ranicki

Hamburg, den 28. 10. 75

Lieber Herr Ranicki,
hier schnell die korrigierten Anthologie-Beiträge. Der Wap ist in Arbeit, Sie haben ihn bis Ende nächster Woche. Obwohl ich die meisten Texte kannte, türmten sich vor einer Rezension doch gewaltige formale Schwierigkeiten auf; das ist ja pure Wissenschaft, die hier besprochen werden will, und die man, soll's unterhaltsam werden, von unge-

wohnter Seite her mit der Zuckerzange packen muß. Ich glaube, ich habe einen hübschen Trick gefunden.
Herzlich wie immer
Ihr Peter Rühmkorf

P. S. Mir wurde von allen möglichen Seiten her bekannt, Sie hätten meiner neulich auf Frontseite Erwähnung getan; würden Sie mir – ich habe das Exemplar nicht – einen kleinen Beleg zustellen? Freundlicherweise?!

Maschinenschriftlich, 1 S. A4
Sie hätten meiner neulich auf Frontseite Erwähnung getan: vgl. Marcel Reich-Ranicki, *Schriftsteller am stillen Herd,* in: FAZ, 18.10.1975 (Titelseite):»Dem einst kämpferischen Peter Rühmkorf, der freilich nie seine individuelle Gangart verleugnet hat, machen Demonstrationen jetzt keinen Spaß mehr: Am stillen Herd in Winterszeit sinnt er über Herrn Walther von der Vogelweid'.«

---

35. Peter Rühmkorf an Marcel Reich-Ranicki

Hamburg, den 8. Nov. 75

Lieber Herr Ranicki,
so! nun aber in Eile ab die Post. Ein wenig lang ist der Wap vielleicht, aber die Altgermanistik! Es ging nicht anders. Es war in der Originalfassung doppelt so umfangreich, und ich habe mich schon mächtig selbst beschnitten. Sehr schwierig war für mich die Gratwanderung. Ein schönes Buch, von dem mich so vieles trennt. Ein wichtiger Wissenschaftler, aber als Mann von Fach und Würden doch auch ein Teil der Schamanengilde. Nun, ich denke, so ist es für alle Beteiligten nützlich und ehrenwert. Ob ich den Rilke schaffe, weiß ich nicht. Die Fragen besitzen schon so viel an Antwort, daß man schlecht weiß, wie variieren. Oder: wo die Fragen anders stellen. Rechnen Sie hier bitte nicht ganz fest mit mir.
Herzlich wie immer
Ihr Peter Rühmkorf

Maschinenschriftlich, 1 S. A4

ob ich den Rilke schaffe: Am 29. 11. 1975 erschien in der FAZ der Artikel *Selbstbefriedigung im Büßerhemdchen. Rainer Maria Rilke zum 100.* Geburtstag,
den Peter Rühmkorf unter dem Titel *In unseren Händen hängt der Hammer
schwer. R. M. Rilke, zum 100. Geburtstag* im Essay-Band *Strömungslehre* ebenfalls veröffentlichte.

---

36. Marcel Reich-Ranicki an Peter Rühmkorf

11. XI. 75 FRANKFURT AM MAIN
PETER RUHMKOPF OEVELGOENNE 50 2HAMBURG52

BIN BEGEISTERT VON IHREM WAPNEWSKI-AUFSATZ DANKE
HERZLICHST STOP WIRD NAECHSTEN SONNABEND VER-
OEFFENTLICHT STOP VERZICHTE AUF KEINENE AUF IHRE
AEUSSERUNG ZU RILKE STOP SCHWARZ-THESEN SOLLEN
NUR AUSGANGSPUNKT SEIN STOP WICHTIGER IHR HEUTI-
GES VERHAELTNIS ZU RILKE STOP MUSS IHREN BEITRAG
SPAETESTENS ZWANZIGSTEN NOVEMBER ERHALTEN ANDE-
RENFALLS HABEN SIE MIT FURCHTBARSTEM STRAFMASS-
NAHMEN ZU RECHNEN HERZLICHST IHR REICH-RANICKE
FRANKFURTER ALLGEMEINE ZEITUNG

Telegramm

---

37. Marcel Reich-Ranicki an Peter Rühmkorf

Frankfurt am Main, 27. November 1975 M. R.-R. / M. K.

Mein lieber Peter Rühmkorf,

es war mir ein Vergnügen, mit Ihnen in Hamburg zu dinieren. Nun
sollte, was wir verabredet haben, auch aktenkundig werden.

Wir haben also vereinbart: Sie werden (wie bisher) exklusiv für uns
schreiben. Damit ist gemeint: für keine andere Tages- oder Wochenzeitung. Sie haben den (etwas verwunderlichen) Wunsch geäußert, eventuell mal für ein Hamburger Nachrichtenmagazin etwas zu schreiben.

Das sehen wir sehr ungern, aber wir meinen, daß überaus seltene Ausnahmen die Regel bestätigen können. Mit anderen Worten: Sollten Sie jemals das überaus dringende Bedürfnis verspüren, etwas für den »Spiegel« zu schreiben, dann werden Sie sich vorher in dieser Sache mit dem Unterzeichneten ins Benehmen setzen.

Auf ein Pauschalhonorar werden wir auf Ihren ausdrücklichen Wunsch verzichten. Stattdessen verpflichten wir uns, Ihnen für jeden Beitrag ein denkbar hohes Honorar zu überweisen. Sie können damit rechnen, daß Sie immer (abgesehen von kurzen Äußerungen zu Umfragen oder Beiträgen für die »Frankfurter Anthologie« und anderen Kurzartikeln) für jede Kritik im Umfang von etwa 4 Maschinenseiten mindestens 500,– DM erhalten werden. Daß Sie für die größeren Beiträge entsprechend mehr erhalten, versteht sich von selbst. Für Ihren Aufsatz über Wapnewski haben wir Ihnen 750,– DM überwiesen, für die Äußerung in Sachen Rilke 350,– DM. Sie werden zugeben, daß die Vokabel Ausbeutung in diesem Fall übertrieben wäre. Wir werden uns also Mühe geben, Sie in finanzieller Hinsicht zufriedenzustellen, erwarten aber andererseits, daß Sie nach wie vor Handarbeit liefern werden, etwa von dem Niveau des Artikels über Wapnewski.

Der Gedichtband von Adolf Endler dürfte inzwischen in Ihren Händen sein. Sie haben fest versprochen, rasch eine »Frankfurter Anthologie« zu machen. Ich bitte Sie aber dringend, nicht mehr als 60 Zeilen (freilich mit 60 bis 65 Anschlägen) zu schreiben. Zwar können Ihre Artikel nicht lang genug sein, aber Sie verstehen, daß ich Schwierigkeiten mit anderen Autoren der »Frankfurter Anthologie« vermeiden muß und die Rubrik ihren Charakter nur bewahrt, wenn man sich streng an die Dimensionen hält.

Nach dem Endler sollte nun endlich der Ringelnatz-Artikel kommen. In diesem Herbst sollte ja irgend etwas von Ringelnatz bei Rowohlt erscheinen. Da Sie mit dem Verlag direkte Beziehungen haben, bedürfen Sie nicht unserer Vermittlung. Sie verstehen meine Intention: wenn man in der bibliographischen Notiz neben der Monographie von Pape auch ein Büchlein mit Primärtexten nennt, wird die Tatsache, daß Sie, wie ich vermute, mehr über Ringelnatz als über Pape schreiben (und darauf kommt es schließlich an), voll gerechtfertigt.

Und nach dem Ringelnatz dann also der Benn. Schließlich: Hacks ist nicht vergessen.

Das wärs für heute. Bitte, bestätigen Sie mir den Erhalt dieses Briefes, und sagen Sie mir, daß Sie die Zusammenarbeit mit uns so schätzen, wie wir selbige mit Ihnen.
Es grüßt Sie sehr herzlich
Ihr Marcel Reich

Maschinenschriftlich auf Kopfbogen FAZ, 2 S. A4
mit Ihnen in Hamburg zu dinieren: Laut dem unveröffentlichten Tagebuch von
Peter Rühmkorf fand das gemeinsame Essen am 24.11.1975 im Grill-Room
des Hotels »Vier Jahreszeiten« in Hamburg statt.
Gedichtband von Adolf Endler: Adolf Endler, *Nackt mit Brille,* Berlin 1975
eine »Frankfurter Anthologie zu machen«: vgl. *Eine Ballade vom Schnee und
vom Schnaps. Über Adolf Endlers Gedicht »Des Freundes Wettlauf mit
dem Schneemann«,* in: FAZ, 7.2.1976 (Frankfurter Anthologie), vgl. auch
Strömungslehre, S. 96ff.

_____

38. Peter Rühmkorf an Marcel Reich-Ranicki

Hamburg, den 20.12.75

Lieber Herr Ranicki,
sehr herzlichen Dank für Ihren freundlich/erfreulichen Brief vom 27. November. Die Verspätung meiner Antwort rührt, wie Sie wohl von Eva erfahren haben, weniger aus eigenem Verschulden her als aus diesmal sehr technischen Gründen: längerer Lesereise ohne Beziehung zur extralokalen Außenwelt. Die mir von Ihnen auferlegten Ausschließlichkeitsklauseln erkenne ich hiermit förmlich an, in der Hoffnung, daß sich auch die monetären Folgelasten Ihrerseits weiterhin zu schönem Sängerlohn verfestigen. Ihre Honoraranweisungen für die letzten drei Artikel habe ich gern zur Kenntnis genommen – insbesondere den hübschen Aviso »Selbstbefriedigung – 350.– DM«. Eventuelle »Spiegel«-Rezensionen, die ohnehin nur das Ausmaß von zwei Jahresbeiträgen umfassen werden, werde ich Ihnen rechtzeitig vorankündigen.

Der Endler ist in Arbeit und wird Ihnen gegen Jahresabschluß zugehen. Als nächstes folgt dann der Ringelnatz. Frage nebenbei, haben Sie die Mombert-Briefe schon vergeben? Das wäre schon ein Objekt für eine kleinere Würdigung.

Sehr herzlich wie immer

Ihr Peter Rühmkorf

Maschinenschriftlich, 1 S. A4

längere Lesereise: Vom 29. 11. bis 9. 12. 1975 hatte Rühmkorf Lesungen u. a. in Düsseldorf, Zürich und München.

den hübschen Aviso: vgl. Brief 35

die Mombert-Briefe: Alfred Mombert, *Briefe an Friedrich Kurt Benndorf aus den Jahren 1900–1940*, Heidelberg 1975; Peter Rühmkorf hat dazu keine Rezension veröffentlicht.

---

39. Peter Rühmkorf an Marcel Reich-Ranicki

Hamburg, den 3. 1. 76

Lieber Herr Ranicki,

hier also der Adolf Endler. Als nächstes kommt dann der Ringelnatz. Eine Frage: die Hebbel-Tagebücher sind wohl a.) schon zu lange neu heraus und b.) sicher bei Ihnen schon besprochen worden. Ich stoße auf die wirklich interessanten Sachen immer weit nach Erscheinen und via Zufall – eine üble Crux bei dem ganzen Besprechungswesen. Aber ich weiß ja, was Sie langweilt, sind Rezensentenprobleme; was Sie erquickt, termingerecht eingesandte Artefakte.

In alter Herzlichkeit

Ihr Peter Rühmkorf

Maschinenschriftlich, 1 S. A4

Hebbel-Tagebücher: Auf welche Ausgabe Rühmkorf sich bezieht, ist nicht mehr ermittelbar.

---

40. Marcel Reich-Ranicki an Peter Rühmkorf

Frankfurt am Main, 7. Januar 1976 M. R.-R. / M. K.

Mein lieber Herr Rühmkorf,
  ich danke für Ihren Adolf-Endler-Kommentar. Sehr schön. Kommt im Februar.
  Ich warte nun sehnsüchtig (und tue dies schon seit über einem Jahr) auf Ihren Ringelnatz-Aufsatz. Gott hat für die Erschaffung der Welt sechs Tage gebraucht, und wieviel brauchen Sie für eine Kritik? Doch wird diese gewiß vollkommener sein als jene.
  Hebbel-Tagebücher? Muß das sein? Sie sollten doch für uns vor allem nach dem Ringelnatz den Benn machen. Außerdem ist ja noch der Hacks fällig. Weitere Aufgaben werden sich schon finden. Wenn Sie aber unbedingt etwas zu Hebbel sagen wollen – wir werden uns schon einigen, von Ihnen nehme ich ja, wie Sie wissen, eigentlich alles. Ich kann nur mit Heine sagen: Mein Liebchen, was willst Du noch mehr?
  Herzlichst Ihr
  Marcel Reich

Maschinenschriftlich auf Kopfbogen FAZ, 1 S. A4

---

41. Peter Rühmkorf an Marcel Reich-Ranicki

Hamburg, d. 14. 1. 76

Lieber Herr Ranicki,
  muß leider nochmal auf Lese und bin erst am 21.1. wieder am Ort. Der Ringelnatz ist im Gepäck. Reisedichter unter sich. Hebbel muß ganz und gar nicht sein – es war nur gerade so eine Idee, als ich noch erhitzt vom Lesen war. Bin im letzten Drittel allerdings mächtig wieder abgekühlt.
  Cordialmente permanente
  Ihr Peter Rühmkorf

Maschinenschriftlich, 1 S. A4
muß leider nochmal auf Lese: Lesereise vom 15.1. bis 19.1.1976 Zürich, Bern und Stuttgart

---

42. Peter Rühmkorf an Marcel Reich-Ranicki

Hamburg, d. 9.2.76

Lieber Herr Ranicki,

hier ist endlich der Ringelnatz. Bißchen lang vielleicht wieder mal, aber dafür könnte man den Text dann ja auch noch mit einem Karikatürchen hier oder dort anreichern. Im Rowohlt-Büchlein ist freilich nichts Rechtes.

Soviel in Eile. Nein! dies noch: bitte auf keinen Fall vorm 19. Februar drucken – eine Kurzfassung geht noch über den SFB!!!

Herzlichst

Ihr Peter Rühmkorf

Maschinenschriftlich, 1 S. A4

mit einem Karikatürchen ... anreichern: Der Abdruck von Peter Rühmkorfs Ringelnatz-Essay (vgl. Brief 15) wurde mit einer Ringelnatz-Porträtzeichnung von Walter Trier illustriert (vgl. Lothar Lang (Hg.), *Das große Trier-Buch,* München 1974).

Kurzfassung ... über den SFB: Im Nachlaß ist keine Ringelnatz-Sendung aus dieser Zeit nachzuweisen.

---

43. Marcel Reich-Ranicki an Peter Rühmkorf

10.III.1976 FRANKFURT AM MAIN

PETER RUEHMKORF OEVELGOENNE 50 (2) HAMBURG/52

ERBITTE DRINGEND RUECKSENDUNG DER BUECHER VON HACKS. WARTE SEHNSUECHTIG AUF IHREN BENN HERZLICH REICH-RANIKKI

Telegramm

---

44. Peter Rühmkorf an Marcel Reich-Ranicki

Hamburg, den 17. 3. 76

Lieber Herr Ranicki,

leider noch kein Ms. diesmal, ich bin noch so ins neue Rowohlt Literatur-Magazin verstrickt, daß mir jede freie Puste fehlt. Auf meiner/ Ihrer Liste stehn also jetzt: van Hoddis o. ä., Benn-Taschenbücher und Biermann-Platte – recht so? Anbei im übrigen ein kleiner Komma-Fehler Ihres Honorarverarbeitungsautomaten. Er hat anscheinend beim Endler gespart, was Sie mir beim Ringelnatz draufgebuttert haben. Die Hackse sind am letzten Montag an Sie abgegangen. Vom Verlag aus. Wenn Sie gelegentlich mit Herrn Ueding korrespond- oder telefonieren, grüßen Sie ihn doch aufs schönste und ich ließe nochmal privat von mir hören. Da die Welt als ganze ja ziemlich heillos ist, soll man wenigstens versuchen, ein paar geistig-gesellige Fäden drumherum zu schlingen.

In alter Herzlichkeit

Ihr Peter Rühmkorf

Maschinenschriftlich, 1 S. A4

ins neue Rowohlt Literatur-Magazin verstrickt: Peter Rühmkorf war zusammen
mit Hermann Peter Piwitt Herausgeber von Literaturmagazin 5, *Das Vergehen
von Hören und Sehen. Aspekte der Kulturvernichtung.* Reinbek 1976

van Hoddis o. ä.: vgl. Peter Rühmkorf, *Zur Teilnahmslosigkeit erstarrt. Über
Jakob van Hoddis' Gedicht »Weltende«,* in: FAZ, 28. 8. 1976 (Frankfurter
Anthologie)

Benn-Taschenbücher: Gottfried Benn, *Gesammelte Werke,* hg. von Dieter
Wellershoff. München 1975; vgl. Peter Rühmkorf, *Und aller Fluch der ganzen
Kreatur.* Gottfried Benn 1976, in FAZ, 19. 6. 1976

grüßen Sie ihn: Rühmkorf bezieht sich auf Gert Uedings Rezension *Peter
Rühmkorfs Überlebenskunst. Essays über Klopstock und Walther von der
Vogelweide und neue Gedichte,* in: FAZ, 24. 1. 1976

45. Marcel Reich-Ranicki an Peter Rühmkorf

Frankfurt am Main, 18. März 1976 M. R.-R. / M. K.

Mein lieber Peter Rühmkorf,
herzlichen Dank für Ihren Brief vom 17. März. In der Tat ist in der Honorar-Gutschriftsanzeige ein Komma-Fehler; die Sache wird schleunigst in Ordnung gebracht. Was die Honorare betrifft, so muß ich wiederholen, was ich Ihnen wohl schon damals gesagt hatte: Sie werden in allen Fällen außerordentlich hohe Honorare, wie von uns verabredet, erhalten. Das gilt allerdings nicht für Beiträge für unsere »Frankfurter Anthologie«. Da gibt es für ausnahmslos alle Mitarbeiter ein Pauschalhonorar in Höhe von 250,– DM. Haben Sie doch bitte Verständnis dafür, daß ich hier nichts »draufbuttern« kann.

Ich hoffe aber sehr, daß dieser Umstand Sie nicht hindern wird, nach wie vor für diese Rubrik zu schreiben. Ich freue mich also sehr, daß Sie den van Hoddis machen werden und je schneller, desto besser. Die anderen beiden Themen wie von Ihnen angegeben, also Biermann-Platte und Benn. Ich glaube, daß Sie zunächst die Biermann-Platte machen sollten, denn da gibt es eine gewisse Aktualität, und außerdem habe ich den Eindruck, daß Sie daran nicht mehr viel zu arbeiten brauchen.

Was Benn betrifft, so ist doch wohl klar, daß Sie sich nicht bei der Beurteilung der Taschenbuch-Edition aufhalten werden, sondern uns vor allem sagen, was heute von Benn zu halten ist.

Die Hacks-Bücher sind inzwischen hier richtig angelangt.

Ihr großer Gedicht-Band hat mich sehr beeindruckt. Wir werden selbstverständlich auch dieses Buches in unserem Blatt auf angemessene Weise gedenken.

In der Hoffnung, rasch wieder von Ihnen zu hören, grüßt Sie herzlichst,
Ihr Marcel Reich

Maschinenschriftlich auf Kopfbogen FAZ, 1 S. A4
Ihr großer Gedicht-Band: Gesammelte Gedichte. Wer Lyrik schreibt, ist verrückt!
Alle Gedichte 1953–75, Reinbek 1976 (erschienen im Februar 1976)

46. Marcel Reich-Ranicki an Peter Rühmkorf

02. IV. 76 FRANKFURT AM MAIN
HERRN PETER RUEHMKORF
OEVELGOENNE 50 (2000) HAMBURG/52

ERBITTE DRINGEND MANUSKRIPT BIERMANN
HERZLICH REICH-RANICKI

Telegramm

---

47. Peter Rühmkorf an Marcel Reich-Ranicki

Hamburg, den 7. 4. 76

Lieber Herr Ranicki,
bitte noch ganz klein wenig Gedld – eine Fehlleistung, die die erbe-
tene Geduld fast ins Monetäre verschoben hätte. Aber, gottseidank,
man überblickt sich ja selbst noch. Überleitung Biermann aus Funkfassung in Druckfassung ist diesmal bißchen schwierig. Ich habe viele
Dichtereinwände, will den Mann im ganzen aber doch nicht erniedri-
rigen, allenfalls im allerletzten Opus ein wenig relativieren. Anfang
nächster Woche haben Sie die Bescherung. Dann auch bald darauf den
Benn – kein leeres Versprechen, weil Bayrischer Rundfunk bis Donnerstag nächster Woche auch so'ne kleine Bilanz will. Bitte mich nicht
trietzen! Wirke gern für Sie, bin aber total kaputtgearbeitet und hab
momentan nur ganz dünne Sicherungen.
Herzlich wie gehabt, nur etwas zermürbter
Ihr Peter Rühmkorf

Maschinenschriftlich, 1 S. A4
Überleitung Biermann aus Funkfassung in Druckfassung: Im Nachlaß ist keine
Funkfassung nachweisbar.
Bayrischer Rundfunk ... so'ne kleine Bilanz: ... die Leere und das gezeichnete Ich –
Was bleibt von Gottfried Benn? Eine Sendung zum 90. Geburtstag des Dichters,
BR, 28. 4. 1976

48. Peter Rühmkorf an Marcel Reich-Ranicki

Hamburg, den 19. 4. 76

Lieber Herr Ranicki,

hier in bewährter Unverdrossenheit etwas Langes – ich wollte aber meinen gar nicht so guten Eindruck von Biermanns jüngster Platte nicht ohne die nötigen Ehrenerweise über die Bühne schicken. Diese »Liebeslieder«, allenthalben wieder mal »Biermanns beste Platte« und ähnlich und schlimmer genannt, ist für alte Liebhaber schon eine herbe Enttäuschung. Ich rede hier – nach vielseitiger Rücksprache – schon gewissermaßen für Gemeinde, und was hier kritisiert, ist mehr als e i n, mehr als mein Subjekt. –

Der Benn ist ganz gut gediehen, ich muß nur noch einige neue Gedanken über Regression anhängen.

Herzlich wie immer

Ihr Peter Rühmkorf

P. S. – ja, dies noch: die genannte und mitbesprochene Monographie ist auch ziemlich neu. Sie sollte unten auf jeden Fall mit ihren Daten angeführt werden.

Maschinenschriftlich, 1 S. A4

die genannte und mitbesprochene Monographie: Klaus Antes / Heinz Ludwig
    Arnold, *Wolf Biermann,* München 1975

---

49. Marcel Reich-Ranicki an Peter Rühmkorf

Frankfurt am Main, 26. April 1976 M. R.-R. / M. K.

Mein sehr Lieber,

vielen Dank für Ihren aufschlußreichen und vorzüglich geschriebenen Aufsatz über Biermann. Ich warte auf Benn!

Wie stehen Sie zu Wolfgang Koeppen? Er wird im Juni 70 Jahre alt und ich möchte aus diesem Anlaß eine Anzahl nicht langer, doch, versteht sich, vorzüglicher Artikel über ihn bringen. Hätten Sie Lust mitzumachen? Ich dachte an ein Manuskript von etwa 3, 4 Maschinenseiten. Natürlich nicht ein Porträt, sondern eher die Behandlung eines

Ausschnitts: eines Romans von Koeppen oder eines Reisebuches oder eines bestimmten für Sie interessanten oder wichtigen Aspektes in seinem Werk. Das Manuskript müßte ich Anfang Juni haben. Lassen Sie mich rasch wissen, ob ich damit rechnen kann.
Herzlichst Ihr
Marcel Reich

Maschinenschriftlich auf Kopfbogen FAZ, 1 S. A4

eine Anzahl nicht langer ... Artikel: Die Artikelserie erschien am 19. 6. 1976 in der
FAZ; kein Beitrag von Peter Rühmkorf; Beiträger waren u. a. Peter Härtling,
Siegfried Lenz, Hans Mayer, Marcel Reich-Ranicki.

---

50. Peter Rühmkorf an Marcel Reich-Ranicki

Hamburg den 2. Mai 76

Lieber Herr Ranicki,
Koeppen schaffe ich leider nicht – ich müßte anders das von mir höchst geschätzte »Treibhaus« nochmal lesen – die Urlektüre liegt so lange zurück wie das Ersterscheinen des Buches. Der Benn läuft; hatte gehofft, ihn über dies Wochenende abschließen zu können, nun hakt er aber noch an entscheidender Stelle, und ich muß noch zwei-drei Tage drangeben. Für Anthologie: käme da nicht auch mal der Walter Mehring in Frage? Las gerade in der ZEIT, er sei, in Vergessenheit, achtzig geworden – das soll man sich doch nicht zweimal sagen lassen.
Sehr herzlich
Ihr Peter Rühmkorf

Maschinenschriftlich, 1 S. A4

»Treibhaus«: Wolfgang Koeppen, *Das Treibhaus.* Stuttgart 1953

Las ... in der ZEIT, er sei ... achtzig geworden: Thilo von Uslar, *Euch zum Trotz.*
Zu Unrecht vergessen: Walter Mehring wird achtzig Jahre alt, in: DIE ZEIT,
30. 4. 1976

---

51. Marcel Reich-Ranicki an Peter Rühmkorf

Frankfurt am Main, den 4. Mai 1976 M.R.-R./M.K.

Mein lieber Herr Rühmkorf,
Ihr Brief vom 2. Mai hat mich betrübt und erfreut. Schade, daß Sie in Sachen Koeppen nichts sagen wollen. Schön, daß Sie für unsere »Frankfurter Anthologie« ein Walter Mehring-Gedicht vorschlagen. Da bin ich sehr gern einverstanden.
Ihr Biermann-Artikel kommt rasch, durch den Streik sind leider Verzögerungen entstanden, für die Sie doch Verständnis haben.
Auf Benn warte ich gespannt.
Herzliche Grüße
Ihr Marcel Reich

Maschinenschriftlich auf Kopfbogen FAZ, 1 S. A4
ein Walter-Mehring-Gedicht: Erst 25 Jahre später hat Peter Rühmkorf in der FAZ einen Artikel über Walter Mehring veröffentlicht (*Über die Unwillkommenheit von Zeitgedichten,* FAZ, 17. 2. 2001 [Frankfurter Anthologie]), vgl. Brief 261.
Streik: Der bis zum 13. 5. 1976 dauernde zweiwöchige Streik in der Druckindustrie führte zu weitreichenden Ausfällen bei der Produktion von Zeitungen und anderen Druckerzeugnissen.

---

52. Peter Rühmkorf an Marcel Reich-Ranicki

Hamburg, den 28. 5. 76

Lieber Herr Ranicki,
bei liegt der Benn – wieder mal ein Lebenswerk mitsamt seinen zeitgenössischen Reflexen im Kompressverfahren abgehandelt – eine aasige Arbeit. Auf der anderen Seite hab ich aber auch keine Lust, nochmal nachzuschreiben und nachzudenken, was bereits wissenschaftlich oder feuilletonistisch ausgebreitet worden ist, so muß ich mich jedesmal ganz neu in schwierigste Materien versenken, Unterfangen, die eigentlich nur die Muse vergilt – nebst Ihren freundlichen Bestätigungsschreiben, versteht sich. Wann weiteres kommt, kann ich im Moment noch nicht ganz sicher sagen. Ich bin ja jeden Monat für eine Woche in Essen im Joch, das heißt dann mindestens noch eine

Woche pädagogischer Vor- und Aufbereitung, ein schauerliches Kärr-
nerleben mit dem einzigen Zweck, bißchen Geld für neue Bücher an-
zuhäufen, die nicht mich tragen, die *ich* tragen muß. Vielen Dank auf
jeden Fall, daß Sie mir immer so freundlich geneigte Kritiken angedei-
hen lassen, bzw. sie eintreiben/auftreiben. Sie stärken wenigstens den
Lebensmut, wo schon so viel den Bach runtergeht: z. B. die zweite Auflage »Walther«, an den Verlag und die »Gesammelten« gesammelt an
denselben, weil wegen Schulden verpfändet. Die alte Leier, ich weiß
es, aber täglich neu verstimmt.

Ihnen meine herzlichsten Grüße! Ihr P. R.

Maschinenschriftlich, 1 S. A4, hs. Gruß

der Benn – wieder mal ein Lebenswerk ... im Kompressverfahren: vgl. Brief 44
jeden Monat in Essen im Joch: Vom 10. 5. bis 9. 7. 1976 war Peter Rühmkorf
Gastprofessor an der Universität Essen.

---

53. Marcel Reich-Ranicki an Peter Rühmkorf

Frankfurt am Main, 8. Juni 1976 M. R.-R. / M. K.

Mein Lieber,

ich fürchte fast, ich habe es unterlassen, Ihnen sehr herzlich für das
Manuskript über Benn zu danken. Da haben Sie wieder einmal eine
ganz vorzügliche Arbeit für uns verfertigt, vielleicht stellenweise nicht
ganz leicht, doch dankenswerterweise neu und wirklich aufschlußreich. Der Artikel kommt in unserer Nummer vom 19. Juni.

Wie Sie sehen, haben wir in unserer heutigen Nummer ebenfalls
Ihrer gedacht. Beleg in der Anlage.

Was werden Sie jetzt für uns schreiben?

Herzlichst Ihr

Marcel Reich

Maschinenschriftlich auf Kopfbogen FAZ, 1 S. A4

in unserer heutigen Nummer ebenfalls Ihrer gedacht: In der FAZ war am
8. 6. 1976 Rühmkorfs Gedicht *Heinrich-Heine-Gedenk-Lied* aus der gerade
erschienenen Anthologie *Gesammelte Gedichte* abgedruckt.

---

54. Peter Rühmkorf an Marcel Reich-Ranicki

Hamburg, den 14. 6. 76

Lieber Herr Ranicki,

Dank für Ihren freundlichen Zuspruch. Wie ich sehe, ist Ihnen jetzt ja auch der Enzensberger ins Netz gegangen – sehr schön. Bitte nicht vergessen: Sie hatten mir vor einiger Zeit den van Hoddis (»Weltende«) überlassen; Grundierung liegt schon vor. Mit Mehring-Gedicht tu ich mich noch etwas schwer – im Rowohlt-TB finde ich nicht, was ich noch im Ohr habe; und das ältere Gedichtbuch scheint verlegt/verloren. Längere Dinge können Sie von mir erst wieder ab 10. Juli etwa erwarten, wenn meine Essen-Uni-Zeit vorüber ist.

In alter Herzlichkeit
Ihr Peter Rühmkorf

Maschinenschriftlich, 1 S. A4

der Enzensberger ins Netz gegangen: Hans Magnus Enzensberger, *Keine Silbe zuviel. Über Christian Morgensterns Gedicht »Fisches Nachtgesang«,* in: FAZ, 12. 6. 1976 (Frankfurter Anthologie)

Mehring-Gedicht ... Rowohlt-TB: Peter Rühmkorf bezieht sich vermutlich auf Walter Mehring, *Der Zeitpuls fliegt. Eine Auswahl. Chansons, Gedichte, Prosa,* Reinbek 1958.

das ältere Gedicht-Buch: Vermutlich meint Peter Rühmkorf Walter Mehrings Gedichtband *Arche Noah SOS: Alte und neue Gedichte, Lieder und Chansons,* Reinbek 1951.

---

55. Marcel Reich-Ranicki an Peter Rühmkorf

Frankfurt am Main, 1. Juli 1976 M. R.-R. / M. K.

Mein lieber Peter Rühmkorf,

da ich zwei Wochen verreist war, kann ich Ihnen erst heute schreiben. Machen wir es kurz und sachlich.

1. Habe mich außerordentlich gefreut über den Merck-Preis. Sie wissen, daß ich mehr für Sie haben wollte und natürlich ist es ein Skandal, daß Piontek den großen Preis bekommen hat, Sie aber den kleineren, den aber vor einigen Jahren immerhin ein Huchel erhalten hat.

Mit anderen Worten: keine maximale Lösung, doch besser als nichts. Allgemein sind ja in letzter Zeit Ihre Aktien stark gestiegen, was mich sehr freut und wozu wir, glaube ich, doch kräftig beigetragen haben. Sie werden in Darmstadt gewiß die übliche Denkrede halten, werden es gewiß witzig und spritzig machen und werden selbstverständlich das Manuskript dieser Rede für uns reservieren.

2. Ihren Benn habe ich mit großem Vergnügen gelesen, besonders hat mir der Schlußteil gefallen. Ein Honorar in Höhe von 850,– DM ist an Sie unterwegs.

3. Das Gedicht von van Hoddis »Weltende« ist nach wie vor für Sie reserviert. Aber was geben wir da in der bibliographischen Notiz an? Gibt es irgendeine van Hoddis-Ausgabe?

4. Nach wie vor wäre ich sehr froh, wenn Sie ein Walter Mehring-Gedicht für die »Frankfurter Anthologie« machen könnten. Kennen Sie den zuletzt erschienenen Band von ihm »Das große Ketzerbrevier«? Falls nötig, könnten wir Ihnen das Buch beschaffen.

5. Nun naht das von Ihnen angegebene Datum, der 10. Juli. Ich nehme also an, daß Sie gleich am 11. etwas Größeres für uns zu schreiben beginnen werden. Aber was? Haben Sie Vorschläge oder warten Sie auf selbige von mir?

Es grüßt Sie und Ihre ständige Begleiterin in großer Herzlichkeit,
Ihr Marcel Reich

Maschinenschriftlich auf Kopfbogen FAZ, 1 S. A4

Merck-Preis: Der »Johann-Heinrich-Merck-Preis für literarische Kritik und Essay« wird seit 1964 von der Deutschen Akademie für Sprache und Dichtung in Darmstadt verliehen. Die Laudatio auf Peter Rühmkorf hielt Albert von Schirnding. (Vgl. Jahrbuch 1976 der Deutschen Akademie für Sprache und Dichtung, Heidelberg 1977, S. 89ff.)

daß Piontek den großen Preis bekommen hat: Heinz Piontek erhielt 1976 den seit 1951 von der Deutschen Akademie für Sprache und Dichtung jährlich verliehenen Georg-Büchner-Preis.

ein Huchel: Peter Huchel wurde 1971 mit dem Johann-Heinrich-Merck-Preis ausgezeichnet.

in Darmstadt die übliche Denkrede: Möglicherweise Verschreibung für »Dankrede«. Vgl. Peter Rühmkorf, *Verteidigung des Poeten,* in: FAZ, 23.10.1976;

vollständiger Abdruck der Rede in: Jahrbuch der Deutschen Akademie für Sprache und Dichtung 1976, vgl. auch *Strömungslehre*, S. 198 ff.

Walter Mehring ... den zuletzt erschienenen Band: Walter Mehring, *Großes Ketzerbrevier. Die Kunst der lyrischen Fuge*, München 1974.

---

56. Peter Rühmkorf an Marcel Reich-Ranicki

Hamburg, den 13. 7. 76

Lieber Herr Ranicki,

so, da bin ich wieder im Lande, und wir können neu in Kommunikation treten. Ich bin nicht völlig frei, das vorweg, aber doch mit Richtstrahl: der weist auf Expressionismus zu (mache für Wagenbach eine Anthologie mit Einzel-Interpretationen, woran höchster Mangel ist!): so könnte ich doch, mich warmzudenken, einmal die dtv-Expr.-Lyrik-Anthologie von Silvio Vietta besprechen. Ich habe kurz geblättert, bin sehr angetan und würde das Objekt – obwohl es der eigenen Zukunft jetzt schon Konkurrenz macht – gern lobend rezensieren. Hoffentlich ist noch keiner dran – das Buch ist in diesem Juni grad frisch herausgekommen. Der van Hoddis folgt jetzt gleich, bald, im Laufe einer Woche. –

Ich genieße dieweil ganz allgemein die Früchte Ihrer Zuneigung, reflektiere sie freilich auch: als Produkt erstmaliger Kollaboration mit einem konservativen Meinungsträger (womit nicht S i e gemeint sind) –
Fröhliche Grüße
Ihr Peter Rühmkorf

Maschinenschriftlich, 1 S. A4
für Wagenbach eine Anthologie: Peter Rühmkorf, *131 expressionistische Gedichte.* Berlin 1976
dtv-Expr.-Lyrik-Anthologie von Silvio Vietta: Silvio Vietta, *Lyrik des Expressionismus.* München 1976 und Tübingen 1976; vgl. Peter Rühmkorf, *Freudiges Wiedersehen unter düsteren Umständen. Die Lyrik des Expressionismus,* in: FAZ, 24. 12. 1976, vgl. *Strömungslehre* S. 136 ff.

---

57. Marcel Reich-Ranicki an Peter Rühmkorf

Frankfurt am Main, 15. Juli 1976 M.R.-R./M.K.

Lieber Herr Rühmkorf,

vielen Dank für Ihren Brief vom 13. Juli, dessen Schluß ich entnehmen muß, daß Sie mich und die Zeitung, in der ich tätig bin, doch ein wenig verwechseln, worüber wir freilich einmal ausführlich reden sollten.

Den Band »Lyrik des Expressionismus« sende ich Ihnen gleichzeitig. Ich brauche Sie wohl nicht extra darum zu bitten, daß Sie in Ihrer Kritik auch auf die Grenzen der expressionistischen Lyrik verweisen. Aber glücklicherweise neigen Sie ja so gut wie nie zur einseitigen Bewunderung und kniefälligen Anbetung.

Auf den van Hoddis warte ich gespannt (bitte nicht mehr als 2 Maschinenseiten mit 30 Zeilen, denn sonst werden die anderen Mitarbeiter der Anthologie neidisch).

Es grüßt Sie herzlichst

Ihr Marcel Reich

Maschinenschriftlich auf Kopfbogen FAZ, 1 S. A4

---

58. Peter Rühmkorf an Marcel Reich-Ranicki

Hamburg, den 21.7.76

Lieber Herr Ranicki,

anbei van Hoddis-Anmerkungen, das kurze Gedicht selbst finden Sie in hundert Publikationen, die ich bei Ihnen auf dem Schreibtisch oder im Bücherschrank voraussetze. An Literatur angegeben werden kann: J. v. H. »Weltende« und andere Dichtungen, Die Arche, Zürich. – allerdings: 1958.

Nun aber gleich zu Folgendem. Brennend betr. »Frankfurter Anthologie« bin ich an Ferdinand Hardekopf interessiert – es existiert ebenfalls ein Arche-Band, diesmal von 1963. Es muß aber noch neueres geben; ich bin fast sicher, ein ganz anderes Format gesehen, in der Hand gehabt zu haben.

Welchen Mehring-Band, welche Edition hatten Sie mir noch genannt – ich finde Ihren Brief im Augenblick nicht – ? – Könnten Sie
mir da etwas zusenden?

Expressionismus geht demnächst in Arbeit. Allerdings lag mir von
Silvio Vietta bisher »Die Lyrik des Expressionismus« (dtv Wissenschaftliche Reihe) vor, nicht das fast parallel herausgegebene und ein wenig
abweichende Niemeyer-Bändchen. Außerdem habe ich mir noch einen
dritten Expr.-Beitrag des Autors (Uni-Taschenbücher) bestellt – bei der
Buchhandlung, leider. Sie sollten ihn vielleicht dennoch beim Verlag
anfordern. Dann kann man ein Buch getrost verlegen oder verschen-
ken. Ob es mit der ersehnten Stadtschreiber-Stelle diesmal klappt? Ich
würde nicht so sehr auf sichere Auskunft drängen, wenn ich nicht der
University of Warwick Nachricht geben müßte, die mich als Writer-in-
Residence bei sich haben möchte. Muß mein kurzes Zwischen-Hoch
nutzen und würde es lieber in D-Land verbringen. Zumal ja auch unser
freundlicher Funkverkehr dann für eine gewisse Zeit abrisse.

Entdecke eben in meiner eigenen van Hoddis-Ausgabe einen 20
Jahre alten Brief eines Erich Klockow, Schul- und Jugendfreundes von
Hans Davidsohn. Ganz interessante Details darin. Man könnte ihn
vielleicht als Beigabe abdrucken. Die FAZ-Premiere würde jedenfalls
in allen weiteren van Hoddis-Würdigungen mit Erstabdruckhinweis
vermerkt werden. Überlegen Sie. Es sprengt den Rahmen – erweitert
aber auch.

In ausführlicher Herzlichkeit
Ihr Peter Rühmkorf

Maschinenschriftlich, 2 S. A4

Ferdinand Hardekopf ... ebenfalls ein Arche-Band: Ferdinand Hardekopf,
   Gesammelte Dichtungen. Mit Photos und Faksimiles, hg. von Emmy Moor-
   Wittenbach, Zürich 1963. Peter Rühmkorf hat kein Gedicht Hardekopfs für
   die Frankfurter Anthologie besprochen.

muß aber noch neueres geben: Peter Rühmkorf bezieht sich vermutlich auf
   folgende Veröffentlichung: Ferdinand Hardekopf, *Lesestücke,* Nendeln/
   Liechtenstein 1973

einen dritten Expr.-Beitrag des Autors: Silvio Vietta / Hans-Georg Kemper,
   Expressionismus, München 1975

Stadtschreiber-Stelle: vgl. Brief 61

University of Warwick ... Writer-in-Residence: Die Gastdozentur an der
Universität Warwick in Coventry, Großbritannien trat Rühmkorf erst
1978 an.
Brief von Erich Klockow ... als Beigabe: Erich Klockow an konkret, Brief vom
7.7.1957 (im Nachlaß Rühmkorf, DLA)
Hans Davidsohn: wirklicher Name von Jakob van Hoddis

---

59. Marcel Reich-Ranicki an Peter Rühmkorf

Frankfurt am Main, 28. Juli 1976 M.R.-R. / Rd.

Lieber Herr Rühmkorf,

Ihre van Hoddis-Interpretation ist ausgezeichnet. Gerne reservieren wir für Sie für die Frankfurter Anthologie Ferdinand Hardekopf
und August Stramm. Der Band »Das grosse Ketzerbrevier« ist bestellt
und wird Ihnen wohl bald von uns zugeschickt werden.

Hingegen muss ich Sie enttäuschen: Das Buch von Kemper »Vom
Expressionismus zum Dadaismus« (bei Scriptor) sowie der im Fink
Verlag erschienene Band »Expressionismus« von Vietta wird für uns
Karl Ludwig Schneider zusammen mit einem dritten Expressionismus-
Band besprechen. Ich wollte ihm die Bücher wieder entlocken, aber er
war dazu nicht bereit. Ich bitte Sie daher, in Ihrem Artikel sich im we-
sentlichen auf die neue Expressionismus-Anthologie von Vietta zu be-
schränken.

Von dem zu 15 Jahren Gefängnis verurteilen Peter Paul Zahl ist soeben ein kleiner Erzählungsband (150 Seiten) erschienen, der strek-
kenweise nicht uninteressant ist. Der Dichter im Gefängnis – ein solches Thema müsste Sie doch ein wenig reizen, zumal Sie ja mit einem
Gefängnis in sehr intimer Beziehung sind.

Ich denke hier nicht etwa an eine grosse Kritik, aber etwa drei Maschinenseiten würden sich gewiss da lohnen. Lassen Sie mich bitte wissen, ob ich Ihnen das Buch schicken soll.

Rufen Sie mich doch bitte an, in der Redaktion oder zu Hause. In
beiden Fällen meine ich einen Lockruf.

Herzlichst

Ihr Marcel Reich

Maschinenschriftlich auf Kopfbogen FAZ, 1 S. A4

Buch von Kemper »Vom Expressionismus zum Dadaismus«: Hans-Georg Kemper, *Vom Expressionismus zum Dadaismus. Eine Einführung in die dadaistische Literatur,* Kronberg / Taunus 1974

Band »Expressionismus« von Vietta: vgl. Brief 58

»wird für uns Karl Ludwig Schneider ... besprechen«: Karl Ludwig Schneider, *Das Großstadterlebnis und der Expressionismus. Drei neue Untersuchungen,* in: FAZ, 7. 12. 1976; Schneider stellt neben den beiden oben erwähnten Büchern von Silvio Vietta und Hans-Georg Kemper Anton Kaes' Werk *Expressionismus in Amerika. Rezeption und Innovation,* Tübingen 1975, vor.

Von dem ... verurteilten Peter Paul Zahl: Peter-Paul Zahl wurde 1976 wegen doppelten Mordversuchs zu 15 Jahren Haft verurteilt, saß aber schon zuvor im Gefängnis: Er spielte eine aktive Rolle in der Studentenbewegung und war offener Unterstützer der »Roten Armee Fraktion« (RAF). Bei einer Personenkontrolle 1972 verletzte er einen Polizisten mit einer Schußwaffe lebensgefährlich.

mit einem Gefängnis in sehr intimer Beziehung: vgl. Brief 26

Lockruf: Reich-Ranicki bietet einen sofortigen Rückruf und damit die Übernahme der nicht geringen Telefonkosten an.

---

60. Peter Rühmkorf an Marcel Reich-Ranicki

Hamburg, den 6. 8. 76

Lieber Herr Ranicki,

da die Ereignisse sich Dank Ihrer freundlichen Hand-, bzw. Stichwortreichungen hier überschlagen, weiß ich gar nicht, ob wir nach Ihrem Brief vom 28. Juli schon telefoniert haben. An einigen Fragen und Antworten hier kurz dies:

1.) Expressionismus-Besprechung dauert noch ein klein wenig, ich muß bis zum 20. August das Wagenbach-Büchlein fertighaben und rauche und schwitze.

2.) Auszweigen davon ließen sich in Bälde: a.) August Stramm »Untreu« und b) (vielleicht doch nicht so uninteressant) Benn »Krebsbaracke« – ein modernes Liebesgedicht.

3.) Mehring hat mich erreicht – es sind die gesuchten Stücke drin. Kommt dann später. Noch zu Lebzeiten des Autors.

4.) Peter Paul Zahl interessiert mich wenig. Habe selbst jeden Tag 2 Stunden Knast. Najagott, ansehen könnte ich's mir.

5.) Interessiert wäre ich noch – für den Winter – an: Geschichte der Kreuzzüge (bei Bertelsmann, meine ich)

6.) Zur Messe bin ich diesmal in FfM. Wir sehen uns dann hoffentlich.

Herzlichst
Ihr Peter Rühmkorf

Maschinenschriftlich, 1 S. A4

August Stramm »Untreu«: August Stramm, *Untreu,* zuerst in der Zeitschrift *Der Sturm,* Berlin u. a., 15. 6. 1914

Benn »Krebsbaracke«: Gottfried Benn, *Mann und Frau gehn durch die Krebsbaracke,* erstmals in: Gottfried Benn, *Morgue und andere Gedichte,* Berlin 1912

Geschichte der Kreuzzüge: Johannes Lehmann, *Die Kreuzfahrer: Abenteurer Gottes,* München 1976

---

61. Volker Hage an Peter Rühmkorf

Frankfurt am Main, 23. August 1976 vhg / M. K.

Lieber Herr Rühmkorf,

Herr Reich-Ranicki legte mir, bevor er in Urlaub fuhr, ans Herz, den Auftragsstrom nicht abreißen zu lassen. Der Lyriker Ernst Meister ist ja durch den Petrarca-Preis wieder etwas ans Licht gerückt worden. Ob Ihnen persönlich dieser Autor liegt, vermag ich selbst allerdings nicht zu entscheiden. Das sollten Sie selber tun und auf seinen Gedicht-Band »Im Zeitspalt« entweder mit einer Rezension reagieren, deren Länge Sie selbst bestimmen sollten (aber wohl nicht länger als 4 Blatt), oder ihn uns bei Nichtzuständigkeit einfach zurückschicken.

Dem Glückwunsch zum Stadtschreiber-Amt, den die Literaturblatt-Redaktion ausgesprochen hat, möchte ich mich persönlich noch einmal anschließen, und ich hoffe doch, daß wir uns dann hier in Frankfurt auch einmal wiedersehen.

Mit herzlichen Grüßen
Ihr Volker Hage

Maschinenschriftlich auf Kopfbogen FAZ, 1 S. A4, hs. Notiz Rühmkorfs am
Ende des Briefs: »in Bergen-Enkheim getroffen + 6. Sept. zurückgeschickt«
vhg: Volker Hage arbeitete 1975–1986 als Literaturkritiker bei der FAZ,
1986–1992 bei der ZEIT, seither beim SPIEGEL.
der Lyriker Ernst Meister ... Petrarca-Preis: Ernst Meister erhielt 1976 gemeinsam
mit Sarah Kirsch den Petrarca-Preis. *Im Zeitspalt* erschien 1976.
Glückwunsch zum Stadtschreiber-Amt: Peter Rühmkorf wurde 1976 das Stadtschreiber-Amt von Bergen-Enkheim verliehen, als Nachfolger von Karl
Krolow; die Laudatio hielt Walter Jens. Rühmkorfs Antrittsrede mit dem
Titel *Die befristete Inszenierung einer großen Illusion. Antrittsrede des Stadtschreibers* erschien in: Deutsches Allgemeines Sonntagsblatt, 12. 9. 1976,
S. 15, vgl. auch Nachlaß im DLA Marbach. Rühmkorf selbst wurde später
Laudator für Dieter Kühn, der 1980/81 das Amt des Stadtschreibers beklei-
dete (die Laudatio in: *Zeltreden: 40 Jahre Stadtschreiber von Bergen,* hg. von
Adrienne Schneider. Wiesbaden 2014)

---

62. Peter Rühmkorf an Marcel Reich-Ranicki

Hamburg, den 6. 9. 76

Lieber Herr Ranicki,
einen Tag hier und schon wieder zu Diensten, ist das etwa nichts.
Von dem Benn, der »Krebsbaracke« erzählte ich ja schon in Bergen.
Ich habe die 6-Seiten-Interpretation jetzt eigens für Sie auf dreieinhalb
Seiten heruntergekürzt, so mag es doch wohl gehen. Benn ist zwar bei
Ihnen schon öfter gelaufen, a b e r : gerade d i e s Gedicht und gerade
d i e s e Deutung haben doch etwas inkommod-Aufstachelndes. Einer-
seits »Mein Lieblingsgedicht« und zum andern »Krebsbaracke als Lie-
besgedicht«, das ist doch ein Spannungsbogen, den der Leser nicht so
einfach untertauchen kann.
Herzlichst und in alter neuer Frische
Ihr Peter Rühmkorf

Maschinenschriftlich, 1 S. A4
einen Tag hier: Rühmkorf war am Tag zuvor von den Feierlichkeiten zur
Verleihung des Stadtschreiber-Amtes aus Bergen-Enkheim zurückgekehrt.

eigens für Sie: Peter Rühmkorf, *Ein modernes Liebesgedicht,* in: FAZ, 20. 11. 1976
(Frankfurter Anthologie)

---

63. Marcel Reich-Ranicki an Peter Rühmkorf

Frankfurt am Main, 8. September 1976 M. R.-R. / M. K.

Mein Lieber,
herzlichen Dank für Ihren Brief vom 6. September.
Der Umfang bereitet mir Sorge. Für die »Frankfurter Anthologie«
kann man hier nichts machen. Ich werde Ihnen in dieser Sache in den
nächsten Tagen schreiben.

Inzwischen bitte ich um Mitteilung, wann und wo Ihr »Wiegen- oder
Aufklärelied« zum ersten Mal gedruckt war. Wie Sie wissen, haben wir
dieses Gedicht vor einiger Zeit bei uns nachgedruckt, was übrigens,
wie nicht anders zu erwarten war, Proteste ausgelöst hat. Eben deshalb brauche ich den Zeitpunkt der Entstehung.

Es war sehr schön, Sie neulich in voller Pracht zu sehen. Es bleibt
also dabei, daß Sie samt Eva am 25. September bei uns dinieren.
Herzlichst Ihr
Marcel Reich

Maschinenschriftlich auf Kopfbogen FAZ, 1 S. A4
Der Umfang bereitet mir Sorge: vgl. Brief 62
wann und wo Ihr »Wiegen- oder Aufklärelied« zum ersten Mal gedruckt war:
   Das *Wiegen- oder Aufklärelied* wurde erstmals im Gedichtband *Irdisches*
   Vergnügen in g. Fünfzig Gedichte, Hamburg 1959 veröffentlicht. Nachdruck in
   der FAZ, 24. 7. 1976.
Sie neulich in voller Pracht zu sehen: Vermutlich Begegnung beim 3. Stadtschreiberfest in Bergen-Enkheim (3. 9. 1976)
daß Sie samt Eva am 25. September bei uns dinieren: Peter Rühmkorf erwähnt
   den Besuch bei Teofila und Marcel Reich-Ranicki in seinem Tagebuch, datiert
   ihn allerdings auf den 26. 9. 1976

64. Marcel Reich-Ranicki an Peter Rühmkorf

Frankfurt am Main, 18. Oktober 1976 M. R.-R. / E. R.

Lieber Herr Rühmkorf,

Wir bereiten jetzt den zweiten Band der »Frankfurter Anthologie« vor, der wiederum im Insel-Verlag erscheinen wird. Wie der erste Band wird auch der zweite 60 Gedichte und Interpretationen enthalten. Ich sende Ihnen beiliegend Ihren Beitrag und bitte Sie, den Text genau zu korrigieren. Es versteht sich, daß, abgesehen von Druckfehlern, stilistische und sachliche Korrekturen noch durchaus möglich sind. Allerdings muß ich Sie bitten, Ihren Beitrag nicht zu erweitern.

Ich wäre Ihnen außerordentlich dankbar, wenn Sie auch die Güte hätten, den Text des von Ihnen interpretierten Gedichtes zu prüfen.

Senden Sie mir bitte den Ausschnitt möglichst rasch wieder zurück und seien Sie bestens gegrüßt

von Ihrem
Marcel Reich

2 Anlagen

Maschinenschriftlich auf Kopfbogen FAZ, 1 S. A4, Rundbrief mit hs. Anrede

Ihren Beitrag: Der 2. Band der Frankfurter Anthologie, Frankfurt a. M. 1977,
  enthielt Rühmkorfs Interpretation des Gedichtes *Weltende* von Jakob van
  Hoddis (*Zur Teilnahmslosigkeit erstarrt,* S. 127–130) sowie Harald Weinrichs
  Interpretation des Gedichtes von Peter Rühmkorf *De mortuis oder: üble
  Nachrede* (*Kuck mal, ein Mensch!,* S. 229–232).

---

65. Marcel Reich-Ranicki an Peter Rühmkorf

Frankfurt am Main, 28. Oktober 1976 M. R.-R. / E. R.

Lieber Herr Rühmkorf,

wir warten auf die Rücksendung der Ihnen zugeschickten Ausschnitte für die Buchausgabe der »Frankfurter Anthologie« (2. Band).

Sie haben bereits zwei Ausschnitte erhalten und kriegen jetzt noch beiliegend den Text des Benn-Gedichtes mit Ihrer Interpretation.

Schicken Sie uns unbedingt alles gleich zurück. Und wann kommt der Artikel über das Expressionisten-Buch?

Herzlichst
Ihr Marcel Reich

Anlage

Maschinenschriftlich auf Kopfbogen FAZ, 1 S. A4
den Text des Benn-Gedichtes mit Ihrer Interpretation: vgl. Brief 62

---

66. Peter Rühmkorf an Marcel Reich-Ranicki

Hamburg, den 29.10.76

Lieber Herr Ranicki,
hier die drei Texte. Zu korrigieren war nichts, bzw. nur eine winzige Stelle. Die Kürzung ist zwar einschneidend, aber die Operation technisch einwandfrei durchgeführt. Der Expressionismus liegt vor mir wie ein aufgeschlagenes Buch – als ein –.
Herzlichst grüßt Sie
Ihr Peter Rühmkorf

Maschinenschriftlich, 1 S. A4
die drei Texte: vgl. Brief 64

---

67. Peter Rühmkorf an Marcel Reich-Ranicki

Hamburg, den 3. Dez. 76

Lieber Herr Ranicki,
auch ich diskutiere nie wieder in so umfangreichem Kreis; es kommt nichts, nur heiße Luft dabei heraus. Sie waren übrigens gar nicht schlecht, trotz knapper Beiträge. (Auch Meinung von Redaktion)
Raddatz hat für Diskussionsleitung zu viel langfasrige Erläuterungen gegeben.
Heute wieder, wie so oft, die demütigste Bitte um geringen Aufschub. Ich hoffte, den Expressionismus-Artikel heute fertig zu kriegen;

er gefällt mir aber noch nicht gut genug, nun muß ich morgen um 7⁰⁰ nach Stuttgart, dann nach München, dann nach Köln und Bonn und bin erst am 8. Dez wieder hier vor Ort. Hoffe die Sache bis zum 9. abschließen zu können. Sie wissen, ich möchte auch in diesem Fall zitierfähig bleiben.

Sehr herzlich
Ihr im Fluge alternder
Peter Rühmkorf

Maschinenschriftlich, 1 S. A4, hs. Gruß
auch ich diskutiere nie wieder in so umfangreichem Kreis: Aufzeichnung der
am 1.12.1976, 22:00 Uhr, auf NDR III ausgestrahlten Sendung *Kultur
kontrovers: Literatur auf dem Weg nach innen;* weitere Teilnehmer waren
nicht zu ermitteln.
(Auch Meinung von Redaktion): hs. Nachtrag

---

68. Peter Rühmkorf an Marcel Reich-Ranicki

Hamburg, den 11.12.76

Lieber Herr Ranicki,

ich weiß ja so genau, was Sie stört, zu große Länge und subjektive Sehweise, a b e r beides sind Eigenschaften, die es heute aufrecht zu halten, zu verteidigen gilt. Ich habe den Anlaß mal wieder zum Generalanlaß genommen und der Philologie, über das Spezialthema hinaus, den Marsch geblasen ... warten Sie ab, es wird nicht ohne Antwort bleiben. Und: denken Sie immer an die Schlegels und die Romantik und so fort.

Sonst weiter im Augenblick nichts besondres außer Weihnachts- und Neujahrswünschen!
Ihr sehr!
Peter Rühmkorf

Maschinenschriftlich, 1 S. A4, am unteren Rand des Blattes hs. Notiz:
»(nicht abgeschickt) (geändert)«

---

69. Peter Rühmkorf an Marcel Reich-Ranicki

Hamburg, den 11.12.76

Lieber Herr Ranicki,

entschuldigen Sie die Verspätung, verzeihen Sie die Länge – es ist dafür aber wieder einmal ein Grundsatzreferat geworden, mit Aussicht auf Eingang in die Anthologien-logie. Bin leider gräßlich erkältet und kann den allerletzten Wert des Vorliegenden nicht mehr klar einschätzen. Also: hoffen wir mal ...

Sonst weiter im Augenblick nichts besondres außer den allerschönsten Weihnachts- und Neujahrswünschen!

Ihr sehr! –

Peter Rühmkorf

Maschinenschriftlich, 1 S. A4
wieder einmal ein Grundsatzreferat: vgl. Brief 56

---

70. Peter Rühmkorf an Marcel Reich-Ranicki

Hamburg, den 30.12.76

Lieber Herr Ranicki,

es ist eine so gräßliche Eile in der Welt, im System, daß man Sachen, Dinge, Artikel nie bis zu jener Einfachheit entwickeln kann die eigentlich nötig ist und auch den Lesern zugute kommt. Expr.-Aufsatz war wieder einen Tag zu früh abgeschickt und hätte noch ein klein wenig entwunden werden müssen. Außerdem war ein dicker Druckfehler drin (»vorgenommen« statt »vernommen«, zum Aufheulen!) – als ob ich die Pinthusschen »Abstufungen« v o r g e n o m m e n hätte. Außerdem, meingott – ja, ich m u ß t e den Vietta zwar so hart rannehmen und hätte noch härter gekonnt, a b e r : ich selbst hätte es nicht gerade mit der Feier des Tages verbunden.

An Vorschlägen nun zur Jahreswende kurz diese. 1.) Für Ff/M-Anthologie möchte ich gern ein kleines Gedicht von Rolf Haufs besprechen (aus dem neuen Rowohlt-Band). 2.) Ich bin ja Fachmann für Etruskologie – was die Mitwelt inzwischen fast vergessen hat – und würde eigentlich gern mal zwei Bücher besprechen: a.) Heurgon »Das tägliche Leben der Etrusker« o. ä., ich kenne bisher nur die französische Ausgabe. Und b.) Josef Ambrosius Pfiffig ..., da fehlt mir im Moment der Titel überhaupt; ich habe das Buch aber schon mal in der Hand gehabt und bin sehr begeistert davon. Letztere Erscheinung liegt zwar schon ein wenig zurück, aber was soll denn überhaupt der ganze Saison-Fimmel?!

Ich glaube, das war es wohl im Moment – oder habe ich etwas Drittes, mir Vorschwebendes vergessen? Falls ja, gebe ich bald Nachricht. Nicht weiß ich im Augenblick, ob auch von René Bloch ein Etruskerbuch erschienen ist – er hat lange in Bolsena gegraben, wo auch ich Nachlese gehalten hab; so ergäbe sich hier eventuell zwanglos ein wortwörtlicher Einstieg. Könnten Sie die drei Autoren und ihre jüngsten Publikationen bitte einmal mit Ihren erweiterten Mitteln durchchecken? Dankbar wäre Ihr Ihnen ein strahlendes neues Jahr wünschender

Peter Rühmkorf

P. S. Auch wenn neue Bildbände diesbezgl. bei Ihnen oder im Umkreis bekannt geworden sein sollten, wäre ich für Nachricht und Aufstöberung plus Zusendung der Materialien dankbar.

P. S. – nochmal: ah, ein Letztes: Bei Limes sollen Walther-von der Vogelweide-Vers-Übersetzungen herausgekommen sein, und zwar zeitlich parallel zu den meinen – wo gibt es denn sowas? In der »Welt« gibt es sowas steht sowas, wo meiner – grundsätzlich – nur stürmerhaft Erwähnung getan wird.

Maschinenschriftlich, 2 S. A4

war ein dicker Druckfehler drin ... die Pinthusschen »Abstufungen« vorgenommen: An der entsprechenden Stelle gegen Ende des zweiten Absatzes steht in Peter Rühmkorfs Rezension *Freudiges Wiedersehen unter düsteren Umständen* (vgl. Brief 56) über die von Kurt Pinthus zusammengestellte Anthologie *Menschheitsdämmerung:* »Der vom Herausgeber ›symphonisch‹ genannte Aufbau der Anthologie, der sowohl generationsspezifische Zusammenklänge zu dokumentieren als auch – wir haben die Kapitalabstufungen gerade vorgenommen – dem tiefen Hang der Zeit nach Masse-in-Bewegung gerecht zu werden versuchte, erscheint uns heute reichlich zurechtgemodelt, um nicht zu sagen manipuliert.« Im Originalmanuskript heißt es: »wir haben die Kapitalabstufungen gerade vernommen«, was sich auf die zuvor aufgezählten thematischen Unterteilungen der Anthologie von Pinthus bezieht; vgl. dazu Kurt Pinthus, *Menschheitsdämmerung. Symphonie jüngster Lyrik*, Berlin 1919.

mit der Feier des Tages verbunden: Veröffentlichung der Expressionismus-Rezension, vgl. Brief 69 u. 56, am 24. 12. 1976

ein kleines Gedicht von Rolf Haufs (aus dem neuen Rowohlt-Band): Rolf Haufs, *Die Geschwindigkeit eines einzigen Tages. Gedichte*, Reinbek 1976

Fachmann für Etruskologie: Zu Peter Rühmkorfs Interesse an der etruskischen Kultur vgl. vor allem *Jahre*, S. 186 ff.

Heurgon »Das tägliche Leben der Etrusker« o. ä. ... *die französische Ausgabe:* Jacques Heurgon, *La vie quotidienne chez les Étrusques*, Paris 1961, deutsch *Die Etrusker*, Stuttgart 1971

Josef Ambrosius Pfiffig: Ambros Josef Pfiffig, *Einführung in die Etruskologie. Probleme, Methoden, Ergebnisse*, Darmstadt 1972

von René Bloch ein Etruskerbuch: Raymond Bloch, *Die Etrusker*, Stuttgart u. a. 1970, frz. *Les étrusques*, Paris 1954

Bolsena: Stadt in der italienischen Provinz Viterbo (Region Latium), in der vermutlich die nach der Zerstörung Volsiniis vertriebenen Menschen zwangsangesiedelt wurden; sie wurde ursprünglich Volsinii Novi genannt; Rühmkorf besuchte die Stadt mehrfach während seiner Urlaubsreisen nach Italien.

Bei Limes ... *Walther von der Vogelweide-Vers-Übersetzungen* ... *zeitlich parallel zu den meinen:* Walther von der Vogelweide, *Liebsgetön. Gedichte. Nachdichtungen von Karl Bernhard*, Wiesbaden, München 1976

In der »Welt« ... *steht sowas: Minne-Boom bei Limes*, in: Die Welt, 24. 12. 1976

wo meiner – grundsätzlich – nur stürmerhaft Erwähnung getan wird: Peter Rühmkorf lehnte die im Springer-Verlag erscheinenden Medien ab – sie lehnten ihn damals gleichermaßen ab, vgl. exemplarisch *Walther, Pankraz und Rühmkorfs Zauberbrille*, in: Die Welt, 26. 1. 1976. »Der Stürmer« war ein Nazi-Hetzblatt, das von 1923 bis Februar 1945 wöchentlich erschien.

71. Marcel Reich-Ranicki an Peter Rühmkorf

Frankfurt am Main, 4. Januar 1977 M. R.-R. / M. K.

Lieber Herr Rühmkorf,

ich verreise für zwei Wochen, möchte Ihnen aber rasch sagen, daß ein Beitrag für die »Frankfurter Anthologie« über ein Gedicht von Rolf Haufs mir sehr willkommen wäre.

Mit den Etrusker-Büchern ist es leider viel schwieriger. Es ist uns nicht gelungen, auch nur ein einziges zu finden, das 1976 erschienen wäre. Von Pfiffig gibt es drei Bücher, doch alle stammen aus den Jahren 1969–1975. Ein Buch von René Bloch haben wir nicht gefunden. Wir werden weiter suchen und auf die Angelegenheit in zwei Wochen zurückkommen.

Daß eine Walther-von-der-Vogelweide-Übersetzung bei Limes erschienen ist, trifft nicht zu. Ich fürchte, es war ein anderer Verleger, ein anderer Dichter und überhaupt keine Übersetzung.

Sehr herzlich

Ihr Marcel Reich

Maschinenschriftlich auf Kopfbogen FAZ, 1 S. A4

ein Beitrag für die »Frankfurter Anthologie« über ein Gedicht von Rolf Haufs:
Peter Rühmkorf, *Der Portier und die Poesie. Über Rolf Haufs Gedicht »Peppino Portiere«,* in: FAZ, 2. 4. 1977 (Frankfurter Anthologie)

von Pfiffig gibt es drei Bücher: Ambros Josef Pfiffig, *Religio Etrusca,* Graz 1975; *Einführung in die Etruskologie. Probleme, Methoden, Ergebnisse,* Darmstadt 1972; *Die etruskische Sprache. Versuch einer Gesamtdarstellung,* Graz 1969

---

72. Marcel Reich-Ranicki an Peter Rühmkorf

Frankfurt am Main, 28. Januar 1977 M. R.-R. / M. K.

Mein Lieber,

Ihr Schweigen mißfällt mir. Ich fürchte, Sie sind faul und ich muß mich Ihnen gegenüber als jener Zöllner betätigen, der dem Weisen seine Weisheit abverlangt hat.

Sie haben eine »Frankfurter Anthologie« zu einem Gedicht von Rolf Haufs versprochen. Wir warten. Wir reservieren für sie den Benn-Oelze-Briefwechsel.

Hätten Sie Lust, etwas über Wedekind zu schreiben? Es erscheint bei Langen-Müller eine neue dreibändige Wedekind-Auswahl. Eine Beurteilung dieser Ausgabe ist nicht überflüssig, doch weit wichtiger wäre mir, daß Sie sagen, wie sich von heute her Wedekind präsentiert. Interessiert Sie der neue Tucholsky-Briefband bei Rowohlt? Haben Sie weitere Vorschläge?

Ich warte ungeduldig, grüße Sie freundlichst und Ihre Eva besonders herzlich,

Ihr Marcel Reich

Maschinenschriftlich auf Kopfbogen FAZ, 1 S. A4, darauf hs. Notiz Rühmkorfs mit Artikelvorschlägen:»1) Theobaldy 2) Tucho 3) Benn 4) Haufs 5) Bellmann?«

Benn-Oelze-Briefwechsel: Gottfried Benn, *Briefe an F. W. Oelze.* 3 Bde., Stuttgart und Wiesbaden / München 1977–1980. Vgl. Peter Rühmkorf, *Die artistische Position eines Sitzriesen. Die Briefe Gottfried Benns an F. W. Oelze,* in FAZ, 3.9.1977

bei Langen-Müller ... Wedekind-Auswahl: Im zeitlichen Umfeld ist bei Langen-Müller nur eine einbändige Ausgabe der Dramen nachweisbar.

der neue Tucholsky-Briefband bei Rowohlt: Kurt Tucholsky, *Briefe aus dem Schweigen 1932–1935. Briefe an Nuuna,* hg. von Mary Gerold-Tucholsky und Gustav Huonker, Reinbek 1977. Vgl. Peter Rühmkorf, *Tucholskys Krankheit und die deutschen Zustände. Seine Briefe an Nuuna, 1932–1935,* in: FAZ, 9.4.1977; wieder in *Dreizehn,* S. 76ff.

73. Marcel Reich-Ranicki an Peter Rühmkorf

3. II. 77 FRANKFURTAMMAIN
HERRN PETER RUEHMKORF
OEVELGOENNE 50 (HAMBURG/52

ERBITTE DRINGEND BEANTWORTUNG MEINES BRIEFES
VOM 28. JANUAR
HERZLICHST REICH-RANICKI

Telegramm

74. Peter Rühmkorf an Marcel Reich-Ranicki

Hamburg, den 15. 2. 77

Lieber Herr Ranicki,

hier mit Verspätung und vielen Entschuldigungen die Haufs-Interpretation. Ich denke, sie ist ganz hübsch so, Hauptsache, Sie müssen sie nicht stutzen!

Ein neuer Besprechungsvorschlag am Rande: bei Heimeran erscheinen sehr hübsche und nutzvolle Bändchen von fast archaischen Liedermachern, Wolkenstein z. b., aber auch Bellmann. An letzterem Buch hat u. a. auch Artmann übersetzerisch mitgewirkt, und da ich nun selber Uralt-Anhänger bin, möchte ich diese Art-Bellmann-Ausgabe ganz gern rezensieren. Positiv, das ist in diesem Fall sicher.

Soviel in aller Herzlichkeit

Ihr Peter Rühmkorf

Maschinenschriftlich, 1 S. A4

bei Heimeran ... Wolkenstein: Oswald von Wolkenstein, *Frölich geschray so well wir machen: Melodien u. Texte. Ausgewählt, übertragen und erprobt von Johannes Heimrath und Michael Korth. Erläutert von Ulrich Müller und Lambertus Okken.* München 1975

Bellmann: So im Brief. Carl Michael Bellman, *Der Lieb zu gefallen. Eine Auswahl seiner Lieder, singbar verdeutscht durch H. C. Artmann und Michael Korth,* München 1976

---

75. Peter Rühmkorf an Marcel Reich-Ranicki

Hamburg, den 19. 2. 77

Lieber Herr Ranicki,

kasteit und kastriert erscheine ich hier mit anderthalb Seiten Kürzung. So muß es nun aber auch über die Bühne. Sollte es noch um wenige Zeilen überragen, soll Volker Hage mit zarter Hand eingreifen – aber vorlegen, nachlegen.

Sehr herzlich und in gebührender Empörung

Ihr Peter Rühmkorf

Maschinenschriftlich, 1 S. A4

---

76. Marcel Reich-Ranicki an Peter Rühmkorf

herrn peter ruehmkorf, oevelgoenne 50, 2000 hamburg 52

besten dank fuer neufassung der »frankfurter anto rpt anthologie«.
wo bleibt ihr tucholsky? = herzlichst, reich-ranicki
faz d 2.3.1977

Telegramm

---

77. Peter Rühmkorf an Marcel Reich-Ranicki

Hamburg, den 7.3.77

Lieber Herr Ranicki,
hier als kurzen Zwischenruf, daß ich zwar auf Lesereise ziehe, aber
den Tucho (schon gelesen) im Gepäck habe und, wie ich hoffe, im
Fluge bespreche. Ein wunderbares Buch – ohne gerade lichte Aus-,
aber doch mit vielen schwarzen Einsichten.
Herzlich
Ihr Peter Rühmkorf

P.S. zwischen 12. und 14. März in Bergen und rufe Sie von dort aus
einmal an.

Maschinenschriftlich, 1 S. A4
auf Lesereise: Vom 8. bis 26.3.1977 absolvierte Peter Rühmkorf Auftritte u.a.
in Hilden, Gießen und Regensburg.
in Bergen: Am 14.3.1977 las Peter Rühmkorf im Bürgerhaus in Bergen-Enkheim.

---

78. Peter Rühmkorf an Marcel Reich-Ranicki

Hamburg, den 25.3.77

Lieber Herr Ranicki,
nun lassen Sie uns aber bitte nicht schon wieder einen Kampf um
»Längen« führen – dies hier ist so lang wie es kurzweilig ist und –
auf seine Art – eine sorgfältige und eigensinnige Interpretation. Das
Thema ist ja nun schonmal gewaltig aufgerührt worden, freilich eher

von seinem Bodensatz her, und hier nun folgen die schärferen und wichtigeren Analysen. Schön wäre, wenn sie das Druckbild mit einigen Bildern auflösen könnten – Nuuna-Bildern, Tucho-Fotos; es gibt ja dies und das, wie wir dem »Stern« entnehmen konnten, und auch Mary zeigt sich doch in solchen Fällen spendabel. Man muß ihr ja nicht gleich im Vorhinein sagen, daß auch ihre Kürzungen ein Punkt der Debatte sind.

Herzlichst (und nun muß ich mit Macht wieder zurück ins eigene Schaffen – Sie quälen mich immer so sehr mit Ihrer Termingeißel und geben sich – bei nur geringen Verzögerungen – als wären sie selbst gestriemt worden)

Ihr Peter Rühmkorf

Maschinenschriftlich, 1 S. A4

eine sorgfältige und eigensinnige Interpretation: Tucholskys Krankheit und die deutschen Zustände. Vgl. Brief 72

wie wir dem Stern entnehmen konnten: Gerhard E. Gründler, *Tuchos letzte Braut,* in: Stern Nr. 13 (17. 3. 1977), S. 66–70

daß auch ihre Kürzungen ein Punkt der Debatte sind: Unter anderem schreibt Peter Rühmkorf in seinem Essay: »85 Briefe wurden vom Herausgeber und der Nachlaßwalterin Mary Gerold-Tucholsky vorsorglich von der Veröffentlichung ausgenommen, aber auch in den 165 zum Einblick freigegebenen Stücken weisen gähnende Klammern und andeutungsreich-entsagungsvolle Pünktchen auf die fleißige Efilierschere hin. [...] Ein halbherzig gelüftetes Briefgeheimnis, beziehungsweise eine Edition, die dem Verfasser nach Maßgabe von anderer Leute Interessen das Wort abschneidet, setzt sich von vornherein dem Verdacht aus, daß man nicht den Autor, sondern seine Legende sprechen lassen möchte, deren Meinung uns freilich nicht so heftig interessiert. Wann, überdies, und unter welchen Umständen sollen die vorgenommenen Regiestriche je wieder aufgemacht werden, und was ist eigentlich von Liebesbriefen zu halten, in denen die Liebe weitenteils durch Abwesenheit glänzt?«

79. Peter Rühmkorf an Marcel Reich-Ranicki

Hamburg, den 1. Mai. 77

Lieber Herr Ranicki,

gern besprechen würde ich schon Ralf Thenior – na, nun ist mir der Titel des Buches entfallen »Gedichte und Geschichten« o. ä., erschienen bei Bertelsmann-Autoren-Edition. Besser vielleicht hier noch eine Einzelinterpretation in »Anthologie«, da kann man sich schön in ein Einzelstück vertiefen. Habe das Buch aber noch nicht.

Nachfrage nochmal dann wegen Theobaldy »Und ich bewege mich doch«. Schon vergeben? Falls nicht, nunja, ich habe mich nochmal versenkt und könnte meine Szenen-Begleitartikel, die ich nun schon seit den mittleren Fünfzigern liefere, um ein Kapitel bereichern. Fand zuerst nicht den richtigen Dreh, weil ich einerseits selbst enthalten bin und b.) mich mit meinem Gereimten hier ziemlich erratisch ausnehme, bzw. findlingshaft in den »bewege-mich-doch«-Fließformen.

Eine ganz kurze schnelle Antwort wäre erwünscht. Witsch-Briefe werden Ende der Woche wohl gesichtet und besprochen sein. –

Herzlich Ihr Peter Rühmkorf

Maschinenschriftlich, 1 S. A4

Ralf Thenior ... »Gedichte und Geschichten« o. ä.: Ralf Thenior, *Traurige Hurras. Gedichte und Kurzprosa. Mit einem Nachwort von Helmut Heißenbüttel,* München 1977

Theobaldy ... Schon vergeben?: Jürgen Theobaldy, *Und ich bewege mich doch. Gedichte vor und nach 1968,* München 1977. Vgl. Peter Rühmkorf, *Leidensmut und Überlebenslust. Gedichte vor und nach 1968. Jürgen Theobaldys Anthologie,* in: FAZ, 20. 8. 1977; vgl. *Strömungslehre* S. 110ff.

selbst enthalten: von Peter Rühmkorf enthält der Band die Gedichte *Meine Stelle am Himmel,* S. 35, und *Elegie,* S. 127

Witsch-Briefe: Joseph Caspar Witsch, *Briefe. 1948–1967,* hg. von Kristian Witsch, mit einem Vorwort von Manès Sperber, Köln 1977; vgl. Peter Rühmkorf, *Mit glitzernder Feder. Briefe von Joseph Caspar Witsch,* in: FAZ, 18. 6. 1977

80. Marcel Reich-Ranicki an Peter Rühmkorf

Frankfurt am Main

4. Mai 1977 M. R.-R. / M. K.

Lieber Herr Rühmkorf,

Sie haben Glück, der Theobaldy ist noch nicht vergeben und geht an Sie gleichzeitig ab. Ich bitte Sie aber dringend, nicht zu ausführlich zu werden. 4 bis 5 Maschinenseiten müssen hier reichen. Hingegen ist das Buch von Ralf Thenior schon vergeben, da kann ich nichts mehr machen.

Ich warte auf Ihre Rezension der Witsch-Briefe und grüße herzlichst,

Ihr Marcel Reich

Maschinenschriftlich auf Kopfbogen FAZ, 1 S. A4

---

81. Marcel Reich-Ranicki an Peter Rühmkorf

Frankfurt am Main, 9. Mai 1977 M. R.-R. / M. K.

Lieber Herr Rühmkorf,

mit Spannung erwarte ich Ihr Manuskript über die Briefe von Witsch. Doch möchte ich Sie sehr bitten, endlich doch den Beitrag für die »Frankfurter Anthologie« über Walter Mehring zu machen. Man hört ja von allen Seiten, daß es dem Mehring, der 81 Jahre alt ist, sehr schlecht geht. Das ist nicht Ihre oder meine Schuld, doch können wir dazu beitragen, daß man auf ihn wieder einmal in der Öffentlichkeit freundlich hinweist. Eben deshalb bitte ich sehr um diesen Beitrag, wobei Sie bitte die üblichen Dimensionen (Gedicht 30 Verse, Ihr Kommentar 60 Maschinenzeilen) beachten wollen.

Sehr herzlich

Ihr Marcel Reich

Maschinenschriftlich auf Kopfbogen FAZ, 1 S. A4
den Beitrag ... über Walter Mehring: vgl. Briefe 51 und 261

82. Peter Rühmkorf an Marcel Reich-Ranicki

Hamburg, den 6. Juni 77

Lieber Herr Ranicki,

hier mußte ich mich schon sehr zusammennehmen, denn was der Witsch an unentwegter Autoren-Indoktrination bietet, ist schon mehr, als die Entspannung erlaubt. Ich muß nun noch einmal auf Sing- und Lesereise, u. a. nach B-E, von wo aus ich bei Ihnen Laut geben werde. Zur Länge: sechs Seiten hatten wir ursprünglich abgemacht, und die sind es nicht einmal ganz geworden. Als nächstes werde ich mir wohl die Theobaldy-Anthologie vorknöpfen – von Ihnen auf vier Seiten veranschlagt, von mir (ein symptomatischer Fall, der die paradigmatische Erörterung erfordert/provoziert) auf auch etwa sechs.

Cordialmente Ihr

Peter Rühmkorf

Maschinenschriftlich, 1 S. A4

noch einmal auf Sing- und Lesereise: 9. bis 18. 6. 1977, Auftritte in Bergen-Enkheim, Siegen, München, Lindau

---

83. Marcel Reich-Ranicki an Peter Rühmkorf

Frankfurt am Main, 7. Juni 1977 M. R.-R. / M. K.

Lieber Herr Rühmkorf,

besten Dank für Ihre zierliche Witsch-Paraphrase.

Was die Theobaldy-Anthologie betrifft, so soll mir der von Ihnen jetzt vorgeschlagene Umfang – maximal sechs Maschinenseiten – schon recht sein, vorausgesetzt freilich, daß Sie tatsächlich den Akzent auf das Paradigmatische setzen werden.

Überdies warte ich sehnsüchtig auf einen Beitrag aus Ihrer Feder für unsere »Frankfurter Anthologie«.

Herzlichst Ihr

Marcel Reich

Maschinenschriftlich auf Kopfbogen FAZ, 1 S. A4

---

84. Peter Rühmkorf an Volker Hage

Hamburg, den 19. 7. 77

Lieber Volker Hage,

Dank für die Eilpost, die mich allerdings nicht unvorbereitet traf. Ich sitze schon einige Tage lang über dem Theobaldy und bilanziere, d. h. versuche Wurzel zu ziehen aus vielen Einzelheiten. Jetzt liegen 20 DIN-A4-Seiten vor als Grundierung (dies nur, um nochmal zu betonen, daß hier nichts vom Himmel fällt, sondern alles erwuracht werden muß) und ich denke, bis spätestens zum Mittwoch nächster Woche kann ich die abgesprochenen 6 Seiten ins Reine malen. Es ist natürlich eigentlich eine Sache, die mal wieder fundamental behandelt werden müßte und über den Rahmen einer Rezension weit hinausgeht – da bleiben denn die meisten Vorarbeiten als Abfall auf der Strecke, nunja, der alte Kummer in neuem Gewande. Den Benn mache ich für D-Landfunk bis Mitte August (dann Sendung) – Ihr könntet dann gleich anschließend setzen und drucken. Habe freilich weder von dort, noch von Euch ein Vorexemplar bekommen. Es ist doch seltsam, daß SPIEGEL und ZEIT und stern immer so früh an die Bouletten kommen, und alles andere hinkt nach. Können wir nur hoffen, dann auch wirklich profund zu hinken.

Herzlich grüßt (auch Greinern) Euer P. R.

Ich bin derzeit meistens auf der Datscha 2059 Roseburg / über Büchen, Dorfstr. 8. Dies nur für den Fall lebenswichtiger Telegramme: die dann bitte doppelt: nach HH + Rbg.

Maschinenschriftlich, 1 S. A4, hs. Schlußbemerkung am rechten und oberen
 Rand umlaufend

erwuracht: Wurachen bedeutet »schuften« im Ost- und Niederdeutschen.

Den Benn mache ich für D-Landfunk bis Mitte August (dann Sendung): Peter
 Rühmkorf, *Gottfried Benn: Briefe an F. W. Oelze,* gesendet im Deutschlandfunk am 14. 8. 1977. Am 3. 9. 1977 als *Die artistische Position eines Sitzriesen*
 in der FAZ, vgl. Brief 72

SPIEGEL und ZEIT und stern: Rolf Becker, *Klägliches Vaterland,* in: DER
 SPIEGEL, 20. 6. 1977; Jürgen Kesting, *Doktor mit Doppelleben,* in: Stern,
 23. 6. 1977; ferner erschien ein Vorabdruck unter dem Titel *Erkenne die*

Lage – Rechne mit Deinen Defekten. Aus den Briefen von Gottfried Benn an Friedrich Wilhelm Oelze, in: DIE ZEIT, 1.7.1977

---

85. Peter Rühmkorf an Volker Hage

auf dem Lande, d. 5.8.77

Lieber Volker Hage,

nun weiß ich nicht, wer im Moment bei Euch das letzte Heft in der Hand hat – inständig muß ich aber diesmal bitten, mich nicht zu kürzen. Der Aufsatz fügt sich (mir und der Mitwelt) nahtlos an frühere Lyrikuntersuchungen, in denen auch das ausführliche Zitat seine wichtige Hauptrolle spielt, und mit welcher Engels-, bzw. Eselsgeduld ich mich sonst in Eure Streichungen füge: hier geht es nicht. Das ist so ein Stück Grundlagenforschung, von dem auch die Unis und die Schulen und die ihrer eigenen Massenhaftigkeit nie ganz bewußten Kollegen was haben sollen – ich habe mich schon ganz gewaltig selbst beschnitten. Es geht hier ja auch gar nicht so sehr um ein einzelnes Buch, sondern um eine Zeitströmung, die nur zufällig Buchgestalt angenommen hat, damit muß man sich schon gewissermaßen großzügig und weiträumig auseinandersetzen. Erreichbar bin ich hier auf dem Lande nicht – ich fahr nur einmal in der Woche in die Stadt, die Post abholen und das Konto sichten.

In diesem Sinne herzlich und mit Grüßen in die Runde

Dein P. R.

Maschinenschriftlich, 1 S. A4

---

86. Marcel Reich-Ranicki an Peter Rühmkorf

Frankfurt am Main, 10.8.1977 M.R.-R./ma

Mein lieber Peter Rühmkorf,

herzlichen Dank für Ihren an Volker Hage gerichteten Brief vom 5.8.1977. Ihr Manuskript über die Theobaldy-Anthologie ist außerordentlich interessant und aufschlußreich. Es erscheint in unserer Tiefdruckbeilage vom 20. August. Allerdings kann ich mir die Bemerkung nicht verkneifen, daß manche Sätze Ihrer Kritik so überaus kunstvoll konstruiert, wenn nicht gebastelt sind, daß man sie mindestens zweimal lesen muß und zwar nicht nur deshalb, weil man den Genuß verdoppeln, sondern weil man auch den Sinn verstehen möchte. Fassen Sie bitte diesen bescheidenen Hinweis als freundliche Warnung auf. Wer Kritiken schreibt, will ja, wie schon Fontane gesagt hat, vor allem verstanden werden. Ich habe den Eindruck, daß Sie es bisweilen Ihren Lesern etwas schwer machen.

Sie wollten doch unbedingt das Taschenbuch »Schweine mit Flügeln« rezensieren. Wann kommt endlich das Manuskript? Das ist doch nun wirklich keine gewaltige Sache. Ich wäre Ihnen sehr dankbar, wenn Sie sich schon jetzt der Briefe von Benn annehmen würden, Sie verstehen, daß wir damit rasch kommen müssen.

Grüßen Sie bitte Ihre ständige Begleiterin und seien Sie selbst herzlich gegrüßt von
Ihrem Marcel Reich

Maschinenschriftlich auf Kopfbogen FAZ, 1 S. A4
ma: vermutlich Brunhilde Mantel, Mitarbeiterin von Marcel Reich-Ranicki bei
   der FAZ
Schweine mit Flügeln: Rocco und Antonia, *Schweine mit Flügeln. Sex und Politik.*
   Ein Tagebuch, Reinbek 1977; Rocco und Antonia sind Pseudonyme für Marco
   Lombardo-Radice und Lidia Ravera, die 1976 mit diesem Titel ein nicht nur
   in Italien sehr erfolgreiches Aufklärungsbuch vorlegten, das zeitweise wegen
   Pornografie indiziert war (ital.: *Porci con le ali*).

---

87. Peter Rühmkorf an Marcel Reich-Ranicki

Bergen-Enkheim, d. 21. 8. 77

Lieber Herr Ranicki,

damit uns keiner mit ähnlichen Erkenntnissen zuvorkommt (obwohl das kaum zu befürchten ist) hier schnell der Benn. An Möglichkeiten für Überschriften ist wieder mal kein Mangel – aber ich kenne ja das Mitspielvergnügen von Redakteuren (aus eigener aktiver Praxis), dem will ich nicht endgültig vorgreifen. Da unser postalisches Leitmotiv immer wieder die Längenüberschreitung ist, hier nur kurz den Vorschlag, es als Mischung aus Rezension und Abhandlung zu nehmen und es getrost einmal über die Frankfurter Anthologie zu rükken. Das Genre »Rezension« ist für mich ein schauerliches Joch – man möchte oft drei unterschiedliche Gedanken in einen Satz pressen, und da kommt dann manchmal heraus was Sie zurecht als Verschachtelung rügen. Denke aber schon, daß der Benn-hier locker genug gehalten ist, obwohl reines Erkenntnis-Konzentrat vorliegt.

Nicht weiß ich freilich im Moment, wann wieder neue Ware nachgeliefert werden kann. Am 2. September ist hier Amtsübergabe, dann kommt der Ferienmonat, na und dann auch schon, bzw. erst der Oktober. Über »Anthologie« habe ich häufig nachgedacht, komme aber mit dem in Erwägung gezogenen Mehring so gar nicht zu Rande.

Sehr herzlich wie immer
Ihr Peter Rühmkorf

P. S. Von »ZEIT«-Serke »Die verbrannten Dichter« bei Belz – das sollte nicht unbesprochen bleiben. Ist auch kurz zu machen! Interessantest die Frage: was kann Journalismus, was Reportage zur b. graf. Wahrheitsfindung beitragen? Oft mehr als Schreibtischwissenschaft.

Maschinenschriftlich, 1 S. A4, hs. Schlußbemerkung am rechten und linken
  Seitenrand
hier schnell der Benn: vgl. Brief 72 und Brief 84
am 2. September ist hier Amtsübergabe: Am 2.9.1977 wurde Peter Rühmkorf
  von Peter Härtling als Stadtschreiber von Bergen-Enkheim im Rahmen des
  4. Stadtschreiberfestes abgelöst; Festredner war Alfred Grosser.
»ZEIT«-Serke »Die verbrannten Dichter« bei Belz: Jürgen Serke, *Die verbrann-*
  ten Dichter. Berichte, Texte, Bilder einer Zeit. Mit Fotos von Wilfried Bauer,
  Weinheim und Basel 1977. Über dieses Buch schrieb Peter Rühmkorf in der
  ZEIT, 10.2.1978 (*Nach dem Soergel der Serke. Kein Wiedergutmachungs-,*
  sondern ein Wiederentdeckungsbuch).

88. Peter Rühmkorf an Marcel Reich-Ranicki

Hamburg, den 6. 9. 77

Lieber Herr Ranicki,

wie ich hörte, haben Sie auf dem Berger Markt qualifiziert gelitten, ich freilich auch ein bißchen, weil das Gemisch nicht richtig ausgepegelt war und sich vorn staute und dann hinten im Zelt zu Schlierenbildung führte; nichts ist überhaupt so ärgerlich wie imperfekte Technik, sie ist schlechterdings durch nichts entschuldbar, wohingegen wir sonst mit Jazz-Lyrik-Amalgamen schon Buxtehuder Marschbauern und Bregenzer Bergstämme bekehrt haben. Nun, lassen wir das und blicken in die Zukunft, wo noch eine Frage für uns offen war: haben Sie Interesse (ich hatte das im letzten Brief in Kurzschrift-Arabisch an den Rand gefragt) an Besprechung von Serke »Die verbrannten Dichter« (bei Beltz)? Das ließe sich sicher kurz und vielleicht noch in den Ferien machen, wobei mich vor allem die Frage interessiert, was Journalismus und insofern auch Literatur-Reportage zur biografischen Wahrheitsfindung beitragen können. Es gibt ja so journalistische Recherchierverfahren, von denen die Schulstubengermanistik sich Scheiben abschneiden kann, sie muß sich nur mal vom Schreibtisch lösen und auf Achse begeben. Dies für den Moment und solange ich noch im und nicht schon auf dem Lande bin.

Sehr herzlich grüßt Sie und bittet um Grüße in die Runde
Ihr Peter Rühmkorf

Maschinenschriftlich, 1 S. A4

Berger Markt: Der Berger Markt ist ein seit spätestens 1728 belegtes Volksfest in Bergen-Enkheim, in dessen Rahmen seit 1974 jährlich das Stadtschreiberamt verliehen wird; Initiator des Preises und des Stadtschreiberfestes war der Schriftsteller Franz Joseph Schneider.

mit Jazz-Lyrik-Amalgamen: 1966 trat Peter Rühmkorf auf dem Marktplatz in Hamburg erstmals mit zwei Jazzmusikern auf, Wolfgang Schlüter und Michael Naura; die gemeinsamen Auftritte firmierten fortan unter dem Begriff Jazz und Lyrik, vgl. Peter Rühmkorf, *Jazz & Lyrik. Aufnahmen 1976–2006.* 3 CDs mit Beibuch. Eine Edition der Arno Schmidt Stiftung, hg. von Stephan Opitz, Hamburg 2009

89. Marcel Reich-Ranicki an Peter Rühmkorf

Frankfurt am Main, 15.9.1977 M.R.-R./ma

Mein lieber Herr Rühmkorf,
ich habe für Ihren Brief vom 6. September bestens zu danken. Es tut mir sehr leid, aber der Band »Die verbrannten Dichter« war, als Ihr Brief ankam, schon vergeben. Haben Sie vielleicht andere Wünsche? Hier zwei Vorschläge:
1.) Hätten Sie Lust, etwas aus heutiger Sicht über Lehmanns Lyrik zu schreiben? In der Bibliothek Suhrkamp ist eine von Krolow gemachte Auswahl erschienen, die als Vorwand ausreichen würde.
2.) Und wie wäre es mit Albert Ehrenstein? Da gibt es einen in der Edition Text + Kritik erschienenen Band, den Jörg Drews herausgegeben hat.
3.) Und wann kriege ich von Ihnen einen Beitrag für die Frankfurter Anthologie? Ich bitte da um Vorschläge. Vielleicht mal ein Barock-Gedicht? Aber natürlich ist mir Zeitgenössisches ebenfalls lieb.
Herzlichst
Ihr Marcel Reich

Maschinenschriftlich auf Kopfbogen FAZ, 1 S. A4
Lehmanns Lyrik: Wilhelm Lehmann, *Gedichte.* Auswahl und Nachwort Karl
Krolow, Frankfurt a. M. 1977
Albert Ehrenstein: Albert Ehrenstein, *Wie bin ich vorgespannt den Kohlenwagen meiner Trauer. Gedichte,* hg. von Jörg Drews, München 1977

---

90. Peter Rühmkorf an Marcel Reich-Ranicki

Hamburg, den 27. Okt. 77

Lieber Herr Ranicki,
nur sehr in Eile, wie es denn mit Raddatzens »Heine« ist. Schon vergeben? Sehr einseitiges, sehr interessantes Buch. Weil: die Widersprüche mal neu und von unerwarteter Seite her beleuchtet.
Sehr herzlich eilig
Ihr Peter Rühmkorf

Maschinenschriftlich, 1 S. A4
Raddatzens »Heine«: Fritz J. Raddatz, *Heine. Ein deutsches Märchen. Essay,*
Hamburg 1977

---

91. Marcel Reich-Ranicki an Peter Rühmkorf

Frankfurt am Main, 28. Oktober 1977 M. R.-R. / M. K.

Lieber Herr Rühmkorf,
zwar warte ich sehnsüchtig auf Ihre Kritik der Conrady-Anthologie
und des Ehrenstein, doch kann ich nicht umhin, Sie daran zu erinnern,
daß Ihnen außerordentlich daran gelegen war, eine als Taschenbuch
bei Rowohlt erschienene italienische Sauerei zu rezensieren. Und wo
ist Ihr Manuskript?
Herzlichst
Ihr Marcel Reich

Maschinenschriftlich auf Kopfbogen FAZ, 1 S. A4
ihre Kritik der Conrady-Anthologie: Karl Otto Conrady, *Das grosse deutsche
Gedichtbuch,* Kronberg i. Taunus 1977; vgl. Peter Rühmkorf, *Eine Wundertüte deutscher Poesie. Karl Otto Conradys Anthologie,* in: FAZ, 10. 12. 1977,
vgl. auch *Strömungslehre* S. 170ff.
und des Ehrenstein: Peter Rühmkorf hat den Band nicht besprochen.
italienische Sauerei: vgl. Brief 86

---

92. Marcel Reich-Ranicki an Peter Rühmkorf

10. XI. 1977 FRANKFURT AM MAIN
HERRN PETER RUEHMKORF
OEVELGOENNE 50 (2000) HAMBURG/52

WO BLEIBT CONRADY? HERZLICHST M REICH-RANICKI

Telegramm

---

93. Peter Rühmkorf an Marcel Reich-Ranicki

Hamburg, d. 16. 11. 77

Lieber Herr Ranicki,
war richtig, daß Sie mich nochmal anriefen; es gefällt mir in der neuen Fassung, offengestanden, auch besser. Ich wollte ja auch nicht Hucheln abwerten. Nicht der neuen Wertschätzung Bächlers irgendwie in den Weg treten. Andererseits wollte ich nicht die einen durch die andern ersetzt sehen – um Himmelswillen! – nur mehr Gerechtigkeit ins Spiel gebracht, wenn Pluralismus überhaupt noch ein Ideal ist.
Herzlich grüßt Sie
Ihr Peter Rühmkorf

Maschinenschriftlich, 1 S. A4
es gefällt mir in der neuen Fassung, offengestanden, auch besser: Text zu Conrady, vgl. Brief 91

---

94. Peter Rühmkorf an Marcel Reich-Ranicki

Hamburg, den 18. 11. 77

Lieber Herr Ranicki,
hier der Conrady, so lang wie das Buch dick ist, aber, wie ich meine, so unterhaltsam wie belehrend. Eine dringende, b in d e n d e Bitte nun dazu: nicht vor dem 1. Dezember veröffentlichen! Ich bin, nach Versiegen meiner Bergen-Enkheimer Kornkammer in die übliche Armut zurückversunken und m u ß dies hier zuerst nochmal über SFB verkünden. Der 1. Dez. ist ein Donnerstag, der darauf folgende Samstag wäre dann ein Dritter, der dem Weihnachtsgeschäft noch voll zugute käme. Leider kommen demnächst üble Zahn- und Kiefer-Operationen auf mich zu, die mich wohl beeinträchtigen werden. Ansonsten und auch in Zukunft selbstverständlich gern zu Diensten. Mit Raddatzen habe ich gesprochen und ihm seine Boykotthaltung vorgeworfen – er sagte: das Buch läge ihm nicht und verreißen lassen wolle er nicht. Da müssen denn wohl, nach meiner Meinung, persönliche Fehden bestehen, die ich freilich nicht überschaue. Ihr Buch ist mir sehr lieb und als

Orientierungsmittel unschätzbar wichtig, aber DIE ZEIT, Sie wissen ja, besitzt Ihre eigenen Feindbilder und Präokkupationen. Allmählich schon stromlinienförmige. Hätte ich von den Kontroversen gewußt, hätte ich Ihnen die Ra.-Rezension nie von mir aus angetragen, aber ich kann nun natürlich auch nicht wegradieren, daß mich das Buch in einem eigenen Augenblick angeritzt hat.

Sehr herzlich
Ihr Peter Rühmkorf

P. S. Handke »Gewicht d. Welt« schon bei Ihnen besprochen? Hab es gerade f. NDR III gemacht.

Maschinenschriftlich, 1 S. A4, hs. P. S. am linken Seitenrand
muß dies hier zuerst nochmal über SFB verkünden: Am 1.12.1977 sprach Peter
   Rühmkorf im SFB über Karl Otto Conrady, *Das große deutsche Gedichtbuch.*
das Buch läge ihm nicht: Marcel Reich-Ranicki, *Nachprüfung. Aufsätze über*
   deutsche Schriftsteller von gestern, München 1977.
Ra.-Rezension: Peter Rühmkorf, *Ein Kampf um Heinrich Heine. Zwei Mono-*
   graphien und ein Lesebuch, in FAZ, 25.3.1978 (unter anderem über Fritz
   J. Raddatz, *Heine,* vgl. Brief 90)
Handke ... f. NDR III gemacht: Peter Handke, *Das Gewicht der Welt. Ein*
   Journal, Salzburg 1977; in der Rühmkorf-Bibliographie von Wolfgang Rasch
   (Bielefeld 2004) wird Rühmkorfs Rundfunkbesprechung des Buches für den
   18.11.1977 auf WDR III nachgewiesen.

---

95. Peter Rühmkorf an Marcel Reich-Ranicki

Hamburg, den 12.12.77

Lieber Herr Ranicki,
   kaum hat man mal etwas mehr Platz, und alles sagt »wie schön«. Selbst Conrady hat ein freundliches Briefchen geschrieben und seiner Angetanheit Ausdruck gegeben, obwohl er sich hier und da gegeißelt vorkommt; nunja, so sollte es sein. Die Wissenschaften dürfen sich nie so fühlen, als ob sie unter sich wären; und wo Professoren schon ohnehin beinahe reichsunmittelbar und unabsetzlich sind, bedarf es immer wieder der ego- (nein! diese Fehlleistung lass ich stehen) – dennoch: exogenen Normenkontrolle.

Einiges Technisch-Praktische aber heut. Der Kürenberger ist bereits als Skizze auf dem Papier, ich denke, daß ich ihn diese Woche fertigkriege. Als Quellenangabe werden wir doch einfach den Wapnewski-Band »Waz ist minne?« nochmal angeben, der ja den letzten Stand der Forschungslage referiert – falls eine Lage überhaupt stehen kann.

Dann – nicht überlesen, sondern anstreichen! – erbitte ich mir dringend das Buch über Literaturpreise, das Wiesand und Vorbeck (in ich weiß nicht, welchem Verlag) demnächst herausbringen. Es interessiert mich brennend im Hinblick auf kulturelle Konjunkturkurven, und es könnte ein hübsches Essay daraus werden.

Etwas ganz anderes: im Verlag »Roter Stern« das Buch »Männerträume« würde ich liebend gern besprechen. Hoffentlich ist es nicht schon vergeben, gar vielleicht bereits an einem Nichtsonnabend rezensiert worden.

4.) Zeichnungen und Texte von Janssen bei Christians in Hamburg: das wäre auch so eine Sache, über die man mal improvisieren möchte.

5.) Eine neues Etruskerbuch – es wurde vor zwei Wochen, glaub ich – im Spiegel besprochen – wäre der Einblicknahme und wohl auch des Drüberschreibens wert. Ich bin doch in diesem Metier beinahe ein Fachmann, oder doch zumindest, gewesen.

Das ist etwas viel im Moment, zumal ja auch der Raddatz noch aussteht, aber a.) ersehen Sie daraus, daß ich die weitere Zusammenarbeit ernst nehme, b.) daß ich gern so einige unterschiedliche Objekte zum Jonglieren in der Hand habe. Man kann dann je nach Stimmung – oder Verstimmung!

Sehr herzlich Ihr

Peter Rühmkorf

Maschinenschriftlich, 2 S. A4

Conrady hat ein freundliches Briefchen geschrieben: Im Nachlaß Peter Rühmkorf im DLA ist dieser Brief Conradys nicht überliefert.

Der Kürenberger ist als Skizze auf dem Papier: vgl. Peter Rühmkorf, *Des Falken Flucht,* in: FAZ, 28.1.1978, vgl. *Widersprüche* S. 216ff.

das Buch über Literaturpreise, das Wiesand und Vorbeck ... herausbringen: Karla Fohrbeck / Andreas Johannes Wiesand, *Handbuch der Kulturpreise und der individuellen Künstlerförderung in der Bundesrepublik Deutschland 1978,* Köln 1978. Vgl. Brief 119

im Verlag »Roter Stern« das Buch »Männerträume«: Klaus Theweleit, *Männer-phantasien,* Frankfurt a. M. 1977f.
Zeichnungen und Texte von Janssen bei Christians: vgl. Horst Janssen, *Zeichnun-gen u. Radierungen 1969–1975. Auswahl aus dem graphischen Werk,* hg. von Gerhard Schack, Hamburg 1976
neues Etruskerbuch ... im Spiegel besprochen: Maja Sprenger / Gilda Bartoloni, *Die Etrusker. Kunst und Geschichte,* München 1977; die Rezension des Bild-bands unter dem Titel *Tanz bei den Toten,* in: DER SPIEGEL, Jg. 49/1977, 28. 11. 1977, S. 220ff.

96. Marcel Reich-Ranicki an Peter Rühmkorf

Frankfurt am Main, 15. Dezember 1977 M. R.-R. / M. K.

Mein Lieber,

Ihre Kritik der Conrady-Anthologie hat ein überaus positives Echo gehabt. Nun warte ich auf Ihre weiteren Taten und erlaube mir, Ihnen noch zwei Bücher zu schicken, nämlich:

Klaus Pabel »Heines ›Reisebilder‹« (Wilhelm Fink)

Heinrich Heine »Die Wahl-Esel«. Ein satirisches Lesebuch, zusam-mengestellt von Lutz Görner (Satire Verlag).

Sie verstehen selber, was ich im Auge habe: Ich möchte also, daß Sie in Ihrer Kritik des Essays von Raddatz auch noch kurz auf diese bei-den Bücher eingehen. Natürlich würde es durchaus reichen, wenn Sie der Anthologie etwa 10 Maschinenzeilen widmen und dem Buch von Pabel, sagen wir, 20 Zeilen.

Wann kommt Ihre Interpretation des Herrn von Kürenberg?

Sehr herzlich

Ihr Marcel Reich

Maschinenschriftlich auf Kopfbogen FAZ, 1 S. A4
Klaus Pabel »Heines ›Reisebilder‹«: Klaus Pabel, *Heines »Reisebilder«. Ästhetisches Bedürfnis und politisches Interesse am Ende der Kunstperiode,* München 1977
Heinrich Heine »Die Wahlesel«.: Heinrich Heine, *Die Wahl-Esel. Ein satirisches Lesebuch.* Zusammengestellt von Lutz Görner, Köln 1977
Kritik des Essays von Raddatz: vgl. Brief 94

97. Marcel Reich-Ranicki an Peter Rühmkorf

Frankfurt am Main, 20. Dezember 1977 M. R.-R. / M. K.

Lieber Herr Rühmkorf,
die beiden zusätzlichen Heine-Bücher haben Sie gewiß, ebenso wie
meinen Brief, inzwischen erhalten.
Die »Männerträume« sind leider schon vergeben. Hingegen reservieren wir für Sie gern das Buch über Literaturpreise von Wiesand und
Fohrbeck. Das Etrusker-Buch gehört nicht zu unserer Kompetenz. Ich
habe aber nichts dagegen, daß Sie etwas über die Zeichnungen und
Texte von Janssen schreiben. Haben Sie schon das Buch? Welches meinen Sie?
Mit besten Grüße
Ihr Marcel Reich

Maschinenschriftlich auf Kopfbogen FAZ, 1 S. A4

---

98. Peter Rühmkorf an Marcel Reich-Ranicki

Hamburg, den 3. 1. 78

Lieber Herr Ranicki,
habe eben nochmal eingekürzt und hoffe, daß es, zumal in Anbetracht des bloß zweistrophigen Gedichtes, geht. Hoffe sehr. Ein weiterer Vorschlag, ein Gedanke, der mir gelegentlich der Lektüre von letzter »ZEIT«-Ausgabe kam: entweder den Robert Gernhard mal richtig
zu besprechen, oder aber ein Einstelstück in Ff/M-Anthologie zu würdigen. Es handelt sich hier um ein im wahrsten Sinne des Wortes verkapptes Genie, das wirklich nur noch mit Ringelnatz und Morgenstern
zu vergleichen ist. Wofern Sie seine Bücher bereits haben würdigen
lassen, bitte mich doch ein Einzelstück interpretieren lassen zu wollen!
Soviel für den Moment und fürs Neuejahr viel Licht!
Sehr herzlich
Ihr Peter Rühmkorf

Maschinenschriftlich, 1 S. A4
daß es, zumal in Anbetracht des bloß zweistrophigen Gedichtes, geht: Bezug auf
   Falkengedicht des Kürenberger

Robert Gernhard: Rühmkorf schreibt Gernhardts Namen auch in den folgenden
Briefen gelegentlich falsch; die Fehlschreibung wird später auch von Marcel
Reich-Ranickis Sekretärin übernommen.
Einstelstück: so im Brief.

---

99. Peter Rühmkorf an Marcel Reich-Ranicki

Hamburg, den 4.1.78

Lieber Herr Ranicki,
schnell noch einige Verbesserungen hinterher! S.1 Zeile 7 von un-
ten: »erhebt sich der Domestizierte scheinbar unvermittelt«. S.3 oben:
»Gott führe sie zusammen die in Liebe beieinander sein möchten«.
Als Quellenangabe kann sowohl Wapnewskis Buch »Waz ist minne«
als auch der Conrady dienlich sein. Mir ist es egal.
Herzlich Ihr
Peter Rühmkorf

Maschinenschriftlich, 1 S. A4

---

100. Marcel Reich-Ranicki an Peter Rühmkorf

6.I.78 HERRN PETER RUEHMKORF
OEVELGOENNE 50 (2000) HAMBURG 52

BESTEN DANK FUER KUERENBERG UND KORREKTUR
GERN EINVERSTANDEN MIT KRITIK VON DREI ROBERT
GERNHARDT-BUECHERN HERZLICHST
REICH-RANICKI

Telegramm

---

101. Marcel Reich-Ranicki an Peter Rühmkorf

Frankfurt am Main

10. Januar 1978

Mein Lieber,

Wir bereiten jetzt den dritten Band der »Frankfurter Anthologie« vor, der wiederum im Insel-Verlag erscheinen wird. Auch dieser Band wird 60 Gedichte und Interpretationen enthalten. Ich sende Ihnen beiliegend Ihre Beiträge und bitte Sie, den Text genau zu korrigieren. Es versteht sich, daß, abgesehen von Druckfehlern, stilistische und sachliche Korrekturen noch durchaus möglich sind. Allerdings muß ich Sie bitten, Ihre Beiträge nicht zu erweitern.

Ich wäre Ihnen außerordentlich dankbar, wenn Sie die Güte hätten, auch den Text der von Ihnen interpretierten Gedichte zu prüfen.

Senden Sie mir bitte die Ausschnitte möglichst rasch zurück und seien Sie bestens gegrüßt

von Ihrem

Marcel Reich

Maschinenschriftlich auf Kopfbogen FAZ, 1 S. A4, Rundbrief mit hs. Anrede

den dritten Band der Frankfurter Anthologie: Band 3, hg. von Marcel Reich-Ranicki, Frankfurt a. M. 1978

Ihre Beiträge: Band 3 enthielt Peter Rühmkorfs Interpretationen der Gedichte
Ich zôch mir einen valken des Kürenbergers (Des Falken Flucht, S. 13 ff.),
Mann und Frau gehen durch die Krebsbaracke von Gottfried Benn
(Ein modernes Liebesgedicht, S. 139 ff.) und Peppino Portiere von Rolf Haufs
(Der Portier und die Poesie, S. 257 ff.).

---

102. Peter Rühmkorf an Marcel Reich-Ranicki

Hamburg, den 28. 2. 78

Lieber Herr Ranicki,

einliegend der doppelköpfige Heine – ich mußte es alles etwas auf diese paradigmatische Gegenüberstellung hin abstimmen. Zu viel wäre zu viel geworden, das heißt, Gestrüpp. Allenthalben finde ich Ihre Börne-Auswahl rezensiert und gelobt, da hätte ich ja nun auch

gern mal reingesehen. Bringen Sie mir doch eine mit, wenn Sie zu Ledigs Geburtstag heraufeilen – Sie bekommen auch sofort Ihren Marcuse wieder in die Hand.
Sehr herzlich
Ihr Peter Rühmkorf

P. S. Grüße an Greiner!! Sein Enzensberger-Artikel war erste Güteklasse. Sagt, rechtens, jeder!

Maschinenschriftlich, 1 S. A4, hs. P. S.
anliegend der doppelköpfige Heine: vgl. Brief 94 und 96
finde ich Ihre Börne-Auswahl rezensiert und gelobt: Ludwig Börne, *Spiegelbild des Lebens. Aufsätze über Literatur.* Ausgew. und eingel. von Marcel Reich-Ranicki, Frankfurt a. M. 1977; die Rezension: *Hinweis,* in FAZ, 5.11.1977
Ledigs Geburtstag: Heinrich Maria Ledig-Rowohlt wurde am 12. 3. 1978 70 Jahre alt.
ihren Marcuse: Von Ludwig Marcuse wurden 1977 zwei Bücher über Heinrich Heine veröffentlicht: *Gedichte.* Ausgew. und eingel. von Ludwig Marcuse, Zürich 1977 und *Heinrich Heine. Melancholiker, Streiter in Marx, Epikureer,* Zürich 1977; es handelt sich bei beiden Bänden um Neuauflagen früherer Veröffentlichungen.
Greiner … Enzensberger-Artikel: Ulrich Greiner, *Der Sinn des Lebens und die Lüge der Literatur. Christian Enzensbergers politische Ästhetik,* in: FAZ, 11. 2. 1978

---

103. Peter Rühmkorf an Marcel Reich-Ranicki

Hamburg, den 3. April 78

Lieber Herr Ranicki,
anbei der Marcuse-Heine und herzlichen Dank nochmal!
Bin im Augenblick leider reichlich blockiert, weil ich Aufsatz-Sammelbuch vorbereite »Strömungslehre – I. Poesie«, soll im Herbst rauskommen und muß noch vor meiner Englandreise (20. April) abgeliefert werden. In Warwick wird dagegen wieder Zeit sein, der Gernhard und der Ehrenstein begleiten mich, und mit anderen Dingen halten Sie mich ja ungezwungen auf dem Laufenden. Interessiert wäre ich an Besprechung Gedichte von Zbigniew Herbert, die wohl irgendwann oder bald bei Suhrkamp herauskommen. Dann nicht vergessen: Fohrbeck-

Wiesand »Literaturpreise«, ahnein, das kann ich erst machen, wenn ich wieder zwischen meinen vier Bücherwänden bin – es kommt wohl auch erst im Juli heraus. Was vielleicht infrage kommen könnte (ich weiß es noch nicht), wäre ein Brief an eine Schulklasse (15–16-Jährige) (Realschule), wo man ein Gedicht von mir interpretiert-kritisiert hat – ich muß da aber erst noch einen Ton finden. Es geht da um die Verständlichmachung von einem Stück Poesie für ziemlich ungebildete Pubertätler, eine Aufgabe, die ich noch vor Abreise lösen muß und die, bei Gelingen, mit ins Buch soll.

Sehr herzlich Ihr Peter Rühmkorf

Maschinenschriftlich, 1 S. A4

»Strömungslehre – I. Poesie«, soll im Herbst herauskommen: Das Buch wurde im September 1978 veröffentlicht.

meine Englandreise: Peter Rühmkorf war für ein Semester Gastdozent an der Universität von Warwick (nahe Coventry, Großbritannien).

Gedichte von Zbigniew Herbert: Zbigniew Herbert, *Inschrift. Gedichte,* hg. und übertragen von Karl Dedecius. Frankfurt a. M. 1973; von dieser Ausgabe erschien 1979 eine neue Auflage, die vermutlich hier gemeint ist.

ein Brief an eine Schulklasse …, wo man ein Gedicht von mir interpretiert-kritisiert hat: Der Brief ist weder in *Strömungslehre* abgedruckt noch im Nachlaß Peter Rühmkorf nachweisbar.

---

104. Marcel Reich-Ranicki an Peter Rühmkorf

Frankfurt am Main, 4. April 1978 M. R.-R. / M. K.

Mein lieber Herr Rühmkorf,

besten Dank für Ihren Brief vom 3. April. Wir reservieren also den nächsten Gedichtband von Zbigniew Herbert für Sie. Sehr interessiert mich Ihr geplanter Brief an eine Schulklasse. Das möchte ich unbedingt haben.

Und natürlich warten wir ungeduldig auf die Artikel über Ehrenstein und Gernhard.

Herzlichst

Ihr Marcel Reich

Maschinenschriftlich auf Kopfbogen FAZ, 1 S. A4

---

105. Peter Rühmkorf an Marcel Reich-Ranicki

Hamburg, den 5. Juli 78

Lieber Herr Ranicki,

das Leben läuft ja immer ein bißchen anders als man denkt, auch meine Warwick-Zeit. Mußte Aufsatzbuch mit Schlußartikel verzieren, auch manches noch überarbeiten, so flogen die Wochen dahin. Soweit ich aus der Ferne verfolgen konnte, ist Ihre Tucho-Q-Tagebücher-Rezension auch noch nicht erschienen – wollen Sie sie nicht doch mir überlassen? Habe für D-Land-Funk Besprechung angefertigt und könnte sie vergleichsweise schnell auf FAZ-Niveau hochwienern. Dies in Eile, weil der Briefträger gleich vorbeikommt. Sehen wir uns (Maschine hakt) am Freitag in Bergen-Enkheim?

Sehr herzlich

Ihr Peter Rühmkorf

Maschinenschriftlich, 1 S. A4

Ihre Tucho-Q-Tagebücher-Rezension: Kurt Tucholsky, *Die Q-Tagebücher: 1934–1935,* hg. von Mary Gerold-Tucholsky und Gustav Huonker, Reinbek 1978; die Rezension von Marcel Reich-Ranicki erschien erst zwei Monate später (*Kurt Tucholsky noch einmal. Die »Briefe aus dem Schweigen« und die »Q-Tagebücher« verändern sein Bild,* in: FAZ, 9. 9. 1978).

habe für D-Land-Funk Besprechung angefertigt: Kurt Tucholsky: Die Q-Tagebücher, DLF, 2. 7. 1978

sehen wir uns am Freitag in Bergen-Enkheim?: Am 7. 7. 1978 fand in Bergen-Enkheim eine Lesung der ehemaligen Stadtschreiber Peter Härtling, Karl Krolow, Peter Rühmkorf und Wolfgang Koeppen statt.

Maschine hakt: Der Brief weist zahlreiche hs. korrigierte Tippfehler auf.

---

106. Peter Rühmkorf an Marcel Reich-Ranicki

Montag, früh um vier

Lieber Herr Ranicki,

hier der Döblin, hatte leider nicht genug Zeit, um die rechte Kürze zu erreichen, aber S. 7 kann zur äußersten Not auch entfallen. Bin etwas betrübt, weil es so schnell gehen mußte, 2 Tage mehr hätten nicht geschadet. Vor allem ist mein Auge schon zu belegt, um noch letzte stilistische Korrektur zu lesen. Bei anderen Korrekturen bitte auf »Babylonische Wandrung«! achten – nicht Wanderung!

Herzlich und nicht ganz glücklich mit sich selbst, vielleicht auch nur müde

Ihr Peter Rühmkorf

Maschinenschriftlich, 1 S. A4, Datum vermutlich 24. 7. 1978

hier der Döblin: Weltbewegter Atemstrom, in: FAZ, 5. 8. 1978

bitte auf »Babylonische Wandrung«! achten: Druckfassung FAZ: »[…] wurde die vergnüglichste Ahasverlegende deutscher Sprache, das unendlich komische Umgetriebenen-Epos ›Babylonische Wanderung‹ überhaupt nicht zur Kenntnis genommen.«

---

107. Marcel Reich-Ranicki an Peter Rühmkorf

26. VII. 1978 FRANKFURT AM MAIN

PETER RUEHMKOPF OEVELGOENNE 50 (2000) HAMBURG 52

GRATULIERE ZUM GLAENZENDEN DOEBLIN

HERZLICHST REICH-RANICKI

Telegramm

---

108. Peter Rühmkorf an Marcel Reich-Ranicki

Hamburg, den 9. 8. 78

Lieber Herr Ranicki,

Dank für Ihr freundliches Telegramm und den fehlerfreien Druck. Da der Urlaub jetzt schon wieder näherrückt, schnell einige Vorschläge betr. der begleitenden Literatur.

1.) Für Anthologie: Wondratschek »In den Autos« aus »Das leise Lachen …«

2.) Gernhard-Gedicht »Lehrmeisterin Natur« aus »Besternte Ernte« (S. 84)

3.) Es ist ein ganz verrücktes Vogelweide-Buch bei Degener herausgekommen; Autor ein Genealoge, der Walthers Herkunft aus Ff/M nachweist und außerdem behauptet, dass W. eine Hasenscharte besessen habe. Hochinteressant und keineswegs bloß Mumpitz. Viele akribisch herangepusselte Belege und dann diese rasanten Schlüsse. 4.) Ein Original von Weib: Victoria Thérame »Die Taxifahrerin« bei ro-ro. Strahlend übersetzt. 5.) Giorgio Manganelli »Unschluß« (Wagenbach). Für G. M. wollte ich immer schon mal was tun; ein ganz großer Absurder mit immer wieder was zum Lachen. 6.) Warum lassen Sie mir bloß nicht den Tucho?? Der Aufsatz liegt vor, ist nur über D-Land-Funk gesendet worden; und auf *Sie* warten doch noch so viele andere Bücher (nicht nur zur Messezeit).

Wollte eigentlich noch'n bißchen was Grundsätzliches vortragen, über persönliche Vorlieben am Spülsaum, denen ich bislang nicht so nachgehen konnte wie ich wohl gewollt hätte – aber lieber später das.

Sehr herzlich

Ihr Peter Rühmkorf

Maschinenschriftlich, 1 S. A4

Wondratschek »In den Autos« aus »Das leise Lachen …«: Wolf Wondratschek, *Das leise Lachen am Ohr eines anderen*, Frankfurt a. M. 1976, S. 10. Vgl. Peter Rühmkorf, *Gepünktelte Hoffnungslinie. Über Wondrascheks Gedicht »In den Autos«,* in: FAZ, 9. 12. 1978 (Frankfurter Anthologie)

Gernhard-Gedicht »Lehrmeisterin Natur« aus »Besternte Ernte«: Robert Gernhardt / F. W. Bernstein, *Besternte Ernte: Gedichte aus fünfzehn Jahren*, Frankfurt a. M. 1976.

ein ganz verrücktes Vogelweide-Buch bei Degener: Heinz Friedrich Friedrichs, *Walther von der Vogelweide. Der Mensch in Zeit und Umwelt. Stand, Familie, Herkunft*, Neustadt a. d. Aisch 1978

Victoria Thérame »Die Taxifahrerin« bei ro-ro: Victoria Thérame, *Die Taxifahrerin.* Übs. von Uli Aumüller, Reinbek 1978

Manganelli »Unschluß«: Giorgio Manganelli, *Unschluß*, Berlin 1978 (ital.: *Sconclusione*)

109. Marcel Reich-Ranicki an Peter Rühmkorf

Frankfurt am Main, 17. August 1978 M. R.-R. / M. K.

Mein lieber Herr Rühmkorf.

1. Mit den beiden Vorschlägen für unsere »Frankfurter Anthologie« (Wondratschek und Gernhard) bin ich, ohne die Gedichte zu kennen, einverstanden, vorausgesetzt, daß sie nicht zu lang und wirklich gut sind.

2. Ich freue mich auf Ihre Besprechung des verrückten Vogelweide-Buches. Sollen wir es bestellen? Dann müßten Sie uns den Namen des Autors mitteilen und sagen, wo sich der Degener-Verlag befindet, denn es gibt zwei Verlage mit diesem Namen, und wir haben mit keinem diplomatische Beziehungen. Vor allem aber: die Kritik über ein Kuriosum dieser Art muß unbedingt kurz sein.

3. Wir hatten nicht die Absicht, über das Buch »Die Taxifahrerin« von Victoria Thérame eine Besprechung zu bringen. Wenn Sie aber unbedingt wollen – nun denn, es fällt mir schwer, Ihnen eine Bitte abzuschlagen. Aber bitte kurz. Überdies wäre ich Ihnen dankbar, wenn Sie die Güte hätten, in Zukunft zu berücksichtigen, daß abscheuliche und bösartige Menschen immer wieder erzählen, der Rowohlt-Autor Peter Rühmkorf habe ein merkwürdig hartnäckiges Bedürfnis, Rowohlt-Bücher zu rühmen.

4. Manganellis »Unschluß« ist leider schon vergeben.

5. An dem Tucholsky arbeite ich seit längerer Zeit, und wenn das Manuskript noch nicht fertig ist, so deshalb, weil mich die Korrespondenz mit unseren geehrten Mitarbeitern oft aufhält. Es ist nicht so, wie Sie vermuten, daß ich Ihnen das Thema nicht gönnen will. Nur haben Sie über den letzten Lebensabschnitt Tucholskys Ihre Ansichten bereits in der Kritik der Briefe an Hedwig Müller ausführlich dargelegt. Ich bin mit Ihrem Standpunkt, den Sie wie immer glänzend vorgebracht haben, keineswegs einverstanden. Und nun sollen die Leser mal eine andere Ansicht in Sachen Tucholsky lesen. Haben Sie also bitte Verständnis dafür, daß es dabei bleiben muß, wie es beschlossen war.

6. Daß auf mich viele andere Bücher warten, ist wohl nicht ganz richtig. Jedenfalls habe ich bisher den Vorwurf nicht gehört, daß ich

alles Wichtige an mich reiße und den Mitarbeitern nur die Abfälle von der reich gedeckten Tafel gönne.

Ich grüße Sie wie immer respektvoll und herzlichst und in Erwartung Ihrer nächsten Taten,
Ihr Marcel Reich

Maschinenschriftlich auf Kopfbogen FAZ, 2 S. A4

---

110. Peter Rühmkorf an Marcel Reich-Ranicki

Hamburg, den 1. Sept. 78

Lieber Herr Ranicki,

ein kurzer Urlaub wird Draht und Postkasten jetzt für kurze Zeit erkalten lassen, deshalb nur noch kurz die Selbstverpflichtung, den Wondratschek, den Vogelweide und den Gernhardt mit nach Italien zu nehmen – zu n e h m e n. Und schnell noch einige kleine Mißverständnisse beiseite! 1.) Ich unterstelle Ihnen keinesfalls, daß Sie sich die dicken Butte grundsätzlich unter den Nagel reißen und werde nie unterstellen. 2.) Es ist dagegen ganz und gar nicht richtig, daß ich des öfteren für Rowohlt und insofern pro familia votiere. Soweit ich mich erinnere, habe ich in meiner langjährig segensvollen Tätigkeit in Ihrem Hause nur e i n e i n z i g e s Rowohlt-Buch besprochen, nämlich die »Briefe aus dem Schweigen«. Mein präsumptives Interesse würde sich auch gewiß eher an Suhrkamptiteln entzünden lassen – bloß, die flattern mir nicht auf den Tisch, das Haus gibt sich auf seltsame Weise verstopft. – Dank nochmal am Rande für die Würdigungen, die Sie mir widerfahren lassen. Der Schneider war sehr hübsch, ich habe dem Rezensenten gleich geschrieben, freilich über Ihre Adresse und bitte Sie sehr, die Post doch über die Grenze zu geleiten.

Sehr herzlich grüßt Sie
Ihr Peter Rühmkorf

Und, bittenochmal, mir Fohrbeck / Wiesand »Kunstpreise« zu reservieren!!

Maschinenschriftlich, 1 S. A4, vermutlich falsch datiert und erst später entstanden, siehe unten; hs. Nachschrift am linken Seitenrand *ein kurzer Urlaub:* Peter Rühmkorf reiste mit Eva Rühmkorf nach Italien und kehrte am 19.9.1978 früher als geplant zurück.

»Briefe aus dem Schweigen«: vgl. Brief 72 und 78

Der Schneider war sehr hübsch: Rolf Schneider, *Linke Narren aller Säkula,* in: FAZ, 2.9.1978;

habe dem Rezensenten gleich geschrieben: Peter Rühmkorf an Rolf Schneider, 1.9.1978 (im Nachlaß DLA, ebenfalls fehldatiert)

über die Grenze zu geleiten: Schneider lebte in der DDR.

---

111. Peter Rühmkorf an Marcel Reich-Ranicki

Hamburg, den 10. Okt. 78

Lieber Herr Ranicki,

gern spränge man Ihnen im Augenblick an die Seite (auf die), z. B. in Form von Artikel-Präsenz, es ist aber die ganz fürchterliche Reise-peitsche wieder über mich verhängt, erst Berlin (Benn-Colloquium), dann Buchmesse (Poesie-Diskussion), und ganz unverdient regt sich auch noch schlechtes Gewissen. Rufe Sie in Frankfurt an, sowie ich da bin, nur honoris halber, die nächsten Aufgaben waren ja bereits besprochen. Bloß eins noch: Karla Fohrbeck hatte von sich aus ihr (und Wiesands) Kunst-Preis-Buch bei Rühle angeboten: das muß aber über unsere Schiene laufen!

Ich hol mir das Vorexemplar hier am 20. Oktober ab.

Herzlich grüßt Sie

Ihr Peter Rühmkorf

Maschinenschriftlich, 1 S. A4

Berlin (Benn-Colloquium): Am 11., 13. und 15.10. fand an der Akademie der Künste in West-Berlin das Gottfried-Benn-Colloquium statt; Teilnehmer an den Gesprächen und Lesungen waren neben Peter Rühmkorf u.a. Uwe Johnson, Fritz J. Raddatz, Hans Magnus Enzensberger, Peter Wapnewski, Karl Riha; Auftritte Peter Rühmkorfs in Gesprächsrunden am 13. und 15.10.

Buchmesse (Poesie-Diskussion): Peter Rühmkorf nahm am 17.10. auf der Frankfurter Buchmesse an einer Diskussionsrunde über Lyrik teil.

bei Rühle angeboten: Günther Rühle war damals Leiter des Feuilletons der FAZ.

---

112. Marcel Reich-Ranicki an Peter Rühmkorf

Leider wurde meine Telefonnummer geändert.

Sie lautet jetzt:

(0611) 5610 62

Marcel Reich-Ranicki

gedruckte Postkarte A6, Poststempel: »Frankfurt am Main 13.10.1978«

---

113. Marcel Reich-Ranicki an Peter Rühmkorf

Frankfurt am Main, 26. Oktober 1978 M. R.-R. / M. K.

Mein lieber Peter Rühmkorf,

so geht das nicht weiter. Sie liefern nichts, kommen mit immer neuen Vorschlägen, denen wiederum immer neue Ausreden folgen. Unsere Gespräche sind überaus angenehm, aber die Leser der F.A.Z. haben davon gar nichts. Seit einem Jahr ist bei Ihnen der Ehrenstein-Band. Wie lange noch sollen wir warten? Warum sind Sie so faul? Sie wünschten dringend Bücher des Poeten Gernhardt. Wir haben Ihnen im Januar drei Bände geschickt. Und was haben wir bekommen?

Sie wünschten Thérame »Die Taxifahrerin«. Vermutlich handelt es sich um irgendeine Sauerei, die Sie inzwischen schon genossen haben, ohne an Ihrem Genuß die Leser unserer Zeitung teilnehmen zu lassen.

Nun höre ich von unserer lieben Antje Ellermann, daß Sie das bei Rogner & Bernhard erschienene »Große Schlagerbuch« gern für uns besprechen würden. Ein Exemplar sollen Sie von dieser Antje schon erhalten haben. Mitarbeiter, die Ihre Rezensionswünsche auf dem Umweg über Verleger oder Verlegerinnen mitteilen, sind ganz besonders unsympathische Personen. Wie auch immer: dieses Schlagerbuch haben wir nicht vergeben, und eine Rezension aus Ihrer Feder wäre mir schon sehr recht. Aber natürlich traue ich Ihnen nicht und befürchte, auch diesmal Ihr gellendes Schweigen hören zu müssen.

Sie sehen also, daß meine Wertschätzung drauf und dran ist, immer kleiner zu werden und ich fürchte, daß auch die Sympathie meiner Gattin schwinden wird. Womit kann ich Ihnen noch drohen? Ich werde mich bei Eva beschweren. Und vielleicht noch bei einer anderen Dame, deren Namen ich hier nicht nenne.

Kurz und gut: bessern Sie sich endlich und schicken Sie mir Manuskripte. Meine Geduld ist groß, doch nicht grenzenlos.

Herzlichst

Ihr Marcel Reich

Maschinenschriftlich auf Kopfbogen FAZ, 1 S. A4

Gernhardt ... drei Bände: Im zeitlichen Umfeld erschienen zuletzt von Robert Gernhardt: *Besternte Ernte,* Frankfurt a. M. 1976 (zusammen mit F. W. Bernstein) und *Die Blusen des Böhmen,* Frankfurt a. M. 1977.

das bei Rogner & Bernhard erschienene »Große Schlagerbuch« gern ... besprechen würden: Schlager. Das große Schlager-Buch. Deutscher Schlager 1800 – heute, hg. von Monika Sperr, München 1978. Vgl. Peter Rühmkorf, *Welt des schönen Fadenscheins.* »Das große Schlagerbuch«, in: FAZ, 6. 1. 1979

---

114. Peter Rühmkorf an Marcel Reich-Ranicki

Hamburg, den 13. 11. 78

Lieber Herr Ranicki,

ich trage, wo ich gehe, stets meine Rezensionen mit mir herum, jetzt über den halben Balkan (Österreich, Ungarn, Belgerad); und nun, wo ich meine Fragmente gerade wieder auspacke, stoße ich auf der anderen Seite des Schreibtisches auf Ihren freundschaftlichen Sendbrief vom Dolmetschen: also! Ich spute mich, ich schüttle nur noch eben den Reisestaub aus dem Tornister, und in einer halben Stunde übersetze ich Ihnen ein Wondtratschek-Gedicht für Ihre Anthologie-Gemeinde. Uedings beifällige Rezension soll mich um ein übriges beflügeln, meine Versäumnisse bei Ihnen schleunigst abzutragen, keine Großefahrt trennt uns mehr, ich eile zu den Druck-Fahnen, ich laß nur diesen Gruß noch schnell vorauswehen, wer weiß, was Sie sonst an Drohungen noch gegen mich wahrmachen.

Sehr herzlich

Ihr Peter Rühmkorf

Maschinenschriftlich, 1 S. A4
über den halben Balkan: Lesereise vom 27.10. bis zum 8.11.1978 über Graz,
  Wien und Budapest nach Belgrad
Belgerad: so im Brief
ein Wondtratschek-Gedicht: so im Brief. Vgl. Brief 108
Uedings beifällige Rezension: Gert Ueding, *Unzerstörbare Zweifel. Peter
  Rühmkorfs »Strömungslehre«,* in: FAZ, 11.11.1978

---

115. Peter Rühmkorf an Marcel Reich-Ranicki

Hamburg, den 20. Nov. 78

Lieber Herr Ranicki,
somit habe ich denn die Arbeit für Sie wieder aufgenommen und
stehe auch fürderhin zur Verfügung. Als nächstes denke ich an das
Schlagerbuch, das man ja wohl noch vor Weihnachten zum Festgespräch machen sollte, dann an die strömungs- und kurventechnisch
aufschlußreiche Preisbilanz von Fohrbeck/Wiesand. Letztere kann
aber nicht vo r dem 29. Dez. gedruckt werden, weil noch der Rundfunk dazwischenfunkt. Es wäre also ein ausgesprochener Neujahrs-
bzw. Silvester-Artikel für Samstag den 30.! Vielleicht ergibt sich auch
noch eine Kleinigkeit am Rande und für dazwischen, aber man soll
sich ja auch nicht selbst auf die Hacken treten.
Sehr herzlich
Ihr Peter Rühmkorf

P. S. Die Buchseite bitte gelegentlich retour.

Maschinenschriftlich, 1 S. A4, hs. P. S.
weil noch der Rundfunk dazwischenfunkt: Eine Funkrezension ist nicht nachweisbar.

---

116. Marcel Reich-Ranicki an Peter Rühmkorf

Frankfurt am Main

5. Dezember 1978 M. R.-R. / M. K.

Mein lieber Herr Rühmkorf,

ich habe zu danken für Ihren Brief vom 20. November und für Ihren Beitrag über Wolf Wondratschek. Ich freue mich sehr, daß Sie wieder Ware in der bei Ihnen gewohnten Qualität liefern. Obwohl Beiträge für die »Frankfurter Anthologie« in der Regel mehrere Wochen ihrer Veröffentlichung harren, wird der Ihrige bereits in der Nummer vom 9. Dezember enthalten sein. Sehen Sie bitte darin ein Zeichen höchster Gunst und Gnade. Ich warte begierig auf weitere Lieferungen.

Das Buch von Fohrbeck / Wiesand, mit dem Sie uns schon seit vielen Jahren verrückt machen, ist ja nun endlich erschienen. Wir haben vertraulich erfahren, daß ein Exemplar dieses Werks sich bereits in Ihren Händen befindet. Wo bleibt Ihr Manuskript, da Sie doch offenbar schon die Sache für den Funk verbraten haben? Haben Sie doch bitte keine Angst, uns Manuskripte zu schicken, die bis zu einem bestimmten Datum wegen Ihrer Funkgeschäfte gesperrt sind. Wir halten uns an solche Termine und haben nicht die geringste Absicht, Ihre etwas dunklen Nebengeschäfte zu stören.

Außerordentlich freut mich Ihre treffende Einsicht, daß man das Schlagerbuch noch vor Weihnachten zum Festgespräch machen sollte. Wie sollen wir das tun, da wir auch in diesem Fall statt der Ware lediglich eine edle Absichtserklärung bekommen haben?

Ich warte ungeduldig und grüße Sie herzlichst,

Ihr Marcel Reich

Maschinenschriftlich auf Kopfbogen FAZ, 1 S. A4

Ihren Beitrag über Wolf Wondratschek: vgl. Brief 108

117. Peter Rühmkorf an Marcel Reich-Ranicki

Hamburg, den 15. Dez. 78

Lieber Herr Ranicki,

hier wieder mal Stoff fürs Vorweihnachtsgeschäft. Konnte leider nicht so frisch drauflos loben, wie ich's wohl gewünscht hätte, aber es reißt hoffentlich trotzdem an. Ansonsten muß ich Ihnen jetzt schon ein weißes Fest wünschen, d. h. Sie auf weiß bleibende Seiten hinweisen, das Preisbuch ist nicht so schnell auf einen Nenner zu bringen, ich kann es vielleicht gerade noch für den Silvesterfunk schaffen, da formuliert man nicht für die Ewigkeit, sondern für den Sirius und kann noch mit Stimme nachhelfen.

Sehr herzlich grüße ich Sie, danke für Ihre Lang-, Weit- und Nachsicht, bitte auch, der Ranicka sich in meinem Namen zu Füßen zu legen, dann Herrn Ulrich Greiner für Übersendung des Fiction-Buches zu danken, Herrn Volker Hage für Rücksendung des Ablichtpapiers und die Damen in Ihrem Umkreis meiner Zuneigung zu versichern.

Nochmals mit allem Obigen

Ihr Peter Rühmkorf

Maschinenschriftlich, 1 S. A4

Stoff fürs Vorweihnachtsgeschäft: Die Rezension des Schlagerbuchs erschien erst
am 6. 1. 1979 in der FAZ.

Herrn Ulrich Greiner für Übersendung des Fiction-Buches zu danken: Titel nicht
ermittelbar

---

118. Peter Rühmkorf an Marcel Reich-Ranicki

Hamburg, den 17 Dez. 78

Lieber Herr Ranicki,

bitte bei den GROSSBÜCHERN noch »Das große Fritz Reuter Buch« und »Das große Hausbuch der Balladen« (nicht zu verwechseln mit »Das große deutsche Balladenbuch«, das gibt es ohnehin) einfügen zu wollen. Na, und auf Ihren versammelten Schreibtischen werden sich mit Sicherheit noch weitere Superlative finden.

Herzlich Ihr nochmals

Peter Rühmkorf

Maschinenschriftlich, 1 S. A4

»*Das große Fritz Reuter Buch*«: *Das große Fritz-Reuter-Buch*, hg. von Berndt
W. Wessling, München 1978
»*Das große Hausbuch der Balladen*«: Vermutlich das *Hausbuch deutscher
Balladen*, hg. von Hans Fromm, Reinbek 1978
»*Das große deutsche Balladenbuch*«: *Das große deutsche Balladenbuch*, hg. von
Beate Pinkerneil, Königstein i. T. 1978
einfügen zu wollen: in die Liste der zu besprechenden Bücher

---

119. Peter Rühmkorf an Marcel Reich-Ranicki

Hamburg, den 2. Februar 79

Lieber Herr Ranicki,
lange keine hackentretende Post von Ihnen, was mich fast beunruhigt. Mit der Zeit gewöhnt man sich an Ihre aufmunternden Rippenstöße und Schulterschläge, wie sehr man sich auch im Augenblick pressiert fühlt. Darf ich kurz einfügen, daß es mich freute, Sie neulich in der »Holocaust«-Runde so eisern und klar brillieren zu sehen (wenn dies Wort dem schwarzen Thema überhaupt angemessen ist); ein Eindruck, der ziemlich allgemein geteilt wurde. Ich selbst stand dem Spielwerk ähnlich zwiespältig gegenüber, wenn auch mit etwas anderen Worten, diesen: daß der massenhafte Anklang zu respektieren und zu loben ist, wiewohl bei einem selbst Geschmacksfragen beinahe zu moralischen geworden sind. Meine das so: daß Rühr- und Liebesszenen im abgewichsesten Kinostil dem großen Gegenstand unangemessen erscheinen und daß das, was hier die Wirkung macht, in ästhetischem Sinne sittenwidrig erscheint. Schwierige Fragen. Aufwühlende Probleme. Weil sie einen selbst von unerwarteter Seite her infrage stellen.
Zum Vorliegenden folgendes. Es ist ein Aufsatz eher als eine Buchbesprechung und paßt deshalb natürlich nicht in den enggezogenen Wettbewerbsrahmen von Seite 5. –. Aber das scheint mir nur der Schwierigkeiten erster Teil. Der zweite beginnt dort – so vermute ich – wo Sie der Tendenz des ganzen kaum glauben, Raum geben zu dürfen. Ich sehe körperlich, wie Ihr ganzes gewordene Innere sich gegen gewisse Ausfälle und Offenlegungen sträubt, ich lege Ihnen die Sache

dennoch als dem zuständigen Prior vor, egal, ob Sie sich dann dagegen entscheiden oder nicht. Ich muß Sie nur bitten, mir ganz schnell Nachricht zu geben, weil ich sonst mit der Arbeit weiterwandern muß. D-Landfunk hat anstandslos gesendet, aber das sagt ja noch nichts. Die Gedanken, die ich hier vortrage, sind für mich alte – ich wollte diesen Aufsatz schon vor Jahren schreiben, da fehlten aber die Unterlagen, die hat mir nun das Innenministerium über den Umweg des Fohrbeck / Wiesand-Buches zugespielt. Und ich sehe auch nicht ein, warum ich als neuerdings häufiger Preisgekrönter von grundsätzlichen Skrupeln gegenüber unserer Preispolitik absehen sollte.

Über weitere Vorhaben im nächsten Brief. Muß jetzt zunächst an die Kästner-Preis-Rede, in der ich auf K. als eigenständiges und formal besonderes lyrisches Subjekt zu sprechen kommen will – Raddatz hat mir telegrafisches Vorinteresse bekundet, ich möchte mich aber vorher nach dem Ihrigen erkundigen, falls man in diesem einen Falle nicht sogar mal der in München zuständigen SZ zuarbeiten sollte. Eine Sache mehr der Verbeugung vor dem genius loci als sonst irgendwie taktischer Erwägungen.

Ansonsten mindestens so herzlich wie immer

Ihr Peter Rühmkorf

Maschinenschriftlich, 3 S. A4

Sie neulich in der »Holocaust«-Runde ... brillieren zu sehen: Holocaust – die Geschichte der Familie Weiss ist eine 1978 in den USA gedrehte Fernsehserie über die Vernichtung der Juden durch die Nationalsozialisten, ausgestrahlt vom 22. bis 26. 1. 1979 in den 3. Programmen der ARD (Regie: Marvin J. Chomsky). Weil die Serie im deutschen Fernsehen schon im Vorfeld heftige emotionale Reaktionen auslöste, schloß an jede Folge eine Diskussionsrunde an. An welcher Marcel Reich-Ranicki teilnahm, ließ sich nicht ermitteln.

Zum Vorliegenden: Peter Rühmkorf, *Tendenz mutlos oder vom Elend des deutschen Förder- und Auszeichnungswesens,* in: FAZ, 31. 3. 1979, vgl. *Bleib erschütterbar,* S. 162ff.

als neuerdings häufiger Preisgekrönter: Am 22. 2. 1979 wurde Peter Rühmkorf in München der Erich-Kästner-Preis verliehen.

120. Marcel Reich-Ranicki an Peter Rühmkorf

13. II. 79 12 47 FRANKFURT AM MAIN

HERRN PETER RUEHMKORF

OEVELGOENNE 50 (2000) HAMBURG52

ERBITTE DIRNGEND ANRUF

MARCEL REICH-RANICKI

Telegramm, 12:47 Uhr, weiteres Telegramm mit identischem Text
am selben Tag um 14:43 Uhr

---

121. Peter Rühmkorf an Marcel Reich-Ranicki

Hamburg, den 18. 2. 79

Lieber Herr Ranicki,
anbei die grundierte Leinewand. Muß es noch einmal durchschrei-
ben und auch wohl kürzen, aber Sie sehen doch in großen Zügen, wo-
hin es zielt. Gedichte leg ich bei, soweit Dubletten gerade zur Hand
sind; gebe ungern solchen Schmiericht aus der Hand (auch wohl was
reingekritzelt hier oder da, das ist dann peinlich). Bitte mir doch die
Poemata nach München wieder mitbringen zu wollen; ich brauche diese
Dinge als Leseexemplare für Fälle. Falls Sie bei Preisartikel den positiven (nach Ihren Worten »utopischen«) Schluß streichen wollen, mögen Sie es tun; ich wollte mich aber nicht gern am Ende so ganz mit lee-
ren Händen zeigen; auch sagen, was gut und wahr und schön ist/wäre.
Herzlich und hoffentlich noch zur Zeit
Ihr Peter Rühmkorf

Maschinenschriftlich, 1 S. A4
anbei die grundierte Leinewand: Peter Rühmkorf schickte Marcel Reich-Ranicki
vermutlich seine Rede zur Verleihung des Kästner-Preises vorab; Marcel
Reich-Ranicki war Laudator. Vgl. Peter Rühmkorf, *Rationalist und Romantiker. Verteidigung von Kästners linker Melancholie,* in: Süddeutsche Zeitung,
3./4. 3. 1979. Vgl. auch *Widersprüche,* S. 192f.
bei Preisartikel: Tendenz mutlos, vgl. Brief 119

---

122. Marcel Reich-Ranicki an Peter Rühmkorf

Frankfurt am Main, März 1979 M.R.-R./ma

Mein Lieber!

Wir bereiten jetzt den vierten Band der »Frankfurter Anthologie« vor, der im Herbst 1979 erscheinen wird und zwar wiederum im Insel-Verlag, Frankfurt. Der Band wird, ebenso wie die drei vorangegangenen, wiederum 60 Gedichte und Interpretationen enthalten.

Ihren Beitrag sende ich Ihnen beiliegend und bitte Sie, den Text genau zu korrigieren. Achten Sie bitte auf Druckfehler, die sich hier und da eingeschlichen haben. Natürlich können Sie noch stilistische und sachliche Korrekturen vornehmen, doch muß ich Sie dringend bitten, Ihren Text auf keinen Fall zu erweitern.

Schließlich wäre ich Ihnen noch sehr dankbar, wenn Sie die Güte hätten, auch den Text des von Ihnen interpretierten Gedichtes zu prüfen.

Senden Sie mir bitte den Ausschnitt möglichst rasch zurück und seien Sie bestens gegrüßt

von Ihrem

Marcel Reich

Maschinenschriftlich auf Kopfbogen FAZ, 1 S. A4, Rundbrief mit hs. Anrede

den vierten Band der »Frankfurter Anthologie«: Band 4, hg. von Marcel
  Reich-Ranicki, Frankfurt a. M. 1979

Ihren Beitrag: Band 4 enthielt Peter Rühmkorfs Interpretation des Gedichts
  In den Autos von Wolf Wondratschek (*Gepünktelte Hoffnungslinie,* S. 265 ff.)
  sowie Interpretationen der Rühmkorf-Gedichte *Heinrich-Heine-Gedenk-
  Lied* (Rolf Schneider, *Linke Narren aller Säkula,* S. 213 ff.) und *Bleib
  erschütterbar und widersteh* (Albert von Schirnding, *Leichtfüßig gegen
  Gewalt,* S. 217 ff.).

123. Peter Rühmkorf an Marcel Reich-Ranicki

Hamburg, den 8.3.79

Lieber Herr Ranicki,

Ihre zierliche Laudatio hat mir zu großem Ruhm verholfen, und die Mama ist froh, und der Verleger lacht, und bei Felix Juds Achtzigstem war großer Wirbel um den so lange Verkannten. Mit der Romantik am Ende haben Sie die Blume natürlich voll auf den Stempel getroffen. Weiß nicht mehr, ob ich Ihnen schon mal sagte, schon mal schrieb (aber ich glaube, nicht), daß Sie bei mir das gesamte romantische Syndrom in nuce haben: Poesie plus Kritik, Ironie plus Parodie, Volks- und Kinderverse, dann noch das Mittelalter – und erst neuerlich, wo ich mich an Kunstmärchen heranexperimentiere, geht mir selbst erst das volle Spektrum richtig auf. Keinerlei Kontinuum scheinbar viele Jahre lang, und am Ende runden sich die Tortenstücke ganz plausibel zur Rosette. Um auch unsre gemeinsamen Segmente nicht zu vergessen: Vorgezogen werden a.) der Krolow und b) ein Zimmer-Poem für die Anthologie – bloß bitte im laufenden Augenblick mich nicht zu pressen: Ein Gedichtbuch ist zu Ende zu komponieren, und ein Märchen will aus dem Ei – muß den Feierlichkeiten nun mal was halbwegs Haltbares entgegensetzen. In alter Herzlichkeit
Ihr Peter Rühmkorf

Maschinenschriftlich, 1 S. A4
Ihre zierliche Laudatio: Der Prediger mit der Schiebermütze. Laudatio auf Peter Rühmkorf, in: FAZ, 3.3.1979
der Verleger lacht: Heinrich Maria Ledig-Rowohlt
bei Felix Juds Achzigstem: Felix Jud gründete 1923 die Hamburger Bücherstube Felix Jud & Co., heute Felix Jud Buchhandlung GmbH.
wo ich mich an Kunstmärchen heranexperimentiere: vgl. WA Bd. 4
der Krolow: Von einem, der auszog, das Lieben zu lernen. Karl Krolows Erzählung »Das andere Leben«, in: FAZ, 28.4.1979
ein Zimmer-Poem: Gemeint ist Dieter E. Zimmer, vgl. Brief 125.
ein Gedichtbuch ist zu Ende zu komponieren: Haltbar bis Ende 1999. Gedichte. Reinbek 1979 (erschienen im September 1979)
ein Märchen will aus dem Ei: Auf Wiedersehen in Kenilworth. Ein Märchen in dreizehn Kapiteln, Frankfurt a. M. 1980 (erschienen im Juli 1980)

124. Marcel Reich-Ranicki an Peter Rühmkorf

10 III 79 Frankfurt am Main
HERRN PETER RUEHMKORF OEVELGOENNE 50
(2000) HAMBURG/52

WO BLEIBT KROLOW? HERZLICHST REICH-RANICKI

Telegramm

---

125. Peter Rühmkorf an Marcel Reich-Ranicki

Hamburg, den 4. 4. 79

Lieber Herr Ranicki,
    also vorweg: ich kann doch der Hilde Domin, die gerade zum Sturz-
flug auf Krolow ansetzt und mit mir diesbezügl. telefoniert, wohl noch
erzählen, daß ich dessen erste Prosaschritte mit Vergnügen verfolgt
hätte und mich auch schriftlich darüber äußern wolle. Na, das kann
man doch einem Menschen nicht verbieten. Wo komm' wir denn da
hin? Zu Ihrer eigenen Übersichtlichkeit 2.) »Tendenz mutlos« war
ganz sauber und ordentlich gekürzt, obwohl ich es extra für FAZ –
und weit über Funk hinaus – verlängert hatte: ein Surplus für den
Leser. Ich wiederhole eine alte Message: Rundfunkartikel sind Roh-
produkte, die ich in ihrer Hörgestalt nie an eine Zeitung/Zeitschrift
liefern würde. Es geht hier ums Schreiberethos, und da laß ich mir
ganz ungern sagen, die Autoren ... ihre Funkmanuskripte ... einfach
so in der Funkfassung in Richtung Sonnabendsfeuilleton! 3.) Bitte mir
doch so Stücker 5 Exemplare des Artikels zugehen lassen zu wollen.
4.) Zurück zu Krolow. Ich bin im laufenden Moment noch so unnach-
giebig in meine Herbstveröffentlichungen verkeilt, daß ich freundliche
Anmerkungen zu anderer Leute Erstprosen noch ein ganz klein wenig
aufschieben muß. Ich will meinem Gedichtbuch eine kleine Poetik beifügen, die kann ich nicht einfach so runterwichsen, die kann ich nur
unverstört und in Hochform zu Papier bringen und nicht noch schnell
ne Rezension dazwischenschieben. A b e r : spätestens am Donnerstag,
den 19. ist der Krolow auf Ihrem Schreibtisch, ist das ein Friedensan-

gebot? Krolow muß sich seinen Auferstehungsgeist diese Ostern noch einmal selbst destillieren. Und gleich nach dem Fest beginnen dann die richtigen Feiertage. 5.) Kann ich zur Besprechung anmelden – und bin hier hoffentlich noch nicht zu spät – Paul Boldt bei Walter? 6.) Ansteht immer noch für Anthologie: Poem aus Dieter Zimmers Rotbuch-Bändchen.

Sie sehen: der Tatendrang ist ungebrochen, nur etwas durch Datendrang beengt, also –

wie immer und in alter Herzlichkeit

Ihr Peter Rühmkorf

Maschinenschriftlich, 2 S. A4

Tendenz mutlos: vgl. Brief 119

Ich will meinem Gedichtbuch eine kleine Poetik beifügen: Peter Rühmkorf, *Einfallskunde,* in: *Haltbar,* S. 9ff.

Paul Boldt bei Walter: Paul Boldt, *Junge Pferde! Junge Pferde! Das Gesamtwerk. Lyrik, Prosa, Dokumente.* Hg von Wolfgang Minaty, Olten u. a. 1979

für Anthologie: Poem aus Dieter Zimmers Rotbuch-Bändchen: Dieter E. Zimmer, *Ich möchte lieber nicht, sagte Bartleby. Gedichte und Spottstücke,* Berlin 1978; Peter Rühmkorf hat für die Frankfurter Anthologie kein Gedicht von Dieter E. Zimmer besprochen.

---

126. Marcel Reich-Ranicki an Peter Rühmkorf

Frankfurt am Main, 25. April 1979 M. R.-R. / M. K.

Mein lieber Herr Rühmkorf,

Ihre Krolow-Kritik, die an diesem Sonnabend erscheint, ist meisterhaft geschrieben. Sie haben sich große Mühe gegeben, man merkt es. Ich danke Ihnen, ich freue mich für Krolow. Aber Ihre Kritik ist das klassische Beispiel jener Gefälligkeitsrezensionen, die wir nicht haben wollen. Bitte nie wieder! Und bitte keine brieflichen Rechtfertigungen! Sie haben eine edle Tat intelligent und mit Geschick gelöst – daß ich Ihnen noch Aufrichtigkeit bescheinige, können Sie von mir nicht verlangen.

Sie wollen das Buch von Paul Boldt haben. Wir schicken es Ihnen gleichzeitig. Aber was ist zum Donnerwetter mit dem Gernhardt los?

Und im August vergangenen Jahres haben Sie sich ein Rowohlt-Buch über eine »Taxifahrerin« schicken lassen – und was haben wir bekommen? Nichts! Wenn ich noch einige so schwierige Mitarbeiter hätte, würde ich zusammenbrechen. Und wenn ich noch einige so gute Mitarbeiter hätte, wäre ich sehr glücklich.
Bessern Sie sich und seien Sie herzlichst gegrüßt
von Ihrem
Marcel Reich

Maschinenschriftlich auf Kopfbogen FAZ, 1 S. A4
Ihre Krolow-Kritik: vgl. Brief 123
Rowohlt-Buch über eine Taxifahrerin: vgl. Brief 108

———————

127. Peter Rühmkorf an Marcel Reich-Ranicki

Hamburg, den 27. 4. 78

Lieber Herr Ranicki,
ich muß Ihnen leider in allen aufgeführten Punkten widersprechen. a.) kann hier von meisterhaft überhaupt keine Rede sein, alles befand sich noch in der kompositorischen Verkrampfung und konnte aus Zeitmangel nicht in den Stand der 2. Unschuld eintreten. b.) Ich schreibe grundsätzlich keine Gefälligkeitskritiken (die größte Gefälligkeit, die ich einem Autor antu/antun kann, ist: ihn nicht besprechen), und zumal dann nicht, wenn ich weiß, daß mich der Erwählte bei meinem nächsten Buch nicht zurückerwählen kann. c.) Ihr Verdacht ist so haltlos wie der seinerzeitige, eine angenommene Dauerbevorzugung von Rowohlt-Büchern betreffende, der dann auf den Umfang eines einzigen Tucho zurückschrumpfte. d.) Sie können es nicht ertragen, wenn jemand von Ihnen Geschätztes nicht Ihre sonstigen Schätzungen oder Unwerteinschätzungen mit-/nachvollzieht. e.) Diese »Rechtfertigung« ist keine solche, sondern der Ausdruck herzlicher Empörung.
Mit leicht belegten Grüßen
Ihr sonst herzlicher Peter Rühmkorf

Maschinenschriftlich, 1 S. A4, falsch datiert, korrekt 27. 4. 1979

———————

128. Marcel Reich-Ranicki an Peter Rühmkorf

10 V 1979 FRANKFURT AM MAIN
HERRN PETER RUEMKORF
OEVELGOENNE 50 HAMBURG/52

WO BLEIBEN IHRE MANUSKRIPTE? ICH WARTE
UNGEDULDIG, SEHNSUECHTIG UND HOFFNUNGSVOLL
HERZLICHST REICH-RANICKI

Telegramm

---

129. Peter Rühmkorf an Marcel Reich-Ranicki

Hamburg, den 23. Mai 79

Lieber Herr Ranicki,
    hatte Ihnen unbedingt noch vor Start zu Lesereise schreiben wollen, dann mich in Briefchen an Volker Hage verloren und diese Adresse bereits für die ganze Firma genommen, was natürlich nicht angeht. Ob Grüße mit eingewickelt waren, weiß ich im Moment gar nicht, latente waren jedenfalls dabei. Habe das schlechte Gewissen jedenfalls gleich via TV abgearbeitet, d. h. Sie als ersten soliden Geschäftspartner in meinem reisigen Leben bezeichnet, weil man mich ja immer gern mal löchert wegen der schon länger dauernden Mitarbeit an Ihrem geschätzten Tiefdruck-Teil. Für Ihr neues Buch danke ich Ihnen sehr, die Widmung hat mich gerührt, die Entgegnungs-Figuren haben mich neu gefesselt, die Erwähnungen meiner Person hatte ich in der ersten Blätterlust völlig übersehen; nun habe ich auch in den ersten Teil mal kurz das Auge getunkt. Kurz leider nur, weil ich – kaum aus den Lüften zurück – schon wieder auf meiner Galeere sitze und unter der eigenen Knute phantasiere. Nur dies trennt uns im Augenblick; ich muß meine Nervenenden ganz einseitig und ausschließlich auf ein kleines Opus richten, an ihm sie vertäuen, hier deliriere ich, ich kann nicht anders. Leider der Mai und der Juni bereits so lückenlos punktiert mit Flug- und Sitzterminen, daß ich nicht absehen kann, wann ich wieder in Ihrem Sinne tätig werden kann. Wenn es irgend geht,

werde ich noch dies oder das zu schmieden versuchen, aber: es muß
so ein bißchen dem flüchtigen Moment überlassen bleiben, der verblei-
benden Luft, dem günstigen Zufall/Kairos – erst im Wintersemester
sind die laufenden Lasten abgearbeitet, und ich kann wieder voll in
FAZ-Fron. Falls der Jakob Haringer-Band noch nicht vergeben ist, d a s
w ä r e w a s f ü r m i c h! Aber darüber hinaus steht ja noch so manches
Kleinere an, bereits schriftlich Mitgeteilte (der Walther-Verrückte, ein
D. E.-Zimmer-Gedicht für Anthologie, der Wächter, der Boldt, die Thérame: alles so Individuen, die gesellschaftlich nicht mehr so recht aufzugehen scheinen) –

    Sehr herzlich grüßt Sie
    Ihr Peter Rühmkorf

Maschinenschriftlich, 2 S. A4

Briefchen an Volker Hage: vgl. Peter Rühmkorf an Volker Hage vom 13. 5. 1979
    (2 S., Durchschlag, Nachlaß DLA)

das schlechte Gewissen ... via TV abgearbeitet: Sendung *Autor-Scooter,* gesendet
    am 14. 5. 1979 auf Nord III, produziert vom SFB; Peter Wapnewski und
    Rolf-Peter Janz sprachen mit Peter Rühmkorf

Für Ihr neues Buch danke ich Ihnen sehr, die Widmung hat mich gerührt:
    Marcel Reich-Ranicki, *Entgegnung. Zur deutschen Literatur der siebziger*
    Jahre, Stuttgart 1979; die Widmung lautete:»Für Peter Rühmkorf, / fast in
    Bewunderung und jedenfalls sehr herzlich / Marcel Reich / Ffm. 25. 4. 79«
    (vgl. DLA, Bibliothek Rühmkorf)

die Erwähnungen meiner Person: Peter Rühmkorf wird in Reich-Ranickis
    Entgegnung mehrfach im einleitenden Kapitel genannt; vgl. weiterhin ebd.,
    S. 255ff.

ein kleines Opus: Haltbar

der Jakob-Haringer-Band: Jakob Haringer, *Das Schnarchen Gottes und andere*
    Gedichte, hg. von Jürgen Serke. München 1979

der Walther-Verrückte: vgl. Brief 108

der Wächter: Gemeint ist vermutlich Friedrich Karl Waechter, *Spiele,* Weinheim,
    Basel 1979.

130. Peter Rühmkorf an Marcel Reich-Ranicki

Z. Zt. Roseburg b. Büchen, den 17. 10. 79

Lieber Herr Ranicki,

sehr herzlich dankt Ihnen noch einmal Ihr – der nachher kommt.
Für vieles im Laufe der Jahre übrigens. Daß ich so gar nicht rezenso-
risch tätig werden kann, hat alles andere als Untätigkeitsgründe, Sie
wissen es doch und dürfen nicht mal zum Spaß das Wort »Faulheit«
nennen. Ich wollte das Jahr nicht ohne einen mal ganz neuen Sprung
abschließen, aber da darf man sich unterwegs nicht umkucken und
auch nicht nach unten hin. Bin ja seit Bergen-Enkheim pp wieder mal
in der Lage, literarische Kern-Fusion zu betreiben, ohne nebenamt-
lich buchzubesprechen, obwohl auch auf diesem Gebiet natürlich per
Druck Diamanten zu pressen sind, bzw. Kupfertiefdruckdukaten. Ab
November hoffe ich, wieder langsam in die Siele gehen zu können,
aber – wie gesagt – lente, lente und eigentlich nur, um freundschaftlich
gewachsene Anschlüsse nicht zu verlieren.

Sehr herzlich grüßt Sie und die in Festivitätswirbeln leider viel zu
kurz gesehene Ranicka

Ihr Peter Rühmkorf

P. S. Wollte Ihnen z. m. Birthday eigentlich das Janssen-Bild schenken,
das im Naturblei erst richtig hübsch aussieht.

Maschinenschriftlich, 1 S. A4

in Festivitätswirbeln: Verleihung des Annette-von-Droste-Hülshoff-Preises
an Peter Rühmkorf am 13. 10. 1979 in Olsberg und die am 23. 10. 1979
stattfindende Feier von Peter Rühmkorfs 50. Geburtstag, bei der Marcel
Reich-Ranicki eine Rede hielt.

das Janssen-Bild … in Naturblei: vgl. Frontispiz in *Haltbar*

131. Peter Rühmkorf an Marcel Reich-Ranicki

Hamburg, den 10. Nov. 79

Lieber Herr Ranicki,

eben höre ich von Walter Jens, daß Sie im nächsten Juni Ihren Sechzigsten feiern, na, und das sollen Sie nicht nur über sich ergehen lassen
müssen. Möchte unabgelenkt durch wichtigste Frage »Literatur und
Kritik« doch gern dezidiert auf S i e zu sprechen kommen und Ihre
zahlreichen Rollen diesseits und jenseits des Tresens, und da-dann
möchte ich für einen kurzen Moment um Ihre wirkliche Aufmerksamkeit für außer Ihnen vorkommende Gedanken bitten. Was sich von
Zeit zu Zeit an öffentlichem Unmut gegen Sie verdichtet, kommt ja
nicht bloß von ungefähr. Vieles haben Sie sich unfreiwillig-eigenmäch-
tig eingefangen, manches, bzw. auch wieder sehr vieles entspringt allerdings einer zeitgebundenen Wohlfeilheit des Dagegendaherredens,
und das interessiert mich insbesondere. Ob ein latent antisemitischer
Gemütszug eine Rolle spielt, ist mir dabei so interessant wie der – wie
gesagt wohlfeile – Aufruhr gegen d e n Exponenten des kritischen Esta-
blishments, es wimmelt und grimmelt von unaufgeklärten Gemütswal-
lungen, da muß doch mal etwas Licht drauf und auch tief hinein. Die
meiste sich aufgeklärt empfindende Mitwelt ist ja in einem Maße be-
fangen, das des Enlightenments heftigst bedarf. Dieses Licht mal zu
werfen, ist mir ein ganz persönliches und fast schon ein objektiv erfor-
derliches Anliegen, ich muß nur ein ganz klein wenig um Ihre freundliche Mithilfe bitten. Z. B. Ihnen selbst ein paar Meinungen abfordern,
bzw ggf. Sie um von Ihnen möglicherweise gesammeltes und sortiertes
Material angehen, das hier Erleuchtung und Einblick stiften könnte.
Ihre Fehdehandschuhe zur ZEIT hüber und nüber scheinen mir dabei nicht einmal so vorzüglich interessant, wie sie öffentlich bedünken.
Hier bekämpfen sich schlechterdings gesellschaftliche Anomalien und
Aberrationen, die rechterdings zusammengehörten. Was mir bedroh-
licher scheint, ist eigentlich das billige Gros, das hier muht und dort
buht und doch bloß Ventilpfeifentöne seiner eigenen, tief unbewußten
Gasbildung von sich gibt. Ich habe es ja gehört, auf meinem eigenen
Vorgeburtstag, wie Sie zu einer ganz normalen Laudatio ansetzten
– und im Gegensatz zu Ledig einer gar nicht betriebsbezogenen – wie

es Ihnen da entgegenbrodelte. Nun, dies und anderes Unausgegorene gehört gehörig aufgeklärt und der innewohnende Irrationalismus mit der Feuerzange behandelt, der noch feurigen, versteht sich.

Ich muß Sie bloß um ein bißchen Entgegenkommen bitten. Wir unterhalten uns normalhin ja immer wie Puntila und Matti, wobei Matti auch noch den Part des Betrunkenen übernimmt; nun brauche ich aber etwas ungeschäftsmäßige Offenheit auch von Ihnen, möglich, daß wir uns einfach mal im Tätatät besprechen. Ich mache mir ja gern viel Mühe, wenn es der Gegenstand lohnt, und es soll in diesem Fall gewiß nicht daran mangeln – bloß: worauf kommt es Ihnen an bei Ihnen selbst, und welche wunden Stellen sähen Sie gern ins Licht gesetzt?

Etwas ganz anderes mir Wichtiges ist meine ein wenig erlahmt erscheinende Arbeitslust im Blick auf FAZ. Sie hat mit nichts zu tun als rettungsloser Überarbeitung. Habe dies Märchen, an dem mir sehr liegt, obwohl ich es nicht für so hoch einstufe, immer noch nicht fertig. Die Phantasie an die Macht, sehr hübsch, aber: die Phantasie ins Geschirr, so sieht doch die wirkliche Wahrheit aus. Längst auch wollte ein Vorwort für einen Büchergilden-Sammelband von A. Paul Weber geschrieben sein. Längst auch eine längere Arbeit über den Reim begonnen, die im nächsten Sommer in Ff/M-Uni Thema ist. Eins lappt schlammig-flüssig über das andere, und da möchte ich mir nicht noch ein schlechtes Gewissen daraus machen müssen, daß ich für FAZ im Augenblick nicht liefern kann. Ich kann nicht!! Zwanzig-dreißig Bücher reizen mich bis zum Ausschlag der Hand – jetzt gerade wieder die Grosz-Briefe – aber: ich muß doch einmal im Monat einen Spaziergang machen dürfen, das ist bis jetzt nicht drin! Und wenn Entlastung, dann kipp ich mir, um überhaupt zu entkommen, die Mütze voll Drogen, was aber auf Dauer ungesund ist.

Sehr herzlich grüßt Sie und die liebe Ranicka
Ihr Peter Rühmkorf

Maschinenschriftlich, 3 S. A4
Ihre Fehdehandschuhe zur Zeit hüber und nüber: Eine Kontroverse zwischen
  Fritz J. Raddatz, damals Feuilletonchef der ZEIT, und Marcel Reich-Ranicki,
  die am 12. 10. 1979 in einem Artikel von Raddatz über Nachkriegsliteratur
  in der ZEIT und einer polemischen Erwiderung Marcel Reich-Ranickis am
  18. 10. 1979 in der FAZ öffentlich wurde.

Vorwort für einen Büchergilden-Sammelband von A. Paul Weber: Peter Rühmkorf, *Der Zeichner A. Paul Weber;* ein Exemplar des wegen Unstimmigkeiten zwischen Weber und Peter Rühmkorf unveröffentlicht gebliebenen Manuskripts befindet sich im Archiv des A. Paul Weber-Museums in Ratzeburg, im DLA zahlreiche Fassungen und Entwürfe mit Dokumenten; eine Veröffentlichung zu A. Paul Weber im Verlag der Büchergilde Gutenberg läßt sich erst für 1984 nachweisen, Peter Rühmkorf war nicht mehr beteiligt: Gerd Wolandt, *A. Paul Weber. Künstler und Werk,* Frankfurt a. M. 1984.

längere Arbeit über den Reim ..., die im nächsten Sommer in Ff/M-Uni Thema ist: Gastdozentur für Poetik im Sommersemester 1980, vgl. *agar agar – zaurzaurim. Zur Naturgeschichte des Reims und der menschlichen Anklangsnerven,* Reinbek 1981

die Grosz-Briefe: George Grosz, *Briefe. 1913–1959,* hg. von Herbert Knust, Reinbek 1979

---

132. Marcel Reich-Ranicki an Peter Rühmkorf

Frankfurt am Main, 19. November 1979 M. R.-R. / ma

Mein lieber Peter Rühmkorf,

vielen Dank für Ihren Brief vom 10. November 1979. Es freut mich außerordentlich, daß Sie eine Arbeit über dieses, ich gebe es zu, heikle und schwierige Thema schreiben wollen. Sie müßten mich, heißt es in Ihrem Brief, ein ganz klein wenig um meine freundliche Mithilfe bitten. Dies kann wohl nur darin bestehen, daß ich Ihre Fragen beantworte. Möchten Sie diese etwa schriftlich stellen? Ich nehme an, daß Sie eher ein Gespräch im Auge haben. Ein solches würde mich freuen und ehren. Wir müßten nur den Termin und den Ort abmachen. Ende der Woche fliege ich nach China, am 10. Dezember bin ich wieder hier. Bis dahin werde ich gewiß von Ihnen hören.

Daß Sie für die FAZ vorerst nichts machen wollen, betrübt mich sehr. Wie wäre es wenigstens mit einem Beitrag für die Frankfurter Anthologie?

Sehr herzlich
Ihr Marcel Reich

Maschinenschriftlich auf Kopfbogen FAZ, 1 S. A4

Ende der Woche fliege ich nach China: Marcel Reich-Ranicki hielt in China
mehrere Vorträge über Goethe und Thomas Mann, unter anderem in Peking
und Shanghai.

---

133. Peter Rühmkorf an Marcel Reich-Ranicki

Roseburg, den 23. 12. 79

Lieber Herr Ranicki,
viel Zeit ist inzwischen Elbe, Main und Jangtse hinuntergeflossen,
und ein Altjahrs-Neujahrgruß mehr als fällig. Da wir ja kein wechsel-
seitiges Ehrenbezeugungs- und auch kein gesellschaftliches Gossip-
Verhältnis haben, sondern ein kommerziell-kameradschaftlich wider-
sprüchliches, gleich mitten rein in eine problematische Materie. Da
für lebendige Menschen, das heißt, für relativ schnell vorüberrasende
Personen immer noch die Formel $E = mc^2$ gilt, und die zu bewegenden
Massen in der wenigen verbliebenen Zeit nicht richtig auf Trab zu bringen sind, müssen wir uns ein Energiesparprogramm ausdenken. Als
ich heute in meinen Zukunftskalender kuckte und dann auch gleich
noch mal auf die dazugehörigen Lichtpunkte und Besetztzeichen, da
sah ich den ganzen Januar schon so böse okkupiert – präokkupiert in
unserem Fall, denn Walter Jens' Brief datiert vom 5. 11., und die Ja-
nuar-Februar-Würfel waren schon lange vorher gefallen. Was tun, was
machen, wie handeln? Ich habe alle Möglichkeiten gestern und heute
und vor allem die ganze vergangene Nacht in meinem Kopf noch mal
durchkomputert und bin dabei auf folgende Idee gekommen. Da mein,
bzw. unser Vorhaben in der knappen verbliebenen Zeit nicht mehr
stilistisch haltbar und artistisch einwandfrei über die Bühne gebracht
werden kann, und eine na nennen wir sie mal öffentliche »Rehabilitation« immer gerade einen Eindruck dieses Namens erweckt – es sei
denn, man hat so an die zwei Monate Zeit, an dem Lichtbild zu expe-
rimentieren – schlage ich etwas völlig anderes vor, was den Effekt gewissermaßen im Nebenhin erzeugt.
Also. Wenn ich unser – s. o. – langjähriges kommerziell kamerad-
schaftliches Zusammenleben mal einfach so überschlage (und ich habe

es letzte Nacht bis in die frühen Morgenstunden getan, anhand von faßbaren Zeugnissen und Dokumenten), dann scheint mir die im folgenden zu skizzierende Notlösung beinah eine glänzende Idee. Ich möchte gern eine subjektive Neigungsbekundung dokumentieren, die immer auch auf einen sachlichen Kern oder diverse sachliche Kerne zurückweist, und da scheint mir eine dramaturgisch geschickte Anordnung meiner Geschäftsbriefe an Sie (ein kleines schlagkräftiges Stichprobenbündel, versteht sich) eigentlich viel interessanter und aufschlußreicher als jede Form von Abhandlungsprosa. Ich möchte nur meinen letzten Brief an Sie nochmal schreiben dürfen – weil es ja aus der Sach-Korrespondenz heraus auf den Geburtstag zu und in die laufenden Querelen hineinführen soll: auf das persönlich und dann auch öffentlich bekundete Bedürfnis, die Ihnen so reichlich zugekommenen Scheißbatzen mitten im Fluge heraus zu analysieren. Meines dies: was der Artikel beabsichtigt hätte, dokumentiert sich ganz absichtslos aus dem postalisch bekundeten Interesse/Bedürfnis, wobei Sie die Art und Weise des taktisch richtigen Vorgehens bitte getrost meinen wirklich vorhandenen Manövrierkünsten überlassen können. Ich möchte genau das sagen und auch das bewirken, was Ihnen mein letzter Brief angekündigt hat, nur scheint mir diese unkonventionelle Form sowohl der knappen Zeit als auch dem zu erzeugenden Effekt am besten entgegenzukommen.

Ich muß ergänzen. Ich selber bin kein Freund von Festschriftprosa, bin auch in schwieriger Lage, weil jeder Versuch einer Laudatio sofort als Revanche-Laudatio fehlverstanden würde und, statt der Gerechtigkeit zu dienen, praktisch/faktisch, würde ich bloß neuen Mißdeutungen zuarbeiten. Nein, wo es sachlich um das kritische Gewerbe geht und subjektiv um einen Kranz für den Jubilar, lassen sie uns den letzteren aus jenen Blätter winden, die eines wie das andere – na was tun Blätter? Wiederspiegeln? Nee. Belegen? Belegeblätter? Vielleicht schon eher. Untermauern? Auf keinen Fall. Unterfangen womöglich oder unterfüttern. Als Schlußpunkt hinter den Beleg einer fröhlichen Arbeitskorrespondenz könnte man dann durchaus das notgedrungene, terminerzwungene Abrücken von der Idee der »Rehabilitation« (immer nur Arbeitstitel, wird nie verwendet werden) setzen und ausleiten in einen richtigen Geburtstagsbrief mit sehr persönlichen Erinnerungen an sehr frühe Hamburger Zeiten, wo wir ja mal sehr widersprüchlich bunt konglomerierten.

Wissen Sie, was die Leute wissen wollen, bzw. nicht wissen wollen, aber doch erfahren sollten, ist, daß Sie diese (»spröde« ist nicht das richtige Wort) gewisse preußisch kameradschaftliche Seite haben, und die möchte ich mal 'n bißchen schadow-haft herausholen, dh. nicht wie einen shadow, aber wie eine Bildhauerzeichnung-laviert. Rechtso? Ah, alles was Konvention an Ihnen ist, sträubt sich schon wieder, und alles, was sich in Ihnen nach Kunst sehnt, will vollplastisch in den Architrav; aber dies klassizistische Gemeißel und Gegieße ist nicht meine Art, und, passen Sie auf, ich mach es schon richtig. Im Zweifelsfall gegen Ihre eigenen Bedenken. Wenn Sie Jens sehen, sprechen oder hören, erzählen Sie ihm doch bitte von meinem Vorhaben: ein kritisches Arbeitsverhältnis zwischen Kritikern, einem Profi- und einem Hobby- zu dokumentieren, und am Ende hat es vielleicht sogar einen schönen Nutz- als Nebeneffekt: daß man sich sagt, auf dieser locker hingeworfenen Basis läßt sich doch ganz schön zusammenarbeiten. –

Sehr herzlich grüßt Sie und die Ranicka, grüßen Ihre

Peter + Eva Rühmkorf

P. S. Alles noch viel zu unpraktisch. Ein Januar-Gespräch wäre, in Willy-Brandt-Prosa, gewiß »hilfreich«, aber wann-wie-wo? Ich komme partout nicht raus aus meinen Umständen und muß den Komplex bis spätestens zum Sonntag den 13. von der Seele, d. h. von meinem Schreibtisch haben – berühren Sie bis dahin zufällig die Stadt? Wenn man etwas mehr Zeit hätte, und der Beitrag käme am Montag den 18. Februar noch zur Zeit, wäre auch zwischen Mo. dem 11. 2. und besagten 18. noch alles Mögliche möglich und könnte also *wirklich* werden. Damit kämen mir alle Beteiligten aufs lieblichst-freundlichste entgegen, denn der Januar – der vollkommen verflucht-verstaute Januar ... Andernfalls hätte ich furchtbar gern faßliches Material in meiner Hand: am besten gedrucktes, wo und wie man Ihnen besonders ekelhaft auf die Pelle gerückt ist. Ich würde es dann als etwa Interview-Question in meinen neu zu entwerfenden Fragebrief mit einfädeln. Überlegen Sie doch bitte alles sehr gut und sehr genau – wie denn auch ich mir (wie besehen, sie zu lesen) durchaus meine Gedanken mache und meine

Zeit nehme. Und, wenn es irgendwie einzurichten wäre, daß ich meinen Part in der genannten Februar-Spanne noch spielen könnte, wäre ich dankbarst. Seit Monaten beschränken sich meine Bewegungen nur noch auf die Schritte zum Zigaretten-Automaten; und wenn auch viel Lorbeer inzwischen meine Stirn gestreift hat, so habe ich kaum eine Minute Zeit gefunden, mich dem süßen Rascheln desselben zu widmen.

Sehr bitte rasch kleine Antwort Adresse HH. – Ich kann Sie dann gegen Neujahr auch anrufen –

Maschinenschriftlich, 5 S. A4, von Peter Rühmkorf mit »Peter + Eva Rühmkorf« unterschrieben, am Ende des P.S. hs. Zusatz am rechten Seitenrand *Walter Jens' Brief datiert vom 5.11.:* Walter Jens an Peter Rühmkorf, 5.11.1979 (Nachlaß Peter Rühmkorf, DLA). Walter Jens war der Herausgeber der Festschrift *Literatur und Kritik. Aus Anlaß des 60. Geburtstages von Marcel Reich-Ranicki,* Stuttgart 1980; Peter Rühmkorf beteiligte sich daran mit zwei Briefen und dem Gedicht *Deutsche Zauberstrophen* (ebd., S. 4ff.). *schadow-haft:* Anspielung auf Johann Gottfried Schadow

---

134. Marcel Reich-Ranicki an Peter Rühmkorf

Frankfurt am Main, 27. Dezember 1979 M.R.-R./M.K.

Mein Lieber,

Ihren Brief vom 23. Dezember habe ich aufmerksam und mit etwas gemischten Gefühlen gelesen. Es wäre besser, wir könnten über diese Sache mal telefonisch sprechen. Aber seit Monaten sind meine Bemühungen, mit Ihnen einen direkten fernmündlichen Kontakt anzuknüpfen, vergeblich. Daß Sie es nicht mehr schaffen, mich mal anzurufen (womit selbstverständlich nur ein Lockruf gemeint ist), bedaure ich sehr.

Nun zu Ihrem Brief: Er ist an eine falsche Adresse gerichtet. Ihre Gedanken und Befürchtungen, Wünsche und Vorschläge in dieser Angelegenheit sollten Sie Walter Jens mitteilen, nicht mir. Daß ein derartiges Buch vorbereitet wird, ist kein Geheimnis. Da es im Frühjahrsprospekt der DVA angekündigt wird, kann ich schwerlich behaupten, ich wüßte von der Sache nichts. Tatsache aber ist, daß ich auf die Auswahl der Autoren, auf die Ablieferungstermine, auf Art und Thema der einzelnen Beiträge keinen Einfluß habe und auf keinen Fall einen haben möchte. Es hat daher gar keinen Sinn, in dieser Sache mit mir zu korrespondieren. Natürlich: wenn sie im Zusammenhang mit dieser Arbeit meine Bücher brauchen, wenn Sie irgendwelche Materialien benötigen, über die ich verfüge, will ich Ihnen gern alles schicken. Wenn Sie konkrete Fragen haben, kann ich mich bemühen, sie zu beantworten. Das ist aber auch alles.

Da Sie aber in Ihrem Brief andeuten, was Sie eventuell machen möchten, will ich mich mit der gebotenen Vorsicht kurz hierzu äußern. Sie erwähnen, daß Sie befürchten, Ihr Beitrag könne von manchen mißverstanden werden. Ich glaube, daß dies für alles gilt, was wir schreiben. Daher wundert es mich ein wenig, daß Sie gerade in diesem Fall etwas ängstlich zu sein scheinen. Glauben Sie nicht, daß die Veröffentlichung der Kopien alter Briefe in diesem Zusammenhang erst recht mißverstanden werden könnte? Aber vielleicht habe ich schon zuviel gesagt. Bitte, überlegen Sie sich das Ganze, und verhandeln Sie mit Walter Jens.

Daß Sie für die F.A.Z. in nächster Zeit nichts schreiben wollen, steht zwischen den Zeilen Ihres Briefes sehr deutlich. Ich brauche Ihnen nicht zu sagen, daß ich dies außerordentlich bedaure. Niemand hat sich mehr gefreut als ich, daß Sie in letzter Zeit so reichlich mit Lorbeer geschmückt wurden. Aber es betrübt mich, daß die Ehren, die Ihnen zuteil werden, offensichtlich den Kontakt zwischen uns erschweren und die Leser dieser Zeitung vergeblich nach Beiträgen aus Ihrer Feder lechzen lassen. Als Kritiker bin ich natürlich ein unverbesserlicher Optimist, der Optimismus gehört doch zu den wichtigsten Voraussetzungen unseres Gewerbes. Und so bin ich fast sicher, daß sich im kommenden Jahr 1980 manches günstig ändern wird, daß also unsere Kontakte wieder häufiger werden und daß Sie nach jener Arbeit, über die Sie jetzt in Ihrem Brief schrieben, wieder Zeit finden werden, um den Literaturteil dieser Zeitung mit Ihren Beiträgen zu schmükken. Dies wünsche ich Ihnen und zugleich mir für 1980.

Seien Sie sehr herzlich gegrüßt von
Ihrem Marcel Reich

PS. Inzwischen habe ich in der »Zeit« Ihre Rede gelesen. Ein glanzvolles, ein meisterhaftes Prosastück, das zum Besten gehört, was Sie in diesen Jahren geschrieben haben. Daß ich es zugleich mit etwas melancholischen Gefühlen gelesen habe, dürfte Sie nicht verwundern.

Maschinenschriftlich auf Kopfbogen FAZ, 2 S. A4

daß Sie in letzter Zeit so reichlich mit Lorbeer geschmückt wurden: Nach dem
Annette-von-Droste-Hülshoff-Preis erhielt Peter Rühmkorf am 21.12.1979 den
Alexander-Zinn-Preis der Freien und Hansestadt Hamburg, am 27.1.1980 den
Bremer Literaturpreis, worüber bereits im Dezember 1979 in den Zeitungen
berichtet wurde.

habe ich in der »Zeit« Ihre Rede gelesen: Freiheit und Unfreiheit des freien Schrift-
stellers. Rede bei der Entgegennahme des Alexander-Zinn-Preises der Freien
und Hansestadt Hamburg, in: DIE ZEIT, 28.12.1979 (vgl. *Bleib erschütter-*
bar, S. 90ff.)

---

135. Peter Rühmkorf an Marcel Reich-Ranicki

Hamburg, d. 23.12.79

Lieber Herr Ranicki,

Sie mißverstehen mich auf eine geradezu beleidigende Art und Weise, UND ICH WEISS GAR NICHT, OB ICH NUN ALLES MIT GROSSBUCHSTABEN NOCH EINMAL SCHREIBEN MUSS –

1.) Ich nehme nicht an, daß Sie wie ein Geburtstagskind vorm Schlüsselloch stehen und nur ab und zu einen Blick ins Bescherungszimmer wagen.

2.) Ich habe überhaupt keine Angst und in Ihrem geschätzten Falle schon gar keine.

3.) Ich möchte Ihnen aus Zeitnot a) und Delikatesse b) einen mazzo di fiori winden/binden in Form eines Briefstraußes.

4.) Der Strauß soll einige Stacheln nach außen zeigen, die jenen Ihrer Gegner gelten, die sich ein Phantom aus Ihnen machen.

5.) Ich muß, bevor ich Jens dies Ansinnen unterbreite, Ihre Einwilligung erbitten, den vorvorigen Brief noch einmal schreiben zu dürfen und ihn öffentlich für privat bereits geschrieben auszugeben.

6.) Um diesen Brief zu spicken, brauche ich ein kleine Sammlung der übelsten Malizen, die man gegen Sie vorbrachte – angefangen vielleicht bei dem seinerzeitigen Brinkmann – über die dämlichsten Invektiven hinblicklich Ihrer Walser-Sowieso-Besprechung (habe den Titel vergessen – nein, ah, »Jenseits der Liebe« –) bis zu Schultz-Gersteins Anmache und vielleicht darüber hinaus.

7.) Schließen sollte die kleine Sammlung dann mit einem offenöffentlichen Brief, der private Reminiszenzen beinhaltet.

8.) Dies alles sollte auf ein Vor-Komplott hinauslaufen, aber ich befürchte inzwischen leider, daß –

9.) – aus einer originellen Idee in einem ansprechenden Gewande nur wieder neue Mißverständnisse geboren werden, weil Sie –

10.) – winzige Bedenkungen am Rande als in Majuskeln geschrieben ansehen und dagegen den harten Kern der hübschen Dedikation überhaupt nicht zu würdigen wissen.

11.) Ergo: da ich bislang keine Sondermappe Ranicki angelegt habe, bitte ich Sie aufs herzlichste, mir das zukommen zu lassen, in Kopien natürlich, was Sie an gedruckten Bösartigkeiten (über Sie – sich – gegen Sie – wie sagt man?) gesammelt haben. Zum Blumenstrauß ist mir fast schon die Lust vergangen, machen wir's denn martialisch plump als eine Art »Abrechnung«. Auch gut. Sie kriegen von mir, was Sie wollen – aber der Spaß ist jetzt raus, leiderleider. Ihre Bücher habe ich, glaube ich, sämtliche in meinem Besitz, da ist kein Mangel. Mangel ist an Zeit, und die wird mittlerweile auch immer knapper.

12.) Die unter 1–6. aufgeführten Vorhaben »ich will« und »ich möchte« und »es soll« pp können unter solchen Umständen wohl leider nur noch als »ich wollte eigentlich« und »ich hatte vor« und »es wäre so schön gewesen, wenn ...« gelesen werden – Hauptsache, die Materialien kommen über: dick und fett und widerlich und strotzend von Scheiße und dampfend von Qualm und stinkend vor Doofheit.

13.) und einunddreißigstens die allerherzlichsten Wünsche Ihnen und der lieben Ranicka zum Jahresausklang-Dezenniumsuntergang von Ihren beiden

Peter + Eva Rühmkorf

P. S. Schicken Sie bitte schnell und schreiben Sie offen, worauf Sie
bei sich selber Wert legen. Ein Geburtstagsgeschenk soll gefallen und
Rückgabemöglichkeiten gibt es bei unserm Geschäft ja leider nicht.
Aber, wie gesagt, Sie kriegen Ihre wollenen Socken! Was Praktisches.
Was zum Wärmen und Anziehen. Ob's dann auch duftet und der ästhetisch sensiblen Mitwelt gefällt, soll uns egal sein. – Habe heute versucht, Sie anzurufen und werde weiter probieren.

Maschinenschriftlich, 3 S. A4, von Peter Rühmkorf mit »Peter + Eva Rühmkorf«
    unterschrieben, wohl nach dem 27. 12. 1979 verfaßt; der Inhalt legt eine ver-
    sehentlich falsche Datierung nahe.
mazzo di fiori: ital. Blumenstrauß
bevor ich Jens dies Ansinnen unterbreite: vgl. Brief 133
Malizen ... angefangen ... bei dem seinerzeitigen Brinkmann: Am 17. 11. 1968
    rief Rolf-Dieter Brinkmann zu Beginn einer Podiumsdiskussion in Berlin
    (»Autoren diskutieren mit ihren Kritikern«, in der Akademie der Künste) aus,
    er würde lieber, wenn das Buch, das er in der Hand halte, ein Maschinen-
    gewehr sei, den ebenfalls anwesenden Reich-Ranicki erschießen, als mit ihm
    zu diskutieren.
Ihrer Walser-Sowieso-Besprechung ... »Jenseits der Liebe« – bis zu Schultz-Gersteins
    Anmache: Marcel Reich-Ranicki, *Jenseits der Literatur. Martin Walsers Roman*
    »Jenseits der Liebe«, in: FAZ, 27. 3. 1976, sowie Christian Schultz-Gerstein,
    Ein furchtbarer Kunst-Richter, in: DER SPIEGEL, 21. 8. 1978, S. 158–159

---

136. Marcel Reich-Ranicki an Peter Rühmkorf

Frankfurt am Main, 4. Januar 1980 M. R.-R. / M. K.

Lieber Peter Rühmkorf,
    ich sende Ihnen ein ganzes Paket mit allerlei Ausschnitten. Natürlich
ist es eine ganz einseitige Auswahl, aber so wollten Sie es doch haben.
Einen ziemlich wichtigen Artikel habe ich nicht gefunden, nämlich den
von Gremlitzer in »Konkret«. Aber Sie haben doch mit diesem Blatt,
glaube ich, gute Kontakte und können den Artikel, falls Sie ihn benötigen, gewiß erhalten.

Dringende Bitte: schicken Sie mir das ganze Material unbedingt zurück.

Sehr herzlich

Ihr Marcel Reich

Maschinenschriftlich auf Kopfbogen FAZ, 1 S. A4

Einen ziemlich wichtigen Artikel ... den von Gremlitzer: Hermann L. Gremliza, *Jetzt reicht's, Ranicki!,* in: konkret, Mai 1976, S. 44

---

137. Peter Rühmkorf an Marcel Reich-Ranicki

Hamburg, den 13. 1. 80

Lieber Herr Ranicki,

reise morgen für eine Woche nach Portugal, und schnell ab die versprochene Post an Sie! Die Seiten 1–12, wie gesagt, leider schon bei »art« unter Vertrag und bereits für die Herausnehmbarkeit vorkonstruiert. Was dann kommt, wird heikel wie die deutsche Teilung. Das Leben wird im Längsschnitt erzählt, beginnt auf S. 13 und hört auf S. 59 immer noch nicht auf (obwohl ich da einfach einen Schlußpunkt skizzieren mußte). Ein biografisch überschaubarer, in sich zusammenhängender und hübsch bebilderbarer Block wäre natürlich 13–33, also zwanzig Seiten in meinem Sparformat, nein, falsch, Vergeuderformat, das wäre so mein Angebot. Aber sehen Sie sich um oder lassen blikken. Eine Warnung: der Text ist vollkommen unkorrigiert, und ich muß noch einmal mit der ganz leichten Hand drüber: Wortwiederholungen, paar Sätze entschachteln pp. Kleinkram. Hier geht es zunächst nur um die grundsätzliche etwaige Geeignetheit. Wie ist es denn mit Ihrer neuen Schmuckbeilage, wann kommt sie und ist sie schon voll? Der Text erscheint im April bei der Büchergilde Gutenberg. Wenn's nicht paßt, bitte gleich zurück das Bündel. Ansonsten habe ich für die genannten Kleinkorrekturen noch einen Durchschlag. BITTE NOCH UM ÜBERMITTLUNG EINER NACHRICHT

Sehr herzlich grüßt vom Rande aus Ihr Peter Rühmkorf

Maschinenschriftlich, 1 S. A4, hs. Gruß am rechten Seitenrand

für eine Woche nach Portugal: Vom 14. bis 18. 1. 1980 nahm Peter Rühmkorf an
   der deutschen Buchausstellung in der Bücherei der Calouste-Gulbenkian-
   Stiftung in Lissabon teil.

Die Seiten 1–12 … leider schon bei »art« unter Vertrag: Es geht um Rühmkorfs
   Text zu A. Paul Weber. Vgl. Peter Rühmkorf, *Berühmt, im Zweifelsfall
   politisch,* in: Art, April 1980, S. 90ff.

Der Text erscheint im April bei der Büchergilde Gutenberg: vgl. Brief 131

---

138. Peter Rühmkorf an Marcel Reich-Ranicki

Hamburg, den 19. 2. 80

Lieber Herr Ranicki,

nach langer Zeit mal wieder eine kleine Post nebst Rücksendung
der mir freundlichst überlassenen Kritikalien. Alles hat im Laufe der
letzten Tage/Wochen nun noch eine etwas andere Wendung genommen, aber doch – wie ich meine – für Sie erfreuliche: compromesso
storico, brauchbar und erleuchtend.

Dann: ganz vorsichtige Rezensentenhand mal vorgestreckt nach
Joachim Bumke »Mäzene im Mittelalter«. Das ist son Buch, wo nichts
eigentlich drängt außer der Interessantheit des Falles, nebst dem Bedürfnis Ihrer Feiertagsleser, versteht sich. Dagegen muß leider wieder
liquidiert werden der A. Paul-Weber-Vorschlag. Der Alte kommt sich
verpsychologisiert vor und möchte vor Lebensabschluß nur noch reines Himmelslicht und keine irdischen Aufhellungen. Am meisten stören ihn dabei die eigenen O-Töne und beansprucht Persönlichkeits-
rechte nebst korrektorischen Eingriffen – das geht nun leider nicht,
und ich muß die Sache für die Nachlaßregelung vorbehalten (seine
oder meine). Was meine Erreichbarkeit anbetrifft, so liegt freilich auch
in der nächsten Zukunft manches im Dunkeln, bzw. in der weiten
Ferne. Goethe spielt Flöte, wie der Volksmund sagt – und man darf
wohl ergänzen, wer da nicht (an)-tanzt, der muß dann wieder wachen,
lesen, lange Rezensionen schreiben … da begibt man sich lieber mal
wieder auf den fliegenden Teppich: Zunächst jetzt nach Istanbul und

den ganzen März über durch die skandinavischen Staaten und Dörfer nebst angeschlossenen Saunen und Geisiren.

Sehr herzlich grüßt Sie (ab Sonntag außer Landes)

Ihr Peter Rühmkorf

P. S. Das Weber-Ms doch bitte gleich zurück. Habe keinen vollständigen Durchschlag mehr –

Maschinenschriftlich, 2 S. A4, hs. P. S.

»Mäzene im Mittelalter«: Joachim Bumke, *Mäzene im Mittelalter. Die Gönner und Auftraggeber der höfischen Literatur in Deutschland 1150–1300,* München 1979 *zunächst nach Istanbul und den ganzen März über durch die skandinavischen Staaten und Dörfer:* Am 25. 2. 1980 brach Peter Rühmkorf nach Istanbul auf. Ab dem 20. 3. folgten Auftritte in Finnland und Schweden.

---

139. Marcel Reich-Ranicki an Peter Rühmkorf

Frankfurt am Main, 21. Februar 1980 M. R.-R. / M. K.

Lieber Herr Rühmkorf,

soeben habe ich Ihren Brief vom 19. Februar bekommen und die retournierten Materialien. Ich meinerseits schicke Ihnen, Ihrem Wunsch gemäß, die Durchschrift Ihrer Arbeit über A. Paul Weber. Daß Sie wieder für mehrere Wochen auf Reisen gehen, gefällt mir natürlich nicht, denn dies bedeutet ja, daß Sie wieder wochenlang nichts schreiben werden.

Sie bitten um das Buch von Bumke. Sie können praktisch jedes Buch haben, wenn Sie es tatsächlich besprechen. Und Sie können keins haben, wenn Sie doch nichts daraus machen. Ich will Ihnen lieber die Aufzählung der Titel ersparen, die Sie in den letzten Jahren auf Wunsch erhalten haben, ohne dann auch nur eine einzige Zeile darüber zu schreiben. Was tun? Ich schlage vor: Sie haben die Güte, sich sofort nach Rückkehr aus Schweden mit mir zu verständigen. Wir werden uns dann überlegen, was Sie machen könnten und sollten. Ich nehme an, daß wir dann übereinkommen werden, daß es schon Aktuelleres und Wichtigeres gibt als das Buch von Bumke, das 1979 erschienen ist. Wir werden es inzwischen nicht anderweitig vergeben. Wenn

Sie es also dann doch unbedingt haben wollen und tatsächlich sofort machen werden – nun denn, mit Gott.

Sie erinnern mich als Kritiker an jene Herren, die gierig auf Damen blicken und dann, wenn die Dame bei ihnen ist, selbige nicht einmal anfassen wollen. Ich höre nicht auf zu hoffen, daß Sie sich bessern werden und warte sehnsüchtig auf eine Nachricht von Ihnen.

Sehr herzlich
Ihr Marcel Reich

Maschinenschriftlich auf Kopfbogen FAZ, 1 S. A4

---

140. Marcel Reich-Ranicki an Peter Rühmkorf

Frankfurt am Main, 21. Februar 1980 M. R.-R. / M. K.

Lieber Herr Rühmkorf,

der Fischer Taschenbuch Verlag plant, alljährlich einen Almanach der Literaturkritik herauszugeben. In dem ersten Band sollen nicht weniger als 33 Beiträge von 21 Mitarbeitern unseres Literaturteils enthalten sein. Die Kritiker werden gebeten, ihre Arbeiten ohne Honorar zur Verfügung zu stellen. Von Ihnen ist ein Beitrag vorgesehen. Vermutlich wird sich der Verlag in Kürze an Sie mit der Bitte um Abdruckgenehmigung wenden. Selbstverständlich hängt es von Ihnen ab, ob Sie diese erteilen oder nicht.

Ich möchte Sie aber darauf aufmerksam machen, daß ich heute dem Verlag die Genehmigung für meine Kritiken verweigert habe. Ich sehe keine Veranlassung, derartige Vorhaben zu unterstützen.

Mit besten Grüßen
Ihr

Maschinenschriftlich auf Kopfbogen FAZ, 1 S. A4, nicht unterzeichnet

von Ihnen ist ein Beitrag vorgesehen: Peter Rühmkorf, *Von einem, der auszog, das Lieben zu lernen. Zu Karl Krolows Erzählung »Das andere Leben«.*
   In: Fischer Almanach der Literaturkritik 1978/79, hg. von Andreas Werner, Frankfurt a. M., 1980, S. 163 ff.

141. Peter Rühmkorf an Marcel Reich-Ranicki

Hamburg, den 12. Juli 80

Lieber Herr Ranicki,

eben den Greiner gelesen und finde kein Falsch an ihm. Glaube sicher, Sie sehen etwas hinein oder hören Hauchestförmigiges heraus, was kein Mensch auf der Welt sonst wahrzunehmen imstande ist. Zur Märchenlesung kurz korrigiert, daß ich auf der Hauptwache die Kap. 1) (gekürzt-überbrückt), 2, 5 und 7 vorgetragen habe, was das Mädchen natürlich etwas besser wegkommen läßt – der Gesamtanlage entsprechend. Strukturfehler, weiß ich, den ich neulich in Stuttgart durch Addition von Kap. 10 richtig gelöst habe. Nochmal mein Bedauern, daß Sie neulich nicht dabei waren, weil: manche Schwebezustände der Sprache sind eigentlich nur durch mündlichen Vortrag anzudeuten. Dito, wenn man die paar Komplikata-zuviel einfach unters Stehpult fallen läßt. Schluß-Schluß, weiß selbst, daß nur zählt, was dasteht als gedruckt. – Aber doch dies noch: daß ich endgültig und wahrhaftig erst im November für FAZ tätig werden kann. Der gesamte Oktober geht auf die Reise. Vielleicht läßt sich aber im September noch ein Stück in Erz gießen. Respektive Bronze. Von Klaus Schröter lag 5 Minuten nach unserem Tele-Gespräch eine Postkarte aus Rom im Kasten – leider kein Wiederankunftstermin dabei.

Herzlich wie immer
Ihr Peter Rühmkorf

Maschinenschriftlich, 1 S. A4

eben den Greiner gelesen: Ulrich Greiner, *Solidarität – eine Utopie? Die Ohnmacht und die Literaturkritik,* in: DIE ZEIT, 11. 7. 1980

Hauchestförmigiges: so im Brief

Märchenlesung auf der Hauptwache … neulich in Stuttgart: Eine Lesung in Frankfurt am Main (Hauptwache) ist anderweitig nicht nachweisbar, in Stuttgart trat Peter Rühmkorf am 23. 6. 1980 in der Buchhandlung Wendelin Niedlich auf. Zum Vortrag kam *Auf Wiedersehen in Kenilworth.*

von Klaus Schröter … eine Postkarte: Schröters Briefe an Peter Rühmkorf von 1964 bis 1989 befinden sich im Nachlaß Rühmkorf, DLA, darunter die hier erwähnte Postkarte vom 5. 7. 1980.

142. Marcel Reich-Ranicki an Peter Rühmkorf

Frankfurt am Main, 2. September 1980 M. R.-R. / ma

Mein Lieber,

Ihre glanzvolle Bergen-Enkheimer Rede wollen wir unbedingt in unserer Tiefdruck-Beilage drucken. Wenn ich Sie richtig verstanden habe, wollten Sie das Manuskript selber entsprechend zurecht machen. Ich glaube, daß mehrere Stellen, die Bergen-Enkheim betreffen, etwas gestrafft oder beseitigt werden könnten. Aber natürlich bleibt das Ihnen überlassen. Schicken Sie uns bitte das Manuskript so schnell wie möglich.

Wenn Sie es etwa nicht bearbeiten wollen, dann bitte ich um sofortige Nachricht und dann wird die kosmetische Behandlung hier von Fachleuten liebevoll vollzogen.

Herzlichst

Ihr Marcel Reich

Maschinenschriftlich auf Kopfbogen FAZ, 1 S. A4

Ihre glanzvolle Bergen-Enkheimer Rede: Heimat – Ein Wort mit Tradition.
Oder Vom Angriff auf unsere Lebenszusammenhänge, in: FAZ, 29. 11. 1980
(vgl. auch *Zeltreden: Reden zur Verleihung des Literaturpreises »Stadtschreiber von Bergen« 1974–1998,* hg. von Wolfgang Mistereck und Adrienne Schneider, Göttingen 1998)

---

143. Peter Rühmkorf an Marcel Reich-Ranicki

Hamburg, den 6. Sept. 80

Lieber Herr Ranicki,

es freut mich sehr, Ihnen mal wieder mit einem Artikel dienen zu können, was ich für diesen Fall gar nicht angenommen hatte. Sie waren nachher ja sehr schnell fort, auch die liebe Ranicka, von der Eva mir berichtete, daß sie mich freundlichst beapplaudiert hätte, was wahrzunehmen mich leider die Lichtverhältnisse hinderten. Augenlicht überhaupt bißchen rückläufig. Daher die etwas verquere Vortragsstellung am Stadtschreibertag: Lippe am Mikro, Augen links daneben auf den krampfhaft hochgehaltenen Elfseiten, wo das so lange wie breite Zelt eigentlich nur mit Dompteursblicken zu bändigen gewesen wäre. Die Gedichtbüchlein sind noch nicht eingetroffen – aber ich harre. Muß freilich reinkucken und erstmal prüfen, ob Kontakt zustande kommt. Wo nicht, schicke ich sie schnellstens zurück. Der May-Roman von Loest bis zum bitteren Ende gut im übrigen. Dichtung und Wahrheit verkehrt. Beziehungsweise: Schreiben als totale Fiktion, die schließlich die gesamte Person ergreift bis in die Stulpenstiefel. Psychologisches Meisterwerk. Und mit Musik geschrieben zweifellos. – Ah, zum Vorliegenden noch dies, daß es in der neuen Fassung natürlich etwas apodiktisch aufhört. Hätte lieber mit Nietzsche und Ringelnatz* geschlossen, a b e r : die waren ja nur eingeführt worden, um schließlich ins Festzelt und auf den Berschermarkt zurückzuleiten, und da wollten Sie ja nicht so gern hin.

Herzlich grüßt Sie
Ihr Peter Rühmkorf

* Falls sie Ihnen fehlen, telegrafieren Sie bitte; dann müßte ich nochmal knaupeln.

Maschinenschriftlich, 1 S. A4, hs. Einfügung am rechten Seitenrand
Stadtschreibertag: Das 7. Stadtschreiberfest von Bergen-Enkheim fand am
    29. 8. 1980 statt; zum Stadtschreiber 1980/81 wurde Dieter Kühn ernannt,
    Festredner war Peter Rühmkorf (vgl. Brief 142).
Die Gedichtbüchlein: nicht ermittelbar
Der May-Roman von Loest: Erich Loest, *Swallow, mein wackerer Mustang.*
    Karl-May-Roman, Berlin 1980 und Hamburg 1980

---

144. Marcel Reich-Ranicki an Peter Rühmkorf

15 IX 80 FRANKFURT AM MAIN
PETER RUEHMKORF
OEVELGOENNE 50 (2000) HAMBURG/52

ERBITTE ANRUF GRUSS REICH-RANICKI

Telegramm

---

145. Peter Rühmkorf an Marcel Reich-Ranicki

Hamburg, den 15. Sept. 80

Lieber Herr Ranicki,

ein erquickliches Gespräch gerade gehabt, mit Ihnen; indes: die Rede kann nicht raus aus diesem Bett. Das ist doch gerade der Witz, der Charme, der rhetorische Kniff, die dramaturgisch planvoll eingeleitete Überraschung, daß es anfängt wie entre-nous und auf der Allmende, und erst allmählich öffnet sich alles ins weite Apokalyptische, um sich am Schluß, berechnet, wieder aufs politisch Engere hinzuspitzen, nein, das Prinzip Rede ist hier konstitutiv, und dazu gehört genau der Redeplatz und auch die ins Auge gefaßten Kleinstadtberschener, wirklich, ich habe ja selbst schon alles versucht, und lieber lassen wir es. Bloß schade natürlich, weil die Sache schon veröffentlicht gehört hätte, dicht am Ort vielleicht und in gebührender zeitlicher Nähe ... ach, hätten Sie es mir doch fürs SONNTAGSBLATT gelassen, rechtzeitig; so wie es ist, ist es nun mal, und auch mit größter Kunst nicht zu zerzupfen. Gerade was Sie als lokal stört, ist der Wesensstoff. Gerade was Sie als zu eng im dasiegen Heimatrahmen anmutet, ist konstruktiver Rahmen. Also: bitte nicht verändern. Lieber canceln. Lieber droppen. Wirklich. Ich bin ja sonst gar nicht so empfindlich gegenüber redaktionellen Eingriffen, aber hier geht es nicht. Ich möchte dies teils zarte, teils grobmaschige – in allen seinen Teilen aber wohlbedachte Gewebe nicht verletzt sehen.

Herzlich grüßt Sie

Ihr Peter Rühmkorf

Maschinenschriftlich, 1 S. A4

fürs Sonntagsblatt gelassen: Deutsches Allgemeines Sonntagsblatt. Christliche
   Wochenzeitung für Politik, Wirtschaft, Kultur. Vgl. auch Brief 61
dasiegen: eigentlich dasigen, umgangssprachlich für dortigen

146. Marcel Reich-Ranicki an Peter Rühmkorf

17 IX 80 FRANKFURT AM MAIN
HERRN PETER RUEHMKORF
OEVELGOENNE 50 (2000) HAMBURG/52

IHR MANUSKRIPT MIT MINIMALEN UND LIEBEVOLL
GEMACHTEN AENDERUNGEN GEHT HEUTE AN SIE AB.
ICH BIN UEBERZEUGT, DASS SIE MIT DIESER KUNSTVOLL
DISKRETEN BEARBEITUNG EINVERSTANDEN SEIN WERDEN
SEHR HERZLICH REICH-RANICKI

Telegramm

---

147. Peter Rühmkorf an Marcel Reich-Ranicki

Hamburg, den 21.10.80

Lieber Herr Ranicki,
 war auf Lese, dann Messe, wieder Lese und nun f. 1 Woche nach
Belgrad (Kulturgeschäfte), verzeihen Sie späte Antwort. Die mir über-
sandten Bücher sind alle nichts rechtes, vor allem der Graßhoff enttäuschend. Wir wollen ja auch auf keinen Fall in eine Situation zu-
rückgeraten, wo ich bespreche, was gerade noch so als Taschengrund
übriggeblieben ist. Ja, die Grosz-Briefe, ja, der Loest, das wären Sachen nach meinem Geschmack gewesen, und auf so etwas kann man
sich immer wieder einigen ... Muß ins Flugzeug! Also: bleibt der Boldt,
der freilich gut mit dem Blaß-Ernst zu kombinieren wäre, neu gesamt
von Thomas Schumann (wonoch?) herausgegeben – In 1 Woche neues
in Ruhe. Dann auch die Bücher retour.
 in alter Herzlichkeit
 Ihr Peter Rühmkorf

Maschinenschriftlich, 1 S. A4
war auf Lese, dann Messe, wieder Lese und nun f. 1 Woche nach Belgrad (Kultur-
 geschäfte): Köln (7.10.), Frankfurter Buchmesse (10.–12.10.), Süddeutschland
 mit Auftritten u. a. in Schwäbisch Hall (14.10.) und Ulm (15.10.); in Belgrad
 kam Peter Rühmkorf am 20.10. an, Rückkehr nach Hamburg am 24.10.

der Graßhoff enttäuschend: Fritz Graßhoff, *Der blaue Heinrich. Roman,*
   München 1980
mit dem Blaß-Ernst ... von Thomas Schumann (wonoch?): Ernst Blass,
   Die Strassen komme ich entlang geweht. Sämtliche Gedichte, hg. von Thomas
   B. Schumann. München u. a., 1980. Peter Rühmkorf hat weder Boldt noch
   Blass besprochen.

---

148. Marcel Reich-Ranicki an Peter Rühmkorf

Frankfurt am Main, 27. Oktober 1980 M. R.-R. / M. K.

Mein lieber Herr Rühmkorf,
   Ihren Brief vom 21. Oktober habe ich erhalten. Die Zusammenarbeit mit Ihnen wird allmählich qualvoll. Daß der Graßhoff Sie ent-
täuscht hat, kann man verstehen. Aber was ist nun mit dem Vesper
los? Sie hatten doch ausdrücklich gesagt, daß Sie seine Gedichte rezensieren wollen.
   Nichts liegt mir ferner, als Ihnen lediglich Übriggebliebenes zu offerieren. Aber wie sollte ich auf die Idee kommen, daß Sie gerade an
den Grosz-Briefen oder an einem Buch über Karl May brennend interessiert sind? Oft melden Sie Ihr Interesse verspätet an. Der Grund:
Ihre Weltfremdheit. Ist es denn so schwierig, am Anfang der jeweiligen
Saison die Prospekte der größeren Verlage durchzusehen und dann
die entsprechenden Titel auf ein Blatt Papier zu schreiben und uns
zu senden? Wahrscheinlich werden Sie antworten, daß Sie derartige
Prospekte gar nicht erhalten. Hier liegt der faule Hase in Ihrem welt-
fremden Pfeffer. Ich werde Ihnen jetzt einen Ratschlag erteilen, der
das Problem ein für allemal löst: Sie schreiben Postkarten an zehn bis
fünfzehn größere Verlage (wir sind bereit, Ihnen ein Verzeichnis mit
Adressen anzufertigen) und bitten, Ihnen jeweils, also zweimal jährlich, die Prospekte der Verlagsproduktion zuzuschicken.
   Seit Monaten warte ich auf Ihre Kritik des Bandes von Paul Boldt.
Nun sagen Sie, Sie möchten den Boldt mit dem Blaß kombinieren. Dagegen habe ich nichts einzuwenden. Das Buch von Blaß dürfte schon
bei Ihnen angekommen sein. Aber ich sehe schon neuen Kummer.
Denn über Boldt kann man durchaus vier bis fünf Maschinenseiten

schreiben, und auch über Blaß kann man vier bis fünf Seiten schreiben. Weltfremd, wie Sie nun einmal sind, werden Sie daher meinen, über Boldt und Blaß zusammen könne man 8 bis 10 Seiten schreiben. Pustekuchen! Wenn Sie beide Gentlemen zusammen verarzten, dürfte der Artikel nicht länger als höchstens 7 Seiten sein. Jetzt werden Sie wissen wollen, warum dies so ist. Das aber werde ich Ihnen erklären, wenn ich das Glück haben werde, Sie wieder einmal persönlich zu sehen.

Schicken Sie also nun die Bücher, die Sie nicht machen werden, zurück, und lassen Sie von sich hören, und machen Sie endlich den Boldt.

Sehr herzlich
Ihr Marcel Reich

Maschinenschriftlich auf Kopfbogen FAZ, 2 S. A4
Vesper ... Gedichte: Guntram Vesper, *Die Illusion des Unglücks. Gedichte.*
München, Wien 1980

---

149. Peter Rühmkorf an Marcel Reich-Ranicki

Hamburg, den 30. Okt. 80

Lieber Herr Ranicki,

vielleicht ist es wirklich eine Qual mit mir – aber auch Sie sind ein Quälgeist und urgen mich zu unguter Stunde. Ich muß doch erstmal dies Reimbuch auf die Höhe der Vollkommenheit bringen, bis Mitte November endgültig gültig – und erst dann kann ich mich Ihnen (aufatmend) zuwenden. Blaß und Boldt werden selbstverständlich auf die angeforderten sieben Seiten gebracht werden. Dachte nur, die beiden sind doch gut zusammen zu würdigen, zu betrachten, und schon unterstellen Sie mir – was weiß ich? Bin gar nicht so expansiv-ausdehnungslüstern. Nur: wann meine heimatkundliche Exkursion wohl endlich zum Vorschein kommt? Aktuelle Sachen sind bei Ihnen immer schwer zu schmieden; und was macht da das schlechte Gewissen? Es versucht, den Partner ins Unrecht und unter den Gewissensbiß seinerseits zu setzen. Aber, was reden! ansonsten sind wir fröhlich und wol-

len uns nur Gutes. Muß nur erst diesen Reim ins Lot gebracht kriegen. Habe gerade ein Kapitel abgeschlossen, das zum Vorabdruck bestens geeignet wäre –: 27 Seiten, wo ABER kommt das unter und – bei Ihren Äonen-Maßen – wann?
Herzlich grüßt Sie Ihr immer geneigter
Peter Rühmkorf

P. S. Auch Vesper geht dann schnell + zügig klar.

Maschinenschriftlich, 1 S. A4, hs. P. S.
dies Reimbuch: agar agar, vgl. Brief 131
meine heimatkundliche Exkursion: vgl. Brief 142

---

150. Marcel Reich-Ranicki an Dietrich Ratzke

Frankfurt am Main, 6. Januar 1981 M. R.-R. / M. K.

Lieber Herr Ratzke,

wir haben aus Anlaß der Weihnachtsfeiertage an sieben unserer Mitarbeiter je einen Karton mit 6 Flaschen Henkell Trocken geschickt, was unsere Mitarbeiter gerührt und in gute Laune gebracht hat. Ein sehr wichtiger Mitarbeiter, der indes nicht bedacht war, hat es erfahren und ist drauf und dran, uns zu grollen, weil wir ihn vergessen haben. Kurz und gut: ich wäre Ihnen sehr dankbar, wenn Sie die Güte hätten, die Verschickung noch eines Kartons mit 6 Flaschen Henkell Trocken anzuweisen an:

Peter Rühmkorf
Oevelgönne 50
2000 Hamburg 52

Mit besten Grüßen
Ihr R.

Von Marcel Reich-Ranicki abgezeichneter Durchschlag, 1 S. A4, Original nicht
  erhalten
Lieber Herr Ratzke: Dietrich Ratzke war 1970–1982 Chef vom Dienst, danach
  bis 1995 Generalbevollmächtigter bei der FAZ.

---

151. Peter Rühmkorf an Marcel Reich-Ranicki

Hamburg, den 25. 1. 81

Lieber Herr Ranicki,
 hier ein etwas seltsames Konvolut. Andererseits Vorzugsangebot.
Das Kapitel »Wenn die Ratio mit ihrem Latein am Ende ist ... oder:
Vom Auseinander- und Zusammenreimen«. Es ist das gehaltestvoll-
ste Kapitel des Buches und braucht eine gewisse Ausdehnungsfläche,
könnte allerdings von dem wohleingeweihten und kürzungsbevoll-
mächtigten Herrn Görtz noch etwas eingestrichen werden. Bißchen
gestrichen worden ist auch von mir schon. A b e r : da muß ein objek-
tives Auge drüber, das entscheiden kann, was m u ß und was k a n n
(meine: bleiben). Anbei auch noch ein paar Paradeklecksografien als
Vignetten und zu Schmuckzwecken; auch im Buch hat jedes Kapitel
ein Klexo (andere) als Vorsatz – weil, der Reim ist in seinen einfachen
Formen ja die Klecksografie des Ohres. Darf ich Sie um ganz schnelle
Entscheidung – ob überhaupt?! – bitten. Ich muß sonst weiterziehn
mit meinem Musterköfferchen. Und in gewisser Hinsicht eilt es; das
Buch wird hier am 20. 3. eingeliefert und am 10. 4. dann aus. Heißt: an
die Buchhandlungen.
 In Betr. des armen Vesper. Habe mich bereits hineingebohrt und
kriege es vielleicht noch vor die ägyptischen Fleischtöpfe geklemmt.
Es geht nur nicht so leicht von der Hand, wie ich dachte. Alles so wohl
geschrieben und doch so tief depremierlich, daß man bald an Kunst
und Leben zugleich zweifeln möchte. Ich suche immer noch nach dem
Schlenker ins Positive – den wenigstens ich dranhängen kann. Ägypten, wie gesagt (in Bremen gesagt) zwischen dem 1. und 8. Februar;
und wenn sich der Vesper in der Zwischenzeit noch nicht aufgebaum-
melt hat, kann er sich immer noch einen schönen Mittwinter aus meiner Rezension machen. Aber, wer weiß, vielleicht krieg ich doch vorher noch die Kurve. Wenn ich wieder vor Ort bin, stehe ich sowieso für
Sie zur Verfügung. Mein Heimatkundeaufsatz in Ihrem geschätzten
Feuilleton hat ja unterschiedliche Wellen geschlagen, sone und solche.
Dieshier könnte die gebildeten unter meinen Verächtern durchaus zu
geneigten Mitratern, dito Sammlern machen – Literatur zum Mitmachen in gewisser Weise, wie schon mal beim »Volksvermögen« erlebt.

So. Dies für den Moment. Und ab die Eilpost; obwohl – morgen sind Sie ja wohl in Bremen; ich nicht, weil übermorgen Benefizkonzert für Springer. Wollte sagen, Malefiz-. Nur, bitte, bis spätestens Montag d. 9. Februar Antwort, ob Sie das Kapitel bringen wollen/können. Und sonst: zurück den Packen. Wird dann für mich die höchste Eisenbahn. Der letzte Jet.

Herzlich wie immer grüßt Sie
Ihr Peter Rühmkorf

Maschinenschriftlich, 2 S. A4

seltsames Konvolut ...: Lektion IV. Wenn die Ratio mit ihrem Latein am Ende ist – oder: Vom Auseinander- und Zusammenreimen, in: *agar agar,* S. 67 ff., vgl. Brief 131

Herrn Görtz: Franz Josef Görtz ist seit 1980 Redakteur der FAZ.

Paradeklecksografien: Peter Rühmkorf hatte sich das von Justinus Kerner vielfach angewandte Verfahren, Tintenklecksen durch Falzung eines Blattes Papier eine Form zu geben und diese dabei zu spiegeln, zu eigen gemacht und u. a. zur Illustration seines Buches *agar agar* verwendet; später führte dies zur Veröffentlichung des Bändchens *Kleine Fleckenkunde,* Zürich 1982.

Ägypten ... zwischen dem 1. und 8. Februar: Eine Ägypten-Reise Rühmkorfs ist anderweitig nicht belegt; ein Treffen mit Reich-Ranicki in Bremen ist weder aus dem Tagebuch noch aus anderen Quellen im Nachlaß belegbar.

Mein Heimatkundeaufsatz: vgl. Brief 142

»Volksvermögen«: Über das Volksvermögen. Exkurse in den literarischen Untergrund, Reinbek 1967

morgen sind Sie ja wohl in Bremen: Möglicherweise zur Verleihung des Bremer Literaturpreises, der immer am 26. Januar verliehen wird

Benefizkonzert für Springer ... Malefiz-: Zu Peter Rühmkorfs Engagement gegen die im Axel-Springer-Verlag veröffentlichten Zeitungen und Zeitschriften vgl. *Bleib erschütterbar,* S. 205 ff.; dort auch der Beitrag *Malefizkonzert oder: Merkwürdige Begebenheiten bei der Besetzung eines Alsterdampfschiffahrtsgesellschaftspoesieschiedsrichterpostens,* a. a. O., S. 221 ff. als Abdruck der Rede im Audimax der Universität Hamburg bei der Veranstaltung »Wir arbeiten nicht für Springerzeitungen« am 27. 1. 1981

152. Marcel Reich-Ranicki an Peter Rühmkorf

Frankfurt am Main, 10. Februar 1981 M.R.-R. / M.K.

Mein Lieber!

1. Wir warten auf Ihren Beitrag für unsere Serie »Meine Schulzeit im Dritten Reich«. Die Serie hat bereits begonnen. Gedacht ist an einen Beitrag im Umfang von etwa 10 Maschinenseiten. An Ihrer Teilnahme ist mir sehr gelegen.

2. Wir warten auf Ihre Kritik des Gedichtbandes von Paul Boldt. Der Band befindet sich bei Ihnen seit April 1979.

3. Wir warten auf Ihre Kritik des Gedichtbandes von Vesper.

4. Wir warten auf Ihre Kritik des Gedichtbandes von Blass.

In Briefen und Telefongesprächen vertrösten Sie mich regelmäßig auf den nächsten Monat oder, letztens, auf die nächste Woche. Aber die Monate und Wochen kommen und gehen, und Sie liefern nichts. Doch, etwas haben Sie schon geliefert, nämlich ein Kapitel Ihres neuen Buches. Nein, mein Lieber, dies können wir nicht verwenden – und ich bin ziemlich sicher, daß Sie das geahnt haben und daß Sie als Redakteur hier an meiner Stelle das Manuskript ebenfalls zurücksenden würden. Das hat natürlich nichts mit seiner Qualität zu tun, nur ist es von der Art her für eine Tageszeitung ungeeignet.

Sie mißfallen mir immer mehr.

Dennoch herzlich

Ihr Marcel Reich

Maschinenschriftlich auf Kopfbogen FAZ, 2 S. A4

Beitrag für unsere Serie »Meine Schulzeit im Dritten Reich«: Peter Rühmkorf,
Pimpf mit unbekanntem Vater. in: FAZ, 21.3.1981, *Meine Schulzeit im
Dritten Reich, Folge 3;* wieder in: *Meine Schulzeit im dritten Reich,* hg. von
Marcel Reich-Ranicki, Köln 1982, *Fragwürdige Umstände,* S. 201ff.

153. Peter Rühmkorf an Marcel Reich-Ranicki

Hamburg, den 18. 2. 81

Lieber Herr Ranicki,

Ihr letzter Brief war ein böser Rabe. Man bleibt doch in alle Ewigkeit der arme Selbstanbieter, der scheinbar nicht in die Tagesfeuilletone paßt. Aber das kann man einem auch etwas freundlicher verklaren. Anbei also der Vesper. Über Längen oder Unlängen sage ich nichts mehr, das Buch ist gut, der Mann lange unterbewertet gewesen, da muß man was tun. Meine ernstlich, daß gegen diesen hier die Theobaldys und Borns geradezu abstinken, falladaisch gesprochen. Ansonsten, was soll ich sagen. Man äußert im ägyptischen Ausland, ah Deutschland, BRD, wo auch MRR ein Stück Heimat darstellt, aber wie sagt da wieder Ringelnatz? »Stich fest in das Humorische. / Heimat? Wir haben alle keine! / Oder – und allen Falles – eine / Improvisatorische«. Oder so ähnlich doch. Hoffentlich kann ich Sie anderweitig belehren, daß Ihre Anti-Reim-Entscheidung eine prinzipiell falsche war. Meine: konservatesk-unaufgeschlossen. Die Hitlerzeit-Schulzeit erreicht Sie noch vor Abreise nach Australien. Blass & Boldt, was eine Sammelbespreche wird, erst im Anschluß.

Diesmal nur verhalten freundliche Grüße

Ihres Peter Rühmkorf

P. S. Der Lenz war ja nicht gerade ein verheißungsvoller Auftakt der Saison. Aber dies für die Nachwelt.

Maschinenschriftlich, 1 S. A4

Anbei also der Vesper: Peter Rühmkorf, *Von der Unruhe des Kopfes. Guntram Vespers Gedichtband »Die Illusion des Unglücks«*, in: FAZ, 7. 3. 1981, vgl. auch *Dreizehn* S. 194ff.

Stich fest ... Improvisatorische: Joachim Ringelnatz, *Antwort auf einen Brief des Malers Oskar Coester*, veröffentlicht u. a. in: *Und auf einmal steht es neben dir. Gesammelte Gedichte*, Berlin 1980, S. 197f.; Peter Rühmkorf verwendet das Zitat auch in seiner Festrede für Dieter Kühn, vgl. Brief 143.

vor Abreise nach Australien: Reise vom 22. 3. bis 1. 4. 1981

der Lenz ... Auftakt der Saison: Siegfried Lenz, *Der Verlust*, Hamburg 1981

154. Peter Rühmkorf an Marcel Reich-Ranicki

Hamburg, den 22.2.81

Lieber Herr Ranicki,
    schnell noch eine leicht gekürzte und entscheidend korrigierte Fassung hinterher. In der alten fehlten so ein ganz paar zarte, aber verständnisnotwendige Kapillarien. Das andere Vesperheft heißt »Nordwestpassage – Ein Poem«, Edition Sudelblatt Heinz Ludwig Arnold.
    Herzlich grüßt und hofft, daß noch rechtzeitig
    Ihr Peter Rühmkorf

Maschinenschriftlich, 1 S. A4
»Nordwestpassage – Ein Poem«: Guntram Vesper, *Nordwestpassage. Ein Poem,* Göttingen 1980

---

155. Peter Rühmkorf an Marcel Reich-Ranicki

Hamburg, den 4.3.81

Lieber Herr Ranicki,
    diese Hetze geht so nicht weiter, es ist wie Schule alles, und zu Schule habe ich kein Verhältnis, alles sperrt sich. Ich muß nach all der Theorie und jetzt dieser fruchtlosen Erinnerei an richtige Werke denken, in Muße Ausgedachtes, ich will diese Schulbank nicht mehr. Was vorliegt – Ihnen hier – hat mit Schule so viel nicht zu tun; was bringt es, wenn wir all unsere unterschiedlichen Aulen und Schüleraborte beschreiben, der Aufklärungswert ist begrenzt (weil immer nur privat) und bei mir geht ohnehin alles durcheinander. Merke gerade, das Wort »alles« beginnt das Schreiben zu unterwandern/überlagern, kein gutes Zeichen – und nur wer müde ist, sagt unentwegt »alles.« Krüger, ja – das liest sich wirklich gut. Hat auch mit dem Thema zu tun und kommt der gestellten Aufgabe nach. Die Aufgabe selbst war aber bei mir fehl am Platze – ich bin gelernter Autodidakt, Selbstmacher, Eigenerzieher, Bönhase, Außerkursmensch, fanatischer Dilettant und in allem, was Schule-Uni-Lehranstalten anlangt, von so hirnrissiger Unallgemeinverbindlichkeit, daß kein Mensch mehr was versteht. Schule war notwen-

diges Übel während der Braunzeit und danach erst wirklich schlimm – weil die richtig bösen Beinemachermänner dann erst zurückkamen, und was mich innerlich viel mehr in Anspruch genommen hat, war der nicht gewagte Neubeginn, der vermurkste Anfang, die vereitelte Wende, was mich dann ja auch in schlimme Krankheit getrieben hat. Gewisse partielle Überschneidungen mit »Jahre, die Ihr kennt« waren nicht völlig zu vermeiden, sie müssen hingenommen werden und können es wohl auch in sprachlich anderem Gewande.

Herzlich grüßt Sie Ihr P. R.

Maschinenschriftlich, 1 S. A4, hs. Gruß am rechten Seitenrand
Was vorliegt ... hat mit Schule nicht viel zu tun: vgl. Brief 152
Krüger ... Hat auch mit dem Thema zu tun: Horst Krüger, *Das Grunewald-Gymnasium. Eine Erinnerung an die Banalität des Bösen*, in: FAZ, 28. 2. 1981 (*Meine Schulzeit im Dritten Reich, Folge 2*)
Bönhase: norddt. etwa »Pfuscher«

---

156. Marcel Reich-Ranicki an Peter Rühmkorf

Frankfurt am Main, 1. Juni 1981 M. R.-R. / ma

Mein Lieber,

ich hätte gern gewußt, ob Sie noch leben und ob Sie sich noch an mich erinnern. Wissen Sie eigentlich noch, daß Sie für uns die Gedichtbände von Paul Boldt und Ernst Blass besprechen sollten und wollten? Und hätten Sie nicht Lust, wieder einmal etwas für unsere Frankfurter Anthologie zu schreiben?

Ich hoffe, bald von Ihnen zu hören. Ich hoffe auch, daß Sie mir eines Ihrer mittlerweile traditionellen Klagelieder ersparen werden.

Ich grüße Sie erwartungsvoll und herzlichst

Ihr Marcel Reich

Maschinenschriftlich auf Kopfbogen FAZ, 1 S. A4

---

157. Peter Rühmkorf an Marcel Reich-Ranicki

Hamburg, den 11. Juni 81

Lieber Herr Ranicki,

lerne Schreiben ohne zu klagen, also gut. Leider hat mir der Härtling ja bei dem Boldt schon einigen Wind aus den Segeln genommen, weshalb ich da meine Gedanken da nochmal neu zusammenraffen muß. Schneller geht die Anthologie, ginge. Hoffentlich ist George Grosz' »Gesang an die Welt« noch nicht vergeben, nie behandelt. Das wäre ein hübsches Stück. Auch der Ernst Blass ließe sich natürlich prompt auf diesem Weg besingen. Ist B. schon mal dran gewesen bei Ihnen? Ich habe es so im Gefühl. Schon seit langem steht Dieter E. Zimmers »Bartleby« bei mir auf der Liste – da sind auch so einige tiefgehende hochfliegende Kleinlebewesen drin. Dito bei Jakob Haringer und bei Ferdinand Hardekopf. Geben Sie mir doch formlos ein paar grüne Lichter. Dann kann ich – nach Laune – mir das eine oder andere Opusculum vornehmen. Ganz obenan steht für mich allerdings der Grosz!

Herzlich grüßt Sie

Ihr Peter Rühmkorf

Maschinenschriftlich, 1 S. A4

hat mir der Härtling bei dem Boldt schon einigen Wind aus den Segeln genommen: Paul Boldt, *Junge Pferde,* in: Die Aktion, Bd. 2, Nr. 43 (23. 12. 1912). Sp. 1361–1362; dazu Peter Härtling, *Kentaurisches,* in: FAZ, 23. 5. 1981 (Frankfurter Anthologie)

George Grosz' »Gesang an die Welt« noch nicht vergeben: Peter Rühmkorf, *Showfreak und lyrisches Ich. Über George Grosz' Gedicht »Gesang an die Welt«,* in: FAZ, 17. 10. 1981 (Frankfurter Anthologie), vgl. *Dreizehn,* S. 145 ff.

Ernst Blass ... Ist B. schon mal dran gewesen bei Ihnen?: Günter Kunert, *Visionärer Abschied. Über Ernst Blass' Gedicht »Nachts«,* in: FAZ, 22. 7. 1978 (Frankfurter Anthologie)

Dieter E. Zimmers »Bartleby«: vgl. Brief 125

158. Marcel Reich-Ranicki an Peter Rühmkorf

Frankfurt am Main, 19. Juni 1981 M. R.-R. / ma

Mein Lieber,

besten Dank für Ihren Brief vom 11. Juni 1981. Statt des grünen Lichts gleich eine ganz grüne Welle. Haringer und Hardekopf waren in der »Frankfurter Anthologie« noch nie, sind also sehr willkommen. Auch gegen Dieter E. Zimmer keine Einwände, wenn es sich um ein wirklich bemerkenswertes Gedicht handelt, damit nicht der Eindruck einer Gefälligkeitsinterpretation entsteht. Von Ernst Blass hatte Kunert das Gedicht »Nacht« interpretiert, ist zu finden im vierten Band der »FA«. Von Boldt hatten wir nur das, was Härtling über die »Jungen Pferde« geschrieben hat. Schließlich und vor allem sehr einverstanden mit Grosz. Bedenken Sie aber, daß ein Gedicht in dieser Rubrik nicht mehr als 30 Zeilen umfassen darf – in Ausnahmefällen bis zu 36.

Wenn ich offen sein darf: Es wäre mir lieber, wenn Sie in der »FA« Grosz, Hardekopf, Haringer, Zimmer machten, aber Blass und Boldt in einem oder zwei Artikeln abhandeln wollten. Wie auch immer, ich warte gespannt und dankbar auf die gütigen Gaben aus Ihrer begnadeten Feder.

Herzlichst

Ihr Marcel Reich

Maschinenschriftlich auf Kopfbogen FAZ, 1 S. A4

---

159. Peter Rühmkorf an Marcel Reich-Ranicki

Hamburg, den 3. Juli 81

Lieber Herr Ranicki,

hier – nach langer Enthaltsamkeit – mal wieder was Buntes, Schönes, Tiefes. Als Druckvorlage und Lit-Hinweis könnten wir mehrerlei angeben. 1.) Lothar Fischer »George Grosz«, Rowohlt-Monografie 214 (S. 37). 2.) »PASS AUF! HIER KOMMT GROSZ – Bilder Rhythmen und Gesänge 1915–1918«, hg. v. Wieland Herzfelde und Hans Marquardt, Verlag Philipp Reclam jun., 1981« – (S. 16) 3.) Uwe M. Schneede »George Grosz – Der Künstler in seiner Gesellschaft«, dumont, 2. Aufl. 1977. (S. 49)

Das bei Fischer zitierte »Horrido« wäre allerdings um ein »r« zum »Horido« zu verkürzen. Bei Schneede fehlen dagegen die 23 Stakkato-Striche nach »Rob. E. Lee« (23 bei dem wahrscheinlich nach dem Original gearbeiteten Reclam-Druck – Fischer beschränkt auf Fünfe) – Herzlichst Ihr kurzweilig eiliger
Peter Rühmkorf

Maschinenschriftlich, 1 S. A4
Lothar Fischer »George Grosz«, Rowohlt-Monographie: Lothar Fischer, *George Grosz. Mit Selbstzeugnissen und Bilddokumenten,* Reinbek 1976
bei dem wahrscheinlich nach dem Original gearbeiteten Reclam-Druck: Der Erstdruck von *Gesang an die Welt* findet sich in: Neue Blätter für Kunst und Dichtung. Jg. 1, H. 7 (November 1918), S. 154f.

---

160. Marcel Reich-Ranicki an Peter Rühmkorf

08 X 81 frankfurt am main

herrn peter ruehmkopf
oevelgoenne 50
(2000) hamburg 52

ich bitte um ihren anruf. herzlich
reich-ranicki

Telegramm

---

161. Marcel Reich-Ranicki an Peter Rühmkorf

Frankfurt am Main, 12. November 1981 M. R.-R. / M. K.

Mein Lieber,
seit einem Jahr befindet sich der Band »Ernst Blass« bei Ihnen. Sie tun uns ein Unrecht an – dem toten Autor, dem lebenden Herausgeber, der ganzen F.A.Z., den deutschen Lesern und nicht zuletzt mir persönlich. Wann wollen Sie dies endlich machen? Es handelt sich um ein Buch aus dem Jahre 1980.

Überdies haben Sie versprochen, Döblins »Babylonische Wanderung« für unsere Roman-Reihe zu machen. Was ist damit los? Lassen
Sie bitte von sich hören.

Sehr herzlich
Ihr Marcel Reich

Maschinenschriftlich auf Kopfbogen FAZ, 1 S. A4

Döblins »Babylonische Wanderung« für unsere Roman-Reihe: Alfred Döblin,
Babylonische Wandrung oder Hochmut kommt vor dem Fall, Amsterdam 1934.
Rühmkorf sollte den Roman in der Reihe »Romane von gestern – heute gele-
sen« vorstellen, hat aber nie etwas über dieses Buch publiziert.

---

162. Peter Rühmkorf an Marcel Reich-Ranicki

Hamburg, den 27. 1. 82

Lieber Herr Ranicki,
    der erste Gruß an Sie im neuen Jahr, Schuldenlasten von mir fortzu-
wälzen, im Reich des schönen Scheins und der Ideen zunächst, aber:
kommt Zeit – kommt arebeit. Andererseits ist Arbeit übergenug im
Haus und hält mich immer noch ein bißchen auf Distanz. Ich möchte
ja so gern ein dickes Märchenbuch vollenden, sehe im Augenblick allerdings ein bißchen schwarz, schwarz für das laufende Jahr, versteht
sich; und ob ich's schaffe, wird sich erst im Februar entscheiden. Ansonsten: im Märzen der Bauer, würde ich sagen. Auf jeden Fall sehen
wir uns wohl auf Franzjosefens Siebzigstem, da wollen wir denn den
trouble shooten und große neue Pläne machen. Ihre FAZ-Leser: tatsächlich, ein waches, gebildetes Völkchen. Die Korrekturzuschriften
auf den Grosz waren z. T. brillant; aber: so kann es einem eben gehen,
wenn man eine winzige wissenswerte Einzelheit nicht kennt, »Waiting
for Robert E. Lee.«

    Sehr herzlich grüßt Sie
    Ihr Peter Rühmkorf

Maschinenschriftlich, 1 S. A4

*ein dickes Märchenbuch vollenden: Der Hüter des Misthaufens. Aufgeklärte
Märchen,* Reinbek 1983 (erschienen im März)

Franzjosefens Siebzigstem: Franz Joseph Schneider, vgl. Brief 88

Waiting for Robert E. Lee: Anspielung einerseits auf drei Zeilen aus George
   Grosz' *Gesang an die Welt:* »Ragtimetänzer / Am Staketenzaun wartend
   mit der Menge / Auf Rob. E. Lee« (vgl. Brief 159), andererseits auf das
   Lied *Waiting for the Robert E. Lee,* 1912 komponiert von Lewis F. Muir und
   L. Wolfe Gilbert und gesungen u. a. von Al Jolson; es geht darin um den
   legendären, 1866 gebauten und nach dem Südstaatengeneral Robert Edward
   Lee benannten Mississippi-Dampfer; Peter Rühmkorf hatte das in seiner
   Grosz-Interpretation falsch gedeutet.

---

163. Marcel Reich-Ranicki an Peter Rühmkorf

Frankfurt am Main, 22. März 1982 M. R.-R. / M. K.

Lieber Herr Rühmkorf,

   unsere Serie »Meine Schulzeit im Dritten Reich« wird bei Kiepenheuer & Witsch als Buch erscheinen und zwar schon in diesem Herbst.
Wollen Sie an Ihrem Text, den ich Ihnen beiliegend schicke, etwas ändern? Wollen Sie ihn vielleicht an dieser oder jener Stelle etwas erweitern? Das hängt natürlich nur von Ihnen ab. Schicken Sie mir bitte
möglichst bald die endgültige Fassung.

   Selbstverständlich werden Sie vom Verlag einen Vertrag erhalten.

   Mit besten Grüßen

   Ihr Marcel Reich

Maschinenschriftlich auf Kopfbogen FAZ, 1 S. A4

unsere Serie »Meine Schulzeit ...« wird bei Kiepenheuer & Witsch als Buch
   erscheinen: vgl. Brief 152

---

164. Peter Rühmkorf an Marcel Reich-Ranicki

Hamburg, den 4. 4. 82

Lieber Herr Ranicki,

   anbei der nur wenig geänderte Text. »Rotweiß zwischen linkem Ta-
schenknopf und Schulterklappe zu tragen« mußte ich streichen, weil
es nicht ganz stimmt. Einer Ihrer aufmerksamen (und freilich NS-ge-

schulten) Leser hatte mich eines anderen Sitzes belehrt (vielleicht zwischen Tasche und drittem/viertem Hemdenknopf von oben), nur ist meine 81er Unordnung noch nicht in Kompost überführt, und nachdem vier Briefmappen nichts zutage gefördert haben, gebe ichs auf und dem Rotstift die Ehre. Daß Sie Ihre Mahnschreiben an mich eingestellt haben, erscheint mir fast etwas gewittrig – aber was soll ich machen, ich mußte mein Märchenbuch aus Zeitnot auf 83 verschieben, das gibt köstliche Luft, die will ich mir auch nicht gleich mit Rezensionen zustopfen, so lassen Sie uns doch bitte in dieser freundlichen Schwebe bleiben. Nur eines würde ich tatsächlich gern und dann auch bald besprechen, das ist Johannes Schenks »Gesang des bremischen Privatmanns Johann Jakob Daniel Meyer« (Autoren Edition) – dies Schiffchen hat so eine charakteristische Odyssee hinter sich, die schon als solche berichtenswert ist. Geben Sie mal ein kleines Zeichen, ob's genehm ist? Sehr herzlich grüßt
Ihr Peter Rühmkorf

Maschinenschriftlich, 1 S. A4
Rotweiß ... zu tragen: Bei den NS-Jugendorganisationen Bund Deutscher Mädel (BDM) und Hitlerjugend (HJ) gab es u. a. gefärbte Schnüre als Rangabzeichen; die rotweißen kennzeichneten jeweils die Mädel- und Jungmädelschaftsführerin bzw. den Kameradschaftsführer.
Johannes Schenks »Gesang ...«: Johannes Schenk, *Gesang des bremischen Privatmanns Johann Jakob Daniel Meyer,* Königstein u. a. 1982

---

165. Marcel Reich-Ranicki an Peter Rühmkorf

Frankfurt am Main, 19. April 1982 M. R.-R. / M. K.

Lieber Peter Rühmkorf,
ich danke bestens für Ihren Brief vom 4. April und die korrigierte Fassung Ihrer Schulzeit-Erinnerung.
Daß Sie das Bedürfnis haben, wieder einmal etwas für uns zu schreiben, ist ja sehr erfreulich, aber das Buch von Johannes Schenk war, als Ihr Brief kam, schon vergeben. Es wäre unaufrichtig, wollte ich diesen Umstand – daß nämlich das Buch schon vergeben war – sonder-

lich bedauern. Sie hatten ja seinerzeit auch das dringende Bedürfnis, Gedichtbände von Bellmann, Gernhardt, Boldt und Blass zu rezensieren – und was Sie von diesen Lyrikern halten, weiß die Nation immer noch nicht. Natürlich ist es jetzt zu spät, die genannten Bücher zu rezensieren. Aber Sie könnten ja – wir hatten schon darüber gesprochen – ein Gedicht von Ernst Blass oder eins von Paul Boldt für unsere »Frankfurter Anthologie« interpretieren. Nur mache ich Sie darauf aufmerksam, daß wir von Blass schon das Gedicht »Nachts« hatten und von Boldt das Gedicht »Junge Pferde«.

Sehr herzlich und, wie üblich, erwartungsvoll,

Ihr Marcel Reich

Maschinenschriftlich auf Kopfbogen FAZ, 1 S. A4

Bellmann: So im Brief

---

166. Marcel Reich-Ranicki an Peter Rühmkorf

Frankfurt am Main, 15. 10. 82

Liebe Kollegin, verehrter Kollege

nun ist es Zeit, den siebten Band unserer »Frankfurter Anthologie« vorzubereiten. Er wird im Sommer 1983 erscheinen, wiederum im Insel-Verlag, Frankfurt. Ebenso wie die sechs vorangegangenen Bände wird auch dieser sechzig Gedichte und Interpretationen enthalten.

Ihren Beitrag sende ich Ihnen beiliegend und bitte Sie, den Text genau zu korrigieren. Achten Sie bitte auf Druckfehler, die sich hier und da eingeschlichen haben. Natürlich können Sie noch stilistische Korrekturen vornehmen, doch möchte ich Sie bitten, von einer Erweiterung Ihres Beitrages absehen zu wollen. Schließlich wäre ich Ihnen noch sehr dankbar, wenn Sie die Güte hätten, bei dieser Gelegenheit auch den Text des von Ihnen interpretierten Gedichtes zu prüfen.

Den Vertrag für den Abdruck Ihres Aufsatzes in der Buchausgabe der »Frankfurter Anthologie« werden Sie, wie üblich, vom Insel-Verlag erhalten. Diejenigen Interpreten, deren Kommentare in einem der vorangegangenen Bände enthalten waren, bitten wir um Mitteilung, ob die kurze biographische Notiz einer Änderung oder Hinzufügung bedarf. Senden Sie bitte den Ausschnitt möglichst rasch zurück und seien Sie bestens gegrüßt

von Ihrem

Marcel Reich

Maschinenschriftlich auf Kopfbogen FAZ, 1 S. A4, Rundbrief mit hs. Datum *den siebten Band unserer »Frankfurter Anthologie«:* Band 7 der Frankfurter Anthologie erschien 1983 im Insel-Verlag, Frankfurt a. M., hg. von Marcel Reich-Ranicki. *Ihren Beitrag: Showfreak und lyrisches Ich. Über George Grosz' Gedicht »Gesang an die Welt«* (S. 184ff.)

---

167. Peter Rühmkorf an Marcel Reich-Ranicki

Hamburg, den 1. Nov. 82

Lieber Herr Ranicki,

lang-lang ist's her, und wenn ich einerseits etwas richtig vermisse, dann sind es Ihre geschätzten Mahnschreiben und Lobestelegramme, allerdings gibt es auch noch ein andrerseits, und da liegt ja seit einiger Zeit der Hase im Pfeffer. Mitte Dezember hab ich Abgebetermin (Märchen, Sie erinnern sich vielleicht schwach), danach ließe sich durchaus wieder ein lockeres Fädchen spinnen. Habe ich das dumpfe Gefühl oder stimmt es objektiv, daß Sie mir subjektiv etwas übelgenommen haben? Nun, das ist wohl zu schwergewichtig für einen so beiläufigen Brief, und vielleicht ist es nur eine meinerseitige Anwehung. Gründe gäbe es von mir aus keine, außer, nunja, daß das Rezensionswesen mir fast ein bißchen fremd geworden ist, die Lebenszeit wird knapper und die Soße dünner, man muß seine Gaben zusammenhalten. Der Grosz mußte ja ein bißchen verändert werden, weil Ihre Leser-Asse neue Erkenntnisse nachgefügt hatten, dem konnte man nicht aus dem Wege gehen. Lege Ihnen mal ein Opusculum bei, von dem ich nicht weiß, ob es Ihre Schreibtischkante überhaupt erreicht hat. Weissprüche, aber doch wohl nicht ganz von Pappe. Steckt auch viel Arbeit (dito freilich Laune und Grips) in diesen Kleinigkeiten und mehr als in mancher Leute dicken Romanen.

Sehr herzlich Ihr

Peter Rühmkorf

Maschinenschriftlich, 1 S. A4, hs. Gruß am rechten Rand
Opusculum: Kleine Fleckenkunde, Zürich 1982

---

168. Marcel Reich-Ranicki an Peter Rühmkorf

Frankfurt am Main, 4. November 1982 M. R.-R. / M. K.

Mein lieber Herr Rühmkorf,

ich danke für Ihre »Kleine Fleckenkunde«, die ich tatsächlich noch
nicht gesehen hatte, und für Ihren Brief, der mich, nach so langer Zeit,
sehr gefreut hat. Sie haben, schreiben Sie, das dumpfe Gefühl, ich
würde Ihnen etwas übel nehmen. Nun, das ist nicht ganz richtig, aber
eben auch nicht ganz falsch. Die Sache ist subtil und für eine exakte
Darlegung in einem Brief nicht geeignet. Soviel aber sei angedeutet:

Daß das Rezensionswesen Ihnen ein bißchen fremd geworden ist,
kann ich wohl verstehen. Unter uns: Ich habe manchmal von der ganzen Literatur genug. Doch geht es nicht nur um Rezensionen, sondern
es fällt mir auch auf, daß ich anderes aus Ihrer Feder ebenfalls nicht
erhalte – weder Gedichte noch größere Artikel, die man zuweilen anderswo finden kann, noch Kleinigkeiten für die »Frankfurter Anthologie« und ähnliches. Hinzu kommt ein Umstand, der meiner Aufmerksamkeit nicht entgehen konnte: Im Laufe der letzten Jahre zeigten Sie
wenig Lust zu einem Treffen – weder in Hamburg noch hier in Frankfurt. Das ist natürlich Ihr gutes Recht, denn wir leben immer noch in
einem freien Land. Aber vor einiger Zeit, etwas Mitte der siebziger
Jahre, da war der Peter Rühmkorf weniger berühmt, und da war alles
anders. Ich habe keine Lust, hier über das langweilige Thema (Undank
ist der Welten Lohn) zu meditieren. Und wenn man alles streng sachlich betrachtet, habe ich nicht den geringsten Grund, Ihnen irgend etwas vorzuwerfen. Nur: Es bleibt ein Rest, nicht ganz leicht zu tragen
und natürlich nur rein persönlich. Das wärs, nun habe ich mehr gesagt, als ich eigentlich sagen wollte.

Das Buch »Meine Schulzeit im Dritten Reich« haben Sie bestimmt
erhalten. Wie ich von vielen Leuten höre, ist es doch ein nützliches, ja
vielleicht sogar ein gutes Buch.

Ab Mitte Dezember, schreiben Sie, »ließe sich durchaus wieder ein lockeres Fädchen spinnen«. Ich kann nur wiederholen, was Sie schon oft von mir gehört haben. Für Ihre Produkte ist hier immer Platz. So warte ich wieder einmal auf die Fädchen und Fäden, die wir vielleicht doch gemeinsam spinnen könnten.

Sehr herzlich
Ihr Marcel Reich

Maschinenschriftlich auf Kopfbogen FAZ, 2 S. A4

---

169. Peter Rühmkorf an Marcel Reich-Ranicki

Hamburg, den 8. Nov. 82

Lieber Herr Ranicki,

die kompliziertere Welt besteht zur Hälfte aus Mißverständnissen, und Sie bieten diesen Fledermäusen mindestens so viele Schlupfhöhlen wie ich. Ich hätte mich glücklich geschätzt, Sie sowohl in Frankfurt als auch in HH zu sehen, indes: ich habe da einen gewissen parzivalesken Grundschatten, möchte selbst nicht lästig fallen; befürchte, andere in ihrer Zeiteinteilung zu beeinträchtigen; halte die Mitwelt für ungleich stabiler als sie ist und für vergleichsweise unverletzlich; so kann es denn schon einmal vorkommen, daß man einen kranken Gralskönig gar nicht der (besorgten) Nachfrage bedürftig ansieht – und man verschätzt sich, wie ich merke. Etwas anderes ist die Frage nach dem Undank – da können Sie aber gar nicht mich gemeint haben, da haben Übertragungen und Verschiebungen stattgefunden. Ich bin das Gegenteil dessen, was Sie unterstellen, aber empfindlich, wenn man freundliche Förderung dann ins Grundbuch einträgt und als Schuldenbelastung beziffert. Anders kommt man nämlich aus dem Schuldentilgen gar nicht mehr heraus, und ffffchchcht ist das kurze Leben als Ratenzahlungsprozeß verrauscht. Jedes Ding hat (mindestens) seine zwei Seiten, Sie haben gewiß allerhand Malaisen mit Ihren Favoriten/innen erlebt, und Ihnen ist wenig gedankt worden, das ist wohl wahr! Aber der Schuldige, den Sie hier suchen, ich bin es nicht – und bis zum wirklichen Beweis des Gegenteils

ganz herzlich der Ihre:

Maschinenschriftlich, 2 S. A4, Durchschlag ohne Unterschrift. Der Brief wurde nicht abgesandt.

---

170. Peter Rühmkorf an Marcel Reich-Ranicki

Hamburg, den 14.11.82

Lieber Herr Ranicki,

Dank für die prompte, offene und menschliche Antwort. Die komplizierte Welt besteht allerdings zur Hälfte aus Mißverständnissen, und S i e bieten diesen Fledermäusen zumindest so viele Schlupfhöhlen wie andere, scheinbar viel anfälligere Personen. Von mir will ich hier nicht reden. Ich bin aber auch dieser Junker Undank nicht, zu dem Sie mich herunterporträtieren, im Gegenteil, ich weiß sehr genau, wem ich was verdanke (Der FR und dem »Spiegel« beispielsweise nichts), aber sagen Sie: Ihre freundliche Förderung war doch gerecht und muß nicht wie eine Schuld auf Raten abgegolten werden?! Davor allein hab ich Angst, und auch nur deshalb, weil es einem das Leben in lauter kleine Stücke auseinanderreißt, ein Rezensiönchen hier, ein Jubiläum dort, einen Anthologiebeitrag heute (ich meine jetzt nicht die Ihre), einen politischen Streitartikel morgen, deshalb geh ich ja schon gar nicht mehr ans Telefon und zu keinem PEN und zu keiner Akademie und zu keinem VS und zu keinem lit: Ausnahmen immer nur dann, wenn ich meine, dem Guten dienen zu m ü s s e n, das nicht zunächst mit meinem persönlichen Wohl zu tun hat.

Dieser sehr allgemeinen Enthaltsamkeit haben sich nun zwei mehr oder minder zufällig zustande gekommene Ungelegenheiten gesellt (meinetwegen auch: nicht zustande gekommene Gelegenheiten), deren Bedeutung sich mir erst jetzt auf die Seele senkt, wo Sie ihnen dieses Gewicht beimessen. Lieber, herzlich verehrter Herr Ranicki: ich schätze mich glücklich, wenn ich Sie sehen kann; ich freue mich richtig, wenn ich Ihnen begegne und mit Ihnen gemeinsame Sache machen kann wie im seinerzeitigen Bremen (wo wir, Sie erinnern sich, Loest den Preis zuschanzen wollten); ich kränke mich selbst in schlechtem Gewissen, wenn ich Ihnen einen Wunsch nicht erfüllen kann wie damals die Bitte um Koeppen-Besprechung; schieben sie also um Himmelswillen doch nicht anderweitig gewonnene Dianegative zwischen uns, sie haben hier nichts, nichts, nichts zu suchen. Die Mitwelt ist schlecht mit Ihnen umgegangen, das weiß ich doch, und Undank und Unflätigkeit haben sich oft genug an Ihre Hacken gehängt; was soll ich Ihnen denn nur noch versichern, um gewissen Zwangsprojektionen zu entgehen, die ganz andere Gründe und andere Verursacher haben. Aber zu einem kurz noch ein Wort. Was Sie anderweitig von mir gelesen haben, hing jeweils mit ganz aktuellen Affektationen zusammen, die sich einfach Luft machen mußten und die diese Luft in der FAZ nicht gefunden hätten. So etwas gibt es, und das soll uns doch nicht trennen. Unbillig scheint mir allerdings die Ableitung, wenn ich dies schon getrieben hätte, dann hätte ich auch noch das – und das – und das – machen können; nein, das ging dann eben gerade überhaupt nicht mehr, und ich hab mich ja nicht mal in diese groß aufgemachte Poesie-Diskussion eingemischt, zu der ich herzlich eingeladen war – drei Kreuze hab ich hinterhergeschlagen, und heute weiß ich, das war noch fast zu viel bei diesen ungesegneten Leichenbittern.

Lieber Herr Ranicki, ein andermal mehr und dann nicht so ausführlich. Ich laß diese Post privatheitshalber mal an Ihre Heimadresse gehen, ein Anlaß, der lieben Frau Ranicka gleich mit ans Herz zu fallen, die beim letzten Bergen-Enkheim schon so antizipatorisch durch mich hindurchsah, als ob sie Ihren Brief hätte vorwegnehmen wollen. Nun hat Ihre Post denn tatsächlich diese Dinge-da ans Licht gebracht und wir wollen sie schnellstens begraben.

Sehr herzlich grüßt Sie
Ihr Peter Rühmkorf

Maschinenschriftlich, 3 S. A4

FR: Frankfurter Rundschau

PEN: Peter Rühmkorf war Mitglied im PEN-Zentrum Deutschland.

Akademie: Peter Rühmkorf war Mitglied der Akademie der Künste, Berlin.

VS: Peter Rühmkorf war Mitglied im Verband Deutscher Schriftsteller.

lit: Literaturzentrum Hamburg

beim letzten Bergen-Enkheim: Das 9. Stadtschreiberfest von Bergen-Enkheim fand am 3. 9. 1982 statt, zum Stadtschreiber wurde Jurek Becker ernannt.

171. Marcel Reich-Ranicki an Peter Rühmkorf

Frankfurt am Main

19. November 1982 M. R.-R. / M. K.

Mein Lieber,

dies ist sicher: Sie schreiben wunderbare Briefe, Sie sind der letzte große Epistolograph. Über Ihren Brief vom 14. November habe ich mich ganz besonders gefreut, ich habe ihn, wenn Sie mir den Ausdruck verzeihen wollen, genossen, und er hat mich auch amüsiert.

Nun sind wirklich alle Mißverständnisse ausgeräumt, und ich versichere Ihnen schriftlich und feierlich: Sie haben mir gegenüber keine Schuld, Sie brauchen nichts auf Raten abzugelten. Ob ich mich zu einer Schuld Ihnen gegenüber verpflichtet fühle, steht freilich auf einem anderen Blatt und braucht hier nicht dargelegt zu werden.

Sehr herzlich

Ihr Marcel Reich

Maschinenschriftlich auf Kopfbogen FAZ, 1 S. A4

---

172. Peter Rühmkorf an Marcel Reich-Ranicki

Hamburg, den 13. 1. 83

Lieber Herr Ranicki,

ein freundliches Neues Jahr und gleich ein paar Hoffnungen auf neu gedeihliche Kooperation drangehängt! Sind die Brecht-Supplementbände III und IV, anders ausgedrückt die »Gedichte aus dem Nachlaß 1 und 2« bei Ihnen schon in guten Händen? Ich soll für den Deutschlandfunk besprechen, und daraus könnte man hernach sehr fein etwas schriftlich Haltbares machen. Dann: ich bin gerade dabei, meine Erfahrungen beim Märchenschreiben und -lesen theoretisch auf Vordermann zu bringen. Das könnte vielleicht ein hübsches Aufsätzchen werden, das sich sogar mit einem nicht zu langen Märchenstück im Verein darbieten ließe. Lassen Sie sich ruhig mal ein bißchen von außen her animieren. Es muß ja nicht immer Mrozek sein und dann schon gar nicht eine solche ästhetische Peinlichkeit wie »Der Affe und der General« oder wie das unsägliche Tendenzstück gerade hieß. Nichts gegen Tendenzen so oder so, aber wenn die politische Brauchbarkeit der einzige Rechtfertigungsgrund für Publikationen wird, kommt doch augenblicklich das höhere Geschmacksleben ins Rutschen. Anders gesagt: da biegen sich die Stimmgabeln! Schade, daß ich zu spät von Ihrem Hamburger Tucholskyvortrag erfuhr; ich hätte mich sonst gern unter die Zuhörer gemischt.

Herzlich grüßt Sie
Ihr Peter Rühmkorf

Maschinenschriftlich, 1 S. A4, hs. Gruß am rechten Rand

die Brecht-Supplementbände III und IV: Bertolt Brecht, *Gesammelte Werke in 20 Bänden,* hg. in Zusammenarbeit mit Elisabeth Hauptmann, Frankfurt a. M. 1967–1982; darin Supplement 3, *Gedichte aus dem Nachlaß 1,* Frankfurt a. M. 1982 und Supplement 4, *Gedichte aus dem Nachlaß 2,* Frankfurt a. M. 1982

Ich soll für den Deutschlandfunk besprechen: Bücher im Gespräch, DLF 13. 5. 1983

»Der Affe und der General«: Ein Theaterstück dieses Titels von Sławomir Mrożek ist nicht nachweisbar.

Ihrem Hamburger Tucholskyvortrag: Marcel Reich-Ranicki, *Kurt Tucholsky der preußische Jude – ohne Aureole;* Vortrag im Begleitprogramm der Karl-Friedrich-Schinkel-Ausstellung in Hamburg (19. 11. 1982–16. 1. 1983)

---

173. Marcel Reich-Ranicki an Peter Rühmkorf

Frankfurt am Main, 17. Januar 1983 M. R.-R. / M. K.

Lieber Herr Peter Rühmkorf,

seien Sie bestens bedankt für Ihren Brief vom 13. Januar, in dem Sie eine »auf neu gedeihliche Kooperation« ankündigen. Der Brecht Supplementband (es handelt sich nur um einen Band, nämlich den Supplementband 2 mit den Gedichten; der andere Band, der im vergangenen Herbst erschienen ist mit dem Titel »Gedichte über Liebe« ist ohne Bedeutung, weil alle in ihm enthaltenen Gedichte auch in dem Supplementband 2 zu finden sind) befindet sich in guten, in allerbesten Händen, nämlich in den meinigen. Und doch, wenn Sie um etwas bitten, kann ich (anders als Sie, wenn ich etwas will) nicht widerstehen. Ich verzichte also zu Ihren Gunsten. Sie werden aber die Güte haben, uns nicht etwa die Kopie Ihrer Funkbesprechung, die gewiß mit riesen Zitaten versehen sein wird, zuzuschicken, sondern etwas Feines über Brechts in dem Band enthaltene Lyrik sorgfältig für uns zu formulieren.

Darf ich um eine kurze Mitteilung bitten, wann wir dieses Manuskript erwarten können und in welchem Umfang etwa?

In großer Eile und in großer Herzlichkeit,

Ihr Marcel Reich

Maschinenschriftlich auf Kopfbogen FAZ, 1 S. A4

Der Brecht Supplementband ... nur um einen Band ... Supplementband 2: Marcel Reich-Ranicki meint eine andere Ausgabe, nämlich Bertolt Brecht, *Gesammelte Werke in acht Bänden*, hg. vom Suhrkamp-Verlag in Zusammenarbeit mit Elisabeth Hauptmann. Frankfurt a. M. 1967–1982; darin Supplement 2, *Gedichte aus dem Nachlaß. Gedichte, Gedichtfragmente und -entwürfe*, hg. von Herta Ramthun, Frankfurt a. M. 1982.

Gedichte über Liebe: Bertolt Brecht, *Gedichte über die Liebe*. Ausgewählt von Werner Hecht, Frankfurt a. M. 1982

---

174. Peter Rühmkorf an Marcel Reich-Ranicki

Hamburg, d. 24. 1. 83

Lieber Herr Ranicki,

herzlichen Dank für schnelle Post: so soll es sein! Und: zweite Strophe: so wird es sein! Meine, in (damned! Bin total kaputt und übermüdet und schreibe statt ›Zukunft‹ schon ›Kuhzunft‹) ... also: meine, in Zukunft zwischen uns. Sitze im Augenblick noch wie ein Irrenhausasylant an Korrekturen zu »Hüter des Misthaufens«: nichts für die Kritik so sehr allerdings, eher schon nach dem Motto »in dubio pro publico«. Entschuldigen Sie die Vertaster, sie gehören heute dazu und wären auch bei einem neuen Anlauf nicht aus der Welt zu kriegen. Also zum Brecht. Ich will ihn Ihnen auf keinen Fall wegnehmen, obwohl Ihr Großmut mich rührt. Ein gewisses Hindernis (für Sie) könnte

eventuell noch der Termin abgeben. Muß Ende Februar anliefern und Anfang März wird gesendet. Mit Riesenexzerptseln brauchen Sie allerdings nicht zu rechnen. Alles wird, wie ich hoffe, so ansprechend werden wie seinerzeitiger Benn oder Tucho, die auch zunächst für D-Landfunk gefertigt worden waren. Nächste Woche mehr und besseres. Herzlichst grüßt Sie
Ihr Peter Rühmkorf

Maschinenschriftlich, 1 S. A4

---

175. Marcel Reich-Ranicki an Peter Rühmkorf

Frankfurt am Main, 26. Januar 1983 M. R.-R. / M. K.

Mein lieber Dichter,
Ihr Termin für die Brecht-Kritik – Anfang März – ist bitter, gleichwohl wird er akzeptiert. Mein Liebchen, was willst Du noch mehr? Ich aber möchte, daß sich Ihr Brecht-Manuskript deutlich von der Arbeit für den Deutschlandfunk unterscheidet. Sie werden für diesen Wunsch Verständnis haben.
Sie schreiben, meine Großmut rühre Sie. Endlich. Darauf habe ich aber lange gewartet.
Sehr herzlich
Ihr Marcel Reich

PS. Wenn wir den Brecht-Artikel in der Nummer vom 5. März bringen wollen, dann müßten wir ihn am 22. oder 23. Februar hier haben. Ihre Sendung ist doch wohl vor dem 5. März? Zur Not könnten wir die Sache auf den 12. März schieben, aber ungern.

Maschinenschriftlich auf Kopfbogen FAZ, 1 S. A4
Mein Liebchen: vgl. Brief 40

176. Peter Rühmkorf an Marcel Reich-Ranicki

Hamburg, den 27. 2. 83

Lieber Herr Ranicki,
   daß Sie sich bitte keine Sorgen machen: ich reise für eine Woche
nach Köln und spreche dort auch Text für Deutschlandfunk. Am 7. 3.
bin ich zurück und bearbeite die Brecht-Rezension innerhalb von ca.
drei Tagen für FAZ-Zwecke.
   Herzlich grüßt Sie!
   Ihr Peter Rühmkorf

Maschinenschriftlich, 1 S. A4
ich reise für eine Woche nach Köln: Auftritte am 3. und 4. 3. 1983

---

177. Peter Rühmkorf an Marcel Reich-Ranicki

Hamburg, den 14. 3. 83

Lieber Herr Ranicki,
   hier endlich mal wieder, aber dafür denn auch ordentlich! Hab Sendung gehörig überarbeitet, eine gewisse organisch gewachsene Breite
ist dennoch kaum zu vermeiden, die Beweislegung ist subtil, der Ge-
dankengang dramatisch, man kann da nicht einfach kürzen und raus-
streichen. Wenn Sie sich nicht entbrechen können, lassen Sie es mich
lieber wissen, auf keinen Fall dürfen die erleuchtenden Beispiele ge-
tilgt oder bis zur Glanzlosigkeit zurückgestutzt werden. Auch ist überhaupt nicht einzusehen, warum solch ein bedeutender Casus nicht mal
facettenreich hingefächert werden soll. Schmieragen gibts genug, an
Redlichkeit und Wohlschaffenheit aber herrscht Mangel. Über neue
Beiträge zur »Frankfurter Anthologie« sollten wir uns bald einmal verständigen – ich kämme dann noch einmal unsere alten Zweifelsfälle
durch. Geh bald auf lange Lesereise und möchte mir etwas Bahn- und
Bettarbeit mitnehmen. Daß Sie aus dem »Misthaufen« nicht mehr vor-
abdrucken konnten, ist etwas bedauerlich. Ich hätte Ihnen sehr gern
rechtzeitig ein Stückchen eingerichtet, aber es erging ja kein Ruf, obwohl ich mich (für meine Verhältnisse) schon beinah lautstark annon-

cierte. Egal – egal, und werfen Sie denn hier ein umso freundlicheres Auge drauf! In alter Herzlichkeit

Ihr Peter Rühmkorf

P. S. Auf jeden Fall Hinweis, daß es die Ausgabe auch zweibändig als TB gibt! Wie ich Ihnen seinerzeit schrieb.

Maschinenschriftlich, 1 S. A4, hs. P. S. am rechten Rand
Hab Sendung gehörig überarbeitet: Freche Kußhände aus der Luftschaukel. Bertolt Brechts »Gedichte aus dem Nachlaß«, in: FAZ, 26. 3. 1983 (vgl. *Dreizehn,* S. 93 ff.)

---

178. Peter Rühmkorf an Marcel Reich-Ranicki

Hamburg, den 11. 4. 83

Lieber Herr Ranicki.

endlich baut sich wieder ein Rückhalt auf in dieser morastigen Welt – mille grazie für die freundlichst eingeräumten Längen und Breiten. Dies nur in Eile, weil ich auf vierwöchige Lesereise gehe (morgen) und dann außer am 21. 4. in Bergen-Enkheim kaum noch zu fassen bin. Hoffe rechtzeitig vor Ort zu sein und rufe Sie dann einmal an. Werde allerdings ein paar Gedichtbücher mit ins Gepäck nehmen, um einige Dinge für Ihre »Anthologie« vorzuskizzieren. Möchte dem alten Freundschaftsfaden von mir aus gern wieder Festigkeit und Bindekraft verleihen.

Herzlich grüßt Sie

Ihr Peter Rühmkorf

Maschinenschriftlich, 1 S. A4
vierwöchige Lesereise: Rühmkorf las u. a. in Bremen (13. 4.), Marbach (22. 4.) und Lindau (29. 4.).

---

179. Peter Rühmkorf an Marcel Reich-Ranicki

Hamburg, den 23. Mai 83

Lieber Herr Ranicki,

Hier mal wieder eine kleine Prüfung/Anfechtung für Sie und vor allem die Ihren. Ein Haken ist freilich noch dabei. Die Rechte liegen höchstwahrscheinlich bei der Witwe; ich habe vorerst versucht, über Mittelspersonen Klarheit und Plazet zu erlangen. Eine Frage nebenbei: bestehen bei Ihnen Möglichkeiten, mal über Märchen zu handeln: Theorie, aus der Praxis entwickelt? Warum heute Märchen und für wen? Inwiefern Rückgriff und in wie weit Vorgriff/Utopie? Das »Es war einmal« als literarisch musikalisches Problem und das »Positive« als eine bleibende Verlockung. Das Märchen als Lesestück oder öffentlicher Vortragsgegenstand. Die Amalgamierung von volkstümlichen Anklangsmustern und sogenannter E-Literatur. Die uralte Spannung zwischen Entrückung und Zurechtrücken des Kopfes. Auf (im ganzen) Achtwochentour ist einem so allerhand aufgestoßen/zugefügt worden, was nicht einfach wieder absinken sollte; und im Herbst geh ich ohnehin in Amerika dozieren.

Sehr herzlich grüßt Sie (aber bitte, warten Sie zunächst noch meine Erkundigungen betr. der Rechte ab)

Ihr Peter Rühmkorf

(P. S. ich lege hier meine etwas verklierte Kopie d. Gedichts bei – die Setzer/-innen werden ja noch ›handgemalt‹ + ›gedruckt‹ auseinanderhalten können.

Maschinenschriftlich, 1 S. A4, hs. P. S. am rechten Rand, schließende Klammer
    fehlt
eine kleine Prüfung/Anfechtung: Peter Rühmkorf übersandte Marcel Reich-
    Ranicki für die Frankfurter Anthologie einen Text zum Gedicht, das
    den Roman *Das steinerne Herz. Historischer Roman aus dem Jahre 1954*
    (Karlsruhe 1956) von Arno Schmidt eröffnet (S. 5f.). Der Text wurde in der
    FAZ nicht veröffentlicht; unter dem Titel *Ein Einzelgänger als Sammeladresse.*
    Für Arno Schmidt gedruckt in *Bleib erschütterbar,* S. 118ff.
Die Rechte liegen ... bei der Witwe: Alice Schmidt, geb. Murawski, war seit 1937
    mit Arno Schmidt verheiratet.

im Herbst geh ich ohnehin in Amerika dozieren: Gastdozentur im Herbst 1983 am Dartmouth College von Hanover (New Hampshire)

---

180. Marcel Reich-Ranicki an Peter Rühmkorf

Frankfurt am Main, 25. Mai 1983 M. R.-R. / M. K.

Mein lieber Herr Rühmkorf,

mit Ihnen hat man doch immer Kummer. Das Manuskript über Arno Schmidt muß ich Ihnen mit größtem Bedauern zurückschikken. Herr Gott, nun arbeiten wir schon so lange zusammen, und die »Frankfurter Anthologie« gibt es schon seit neun Jahren. Wissen Sie denn nicht, was ich Ihnen mehrfach in Briefen mitgeteilt habe und was auch mehrfach in den Nachbemerkungen zu den Bänden dieser Anthologie zu lesen war: daß nämlich die Gedichte höchstens 30 und in Ausnahmefällen bis zu 36 Verse umfassen dürfen und auf keinen Fall und unter keinen Umständen mehr? Sagen Sie bitte nicht, wir sollten nun für Sie oder für Arno Schmidt eine Ausnahme machen. Solche Bitten habe ich im Laufe von neun Jahren Dutzenden von ehrenwerten und hervorragenden Mitarbeitern abschlagen müssen. Hier sind Ausnahmen nicht möglich, das ist nun wirklich ganz und gar ausgeschlossen. Ich hatte keine Ahnung, daß das Gedicht von Arno Schmidt so furchtbar lang ist.

Was nun Ihren Vorschlag eines Artikels mit einer Theorie des Märchens betrifft, so ist die Sache für mich noch nicht ganz klar. Wer schreibt denn eigentlich heutzutage Märchen? Auf welche Beispiele werden Sie verweisen? Nur auf Rühmkorf? Um ganz offen zu sein: Soll der geplante Artikel zur Verbreitung Ihrer Märchen beitragen? Und wie lang sollte er etwa sein?

Lassen Sie wieder von sich hören, und seien Sie herzlichst gegrüßt von

Ihrem Marcel Reich

Maschinenschriftlich auf Kopfbogen FAZ, 1 S. A4

---

181. Peter Rühmkorf an Marcel Reich-Ranicki

Hamburg, d. 26. Mai 83

Lieber Herr Ranicki,

keine Angst, ich beschwere mich nicht, schäume nicht, ereifre mich nicht, ich erinnere nur kurz an unser harmonisches Telefonat vom 22. 4., als Sie das »Steinerne Herz« (›Moment, Moment, das haben wir gleich‹) hörbar aus ihrem Regal hervorzogen und die Zeilen zu zählen begannen: ›1, 2, 3, 4, 5, 6, 7, 8, 9, 10, 11, 12, – Benn – Brecht – macht ein Kreuz hinter Riegel – 13, 14, 15 – Ja, Arno Schmidt, das ist mal etwas besonderes – 16, 17, 18 – etc. etc – das fällt aus dem Rahmen, und den haben wir noch nicht gehabt …‹ Nun, wie gesagt, und da ist er denn ja plumswirklich aus dem Rahmen gefallen.

Dies nur noch mal zur Erinnerung, weil ich Ihnen mitnichten eine Katze im Sack ins Haus geliefert habe. Und ich hab meinen Beitrag – nach langen, mühsamen Dechiffrierdebatten in Marbacher Spezialistenkreisen und, nachfolgend hier, unter Arnologen und Syndikalisten – sogar noch hübsch persönlich gehalten und das subjektive Engagement leuchten lassen. Was kann man eigentlich noch mehr tun, um der Aufgabenstellung zu genügen und dem Auftraggeber entgegenzukommen? Ich weiß es nicht. Aber eines weiß ich gewiß, lieber Herr Ranicki, nicht in der Länge liegt hier die Enge, sondern in der merklich geschrumpften Brust der FAZ – die hat nicht mehr die schöne pluralistische Breite von Anno 76–80. Machen wir uns nichts vor und fassen Ihre Schwierigkeiten ins Auge. Der Wind, wir wissen es, hat sich gedreht, der Trend sich gewendet, und die geliebt-gelobten Fuffziger sind (wo auch nicht als Schwung der Räder, Vormarsch der Förderbänder) so doch als ideologischer Stickmief richtig hübsch wieder real geworden. Da bilden sich denn so kleine Modellfälle wie der unsere quasi unter der Hand. Da kommt es bei offensichtlichen Geringfügigkeiten plötzlich zum Spruch. Und wie sollte es nicht, liegen doch die alten Blöker und Blockierer immer noch auf der Lauer und läuten – genau wie Anno Dunnemals – mit Wilhelm Lehmann einen neuen Sonntag ein: wie soll sich in solchen Regelkreisen denn noch geistiges Leben entfalten. Um es zum Schluß zu bringen. Ich gehöre nicht zu den Autoren, die ihren Mangel an Anklang mit politischen Schwierigkeiten begründen. Ich sage nur, was ich sehe – »und die Regenmaschine tippt's denunzierend mit« – mehr nicht, nicht mehr, und wenn wir mal gestorben sind, dann geistern wenigstens noch ein paar Briefelfen über Land.

Herzlich und mit wehmütigem Rückblick auf bessere Zeiten
Ihr Peter Rühmkorf

Maschinenschriftlich, 2 S. A4; in einer nicht abgesandten Fassung dieses Briefes, ebenfalls vom 26. 5. 1983, Nachlaß Peter Rühmkorf DLA, lautete die Abschlußformel: »Herzlich grüßt Sie und dankt – halb posthum schon – für freundliche Förderung und Bevorzugung in persönlich schwierigen, politisch anders gelagerten Zeiten Ihr Peter Rühmkorf«.

macht ein Kreuz hinter Riegel: Zitat aus dem Gedicht in *Das steinerne Herz,* vgl. Brief 179; Werner Riegel war ein enger Freund Rühmkorfs und bis zu seinem Tod zusammen mit jenem Herausgeber der Zeitschrift Zwischen den Kriegen.

Blöker: Anspielung auf den FAZ-Redakteur Günter Blöcker

läuten ... mit Wilhelm Lehmann einen neuen Sonntag ein: Lehmann zählte zu den modernen Naturlyrikern, denen Rühmkorf vorhielt, sie seien »mißtrauisch absichernd gegenüber allem, was Gesellschaft, Zeitgeschichte oder Politik hieß«; er warf ihnen »regressive Sentimentalität« vor (vgl. dazu *Das lyrische Weltbild der Nachkriegsdeutschen,* in WA 3, S. 7–42).

und die Regenmaschine tippt's denunzierend mit: Weiteres Zitat aus dem Gedicht, a. a. O.

---

182. Marcel Reich-Ranicki an Peter Rühmkorf

Frankfurt am Main, 3. Juni 1983 M. R.-R. / M. K.

Lieber Peter Rühmkorf,

wir kennen uns schon 22 oder 23 Jahre. So sehe ich auch keinen Grund, mich in diesem Brief an Sie umständlich oder diplomatisch auszudrücken. Um es kurz zu machen: Ihr Brief vom 26. Mai ist eine Unverschämtheit. Es ist noch viel schlimmer: Ihr Brief ist töricht.

Sie erinnern mich zunächst an unser Telefongespräch, als Sie das Gedicht von Arno Schmidt aus dem »Steinernen Herzen« mir für unsere »Frankfurter Anthologie« vorschlugen. Und Sie erinnern sich genau und richtig. Ich habe in der Tat sofort das Gedicht in der Buchausgabe des Schmidt-Romans gefunden. Und ich habe während des Gesprächs mit Ihnen tatsächlich die Zeilen gezählt. Ich kam auf 28 Verse, und das ist ja ein für unsere »Frankfurter Anthologie« zulässiger Umfang, denn die äußerste Grenze waren und sind 36 Verse. So habe ich das Gedicht, wie fast alle Ihre Vorschläge, gern akzeptiert. Ich bin nicht auf die Idee gekommen, daß das Gedicht auf der nächsten Seite noch weitergeht, daß Sie mir also für unsere »Frankfurter Anthologie« ein Gedicht vorschlagen könnten, das über 50 Verse umfaßt. Diese Anthologie gibt es schließlich schon seit neun Jahren, Hunderte von Beiträgen sind erschienen. Sie selber haben für diese Rubrik mehrere Interpretationen geschrieben. Immer wieder haben wir darüber korrespondiert, immer wieder habe ich Sie an die hier festgesetzten Dimensionen erinnert. Wie sollte ich denn nun damit rechnen, daß Sie immer noch nicht Bescheid wissen und etwas vorschlagen, was überhaupt nicht in Betracht kommen kann? Wenn es mein Fehler war, daß ich nicht auf die nächste Seite geblickt habe, so war es Ihr Fehler, ein so riesiges Poem vorzuschlagen. Wenn an diesem ganzen Malheur jemand schuld ist, dann sind wir es beide.

Ich habe Ihnen schon einmal geschrieben, daß es in dieser Rubrik Ausnahmen nicht gibt und nicht geben kann. Die »Frankfurter Anthologie« existiert nun schon so lange und wird, hoffe ich, weiterhin existieren – jedenfalls, solange ich hier bin. Dies ist nur möglich, weil die Regeln streng angewandt werden. Ihrem Brief aber muß ich entnehmen, daß es nötig ist, darauf hinzuweisen, wer diese Regeln erfunden und festgesetzt hat. Es war nicht ein Vertreter des deutschen Monopolkapitalismus, ich selber habe dies getan. Würde ich von diesen Regeln abgehen, dann würde mit Sicherheit diese Rubrik zusammenbrechen. Ich glaube, daß sie für die deutsche Literatur nützlich ist, und daher muß ich sie verteidigen. Also: Ich lasse mir nicht diese Rubrik von solchen kaputt machen, die für sich eine Extrawurst in Anspruch nehmen.

Nun kommen wir aber zum Entscheidenden: Die Ursache der Rücksendung Ihres Manuskripts, behaupten Sie in Ihrem Brief, liege nicht etwa in der Länge des Gedichts, sondern »in der merklich geschrumpften Brust der FAZ – die nicht mehr die schöne pluralistische Breite von Anno 76–80 hat«. Sie wollen (wie menschenfreundlich) *meine* Schwierigkeiten ins Auge fassen. Der Wind habe sich gedreht und der Trend sich gewendet. Die Rücksendung Ihres Manuskripts sei eben ein »kleiner Modellfall« dieser veränderten Situation. Klipp und klar: Dies alles ist barer Unsinn. Im Rahmen zumindest jenes Teils dieser Zeitung, den ich verwalte, also der Literatur, hat sich absolut nichts geändert. Sie können offenbar nicht begreifen, was Freiheit und Toleranz bedeuten. Ich bin in dieser Zeitung nun bald zehn Jahre, und es gibt noch keinen einzigen Artikel, keinen einzigen Absatz, den ich hier gedruckt sehen wollte und der unveröffentlicht geblieben wäre. Die Freiheit, von der ich hier übrigens dankbar profitiere, ist heute genauso groß wie vor fünf oder acht Jahren.

Da ich mir nicht denken kann, daß Sie meinen, Arno Schmidt sei hier nicht mehr genehm, muß ich vermuten, Sie glauben, ich hätte Schwierigkeiten, einen Beitrag von Ihnen zu bringen, Sie seien hier nicht mehr so recht willkommen. Haben Sie denn ganz vergessen, daß ich Sie seit Jahren um Manuskripte bitte und oft schon die Geduld verliere, weil meine Bitten vergeblich sind? Ist Ihnen denn schon entfallen, daß Sie erst unlängst Brecht-Gedichte für eine Besprechung vorgeschlagen haben, daß ich dieses Buch selber rezensieren wollte und daß ich, obwohl es für mich längst reserviert war, sofort verzichtet habe, um Ihren Wunsch erfüllen zu können? Sie haben mir diese sehr lange, doch ausgezeichnete Kritik mit einem schon unangenehmen Brief geschickt, in dem Sie sich abfällig über andere Beiträge in unserem Literaturteil geäußert haben (es sind die schlechtesten Krämer, die, Ihre Ware anbietend, die Ware der Konkurrenz beschimpfen). Ich habe diesen Brief ignoriert und Ihren langen Beitrag in voller Pracht gebracht. Ich bedaure es nicht. Warum sollten Sie eigentlich plötzlich innerhalb weniger Wochen in Ungnade gefallen sein? Ich erkläre Ihnen hiermit feierlich: Jeder deutschsprachige Autor kann in dem Literaturteil unserer Zeitung gedruckt werden, vorausgesetzt, daß sein Manuskript etwas taugt. Noch hat es keinen Autor gegeben, dessen Veröffentlichung hier in diesem Blatt auch nur die geringsten Unannehmlichkeiten für mich zur Folge gehabt hätte. Und wenn Sie, lieber Herr Rühmkorf, mir allwöchentlich ein ordentliches Manuskript schicken sollten, wird allwöchentlich ein Beitrag von Ihnen bei uns erscheinen. Sie können es ja ausprobieren.

Ihr Brief vom 26. Mai hat mich gekränkt und verletzt. Auf eine mögliche Zusammenarbeit zwischen Ihnen und der F.A.Z. wird dies jedoch nicht den geringsten Einfluß haben. Am Ende bleibt mir ein Trost: die stille Hoffnung nämlich, daß Ihr Brief in einer Stunde reduzierter Zurechnungsfähigkeit geschrieben wurde. Und diese meine Hoffnung werden Sie sehr wohl begreifen, wenn Sie die Güte hätten, sich zu erinnern, wie die F.A.Z. und wie ich sich Ihnen gegenüber in ausnahmslos allen Situationen im Laufe der letzten zehn Jahre verhalten haben.

Ebenfalls mit einem wehmütigen Gruß,

Ihr Marcel Reich

Maschinenschriftlich auf Kopfbogen FAZ, 3 S. A4

Brecht-Gedichte … Ihren langen Beitrag in voller Pracht gebracht: vgl. Brief 177

---

183. Peter Rühmkorf an Marcel Reich-Ranicki

Hamburg, den 27. 7. 83

Lieber Herr Ranicki,

Sie mögen recht haben oder unrecht – so aus der Ferne und ohne die genügenden Hilfsmittel kann ich das ja gar nicht entscheiden – n u r , daß ein Mitarbeiter sich nicht einmal kritisch an einem anderen Wochenendbeitrag reiben kann, ist mir als bleibender Apokalyptus in der Kehle steckengeblieben. Ich hätte »unangenehmen Brief« geschickt, »beschimpfe die Konkurrenz«, gehöre deswegen zu den »schlechtesten Krämern« pp, na-na, ob Sie sich da nicht etwas zu forsch in die Kurve legen? Ich meine: wo zum andern doch weit unangenehmere Kränkungen zugefügt worden waren, barsch unbekümmerte, fast legere Rücksendung eines keineswegs heruntergeschmierten Manuskripts. Ach, wenn es Ihnen doch gegeben wäre, in sich zu gehen – nur um einige Millimü! Aber vielleicht ist auch diese Bitte um einen Hauch von Unrechtsbewußtsein schon wieder um einen Tick zuviel.

Wo nicht, lassen Sie uns überlegen, wie wir es in Zukunft halten wollen. Sie hatten mir seinerzeit mal – in dem Telefongespräch mit Zeilenzähluhr – angedeutet, daß Sie gern die »Feste Burg« in guten

Händen sähen. Nun weiß ich zwar nicht, ob Sie Ihre Lehen zwischenzeitlich anderweitig vergeben haben. Der 10. 11. rückt ja schon in bedrängende Nähe und die angrenzenden Samstage ebenfalls. Da ich außerdem am 10. 9. nach USA reise, um über Märchen zu lehren, müßte ich mich im Bedarfsfall vorher rühren. Die Aufgabe ist gewiß so verlockend wie schwierig, und obwohl ich mir »Das Wort sie sollen lassen stahn« schon rechtzeitig zu Gemüte geführt hatte, war ich noch zu keiner besonderen Erleuchtung gekommen. So – oder so, ich müßte schon wissen, wie die Auftragslage aussieht; ein Abwink vor der Arbeit würde mich nicht weiter kratzen.

Ich darf vielleicht noch eines betonen. Ich hatte mir unsere neuerliche Zusammenarbeit zunächst ganz harmonisch und allseits fruchtbringend vorgestellt – bis zu diesem unangenehmen Interruptus. Auch einige andre Dinge waren noch auf dem Tapet, die ich ggf. überprüfen müßte; ein Gedicht aus Michael Krügers »Aus der Ebene« (»Freiwillig«, S. 98, 27 Zeilen) war mir ebenfalls positiv aufgefallen und hatte den Gedanken an Anthologie-Beitrag nahegelegt. Wie gesagt, so einiges vag Geplante und Unerledigte hängt noch in der Luft, wobei auch Rezensionen hin und wieder denkbar wären – Sie kennen ja meine Vorlieben.

Herzlich etwas belegt Ihr P. R.

Maschinenschriftlich, 2 S. A4

die »Feste Burg« in guten Händen: Martin Luther, *Ein feste Burg ist unser Gott, Kirchenlied* entstanden zwischen 1525 und 1529, Erstdruck in: Das Klug'sche Gesangbuch, 1529. Vgl. Peter Rühmkorf, *Anfechtungen beim Singen eines Trutzliedes. Über Martin Luthers »Ein feste Burg ist unser Gott«,* in: FAZ, 29. 10. 1983 (Frankfurter Anthologie), vgl. auch *Bleib erschütterbar,* S. 34f.

der 10. 11.: Geburt Martin Luthers am 10. 11. 1483

am 10. 9. nach USA reise, um über Märchen zu lehren: vgl. Brief 179

Das Wort sie sollen lassen stahn: Vers 1 der letzten Strophe von *Ein feste Burg ist unser Gott*

ein Gedicht aus Michael Krügers »Aus der Ebene« (»Freiwillig«, S. 98, 27 Zeilen): Michael Krüger, *Aus der Ebene. Gedichte,* München u. a. 1982

184. Marcel Reich-Ranicki an Peter Rühmkorf

Frankfurt am Main, 28. Juli 1983 M. R.-R. / M. K.

Mein lieber Herr Rühmkorf,
über Ihren Brief vom 27. Juli habe ich mich gefreut, denn ich ent-
nehme ihm, daß es Ihnen jetzt glücklicherweise gesundheitlich erheblich besser geht, daß Sie also drauf und dran sind, Ihr psychisches
Gleichgewicht wiederzufinden.

Ich hatte Ihnen ja im letzten Brief geschrieben, daß die Spalten
dieser Zeitung immer zu Ihrer Verfügung stehen, daß Sie sich nur zu
einer vernünftigen Zusammenarbeit bequemen müssen. Daran hat
sich absolut nichts geändert und wird sich, zumindest solange ich hier
bin, auch in Zukunft nichts ändern.

Nun zur Sache: Die Interpretation der »festen Burg« will ich nach
wie vor von Ihnen haben. Es wird sich übrigens dabei um eine Art
»Sonderausgabe« der »Frankfurter Anthologie« handeln, und es werden gleichzeitig auf einer Seite drei oder vier Interpretationen dieses
Liedes erscheinen. Und weil es eine Sonderausgabe sein wird, habe
ich auch den zulässigen Umfang der Interpretation erhöht. Während
in allen anderen Fällen dieser Kommentar nicht mehr als 60 Maschinenzeilen umfassen darf, dürfen es in diesem Fall 90 Maschinenzeilen
sein. Haben Sie das verstanden? Noch einmal: 90 Maschinenzeilen
und nicht 95. Und natürlich muß ich das Manuskript vor Ihrer Abreise
nach Amerika erhalten.

Darüber hinaus wäre mir auch ein anderer Beitrag von Ihnen für
die »Frankfurter Anthologie« (also für die üblichen Ausgaben, in denen das Gedicht höchstens 36 Verse und die Interpretation höchstens
60 Maschinenzeilen umfassen darf) sehr willkommen. Aber muß es
Michael Krüger sein? Ich will mir zu Hause das von Ihnen genannte
Gedicht gern ansehen, nur habe ich in meinem Leben noch keinen
einzigen Vers von diesem netten Autor gelesen, der mich davon überzeugt hätte, daß er zur Zunft der Lyriker gehört. Haben Sie denn gar
keine anderen Vorschläge?

Und natürlich können und sollten Sie für uns Buchbesprechungen
schreiben. Mit anderen Mitarbeitern gibt es da gar keine Schwierigkeiten, aber Sie sind offenbar ein total weltfremdes Individuum, das sich

nicht zurechtfinden kann auf dieser Erde. Also: Erhalten Sie nicht die
Prospekte der großen Verlage? Sollte dies nicht der Fall sein, dann
müssen Sie an diese zehn oder fünfzehn Verlage jeweils eine entsprechende Postkarte richten und Sie werden bis ans Ende Ihres Lebens
mit diesen Prospekten versorgt werden. Die Prospekte der Herbstpro-
duktion erscheinen in der Regel im Mai oder Juni. Im Juli erhalte ich
von allen Mitarbeitern Briefe, in denen sie die Titel nennen, die sie besprechen möchten. Ist es so schwer, lieber und verehrter Herr Rühmkorf, ebenso zu verfahren? Jetzt sind wir schon am Ende des Monats
Juli, und einige der Herbstbücher habe ich bereits vergeben. Über viele
andere ist noch nicht entschieden. Aber es wäre gut, wenn ich Ihre
Wünsche sehr bald erhalten könnte. Sie waren doch früher, wenn ich
mich recht erinnere, ein durchaus praktischer Mensch. Hat die jahre-
lange Beschäftigung mit der holden Dichtkunst auf Ihren Realitätssinn
einen ungünstigen Einfluß ausgeübt?

Das wär's für heute. Und lassen Sie den Kopf nicht hängen: Nichts
kann meine Bewunderung Ihres Talents erschüttern,

Ihr Marcel Reich

Maschinenschriftlich auf Kopfbogen FAZ, 2 S. A4
eine Art »Sonderausgabe«: neben dem Text von Peter Rühmkorf, vgl. Brief 183,
Beiträge von Walter Jens, *Die verflixte vierte Strophe,* Kurt Marti, *Gott als*
Stadt und Adolf Muschg, *Die erschütterbare Burg*

---

185. Sekretariat Marcel Reich-Ranicki an Peter Rühmkorf

Frankfurt am Main, 3. August 1983 M. R.-R. / M. K.

Lieber Herr Rühmkorf,

Herr Reich-Ranicki hat mich gebeten, Ihnen zu schreiben, daß er inzwischen das von Ihnen ausgewählte Gedicht Michael Krügers gelesen
hat und gar nicht entzückt ist.

Er bittet Sie um andere Vorschläge

Mit freundlichen Grüßen

Maschinenschriftlich auf Kopfbogen FAZ, 1 S. A4, Durchschlag ohne Unterschrift, Original nicht erhalten, vermutlich von Monika Kunz

---

186. Marcel Reich-Ranicki an Peter Rühmkorf

frankfurt am main, 16 VIII 1983
herrn peter ruehmkorf, oevelgoenne 50
2000 hamburg/52

ueber ihre auszeichnung mit der heine-plakette habe ich mich sehr gefreut. sie sind da in guter gesellschaft.
ich gratuliere herzlichst und gruesse bestens ihr
marcel reich-ranicki

Telegramm
auszeichnung mit der heine-plakette: Peter Rühmkorf wurde Preisträger der
Heinrich-Heine-Ehrengabe der Stadt Düsseldorf; die Verleihung fand im Juni
1984 statt.

---

187. Marcel Reich-Ranicki an Peter Rühmkorf

frankfurt am main 23 VIII 83
peter ruehmkorf, oevelgoenne 50
2000 hamburg/52

wollen sie fuer uns den neuen gedichtband von ernst jandl rezensieren? erbitte telefonische oder telegrafische antwort. herzlichst
reich-ranicki

Telegramm
den neuen gedichtband von ernst jandl: Ernst Jandl, *Selbstporträt des Schachspielers als trinkende Uhr. Gedichte,* Darmstadt u. a. 1983; Peter Rühmkorf hat
das Buch nicht rezensiert.

---

188. Peter Rühmkorf an Marcel Reich-Ranicki

Hamburg, den 2. September 83

Lieber Herr Ranicki,
anbei eine lutherologische Kostbarkeit – ein neuer Datierungsversuch, der für manchen Anhänger des Liedes gewiß eine Prüfung be-

deutet. Glauben Sie nicht, die Sache sei so aus dem Ärmel abgefeuert, ich habe alle infrage kommenden Schriften studiert und durchbuchstabiert, nur leider nirgends einen Hinweis auf den (mir anderweitig zur Kenntnis gekommenen) Rühel-Brief noch eine plausible Exegese der Psalm-46-Auslegung gefunden. Platz-Platz! war nur die ganze Zeit lang meine innere Begleitmusik, denn wie soll man diese Belege auf drei Seiten plausibel hinbreiten und dann noch locker erscheinen. Hinzukommt, daß man sich natürlich aller weiteren hochinteressanten Fragen enthalten mußte und die ästhetische Struktur (auf die ich mich zunächst geworfen hatte) ganz außen vor lassen – aber für solche Dinge werden sich mit Sicherheit die genannten Kollegen erwärmen.

Herzlich grüßt
Ihr Peter Rühmkorf

P. S. Sie haben es mit 88 Zeilen zu tun, was die freundlichst offerierte 90-Zahl gehörig unterschreitet.

Maschinenschriftlich, 1 S. A4
einen Hinweis auf den ... Rühel-Brief: Martin Luther an Johannes Rühel,
   4. 5. 1525, u. a. in: *Dr. Martin Luthers Briefe, Sendschreiben und Bedenken,*
   vollständig aus den verschiedenen Ausgaben seiner Werke und Briefe, aus
   andern Büchern und noch unbenutzten Handschriften gesammelt, kritisch
   und historisch bearbeitet von Dr. Wilhelm Martin Leberecht de Wette, Bd. 2.
   Berlin 1826, S. 652ff.; Johannes Rühel war Martin Luthers Schwager.
Psalm-46-Auslegung: Ein feste Burg ist unser Gott basiert auf der Auslegung des
   Psalms 46.
die genannten Kollegen: vgl. Brief 184

---

189. Marcel Reich-Ranicki an Peter Rühmkorf

Frankfurt am Main, 6. Sept. 1983 M. R.-R. / M. K.

Lieber Herr Rühmkorf,
   seien Sie bestens bedankt für Ihr Luther-Stück. Die Sache ist ausgezeichnet und für einen Ungläubigen, wie ich einer bin, ganz besonders belehrend und aufschlußreich. Natürlich freut es mich, daß Sie sich an die Dimensionen gehalten, ja sogar zwei Zeilen verschenkt haben.

Ich bin am Wochenende in Hamburg; vielleicht rufe ich Sie an, aber Sie werden ja ohnehin von Reisevorbereitungen ganz in Anspruch genommen sein.

Falls wir uns nicht mehr sprechen sollten: Vergessen Sie bitte nicht, daß Sie sich während Ihres (wie mir scheint, im Grunde überflüssigen) Aufenthalts in den U.S.A. mit einem Roman von Döblin gründlich befassen wollten.

Sehr herzlich
Ihr Marcel Reich

Maschinenschriftlich auf Kopfbogen FAZ, 1 S. A4
Roman von Döblin: vgl. Brief 161

---

190. Peter Rühmkorf an Marcel Reich-Ranicki

Hamburg, den 10.9.83

Lieber Herr Ranicki,

die letzte Post vor Abreise Ihnen! Bitte auf Ms-Seite 3, unterste Zeile »Auslegung« statt »Exegese«, das Wort kommt vorher schon mal vor. Der Döblin ist im Gepäck.

Herzlich grüßt
Ihr P. R.

Maschinenschriftlich, 1 S. A4

---

191. Marcel Reich-Ranicki an Peter Rühmkorf

Frankfurt am Main, den 30.1.84

Liebe Kollegin, verehrter Kollege,

nun ist es Zeit, den achten Band unserer »Frankfurter Anthologie« vorzubereiten. Er wird im Sommer 1984 erscheinen, wiederum im Insel-Verlag, Frankfurt. Ebenso wie die sieben vorangegangenen Bände wird auch dieser sechzig Gedichte und Interpretationen enthalten.

Ihren Beitrag sende ich Ihnen beiliegend und bitte Sie, den Text genau zu prüfen. Natürlich sollten sachliche Irrtümer, die sich hier und da eingeschlichen haben, unbedingt korrigiert werden und natürlich können Sie stilistische Korrekturen, die Ihnen notwendig erscheinen, vornehmen. Ferner bitten wir Sie auf die Druckfehler zu achten, die uns leider gelegentlich unterlaufen sind. Doch was immer Sie ändern – ich muß Sie bitten, von einer Erweiterung Ihres Beitrages absehen zu wollen. Schließlich wäre ich Ihnen noch dankbar, wenn Sie die Güte hätten, bei dieser Gelegenheit auch den Text des von Ihnen interpretierten Gedichtes zu prüfen.

Den Vertrag für den Abdruck Ihres Aufsatzes in der Buchausgabe der »Frankfurter Anthologie« werden Sie, wie üblich, vom Insel-Verlag erhalten. Diejenigen Interpreten, deren Kommentare in einem der vorangegangenen Bände enthalten waren, bitten wir um Mitteilung, ob die kurze biographische Notiz einer Änderung oder Hinzufügung bedarf. Die Interpreten, die bisher in der »Frankfurter Anthologie« noch nicht vertreten waren, bitten wir um kurze biographische Angaben, deren Umfang den Notizen in den bisherigen Bänden entsprechen sollten.

Senden Sie bitte den Ausschnitt möglichst rasch zurück und seien Sie bestens gegrüßt

von Ihrem

Marcel Reich

Maschinenschriftlich auf Kopfbogen FAZ, 1 S. A4, Rundbrief

den achten Band unserer »Frankfurter Anthologie« vorzubereiten: Band 8 der Frankfurter Anthologie erschien im Insel-Verlag, Frankfurt a. M. 1984, hg. von Marcel Reich-Ranicki.

Ihren Beitrag: Band 8 enthielt Peter Rühmkorfs Interpretation des Chorals *Ein feste Burg ist unser Gott (Anfechtungen beim Singen eines Trutzliedes,* S. 27 ff.), vgl. Brief 183.

———

192. Marcel Reich-Ranicki an Peter Rühmkorf

Frankfurt am Main, 13. Februar 1984 M. R.-R. / M. K.

Lieber Herr Rühmkorf,

es ist Ihnen, damit es nicht wieder zu irgendwelchen unliebsamen Mißverständnissen kommt, vielleicht doch recht, wenn ich Ihnen unser letztes Telefongespräch schriftlich bestätige.

Also: Sie haben feierlich versprochen, nun endlich Döblins Babylonische Wandrung für unsere Reihe »Romane von gestern – heute gelesen« zu besprechen. Artikel dieser Reihe dürfen höchstens drei Spalten unserer Feuilletonseite füllen, können also nicht mehr als neun Maschinenseiten (mit 30 Zeilen) umfassen. Schicken Sie uns zehn Seiten, dann haben wir Arbeit und Kummer mit den Kürzungen, die Ihnen möglicherweise nicht gefallen würden. Also: Bitte, auf keinen Fall mehr als neun Seiten. Und noch etwas: Machen Sie das nun wirklich. Alle möglichen Menschen, vornehmlich Germanisten, offerieren ihre Dienste und wollen gerade dieses Buch besprechen. Alles auf Erden muß ein Ende haben, auch Ihre Arbeit an diesem Döblin-Roman.

Überdies wollten Sie einen Artikel schreiben, der Ihre Überlegungen aus Anlaß der abermaligen Lektüre einzelner Bücher von Thomas Mann enthalten soll. Natürlich erwarten wir keinen Essay, sondern nur die Stellungnahme zu jenen Erzählungen oder Romanen Thomas Manns, mit denen Sie sich zuletzt beschäftigt haben – selbst wenn es eine zufällige Auswahl sein sollte. Aber ich halte es für empfehlenswert und nötig, daß Sie auch Ihren früheren Standpunkt in Sachen Thomas Mann referieren. Der Artikel wäre also gleichsam dem Thema gewidmet: Thomas Mann und ich – Die Geschichte einer Beziehung und einer Entwicklung.

Der Umfang dieses Artikels hängt, versteht sich, ganz und gar von Ihnen ab. Ich dachte etwa an sieben oder acht Maschinenseiten. Wenn Sie aber soviel zu sagen haben, daß Sie sogar zehn bis zwölf Seiten brauchen – nun denn, Gegenstand und Autor sind wichtig genug, wir werden den Platz schon finden.

Lassen Sie rasch von sich hören und seien Sie herzlichst gegrüßt von

Ihrem Marcel Reich

Maschinenschriftlich auf Kopfbogen FAZ, 2 S. A4

Thomas Mann: vgl. *Mein neuer Zeitvertreib,* FAZ, 15. 2. 1986 und *Gestelzte Manierlichkeiten* sowie *Die neugewonnene Wertschätzung des Prosaartisten,* in: *Was halten Sie von Thomas Mann? Achtzehn Autoren antworten,* hg. von Marcel Reich-Ranicki, Frankfurt a. M. 1986, S. 69f., 121ff. Vgl. auch *Thomas Mann oder die Lust an der Angstpartie,* in: *Dreizehn,* S. 36ff. und *Widersprüche,* S. 227ff.

------

193. Peter Rühmkorf an Marcel Reich-Ranicki

Hamburg, den 14. 2. 84

Lieber Herr Ranicki,

tausend Dank für Ihren freundlichen Brief, aber warum so förmlich-vertraglich; ich arbeite doch sehr gern für Sie, wenn es zeitlich nur irgendwie hinkommt. Muß jetzt noch dieses Aufsatzbuch abschließen, und dann kann es Via Döblin mit Karacho abgehen. Aber doch interessant, wie solch ein Ladenhüter plötzlich interessant wird. Ich hatte es ja längst antizipatorisch vorgewittert, daß es sich hier um ein ganz großes Buch handelt, und auf einmal kommt da die Wissenschaft angeschäst und möchte Versäumnisse aufarbeiten.

Etwas anderes, aber lassen Sie sich nicht entsetzen, in einer gewissen Neophobie. Ich möchte meiner Schmidt-Analyse, die Sie nicht drucken konnten, gern unseren etwas dissonanten Briefwechsel assoziieren (wie ich auch andere Aufsätze oder Reden mit Briefen und Notizen umkränzt habe: man zeigt nicht bloß das glücklich Geborene, sondern auch die Wehen, und das gibt eigentlich erst einen menschlich rührenden Zug). Die Sache ging ja wohl zu gleichen Teilen aus, möglicherweise habe auch ich verloren dabei, weil nachgegeben und dann gleich den Luther nachgeliefert, aber auch solche Schwächen soll man leuchten lassen. Überlegen Sie es sich mal, zur Not kann ich Ihnen den kleinen Vorgang auch abgelichtet unterbreiten; wenn Sie allerdings gar nicht möchten, bleibt mir nur das Bedauern.

Im allgemeinen – Sie hören es vielleicht ein bißchen am Tonfall – geht es wieder munterer voran, und das soll uns ja wohl nicht trennen. Sie mokieren sich gelegentlich ein bißchen sehr von oben herab über

anderer Leute Seelenleiden; da stehen aber immer richtige Menschen dahinter und hinter denen dann oft der wahrhaftige Hippenmann.
In alter Verbundenheit herzlich
Ihr Peter Rühmkorf

Maschinenschriftlich, 2 S. A4
Aufsatzbuch: Bleib erschütterbar

---

194. Peter Rühmkorf an Marcel Reich-Ranicki

Hamburg, den 10. 4. 82

Lieber Herr Ranicki,

ich suche Ihren Brief vom ich-weiß-nicht-den-wievielten, finde aber nichts, weil ich gerade ein Buch mit Aufsätzen und Polemiken abgeschlossen habe, nun sitze ich in dem Begleitmüll von ungefähr dreißig Jahren. Ja, den Döblin mache ich Ihnen ganz bestimmt – und an den Thomas Mann will ich dann auch denken – und überhaupt würde ich gern wieder für Sie tätig werden – aber am alleralerliebsten würde ich ganz allein für mich meine Eierbriketts bebrüten, in der Hoffnung, daß doch noch einmal ein Phönix ausfliegt – und was muß ich, als nächstes, ohne Stop und Zwischenaufenthalt und ein paar lebensnotwendige Atemzüge zwischendurch? Um den Heine mich kümmern. Wenn er was wird, will ich ihn gerne Ihnen zuerst anbieten, aber ob er wird? Sie haben sich seinerzeit ja glanzvoll mit dem Börne aus der Affäre gezogen, ein tolles Kunststück (dabei immer mit dem großen Gegenspieler im Blick) –, nur was soll ich armes Arbeitsschwein denn da noch für Trüffeln ausgraben? Das sind ja Gourmets dort-alles und keine VHS-Kökenmöddinger, denen muß ich doch etwas bieten, was noch nicht in deren faktenprallen und erkenntnistiefen Jahrbüchern steht! Ach, wenn Sie mir doch etwas anraten könnten, etwas empfehlen, Löcher in der Forschung, blinde Flecken in der Wissenschaft, Erkenntnislücken bei den Liebhabern … ich sehe nur ein ziemlich breit und gar nicht so flach durchgearbeitetes Gelände, Walther und Klopstock waren dagegen unbekannte Größen seinerzeit. Hätte Sie ja gern in Frankfurt gesehen, als ich flüchtig durchfegte, und dann starb auch noch Franz-

Josef in der Nacht, und dann ging es schon wieder weiter nach Idar-Oberstein, wo die Edelsteinschleifer und Kristalldrechsler sich für ein paar Stunden von ihren Tagesgeschäften erholen wollten.

Lieber Herr Ranicki, wie gesagt, wie gefragt, und vielleicht rufe ich Sie in den nächsten Tagen einmal an. Als ich dieser Tage/Wochen noch mal ein paar alte Aufsätze durchging – »Heimat, ein Wort mit Tradition«, »Tendenz mutlos« etc. – habe ich immer wieder gedacht »dunnerlittchen!«, allerdings nicht so sehr im Hinblick auf eigene Gedankenblitze als in Bewunderung Ihres Durchsetzungsvermögens. Nun, diesmal kommt auch ein Erstdruck-Verzeichnis hinzu, und Sie werden sich selber wundern.

Sehr herzlich grüßt Sie
Ihr Peter Rühmkorf

Maschinenschriftlich, 2 S. A4, falsch datiert, eine nicht abgeschickte erste Fassung
   des Briefes stammt vom 10. 4. 1984.
Börne: Marcel Reich-Ranicki, *Ludwig Börne – Spiegelbild des Lebens. Aufsätze
   über Literatur,* Frankfurt a. M. 1977
VHS-Kökenmöddinger: Køkkenmøddinger (dänisch) sind prähistorische Küchen-
   abfallhaufen von Siedlungen in Strandnähe.
starb auch noch Franz-Josef: Franz Joseph Schneider, vgl. Brief 88 und Brief 162

---

195. Marcel Reich-Ranicki an Peter Rühmkorf

Frankfurt am Main, 31. Juli 1984 M. R.-R. / ma

Mein Lieber,
   die Nachrichten über Ihren Gesundheitszustand haben mich sehr beunruhigt. Aber angeblich geht es Ihnen besser. Ich bitte dringend um Nachricht. Alle meine Versuchungen, Sie telefonisch zu erreichen, waren vergeblich. Da ich hoffe, daß Sie wieder arbeiten können, kann ich nicht umhin, ungeduldig zu fragen: Wo bleibt Ihr Beitrag über Döblins »Babylonische Wanderungen«?

Sehr herzlich
Ihr Marcel Reich

Maschinenschriftlich auf Kopfbogen FAZ, 1 S. A4

---

196. Peter Rühmkorf an Marcel Reich-Ranicki

Hamburg, den 7. 8. 84

Lieber Herr Ranicki,

Dank für Ihr Briefchen, Dank vor allem auch für Ihre freundliche Telefonanfrage, es geht ja so langsam wieder bergauf; und wenn man weiß, daß nur die Nerven zerrüttet und die Kondition heruntergekommen sind/ist, hebt sich gleich das gesamte optische System. Auch gut, daß Sie mich nach dem Heine fragten, er kommt hier so langsam ins Reine. Ich denke, daß sie ihn Ende des Monats auf dem Tisch liegen haben. Er ist ziemlich lang aufs ganze gesehen, hat aber wohl ein problemlos herauszunehmendes/hervorzuhebendes Mittelstück. Ich möchte schon gern mal wieder in einiger Breite in der FAZ vertreten sein und in Bälde dann auch mit kürzeren Einzelheiten, z. B. dem Döblin.

Sehr herzlich grüßt Sie mit allen guten Wünschen für Ihre Frau
Ihr Peter Rühmkorf

Maschinenschriftlich, 1 S. A4
Heine: Der Text von Peter Rühmkorf wurde in der FAZ nicht veröffentlicht, vgl. Brief 198. Vgl. Peter Rühmkorf, *Suppentopf und Guillotine. Zu Heinrich Heines Frauengestalten*, in: Heine-Jahrbuch. 24. Jg., hg. von Joseph A. Kruse, Hamburg 1985, S. 255 ff.; *Dreizehn*, S. 7 ff.

---

197. Peter Rühmkorf an Marcel Reich-Ranicki

Hamburg, den 3. Sept. 84

Lieber Herr Ranicki,

Sie waren so freundlich, nach dem Heine zu fragen. Hier ist er. Ich habe noch keine eigenen Einstreichungen gemacht, weil ich zunächst Ihre Reaktion abwarten möchte, aber ich möchte andererseits auch gern diesen letzten Finger selbst dranlegen. Nun reise ich morgen für zwei Wochen nach Italien und bin ein bißchen aus der Verfügung. Früher hat der Herr Görtz die Streichungen immer sehr behutsam vorgenommen, wogegen ich auch diesmal nichts hätte, nur, wie gesagt: den letzten Finger für mich u n d – bitte! – einen zusammenhängenden Block in Erwägung zu ziehen, nicht eine Montage aus disparaten Lekkerfetzigkeiten. Ich glaube, das wäre es wohl – ist es das? Den Döblin nehme ich wieder einmal mit auf die Reise, aber die Zeichen stehen gut, kein Unterricht, kein größeres Projekt dazwischen, und von mir aus möchte ich alte Fäden nicht vermorschen lassen.

Sehr herzlich grüßt Sie

Ah, p. S: ganz wichtig. Ich habe nicht alle Korrekturen in meinem Durchschlag – könnten Sie mir eine Ablichtung anfertigen lassen?

Maschinenschriftlich, 1 S. A4, Durchschlag ohne Unterschrift, Original nicht erhalten

der Herr Görtz: vgl. Brief 151

---

198. Marcel Reich-Ranicki an Peter Rühmkorf

Frankfurt am Main

26. Oktober 1984 M. R.-R. / M. K.

Mein Lieber,

seit einiger Zeit schulde ich Ihnen eine Nachricht in Sachen »Heines Frauengestalten«. Ich wollte mit Ihnen selber darüber reden und hatte gehofft, Sie würden von sich, als Sie vor wenigen Wochen hier in Frankfurt waren, hören lassen. Dann habe ich versucht, Sie telefonisch zu erreichen – wie üblich, ohne Erfolg.

Ihr Manuskript haben wir hier sehr aufmerksam gelesen, und es wird Sie nicht überraschen, wenn ich Ihnen sage, daß mir manch eine Passage großes Vergnügen bereitet hat. Wie alles, was aus Ihrer Feder stammt, ist auch dieser Beitrag glänzend geschrieben. Dennoch sehen wir keine Möglichkeit, ihn in der F.A.Z. zu publizieren. Es ist ein typischer Zeitschriftenaufsatz, den man natürlich kürzen kann. Aber auch eine gekürzte Fassung würde unsere Möglichkeiten weit übersteigen. Nun hatte ich gehofft, es würde sich in diesem Manuskript ein Block finden von, sagen wir, 10 bis 15 Seiten, den wir drucken könnten. Einen solchen Block sehe ich nicht. Diese Arbeit sollte ganz veröffentlicht werden. Man kann vielleicht 10 Seiten streichen, doch bestimmt nicht mehr. Ein Manuskript in solchem Umfang – es wären dann immer noch weit über 30 Seiten – kommt leider, leider für uns nicht in Betracht. Ich bin sicher, daß Sie dafür Verständnis haben werden. Haben Sie denn nichts anderes für mich? Keine Gedichte? Nichts Essayistisches? Wollen Sie nicht mal eine Rezension schreiben? Sie wissen, in dieser Zeitung ist immer Platz für Sie, aber Sie müssen sich wenigstens ein bißchen an unsere Dimensionen halten.

Bitte, grüßen Sie die gnädige Frau, und denken Sie an mich bisweilen so herzlich wie ich an Sie unentwegt denke,

Ihr Marcel Reich

PS. Sie haben uns von dem Manuskript ein Exemplar geschickt, wir senden Ihnen zwei zurück.

Maschinenschriftlich auf Kopfbogen FAZ, 2 S. A4

---

199. Peter Rühmkorf an Marcel Reich-Ranicki

Hamburg, den 30. Okt. 84

Lieber Herr Ranicki,

Rücksendungen sind nie recht erfreulich, wie hübsch sich die Absage immer garniert. Aber ich lese im Augenblick gerade Fontane-Briefe, und die gefaßte Höflichkeit wirkt über das Papier hinaus ansteckend. Zu Ihren Anfragen in Eile eine Rückfrage: mir schneit (nein, nicht schneit schon, blättert) gerade eine Auswahl von Gernhardt-Satiren ins Haus (»Letzte Ölung«, Haffmans Verlag), das könnte mich aus dem Stand hinreißen. Haben Sie Interesse? Ist es vielleicht schon vergeben? Kleiner Fingerzeig genügt. Telefon leider immer noch unter Ohropax. Die paar Messetage fegten nur so dahin und ließen wenig Zeit zur Einkehr, und als ich vom 24. zum 25. nochmal kurz in Frankfurt war, hing mein Geburtstag irgendwie störend über der Szene, man wollte ihn dort an- und am nächsten Tag zuhause zu Ende feiern ... Dank übrigens für die zweite Kopie, ich muß – nachdem ich Ihnen zunächst die Rechte der ersten Nächte eingeräumt hatte – schnell über Land und durch die Institutionen damit, da kann ein Doppel nicht schaden. Daß ich den Hartung nicht so fürchterlich erbaulich fand, füge ich nur ganz unten am Rande hinzu. Das ist auch son Armer Ritter – trockenes Brötchen, das sich in Wasser wälzen muß, um Eindruck von Taufrische zu erzeugen.

Herzlich grüßt Sie
Ihr Peter Rühmkorf

Maschinenschriftlich, 1 S. A4; eine nicht abgeschickte Fassung vom gleichen Datum lautet zum Thema Hartung, s. u.: »[...] als ich vom 24. auf den 25. noch mal kurz nach Frankfurt mußte, war bei Ihnen gerade die Hartung-Rezension erschienen, die meine Mitwelt ehrenrührig und ich auch nicht gerade erbaulich fand. Man meinte, da hätten Sie doch die Hand über mich halten können oder doch einen Finger dazwischen; aber natürlich können Sie Ihre Bremsen dann auch nicht bremsen, wenn sie erstmal in Marsch gesetzt sind«.

Gernhardt-Satiren: Robert Gernhardt, *Letzte Ölung. Ausgesuchte Satiren 1962– 1984,* Zürich 1984. Vgl. Peter Rühmkorf: *Sittenstücke von der bleibenden Sorte. Robert Gernhardts gesammelte Satiren,* in: FAZ, 2. 2. 1985; vgl. auch *Dreizehn,* S. 189ff. (dort unter dem Titel *Vom großen Gerneklein – zu Robert Gernhardts gesammelten Satiren*)

Hartung: Harald Hartung, *Das Glasgeblasene des Peter Rühmkorf. Seine Aufsätze, Reden und Selbstgespräche,* in: FAZ, 20. 10. 1984 (Rezension zu *Bleib erschütterbar*)

Arme Ritter: Speise aus altbackenen Brötchen oder Weißbrotscheiben (in einer Mischung aus Milch, Eiern, Zucker, Vanille eingeweicht und in Fett gebacken)

---

200. Marcel Reich-Ranicki an Peter Rühmkorf

Frankfurt am Main, 1. November 1984 M. R.-R. / M. K.

Mein lieber Herr Rühmkorf,

das Buch »Letzte Ölung« von Gernhardt war schon vergeben, gleichwohl habe ich es dem Rezensenten aus dem Rachen gezogen, nur weil Sie es besprechen wollen. Nun bitte ich Sie aber, die Rezension wirklich rasch zu machen. Ich dachte an einen Umfang von etwa 6 Maschinenseiten. Das reicht doch wohl?

Was ist denn nun los mit Ihrem Artikel »Mein Weg zu Thomas Mann«? Wann machen Sie endlich die »Babylonische Wanderung«?

In der von Jens und mir herausgegebenen »Bibliothek des 20. Jahrhunderts«, einer prächtigen und erfolgreichen Serie des Deutschen Bücherbundes, planen wir eine Auswahl der Gedichte Brechts. Wollen Sie Auswahl und Nachwort machen? Um gleich das Wichtigste zu sagen: Dafür gibt es 5.000,– DM.

Der Umfang des Nachworts bliebe ganz und gar Ihnen überlassen, etwa 8–10 Maschinenseiten wären wohl angemessen. Das Ganze müßte, wenn nicht im Winter, so doch spätestens irgendwann im Frühjahr fertig werden. Bezüglich des zulässigen Maximalumfangs des Bandes würde ich Sie noch informieren. Was halten Sie von dem Angebot?

Sehr herzlich
Ihr Marcel Reich

Maschinenschriftlich auf Kopfbogen FAZ, 1 S. A4
Auswahl der Gedichte Brechts: vgl. Bertolt Brecht, *Gedichte.* Ausgewählt von Peter Rühmkorf. Stuttgart, München 1985 (Deutscher Bücherbund)

_____

201. Peter Rühmkorf an Marcel Reich-Ranicki

Hamburg, den 11.11.84

Lieber Herr Ranicki,

Dank für die prompte und positive Antwort – ich stehe schon bis zu den Enkeln in Öl und hoffe auf kritische Erleuchtungen. Den Brecht würde ich schon gern machen, das Angebot ist verlockend, der angegebene Zeitraum passabel, also, was zögern wir?

Sehr herzlich grüßt
Ihr Peter Rühmkorf

Maschinenschriftlich, 1 S. A4
bis zu den Enkeln: mhd. für Fußknöchel
in Öl: vgl. Brief 200

_____

202. Marcel Reich-Ranicki an Peter Rühmkorf

Frankfurt am Main, 15. November 1984 M. R.-R. / M. K.

Lieber Herr Rühmkorf,

besten Dank für Ihren Brief vom 11. November. Sie machen also für den Deutschen Bücherbund eine Auswahl der Gedichte Brechts. Der Band soll eine umfassende Auswahl der Brecht-Gedichte bieten, es stehen also 500, ja sogar 550 Buchseiten zur Verfügung. Sie schreiben überdies das Nachwort im Umfang von etwa 8 bis 10 Maschinenseiten (wenn Sie wollen, können es natürlich auch 12 Seiten werden). Sie müssen aber unbedingt daran denken, daß dieses Nachwort keineswegs für Fachleute bestimmt ist, sondern für Leser, die von Brecht und von Lyrik vermutlich keine Ahnung haben. Neben Ihren gewiß erhellenden Darlegungen über die Verse von Brecht sollten auch ein paar allgemeine Bemerkungen über ihn, seine Rolle und sein Gesamtwerk nicht fehlen. Biographische Angaben sind nicht nötig, da zusammen mit Ihrem Nachwort auch eine Zeittafel gedruckt wird, um die Sie sich nicht zu kümmern brauchen. Das Nachwort wird mit Zeittafel und Motto als Heft gedruckt, das dem Band beigelegt wird. Ich schicke Ihnen einige solcher Hefte. Sie erhalten für Auswahl und Nachwort 5.000,– DM. Was den Termin betrifft: der Deutsche Bücherbund möchte die Auswahl möglichst rasch erhalten (wenn nicht im Dezember, so doch im Januar), das Nachwort im März, spätestens im April.

Ich warte nun auf Ihre Kritik über die Gedichte von Gernhardt. Achten Sie bitte darauf, daß die Kritik nicht gar zu überdimensional wird.

Sehr herzlich
Ihr Marcel Reich

Maschinenschriftlich auf Kopfbogen FAZ, 1 S. A4

Kritik über die Gedichte von Gernhardt: Letzte Ölung ist ein Band mit Satiren in Prosa, vgl. Brief 199

203. Peter Rühmkorf an Marcel Reich-Ranicki

Hamburg, den 19.12.84

Lieber Herr Ranicki,

nur zu Ihrer Beruhigung, der Gernhardt ist in Arbeit und wird zwischen Weihnacht und Neujahr fertiggestellt werden. Schön und schlagend neulich in FAZ Ihre Botho-Strauß-Analyse. Ja, so ist es, genau so; Manthey sagte vor einiger Zeit mal: B. S., das erinnert mich fatal an Reinhold *Conrad Muschler, und das trifft sich ja sehr hübsch mit Ihrem Urteil.

Herzlich grüßt Sie mit allen guten Wünschen

Ihr Peter Rühmkorf

* Doch wohl *C* – ich hab jetzt keine Lust, wegen *dem* noch einmal nachzuschlagen –

Maschinenschriftlich, 1 S. A4, hs. Einfügung am unteren Rand
Botho-Strauß-Analyse: Manchmal wurde die Langeweile schier unerträglich.
   Der Roman »Der junge Mann« des erfolgreichen Autors Botho Strauß, in:
   FAZ, 1.12.1984
Manthey: Jürgen Manthey war einer der engsten Freunde Peter Rühmkorfs
   (Cheflektor beim Rowohlt Verlag, später Professor für Literaturwissenschaft
   an der Universität Essen).
Reinhold Conrad Muschler: Reinhold Conrad Muschler war Mitglied der
   NSDAP. Im Typoskript sind die Anfangsbuchstaben der Vornamen von
   Muschler hs. korrigiert.

---

204. Marcel Reich-Ranicki an Peter Rühmkorf

Frankfurt am Main, 9. Januar 1985 M. R.-R. / M. K.

Mein lieber Peter Rühmkorf,

die Zusammenarbeit mit Ihnen ist wahrlich eine Qual. Am 1. November haben wir Ihnen den Band von Robert Gernhardt geschickt, weil Sie ihn unbedingt machen wollten. Mittlerweile sind zehn Wochen vergangen. Ich bin eigentlich nicht dazu da, Mahnbriefe zu verschicken. Also senden Sie uns endlich Ihr Manuskript – und noch eins:

wir haben weder Zeit noch Lust, Ihr Manuskript zu kürzen. Mit anderen Worten: bitte, nicht mehr als 6 bis 7 Maschinenseiten und zwar mit 30 Zeilen und normalem Rand. Sollten Sie mehr schreiben, dann bitte ich, daß Sie unbedingt Abschnitte für Kürzungen einklammern. Seien Sie so freundlich und erschweren Sie nicht unsere Arbeit. Dennoch sehr herzlich
Ihr Marcel Reich

Maschinenschriftlich auf Kopfbogen FAZ, 1 S. A4

---

205. Peter Rühmkorf an Marcel Reich-Ranicki

Hamburg, den 13.1.85

Lieber Herr Ranicki,
anbei der Gernhardt, dem ich weiter nichts hinzufügen will, außer daß solches intensive Eindringen in die Materie natürlich seine Zeit fordert. Sie übersehen das in Ihren Mahnschreiben gelegentlich und vermuten Bummligkeit, wo nur besondere Mühewaltung vorherrscht. Über einen Titel habe ich mir diesmal nicht den Kopf zerbrochen, weil ich Ihre Interventionsgelüste respektiere. Was mir vorschwebte, war allenfalls so etwas wie »Vom Nutzen der Froschperspektive. Nachrichten aus dem Feuchtgebiet des Humors« –
Herzlich
Ihr alter P. R.

Maschinenschriftlich, 1 S. A4

---

206. Peter Rühmkorf an Marcel Reich-Ranicki

Hamburg, den 17.1.85

Lieber Herr Ranicki,
hier eine kleine Korrektur des Anfangs – sie wird Ihnen wohltun, weil das Wort »Podex« in jeder Verbindung den Tritt in den Hintern assoziiert, was ja beileibe nicht sein soll. Mich selbst störte einzig, daß in den ersten zwei Sätzen ein Gedanke zu viel war – dieser: da ruft

einer groß die Wende aus und hat selbst nur das Zeug zum Aussitzer – so müssen wir denn auch auf die erleuchtende Gegenüberstellung »Aussitzer – Aussteiger« verzichten, leider! Wenn Sie in der drittletzten Zeile von S. 7. – bitte noch den »kleinen Hävelmann« tilgen (er gehört nicht ganz in den angesprochenen Formenkreis), stünde einer Veröffentlichung von mir aus nichts mehr im Wege. Bei nochmaligem Bedenken der Überschrift scheint mir tatsächlich »Vom Nutzen der Froschperspektive. Altes und Neues aus dem Feuchtgebiet des Humors« die beste Lösung.

Herzlich grüßt Sie
Ihr Peter Rühmkorf

Maschinenschriftlich, 1 S. A4

kleine Korrektur des Anfangs: Text der Kritik zu Gernhardt, vgl. Brief 199: »Um so
bemerkenswerter neben der Zeiterscheinung des ›Aussitzers‹ (dem geistigen
Antipoden des Aussteigers, wenn ich es recht verstehe) eine mittlerweile schon
gar nicht mehr zaghafte Neigung unserer Dichter und Schriftsteller zu kritischen
Kehrtwendungen.« In der späteren Druckfassung (vgl. Brief 199) verwendet
Peter Rühmkorf wieder statt des »Antipoden« den »Antipodex« aus dem ersten
Typoskript. Auch der »kleine Hävelmann« ist in der späteren Drucklegung
wieder aufgenommen (vgl. Theodor Storm, *Der kleine Häwelmann,* 1849).

---

207. Marcel Reich-Ranicki an Peter Rühmkorf

Frankfurt am Main, den 18. Januar 1985 M. R.-R. / M. K.

Mein Lieber,
Sie sind ein ekelhafter Mensch. Aber Ihr Aufsatz über Gernhardt ist vorzüglich, ja hervorragend. Er wird sehr bald erscheinen.

Was weiter? Wann kommt die Auswahl der Brecht-Gedichte? Und was ist, frage ich nun seit zehn Jahren schon, mit Döblins »Babylonischer Wandrung«? Sie sagen, gut Ding muß Weile haben. Ich weiß es, aber ich weiß auch, daß alles auf dieser Erde ein Ende haben muß.

Ich grüße Sie dankbar und erwartungsvoll,
Ihr Marcel Reich

Maschinenschriftlich auf Kopfbogen FAZ, 1 S. A4

---

208. Peter Rühmkorf an Marcel Reich-Ranicki

Hamburg, den 14. 2. 85

Lieber Herr Ranicki,

Sie erhalten hier die Auswahl der Brecht-Gedichte für den »Deutschen Bücherbund«. Für Satz und Druck anbei einige redaktionelle Bemerkungen.

1.) Die grün markierten Stücke (Kreuz plus Unterstreichung) sind der Suhrkamp Taschenbuch-Kassette (edition Suhrkamp 835), 1976 entnommen. Auf sie beziehen sich also auch die Seitenzahlen.

2.) Die rot markierten Einfügungen (Kreuz plus Unterstreichung) beziehen sich auf die Taschenbuch-Supplementbände III und IV der »Werkausgabe edition suhrkamp«, 1982. Dito die Paginierung.

3.) Die blau eingekastelten Überschriften oder chronologischen Angaben sind wie in der Taschenbuch-Ausgabe zu behandeln, d. h. auf einem Vorblatt abzusetzen.

4.) Die mit blauen Ovalen versehenen Unter- oder Zwischentitel sind entsprechend der Taschenbuch-Ausgabe zu behandeln, d. h. sie sind jeweils auf der rechten Seite oben zu plazieren.

5.) Die Gedichte werden wie in den genannten Ausgaben aneinander gehängt. Für einen dem Lesen günstigen Abstand ist Sorge zu tragen.

6.) Bei einer Auswahl aus Sammlungen verzeichnet der Titel die Beschränkung. Z. B. »AUS BERTOLT BRECHTS HAUSPOSTILLE«.

7.) Bei Unter- oder Zwischentiteln wurde auf solchen Vermerk verzichtet. Es käme anders leicht zu solchen Bildungen wie »Aus Lieder aus ›Die Reisen des Glücksgotts‹«.

8.) Die »GEDICHTE UND LIEDER AUS STÜCKEN UND PROSATEXTEN« wurden – entgegen unserer telefonischen Erörterung – als gesonderte Kategorie behandelt. Wir entsprechen damit der Suhrkamp Taschenbuch-Kassette und tragen dem besonderen Songcharakter Rechnung.

9.) Zu bedenken wäre, ob einige in den genannten Ausgaben nicht aufgeführte Gedichte (z. B. »Lied des Pfeifen-Pieter« oder »Lied vom Pfennig und der Mark«) noch beizufügen wären.

10.) Sehr herzlich und mit Eilpost grüßt Sie

P.S. und grüßen Sie Ihre liebe Frau recht schön!

Ihr Peter Rühmkorf
Hbg, d. 14. 2. 85

Maschinenschriftlich, 2 S. A4 und 1 S. hs. P. S. mit Selbstporträt Peter Rühmkorfs

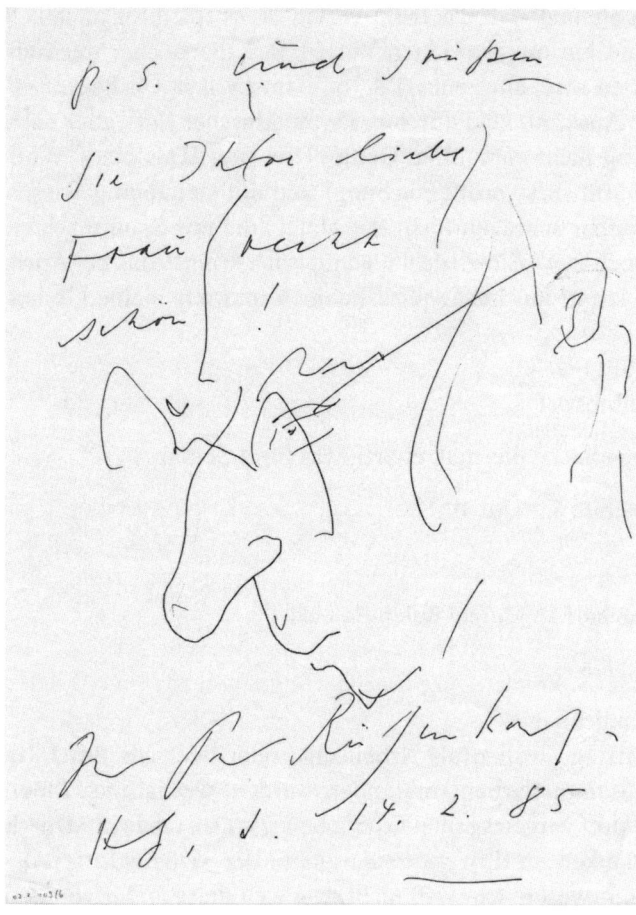

209. Peter Rühmkorf an Marcel Reich-Ranicki

Hamburg, den 21. 3. 85

Lieber Herr Ranicki,

so schnell wie gerade eben noch möglich, aber man weiß bei Ihren Rapidzuteilungen natürlich nie, was schon läuft. Also: bei Rowohlt – und vergessen Sie mal, daß das mein Verlag ist, es spielt für mich keinerlei Rolle und hat nur den einen Vorteil, daß die Bücher mich als Bücher erreichen – ist ein neues TB von dem Lyriker Uli Becker erschienen, nach Auskunft kein durchweg sympathischer Kerl, aber nach meiner Meinung nicht ganz ohne Genie. Der Titel »Das blaue Wunder«, rororo 5508 (Erstveröffentlichung) und mit so einem gewissen Schwung und einer schrägen Sicht der Dinge, die mir Spaß machen. Also: ist das noch frei? Ein Zeilchen genügt. Ich könnte das bei April-Mai-Lesereise schön mit ins Gepäck nehmen und mir meine Gedanken machen.

Herzlich grüßt Sie
Ihr Peter Rühmkorf

P. S. Keine lange Sache diesmal, eher sowas für 4 Seiten, 4 ½. –

Maschinenschriftlich, 1 S. A4, hs. P. S.

---

210. Peter Rühmkorf an Marcel Reich-Ranicki

Hamburg, den 10. 6. 85

Lieber Herr Ranicki,

auch Geburtstage wollen als Arbeitstage oder doch als Beschwörungen der Zusammenarbeit verstanden werden, weshalb ich Ihnen hier gleich die drei vorgetragenen Opera beilege. Das Gedicht »Durch dauernde Gedanken an dich –« ist bereits in der »Düsseldorfer Debatte« zu lesen gewesen; ich weiß nicht, wie weit diese außer von den Beiträgern sonst noch zur Kenntnis genommen wird. Immerhin bleiben noch zwei weit ausholende Rhapsodien, die außer auf das nachhallende Ohr auf den mitschweifenden Blick angewiesen sind. Zwar wehrt sich in mir der ganze innere Mensch gegen solche Darbietungen

im journalen Alltagsrahmen, aber natürlich will man auch zu den Mit-
lebenden durch und sich ihnen in der Breite nahelegen.
Herzlich grüßt Sie
Ihr Peter Rühmkorf

P. S. Tausend Dank für den gelben Reclam-Gruß! Der Brecht gedeiht;
alle erwünschten Änderungen wurden ausgeführt und mit dem Verlag
abgestimmt.

Maschinenschriftlich, 1 S. A4
Geburtstage: Marcel Reich-Ranicki hatte am 2. Juni Geburtstag.
die drei vorgetragenen Opera: Das Gedicht *Durch dauernde Gedanken an Dich*
   wurde am 30. 11. 1985 in der FAZ publiziert; Erstdruck in: Düsseldorfer
   Debatte Heft 1, Januar 1985.
bleiben noch zwei weit ausholende Rhapsodien: Heldenkunde, Erstdruck in
   Einmalig, S. 49, *Vom Einzelnen ins Tausendste,* Erstdruck in Natur, Heft 10,
   Oktober 1986
den gelben Reclam-Gruß: Marcel Reich-Ranicki, *Nichts als Literatur. Aufsätze und
   Anmerkungen,* Stuttgart 1985; hs. Widmung: »Ffm. 7. 6. 85 Für Peter Rühmkorf mit herzlichem Dank Marcel Reich«.

---

211. Peter Rühmkorf an Marcel Reich-Ranicki

Hamburg, d. 25. 6. 85

Lieber Herr Ranicki,
   ich bin nicht ganz zufrieden, die Zielgruppe ist verfehlt, die Propor-
tionen sind verzogen, aber was soll man machen? Meine seinerzeitige
FAZ-Rezension der Nachlaßgedichte gefiel mir zu Anfang so gut, daß
ich nicht glaubte, auf sie verzichten zu können – sie ist und bleibt auch
gut, a b e r: sie hat mir in ihrer Ausführlichkeit natürlich den Entwick-
lungsplatz geraubt – da gibt sich der zweite Teil dann schon sehr viel
gepreßter. Wie tief bin ich aber auch eingedrungen, wie innig habe ich
ihn durchschaut. Und welches System habe ich erkannt – kennenler-
nen dürfen, ich stehe ganz erschüttert vor diesem teils gewachsenen,
teils sich selbst bewußt gewordenen Organismus.
   Herzlich grüßt Sie
   Ihr Peter Rühmkorf

P. S. Entschuldigen Sie die krakeligen Korrekturen, ich habe sie im
schaukelnden Zug übertragen –

Maschinenschriftlich, 1 S. A4, hs. P. S.

ich bin nicht ganz zufrieden: Bezug auf die von Peter Rühmkorf herausgegebene
Brecht-Anthologie, deren Korrekturen anstanden, vgl. Brief 200

seinerzeitige FAZ-Rezension: Für die ersten Seiten des Nachwortes verwendete
Rühmkorf zahlreiche Abschnitte seines Essays *Freche Kußhände* teilweise
wörtlich (vgl. Brief 177).

---

212. Marcel Reich-Ranicki an Peter Rühmkorf

3. Sept. 1985 M. R.-R. / M. K.

Mein Lieber,

nun ist es soweit, Sie müssen jetzt tun, was Sie schon lange planen,
nämlich über Ihr Verhältnis zu Thomas Mann schreiben. Sie erinnern
sich an unsere Umfrage von 1975, in der Sie mit einem der amüsan-
testen Stücke vertreten waren. Diese Umfrage wird bei S. Fischer in
Buchform erscheinen und zwar mit aktuellen Nachträgen. Ich sende
Ihnen beiliegend Ihren damaligen Text, und ich bitte Sie um einen
»Nachtrag 1985«. Natürlich können Sie, was Sie damals geschrieben
haben, widerrufen, revidieren, ergänzen, erweitern, vertiefen und was
Sie sonst wollen. Der Umfang dieses Nachtrags bleibt ganz und gar Ihnen überlassen – je mehr Sie schreiben, desto besser.

An Stoff wird es Ihnen ja nicht mangeln. Ich will schon gar nicht davon reden, daß in den letzten zehn Jahren mehrere Bände der Tagebücher von Thomas Mann veröffentlicht wurden und auf das Urteil vieler
seiner Leser und Kritiker wahrlich nicht ohne Einfluß geblieben sind.
Haben Sie die Tagebücher mal in der Hand gehabt? Auf jeden Fall
glaube ich, mich zu erinnern, daß Sie in den vergangenen Jahren, anders als Brecht, der sich, allen Bemühungen Hanns Eislers zum Trotz,
hartnäckig geweigert hat, den »Zauberberg« zu lesen – er fürchtete,
das Buch könnte ihm gefallen –, selbiges unlängst doch zur Kenntnis
genommen haben. Und haben Sie nicht auch in Amerika einige seiner Erzählungen nicht ungern gelesen? Wie auch immer: Ich brauche

Ihnen ja nicht zu raten, worüber sich in diesem »Nachtrag 1985« einiges sagen ließe.

Und wenn Sie einen schönen Nachtrag schreiben, dann wird dieser in der F.A.Z. gedruckt werden. Ich hoffe sehr, daß Sie mir dieses Manuskript rasch schicken, jedenfalls nicht später als im Laufe des Monats Oktober.

Sehr herzlich
Ihr R.

PS. Die Frage hieß 1975: Was bedeutet Ihnen Thomas Mann, was verdanken Sie ihm?

Maschinenschriftlich, Durchschlag, 1 S. A4, von Marcel Reich-Ranicki abgezeichnet, Original nicht erhalten

unsere Umfrage von 1975: Das Werk von Thomas Mann ... [Umfrage zu Thomas Mann.], in: FAZ, 31. 5. 1975. Zur weiteren Arbeit von Peter Rühmkorf zum Thema Thomas Mann für die FAZ vgl. Brief 192.

---

213. Marcel Reich-Ranicki an Peter Rühmkorf

frankfurt am main 11 X 85
herrn peter ruehmkorf
oevelgoenne 50
(2000) hamburg/52

lieber herr ruehmkorf, ich bin gluecklich, dass die gerechtigkeit wieder einmal gesiegt hat und sie einen preis erhalten, der nicht nur ehrenvoll, sondern auch noch, wie es sich gehoert, mit viel geld ausgestattet ist.

im stillen bilde ich mir natuerlich ein, im laufe der jahrzehnte dazu beigetragen zu haben.

herzlichst
ihr marcel reich-ranicki

Telegramm; am 19. 1. 1986 erhielt Peter Rühmkorf den Arno Schmidt Preis (vgl. *Arno Schmidt Preis 1986 für Peter Rühmkorf,* Bargfeld 1986). Bekannt wurde dies bereits im Oktober 1985 (vgl. FAZ, 11. 10. 1985).

---

214. Marcel Reich-Ranicki an Peter Rühmkorf

Frankfurt am Main, 13. Nov. 1985 M. R.-R. / M. K.

Mein lieber Peter Rühmkorf,

da ich Sie kenne, halte ich es nicht für ganz überflüssig, Sie daran zu erinnern, daß wir auf Ihren Beitrag in Sachen Thomas Mann warten. Sie wissen, daß der Beitrag für ein Fischer-Buch, das die Umfrage von 1975 mit Nachträgen enthalten soll, bestimmt ist. Aber etwa drei der neu geschriebenen Aufsätze werden wir auch in der F.A.Z. drukken, natürlich die besten. Dies teile ich Ihnen mit, damit Sie sich auch wirklich anstrengen. Umfanggrenzen gibt es in diesem Fall nicht, Sie können schreiben, soviel Sie wollen.

Ich bitte um ein Lebenszeichen und warte.

Sehr herzlich

Ihr Marcel Reich

Maschinenschriftlich auf Kopfbogen FAZ, 1 S. A4

---

215. Peter Rühmkorf an Marcel Reich-Ranicki

Hamburg, den 14. Nov. 85

Lieber Herr Ranicki,

Sie mahnen wieder mal mitten in die Arbeit hinein; was glauben Sie denn, das ich hier seit Wochen hin und herwälze?! Schon die Erzählungen und Novellen alle nochmal neu zu lesen, zu studieren, mit Merk-Malen zu versehen, kostet seine Zeit; ich habe nicht das Ihre in jeder Hinsicht blendende Gedächtnis. Den kleinen Stich in die Formulierung gibt mir meine sichere Erinnerung ein, daß ein vorheriger Abdruck in FAZ so viel wie abgemacht war. Wir können da jetzt nicht nachträgliche Klauseln einfügen wie »wenn Sie sich tüchtig Mühe geben« etc. – diese Mühe gebe ich mir immer und sie dient im Zweifelsfall dem Versuch, die Mühen vergessen erscheinen zu lassen.

Und noch einmal zum Nachkerben: ins Auge gefaßt hatten wir das für Sie äußerste Endenovember, und vielleicht schaffen wir's so-

gar eine Woche früher. Im übrigen danke ich Ihnen noch schönstens für ihr Glückwunschtelegramm, das mich ergötzte und grüße Sie sehr herzlich
Ihr Peter Rühmkorf

Maschinenschriftlich, 1 S. A4

---

216. Peter Rühmkorf an Marcel Reich-Ranicki

Hamburg, den 1. Dez. 85

Lieber Herr Ranicki,
und ab! die Eilpost. Hoffentlich entspricht es Ihren Vorstellungen; ich selbst glaube schon, daß es Schwung und Tiefgang hat, und gestrichen kann auch werden. Eine Möglichkeit: S. 5 und dann wieder 7–10. Noch günstiger gleich 5–10, obwohl mit der S. 6 dann schon ein wichtiger Gedanke geopfert werden müßte. Aber entscheiden Sie, der Sie sich hier besser und sicher auch im Interpretationskreis auskennen, ich selbst habe keinerlei Hilfsmittel benutzt außer telefonischen Belehrungen.
Sehr herzlich
Ihr Peter Rühmkorf

Maschinenschriftlich, 1 S. A4

---

217. Peter Rühmkorf an Marcel Reich-Ranicki

Hamburg, den 5. Dez. 85

Lieber Herr Ranicki,
so! das ist es nun aber auch. Der Ihnen bisher vorliegende Schluß war etwas gewaltsam zusammengeprühnt worden, was sich vielleicht prünt schreibt, aber das soll uns ja wohl nicht trennen. Ich hatte hier noch einige wichtige begleichende Sätze auf der Lippe, die wollten gesagt sein, und nur der Termindruck hatte sie unterbunden: nun hat es alles seinen richtigen Sitz und seine Ordnung, und Konversion Aversion befinden sich im angemessenen Gleichgewicht. Manches bleibt

widersprüchlich, aber das liegt am Gegenstand, der lockt einem mal sone, mal solche Perspektiven ab.

Herzlich grüßt Sie
Ihr Peter Rühmkorf

Maschinenschriftlich, 1 S. A4

zusammengeprühnt: nd. prünen = (schlecht) nähen, vgl. engl to preen

---

218. Peter Rühmkorf an Marcel Reich-Ranicki

Hamburg, den 4. März 86

Lieber Herr Ranicki,

hier der Schmidt – etwa 8 Seiten wurden aus 30 herausgekürzt (S. 15 hat eine 15a-Base), so dürfte, sollte, müßte es wohl gehen. Wie Sie selbst sehen: alles weit und breitrandig gedruckt, also gar keine Selbstillusionen dabei. Daß das Spät- und Letztwerk kaum berücksichtigt worden ist, hat zahlreiche Gründe, vor allem freilich den einen, daß ich mich selbst dem frühen Schmidt näher fühle. Von meinen masken- und kostümkundlichen Überlegungen her, kann sich hier aber jeder Interessierte seinen eigenen Weg in die Materie bahnen – den meinen. Zum Technisch-Terminmäßigen noch dies: die Festschrift soll in der ersten Maihälfte erscheinen, da müßte sich also vorher ein Plätzchen finden lassen. Daß Herr Reemtsma für einen Hinweis auf das dort erscheinende Gesamt dankbar wäre, will ich nicht unerwähnt lassen. Andererseits ist dies nicht die authentische Rede, sondern ein verfeinertes Destillat nebst neuen Verzweigungen und Bereicherungen. Einige neu hinzugekommene Seiten und ihre Gedanken (zumal 25–27) beziehen sich schließlich auf eine erst jetzt herauskommende Schrift – da sind wir also wieder ganz vorn. Sehr herzlich grüßt Sie!
Ihr Peter Rühmkorf

P.S. Grimm: »Deutsches Wörterbuch«, Bd. 31, Sp. 1029: ZIEHIG! z. B. »ziehig wie der honig«. Auch zwei böse Druckfehler muß ich bemerken!

Maschinenschriftlich, 1 S. A4, hs. P. S. am rechten Rand; das P. S. bezieht sich auf die Druckfassung des FAZ-Thomas-Mann-Aufsatzes von 1986, vgl. Brief 192 und Brief 212. Das Wort »ziehig« ist in den späteren Druckfassungen des Textes durch »redselig« ersetzt worden: »Man hatte sie mir gewissermaßen als Dreinwaage mit auf den Weg gegeben, als Betthupferl oder Propädeutikum, und – wie soll ich sagen – was das Langzeitwerk mir ziehig vorenthielt, den erwünschten und von Seite zu Seite wünschenswerter erscheinenden Zug im Kamin und eine nicht ganz so unmittelbare Wendung an ein kommunes Spannungsbedürfnis, hier wurden sie mir auf einmal in reichem Maße zuteil.« *hier der Schmidt: Wu hi – ein Deckname als Programm. Der Aufklärer in der Rolle des Spurenlesers: Arno Schmidt, in: FAZ, 12. 7. 1986. Vgl.* auch Peter Rühmkorf, *Bausteine zu einem Arno-Schmidt-Denkmal, in: Arno Schmidt Preis 1986,* Bargfeld 1986, S. 17ff.

das dort erscheinende Gesamt: Gemeint ist die Festschrift *Arno Schmidt Preis 1986,* in der außer Rühmkorfs Dankrede Arno Schmidts Erzählung *Der Rebell* und die Preisrede von Jan Philipp Reemtsma (*An Stelle einer Laudatio*) aufgenommen waren.

---

219. Peter Rühmkorf an Franz Josef Görtz

Hamburg, den 10. 4. 86

Lieber Herr Görtz,

so, schnell zurück die Korrekturen. Hier und da hab ich mal ein Wörtchen verändern müssen; alles sieht gedruckt doch etwas anders aus als getippt. Die sieben Zeilen sind am Schluß anzufügen – ich habe sie gegenüber der colloquialen Festtagsfassung ein wenig entflochten. Vier Zwischenüberschriften kann die große Seite doch gut vertragen. Es sei denn, daß Ihr Layouter sagt, er könne nur dreie richtig ausbalancieren, es gibt in allen Fächern ja so allesmögliche. Aber die Sachen sollen ja nicht bloß gliedern, auch anreizen, und das ist hiermit geschehen. Bzw. in die Wege geleitet.

Herzlich grüßt Sie
Ihr Peter Rühmkorf

Maschinenschriftlich, 1 S. A4

220. Peter Rühmkorf an Marcel Reich-Ranicki

Hamburg, den 9. Mai 86

Lieber Herr Ranicki,

wir wollen die Fäden ja nicht abreißen lassen, Sie fragten gelegentlich nach Gedichtchen, hier ist eins, und kurz und bündig ist es auch. Ich müßte nur eiligst wissen, ob es in Ihren Rahmen (Ihre Rähmchen) paßt. Daß ich mich ganz auf die Poesie zurückgezogen habe, hat sich herumgesprochen, und nun möchte man von allen Seiten was sehen.

Herzlich grüßt Sie
Ihr Peter Rühmkorf

Maschinenschriftlich, 1 S. A4

Gedichtchen, hier ist eins …: So müde, matt, kapude; Erstdruck in Natur, Heft 10, München Oktober 1986 unter dem Titel *Was du hierzuland zu verbergen*

---

221. Marcel Reich-Ranicki an Peter Rühmkorf

Frankfurt am Main, 21. Mai 1986 M.R.-R./M.K.

Mein Lieber,

da ich eine Woche in Jugoslawien war, wird Ihr Brief vom 9. Mai erst heute beantwortet, denn sonst pflegen wir ja auf Ihre seltenen Äußerungen postwendend zu reagieren.

Das Gedicht ist charmant, aber leider nicht ganz überzeugend, vor allem aber nicht ganz verständlich, was natürlich an den vier immerhin professionellen Literaturredakteuren liegen mag, die Ihre Verse so aufmerksam wie andächtig gelesen haben. Da, wie ich höre, auch andere danach gieren, Ihre Texte zu drucken, werden Sie die Rücksendung mit gnädigem Lächeln quittieren.

Ihre Arno Schmidt-Seite kommt im Juni. Lassen Sie wieder von sich hören und seien Sie umarmt,

Ihr Marcel Reich

Maschinenschriftlich auf Kopfbogen FAZ, 1 S. A4

---

222. Peter Rühmkorf an Marcel Reich-Ranicki

Hamburg, d. 18. 12. 86

Lieber Herr Ranicki,

hier schnell, so lange der Tag noch läuft, ein Ihnen bekanntes Gedicht, aber bitte: nur für die Akten. Mit dieser Zusendung ist kein Ansinnen um Abdruck verbunden. Ich hatte seinerzeit ja nur gehofft, daß es zu Ihnen sprechen möge, was es dann leider nicht tat; und die Viermannhochquadriga war mir dann schon viel zu viel. Ich danke Ihnen im übrigen sehr, daß Sie mir gegenüber dem Verlag den inneren Rücken gestärkt haben, man verinnerlicht solche Rentabilitätsrechengänge sonst zu früh, zu voreilig. In Ihr und in Gottes Ohr, also für die Nachwelt vielleicht noch dies, daß ich mich in eigener Sache wirklich selten geirrt habe. Meine sämtlichen Arbeiten haben sich dem öffentlichen Verständnis immer erst nach einigen zehn-fünfzehn Jahren aufgeschlossen, und ich habe, dank genügender Ausdauer und hinreichender Bejahrung, diese Auferstehungsprozesse alle noch persönlich miterlebt. Ich hatte es zwar nie darauf angelegt, in der Schieblade zu verschimmeln, aber »Erfolgsschriftsteller« o. ä. ist für mich zeitlebens ein Schimpfmal gewesen. Also Verkennung – auf Zeit! – ist für mich eher eine belebende als beleidigende Anmutung, das Gegenteil wäre mir unheimlich. Und wie schön der allen irdischen Jammer begleitende Gedanke, daß man immer noch genügend Stoff zum Auferstehen hat.

Sehr herzlich
Ihr Peter Rühmkorf

p. s. Weil noch so viel schöner weißer Platz auf der Seite ist und es mir, neben dem Auferstehen, zumindest so herzlich-heftig um das Verstehen und Verstandenwerdenwollen geht. Sprechen wir mal nicht wie unter uns, sondern wie zu Dritten. Also wie soll ich, wie wollen Sie einem Herrn X (oder nennen wir ihn besser M.) verständlich machen, daß es »hierzuland« etwas zu verbergen gibt, was man eigentlich hinausschreien müßte. Eine Wahrheit an der man erstickt. Eine Wahrheit, die auch nicht an Autobahnkilometern oder Walzstraßenlängen zu bemessen ist, sondern an Sarglängen, an Sargstrecken – so etwas entspricht nach Meinung des Herrn M. doch gar nicht der Wirklichkeit unseres Landes. Damit mag Herr M. nach seinem Weltverständnis sogar recht haben. Er hört die Wahrheit wohl, allein ihm fehlt der Glaube, freilich nicht, weil das Gedicht ihm etwa unverständlich ist, sondern weil es an einer humanen Verständigungsebene mangelt. Für Herrn M. sind die Nazis doch weit weit weg und allenfalls etwas, was sich »nie nie wieder ereignen darf«. Böses Gesindel, zweifellos, aber mittlerweile in der historischen Versenkung verschwunden. Den »ewigen Juden« kennt er vielleicht gerade noch aus dem populären Sprachgebrauch, aber an den ewigen Nazi, gar die ewigen Nazis mag er schon überhaupt nicht glauben, und somit entzieht sich denn auch die Strophe 4 seinem billigenden (Ein-)Verständnis.

Gut, werden Sie an dieser Stelle vielleicht sagen, einverstanden, aber der hochmetaphorische Anfang muß ihm doch wohl Hekuba bleiben. Muß er nicht, meine ich, wenn Herr M. nur ein ganz klein bißchen von poetisch sinnbildhafter Redeweise versteht, Gryphius kennt (»Die Nacht schwingt ihre Fahn«) oder Heyms »Dämonen der Großstadt« – da schließt sich der Abendjude mit seinem goldenen Stern doch fast schon traulich-traditional an. Daß er sich bei mir in einen eigenen Zirkel von anthropomorphen Nacht- und Abendbildern fügt, sage ich hier nur am Rande. »Die Negerin Nacht« taucht irgendwo auf; »Ich zieh die Tintentoga des Abends vor mein Angesicht« heißt es an anderer Stelle; und noch woanders »Der Abend, der rote Indianer / raucht still sein Calumet«, also da gibt es schon Verwandtschaft allenthalben, zumal auf einer Anspielungsebene, die das Abgedrängte, Pariahafte bezeichnet.

Nun will ich Ihnen den Anlaß des Gedichtes aber nicht vorenthalten. Man bedarf seiner Kenntnis eigentlich nicht, aber wo »Unverständlichkeit« das trennende Wort war, kann er doch ein bißchen zusätzliches Licht auf einen düsteren Zusammenhang werfen. Ich hatte nämlich im Sommer des Jahres den Shoa-Film von Claude Landsmann gesehen, und angesichts der Schreckensbilder und der fast noch grauenhafteren Zeugenaussagen war mich ein unabwendliches Würgen angekommen. Ich sah nämlich nicht bloß Vergangenheit da, sondern die Verlängerung in die laufende Gegenwart. Ich sah die verdienstvollen Giftgasfabriken munter weiterproduzieren und die Nachfolger der Cyclon-B-Vergasungs-Laster auf den Autobahnen der Welt herumkarriolen, und

ich hörte das unerträgliche Entschuldigungs- und Rechtfertigungsge-
schwätz der zu Unrecht Überlebenden, aber die in mir ausgelösten Ge-
fühle reimten sich mir alle nur wie Wut und Vanitas. Damit kann man
schlecht leben, aber auch noch nicht dichten. Der entscheidende kritische Funke fiel denn auch gar nicht während der Sendung selbst, sondern während der nachfolgenden Tagesschau. Da tauchten sie nämlich
zufällig alle auf, unsere Herren Geschichtsphilosophen aus Oggers-
heim und Gnadenwinkel, also die Herren Kohl und Wörner und Geis-
ler und Strauß, und – was soll ich Ihnen sagen – es war genau das
nämliche gnadenlose Geschwätz wie ich es eben von den KZ-Kom-
mendanten und Kapos und Sonderzugführern und Begleitpersonen
gehört hatte, schmierig, wendig, populistisch-positiv (Ein Optimismus,
der im Zweifelsfall über Leichen geht), und in diesem aussichtslosen
Augenblick sah ich plötzlich auch IHN, den immer mitanwesenden
Ahasver und Schmerzensmann, riesig den Himmel füllend, eigentlich
nur einen weit ausgespannten Kaftan mit einem goldenen Stern drauf,
und das Bild wollte mir dann nicht mehr aus dem Auge.

Warum ich das erzähle? Nicht um meinerseits ein Reservat für
den ungebetenen Gast zu erkämpfen, zu erflehen, im Gegenteil, ich
möchte eher bitten, davon abzusehen. Ich bin auch sonst eher dagegen, daß man Folter, Greuel und KZ-Grauen literarisch thematisiert
und vielleicht sogar mit Schmackes auf die Operettenbühne bringt:

»GHETTO – MUSICAL
Regie Zadek – Bild Grützke – Musik Raben – Tanz Kresnik«

wie gesagt also, da kommt mir nach dem Entsetzen nochmal Kotze-
extra hoch. Aber ich mache mir natürlich schon so meine Gedanken,
warum ernsthafte Kunst es dagegen so schwierig hat, ja, warum sie in
eine eigene Pariaecke abgedrängt wird. Unverständlichkeit scheint mir
dabei wirklich nicht das Problem. Ausrastendes Verständnis abneh-
merseitig habe ich auch bei öffentlichem Vortrag nie feststellen können. Literarische Qualität – Gottja – darüber kann und will ich nicht
streiten, ich kann von mir aus auch nur auf Arbeit-Arbeit-Arbeit hinweisen und besagte 100–150 Seiten pro Gedicht, na, die Nachwelt
wird Augen machen, aber über die Mitwelt habe ich natürlich keinerlei Macht. Herzlichst nochmal – Ihr P. R.

Bitte entschuldigen Sie paar Flüchtigkeiten und auch Klaue hier + da, hab nur noch Teil meiner Geister beisammen.

Maschinenschriftlich, 5 S. A4, hs. Schlußsatz am rechten Rand auf S. 5. Beigelegt waren drei ausgerissene Seiten (mit einem hs. Weihnachtsgruß Rühmkorfs) aus der Zeitschrift Natur mit dem Abdruck des Gedichts *So müde,
matt, kapude,* hier unter dem Titel *Was du hierzuland zu verbergen* (vgl. Brief
Nr. 220). Ein weiteres Rühmkorf-Gedicht war dort ebenfalls abgedruckt
(*Vom Einzelnen ins Tausendste,* vgl. WA 1, S. 410. Vgl. auch *Einmalig,* S. 84ff.).

Gryphius kennt: Andreas Gryphius, vgl. dessen Gedicht *Abend:* »Der schnelle Tag
ist hin / die Nacht schwingt ihre Fahn«

Die Negerin Nacht: vgl. das Gedicht *Freude auf mein Haar,* WA 1, S. 183

Ich zieh die Tintentoga: vgl. das Gedicht *Variation auf* »*Abendlied*« *von Matthias
Claudius,* WA 1 S. 240

Der Abend, der rote Indianer: vgl. das Gedicht *Aussicht auf Wandlung,* WA 1,
S. 207

mit Schmackes auf die Operettenbühne: Das Musical *Ghetto* von Jehoschua
Sobol (geb. 1939), isr. Schriftsteller, wurde 1984 in Berlin und Haifa urauf-
geführt (Regie: Peter Zadek, Bühne: Johannes Grützke, Musik: Peer Raben,
mit Michael Degen, Ulrich Tukur, Esther Ofarim, Giora Feidman, Otto
Tausig, Hermann Lause, Ernst Jacobi, Alexander Guini, Hannes Jaenicke,
Peter Kern).

---

223. Marcel Reich-Ranicki an Peter Rühmkorf

2. Februar 1988 M. R.-R. / M. K.

Lieber Herr Rühmkorf,

Sie haben lange nichts von mir gehört. Hingegen ist zu meinen Ohren die Nachricht gedrungen, daß Sie in einem Vortrag in Hannover
zwar, wenn ich recht informiert bin, über mich sehr respektvoll, doch
auch mit einiger Verwunderung gesprochen haben. Es ging wohl immer noch um das Gedicht, das uns nicht ganz überzeugt hat. Das ist
nun einmal so, daß ein Autor, der ein Manuskript einer Zeitung zu-
schickt, damit rechnen muß, daß es aus diesen oder jenen Gründen
nicht akzeptiert wird. Übrigens hatten Sie damals die Rücksendung ge-

radezu herausgefordert, darauf verweisend, daß andere Redaktionen
ebenso ungeduldig wie devot auf die Produkte Ihrer Feder warten. Ein
Umstand, dessen ich ganz sicher bin, der aber dem Adressaten eine
Rücksendung erleichtert.

Gern hätte ich gewußt, wie es Ihnen jetzt geht, woran Sie arbeiten und womit die literarische Welt rechnen kann – gewiß mit allerlei Überraschungen. Zugleich aber schreibe ich in einer anderen Angelegenheit, die übrigens mit der F.A.Z. nichts zu tun hat. Sie haben
vielleicht gelesen, daß Karl Krolow den Hölderlin-Preis 1988 erhalten
hat. Der Preis wird ihm in einer Feierstunde am Todestag Hölderlins,
also am 7. Juni, in Bad Homburg überreicht. Krolow, ich in meiner
Eigenschaft als Vorsitzender der Jury, und die ganze (zumal weibliche) Bevölkerung von Bad Homburg wären glücklich, wenn Sie die
Laudatio halten wollten. Überlegen Sie sich das bitte und versuchen
Sie, nicht abzusagen. Ich erinnere mich an unsere Telefongespräche
vor zwanzig, ja fünfundzwanzig Jahren, in denen Sie Krolow als einen
der bedeutendsten lebenden deutschen Lyriker bezeichneten. Nun, da
Celan, Eich, Huchel, Bobrowski und die Kaschnitz nicht mehr leben,
scheint mir dieser Superlativ noch mehr am Platze. Wie wäre es also?
Natürlich trägt die Stadt Bad Homburg die Hotel- und Reisekosten,
außerdem erhält der Laudator ein bescheidenes Honorar in Höhe von
1.000,– DM.

Geben Sie mir bitte bald Bescheid, grüßen Sie die gnädige Frau und
seien Sie selbst sehr herzlich gegrüßt von

Ihrem R.

Maschinenschriftlicher Durchschlag, 1 S. A4, von Marcel Reich-Ranicki abgezeichnet, Original nicht erhalten

Vortrag in Hannover: Peter Rühmkorf las (u. a. das »Gedichtchen«, vgl. Brief
220 und Brief 222) am 21. 10. 1987 im Funkhaus Hannover, Kleiner Sende-
saal (vgl. *Autoren lesen im Funkhaus Hannover: Peter Rühmkorf,* NDR 3,
3. 11. 1987, 21:00–22:35 Uhr).

Karl Krolow: vgl. Peter Rühmkorf *Von der Körpersprache der Poesie. Rede auf
den Dichter Karl Krolow anläßlich der Verleihung des Friedrich-Hölderlin-
Preises,* in: FAZ, 8. 10. 1988

224. Peter Rühmkorf an Marcel Reich-Ranicki

Hamburg, d. 3. 2. 88

Lieber Herr Ranicki,

sah schon gleich durchs Klarsichtfenster Ihr geschätztes Blaues und fühlte mich nostalgetisch an gute alte Zeiten erinnert. Dachte zunächst, es gehe wohl um die Frankfurter Anthologie, wo ich ja immer noch mit einem halb versprochenen Goethe-Text ausstehe, den ich Ihnen auch ungeöffneten Briefes so!-fort noch einmal zu akkreditieren bereit war – aber nun: so etwas Großes, Umfassendes – ein ganzes Dichterleben Umfangendes ... Bleiben wir kurz noch einmal bei Goethe. Drei mal vier Zeilen »Phänomen« wären ja wohl nicht zu lang und für einen geborenen und gebliebenen Phänomenologen eine lohnende Aufgabe. Könnten wir uns darauf einigen und Sie mir noch für ein Weilchen Option darauf einräumen?

Nun ist Ihr Antrag allerdings anderer Art, und das läßt mich schon etwas schwerer atmen. Um Himmelswillen, wie soll ich denn meinem fluchwürdigen Sechzigsten mit der nötigen Gelassenheit entgegenarbeiten, wenn mich unentwegt Jubiläen, Apotheosen und Preiskörungen aus der Ruhe bringen?! Trotzdem, weil Karl Krolow eine nicht nur poetisch herausragende, sondern auch menschlich gewinnende Erscheinung ist, muß ich mir diesen Ruck wohl geben und ihm eine angemessene Girlande winden. Übermittlung von Gesamtwerk nochmal zum Anstreichen und Ausschreiben und Zerarbeiten dürfte wohl kein trennendes Problem sein, wobei gesamt auch poetologische Schriften, Roman und Karol Kröpke mitmeint.

In Hannover seinerzeit hatte ich mir Gedichte und ihre Begleitumstände zum Thema genommen, was ja direkt mit unserm alten Dissens zu tun hat, da hatte ich dann auszugsweise aus unseren Briefwechseln zitiert. D. h., nur aus dem bezüglichen, weil Sie mir in Hamburg mal Ihr mündliches Placet für eine Veröffentlichung eingeräumt hatten. Sich anschließende Fragen aus dem Publikum hatte ich dann mit einem Hinweis auf immerhin mögliche Verständnisschwierigkeiten zwischen Hochliteratur und Großkritik beschieden: hier kommen ja gelegentlich zwei Schwingungskreise nicht zur Deckung, die mit unterschiedlichen Standpunkten im Konzertsaal zu tun haben, und nicht alles, was sich dem Verständnis der Scheidekunst entzieht, muß dem gemeinen menschlichen Zusammenhangs-/Zusammenklangsbedürfnis Hekuba bleiben. Wirklich beunruhigend finde ich bei solchen kulturhistorisch überhaupt nicht neuen Reibereien zwischen Kunst und Kritik eigentlich nur diese äußerste Mimosenhaftigkeit aufseiten des Machtmonopols. Jeder Redaktionsdirektor darf jeden Autor oder Beiträger jederzeit auf seine beinah schon austauschbare Teilchenhaftigkeit im kulturellen Spiralnebel verweisen, aber wehe dem Autor, der nur einmal zartest an die immerhin möglichen Anziehungskräfte weiterer Galaxen zu erinnern wagt! Ich könnte es auch anders ausdrükken. Bei sehr ungleich verteilten Zugkräften/Druckmitteln hat ein Eingesandtes nicht viel mehr als die Rechte der ersten Nächte zu vergeben, seine Unschuldsaura, seinen Neuigkeitsreiz, und wo es den anträgt, darf es doch wohl noch sagen: especially for you, aber nicht für ewig und schon gar nicht auf unbestimmte Zeit im Wartestand. Na, dies nur, weil sie immer wieder so beharrlich auf diesen einen für Sie wunden Punkt zu sprechen kommen, der für Sie ein Äußerstes an Nötigung zu beinhalten scheint, für den reisenden Dichter aber nur die nötige Erinnerung an eine allgemein segensreiche Gewerbefreiheit.

Lieber Herr Ranicki, die kleine Einzelheit ist von uns genügend hin und her gewendet worden, und wir können uns neuen Gegenständen zuwenden, möglicherweise von Haus und Natur aus verträglicheren.

Herzlich wie immer

Ihr Peter Rühmkorf

Maschinenschriftlich, 3 S. A4

Phänomen: Gedicht im West-Östlichen Divan, vgl. J. W. Goethe, *Sämtliche Werke* (Münchner Ausgabe), Bd. 11.1.2, München 2006, S. 15. Vgl. Peter Rühmkorf, *Zauberisches Hin und Her. Über Goethes Gedicht »Phänomen«,* in: FAZ, 15. 7. 1989 (Frankfurter Anthologie)

Karol Kröpke: recte Kröpcke, Pseudonym Krolows

225. Marcel Reich-Ranicki an Peter Rühmkorf

18. Februar 1988 M. R.-R. / M. K.

Lieber Herr Rühmkorf,

mit Ihrem Brief vom 3. Februar haben Sie mir eine große Freude bereitet. – und die Ursache dieser Freude ist keineswegs nur der Inhalt dieses Briefes, sondern auch sein Stil. Das muß man schon sagen: Sie schreiben ein ungewöhnlich originelles und schönes Deutsch.

Es freut mich, daß Sie endlich aufgehört haben, mir zu grollen. Es freut mich (und auch Karl Krolow und den, übrigens sehr intelligenten, Oberbürgermeister von Bad Homburg), daß Sie am 7. Juni die Laudation halten werden. Es freut mich, daß Sie das Gedicht »Phänomen« von Goethe für unsere »Frankfurter Anthologie« kommentieren wollen. Nur: Alles auf der Welt muß ein Ende haben, und auf diese zwei Maschinenseiten (mehr darf es auf keinen Fall werden!) warte ich nun schon seit vielen Jahren. Es freut mich, daß wir uns – ich nehme dies doch an – am 12. März in Hamburg sehen werden.

Den Suhrkamp Verlag werde ich bitten, Ihnen möglichst viele Bücher mit Werken von Krolow zu schicken. Die Gedichte von Karol Kröpke wird allerdings der Suhrkamp Verlag Ihnen nicht zusenden können, denn sie sind ja in irgendeinem dubiosen kleinen Verlag erschienen. Ich würde Ihnen auch dringend empfehlen, diese Kröpke-Gedichte in der Laudatio nicht zu zitieren. Es wird nämlich, lieber Herr Rühmkorf, auch Frau Krolow zugegen sein, von anderen schamhaften Damen ganz abgesehen.

Apropos schamhaft: Ich habe mit einiger Verwunderung gelesen, daß Ihre liebe Eva gegen das Plakat mit dem schönen Vaginalbild von Susanne Lothar dienstlich Protest erhoben hat. Ist doch eigentlich ein sehr hübsches Bild, und Fräulein Lothar ist, wie ich hörte, zur Zeit sehr stolz darauf, die meistbegehrte Frau der Hansestadt zu sein. Wie auch immer: Ich liebe Ihre Eva nach wie vor und jedenfalls mehr als Susanne Lothar.

Sehr herzlich

Ihr R.

Maschinenschriftlicher Durchschlag, 1 S. A4, von Marcel Reich-Ranicki abgezeichnet, Original nicht erhalten

Oberbürgermeister von Bad Homburg: Wolfgang R. Assmann, Oberbürgermeister
   von 1980 bis 1998

Vaginalbild von Susanne Lothar: vgl. das Plakat von Gottfried Helnwein zur
   Hamburger Inszenierung der *Lulu* von Peter Zadek (Premiere am 13.2.1988
   im Dt. Schauspielhaus)

dienstlich Protest: Eva Rühmkorf war von 1979 bis 1988 Leiterin der Hamburger
   »Leitstelle Gleichstellung der Frau«.

---

226. Marcel Reich-Ranicki an Peter Rühmkorf

Frankfurt am Main, 4. Mai 1988 M. R.-R. / M. K.

Lieber Peter Rühmkorf,

gewiß haben Sie meinen Brief vom 18. Februar im Zusammenhang
mit der Krolow-Feier am 7. Juni erhalten. Ich schrieb Ihnen, daß die
Stadt Bad Homburg für Ihre Laudatio 1.000,– DM und die Reise- und
Hotelkosten zahlt. Ich möchte Ihnen aber mitteilen, daß wir natürlich Ihre Krolow-Rede in einer unserer Samstagsbeilagen drucken werden und Sie somit mit einem zusätzlichen Honorar von mindestens
1.500,– DM rechnen können.

Unsere Reihe »Romane von gestern – heute gelesen« wird im Winter auslaufen. Sie wollten doch für diese Reihe über Döblins »Babylonische Wandrung« schreiben. In den nächsten Monaten wäre die
letzte Gelegenheit. Wie schaut es damit aus? Sie wollten ferner über
das Goethe-Gedicht »Phänomen« zwei Maschinenseiten verfassen.
Darüber haben wir zu korrespondieren begonnen, als wir beide noch
junge Leute waren. Falls Sie für die Roman-Reihe den Döblin nicht
mehr machen wollen, sondern etwas ganz anderes, wäre das natürlich
ebenfalls willkommen, aber es darf nicht ein Titel sein, den wir schon
hatten (und wir hatten bisher schon 117). Überdies müssen wir in dem
Zeitraum von 1900 bis 1945 bleiben.

Bitte, lassen Sie rasch von sich hören und seien Sie herzlichst gegrüßt von

Ihrem Marcel Reich

Maschinenschriftlich auf Kopfbogen FAZ, 1 S. A4

---

227. Marcel Reich-Ranicki an Peter Rühmkorf

Frankfurt am Main, 23. August 1988 M. R.-R. / M. K.

Mein Lieber.

1. Zunächst will ich Ihnen schriftlich bestätigen, was wir vor einigen Wochen telefonisch ausgemacht haben. Sie werden am 17. Mai 1989, um 20 Uhr, im neuen Haus des Jüdischen Gemeindezentrums ungedruckte Gedichte lesen. Der Saal ist groß und schön. Ich werde Sie einleiten. Hinterher werden Sie, wie üblich, Ihre Bücher signieren. Ihr Honorar beträgt 2.000,– DM (allerdings ohne Spesen). Die Reihe nennt sich »Literaturforum«. Außer Ihnen lesen in der ersten Saison: Martin Walser, Walter Jens und Siegfried Lenz.

2. In unserer Nummer vom 27. August erscheint eine von Ueding geschriebene, sehr ausführliche Besprechung Ihres Werner-Riegel-Bandes.

3. Ihr Aufsatz über Krolow ist längst gesetzt und umbrochen und mußte leider wieder aus Platzgründen verschoben werden. Dahinter verbirgt sich keine Bosheit und keine Schikane. Es sind tatsächlich nur die Platzgründe. Nun höre ich aber vom Bad Homburger Oberbürgermeister, daß er im Zusammenhang mit Ihrer Rede Kummer habe. Bad Homburg will, wie üblich nach jeder Hölderlin-Preisverleihung, eine Broschüre mit den dort gehaltenen Reden drucken, wobei Ihre Rede selbstverständlich in ungekürzter Fassung enthalten sein soll. Sie hätten sich geweigert, den Leuten in Bad Homburg das Manuskript zur Verfügung zu stellen, weil die Sache ja bei der F.A.Z. erscheinen soll. Das alles ist gut und richtig, nur wird die Broschüre praktisch unter Ausschluß der Öffentlichkeit gedruckt, und außerdem dauert die Drucklegung dort in der Regel einige Monate. Mit anderen Worten: Senden Sie bitte den vollständigen Text nach Bad Homburg und genehmigen Sie dessen Veröffentlichung in der geplanten Broschüre, die übrigens nirgends verkauft wird. Diese Broschüre ist für unsere Veröffentlichung Ihres Textes ohne Bedeutung, und selbstverständlich wird auch das Ihnen von mir in Aussicht gestellte fürstliche Honorar keineswegs durch die Bad Homburger Publikation beeinträchtigt.

4. Sie wollten doch ein Goethe-Gedicht für unsere »Frankfurter An-

thologie« machen. Ich warte und warte und bitte Sie dringend, nun das Manuskript zu erstellen.

Lassen Sie bald von sich hören.

Sehr herzlich

Ihr Marcel Reich

PS. Wie schaut es denn mit den neuen Gedichten aus? Könnten wir nicht etwas Kürzeres für die F.A.Z. bekommen?

Maschinenschriftlich auf Kopfbogen FAZ, 2 S. A4

Sie werden ... lesen: Die Lesung von Peter Rühmkorf im Jüdischen Gemeindezentrum fand am 8.3.1989 statt. »Rühmkorf [...] sei ein jugendlicher Poet geblieben, sagte denn auch Marcel Reich-Ranicki in einer Einführung. Mit Wollpullover, offenem Hemd und schulterlangen Haaren wirkte der Dichter in der Tat sehr jugendlich. Er habe viele Schlachten, aber nie seine Identität verloren. Und er lasse sich nicht etikettieren. ›Kritiker haben diese Art von Autoren besonders gern‹, meinte Reich-Ranicki.« (Bericht des Jüdischen Gemeindezentrums Frankfurt a.M., 2/1989)

Besprechung Ihres Werner-Riegel-Bandes: Gert Ueding, *Werner Riegel, beladen mit Sendung, Dichter und armes Schwein.* Peter Rühmkorf erinnert an seinen früheren Weggefährten und an das poetische Programm des »Finismus«, in: FAZ, 27.8.1988. Vgl. Peter Rühmkorf, *Werner Riegel ... beladen mit Sendung Dichter und armes Schwein,* Zürich 1988

neuen Gedichten: Am 31.8.1988 wurde in der FAZ das Gedicht *Aufwachen und wiederfinden* veröffentlicht (WA 1, S.461).

---

228. Peter Rühmkorf an Marcel Reich-Ranicki

Hamburg, d. 24.8.88

Lieber Herr Ranicki,

wie schön, daß Ihr Auge wieder den Überblick gewonnen hat und s o v i e l e Gegenstände zugleich erfassen kann – da kann man ja selbst kaum mithalten. Trotzdem hier schnell der Versuch, Ihren Wünschen und Fragen wenigstens in Schüben zu entsprechen. Punkt 1: 17. Mai 1989, sehr schön. Punkt 2: bin ich auch von ganzem Herzen dabei, wenn natürlich in der gebotenen devoten Lauerstellung. Punkt 3: eine

Art von Mißverständigung; die Homburger hätten den ungekürzten Text längst im Haus gehabt, wenn ich nicht immer strikt auf Ihre Optionen und Vorkaufsrechte achtete. Mit dem Krolow in FAZ verfahren Sie nach Belieben, obwohl der Behandelte zwischenzeitlich – und zu Recht – etwas zappelig wurde. Punkt 4: Es handelt sich immer noch um das Gedicht »Phänomen«, das mir zeilenweise allerdings noch schleierhaft ist. Die alte Hamburger Ausgabe ist etwas sparsam mit Anmerkungen, und ich warte gespitzen Auges auf den zweiten Insel-Gedichtband. Schon ein Stück Fahne mit den entsprechenden Verweisen könnte sofort Wunder wirken. Punkt PS: eine kleine Romanze anbei, nur sollten Sie wirklich bitte nicht zu lange zögern – das Stück wird im Herbst in einigen Anthologien zu lesen sein, und eine vorgezogene Premiere in FAZ könnte allen Beteiligten nur förderlich sein.

Sehr herzlich grüßt Sie
Ihr Peter Rühmkorf

Maschinenschriftlich, 2 S. A4
kleine Romanze: Aufwachen und wiederfinden

---

229. Marcel Reich-Ranicki an Peter Rühmkorf

Frankfurt am Main, 7. Februar 1989 M. R.-R. / M. K.

Lieber Peter,

alles auf der Welt muß ein Ende haben, und schließlich müssen Sie es schaffen, 60 Maschinenzeilen über das Gedicht »Phänomen« von Goethe zu schreiben. Ich brauche jetzt Ihr Manuskript, denn die Vorbereitungen für den Goethe-Sonderband sind in vollem Gange. Es lohnt sich, daß Sie sich Mühe geben, denn Ihre weisen Worte werden mindestens dreimal gedruckt werden: In der F.A.Z., in diesem Goethe-Sonderband und in dem Normalband der »Frankfurter Anthologie«. Lassen Sie rasch von sich hören und seien Sie umarmt.

Inzwischen lebt ganz Frankfurt in Erwartung Ihres Auftritts am 8. März.

Sehr herzlich
Ihr Marcel Reich

Maschinenschriftlich auf Kopfbogen FAZ, 1 S. A4

---

230. Peter Rühmkorf an Marcel Reich-Ranicki

Hamburg, d. 15. 2. 89

Lieber Herr Ranicki,
Dank für liebes Briefchen vom 7. Februar. Antwort etwas spät, weil
ich war auf dem Lande, mein altes Mütterchen war krank und ist dann
gestorben und begraben und hoffentlich aufgefahren zum Himmel,
was sie verdient hat – jedenfalls die Erscheinungswelt war etwas von
mir abgerückt, dito das »Phänomen«, aber in der kommenden Woche
will ich mich dranmachen. Kann noch nicht ganz aus dem Stand; ich
muß noch das Nachwort zum Sammelwerk »Aus der Fassung« fertig-
machen (bei unserem letzten Telefon noch als »Buch der tausend Fassungen« o. ä. annonciert) – nun, bis Ende nächster Woche müßte das
»Phänomen« wohl zu packen sein.
Sehr herzlich grüßt Sie

Maschinenschriftlich, 1 S. A4, Durchschlag ohne Unterschrift, Original nicht
erhalten
mein altes Mütterchen: Elisabeth Rühmkorf starb am 9. 2. 1989 im Alter von
94 Jahren, vgl. *TABU I* S. 24ff.
Sammelwerk »Aus der Fassung«: Selbst III/88. Aus der Fassung, Zürich 1989

---

231. Peter Rühmkorf an Marcel Reich-Ranicki

Hamburg, d. 28. 2. 89

Lieber Herr Ranicki,
bitte noch ganz klein wenig Geduld; ich sitze gerade noch an Nachwort zu mir selbst; ab morgen, übermorgen frei für »Phänomen«, das
ich Ihnen dann am 8. eigenhändig zu Füßen lege. Leider, es geht nicht
anders, und grämen Sie sich nicht.
Herzlichst

Maschinenschriftlich, 1 S. A4, Durchschlag ohne Unterschrift, Original nicht
erhalten

232. Marcel Reich-Ranicki an Peter Rühmkorf

Frankfurt am Main im Dezember 1989

Mein lieber Peter Rühmkorf,

es ist Zeit, den dreizehnten Band unserer »Frankfurter Anthologie« vorzubereiten. Er wird im Herbst 1990 erscheinen, natürlich wiederum im Insel-Verlag, Frankfurt. Ebenso wie die zwölf vorangegangenen Bände wird auch dieser sechzig Gedichte und Interpretationen enthalten.

Ihren Beitrag sende ich Ihnen beiliegend und bitte Sie, den Text genau zu lesen. Selbstverständlich sollten sachliche Irrtümer, die sich hier und da eingeschlichen haben, unbedingt korrigiert werden und natürlich können Sie stilistische Korrekturen, die Ihnen notwendig erscheinen, vornehmen. Ferner bitten wir Sie, auf die Druckfehler zu achten, die uns leider gelegentlich unterlaufen sind. Doch was immer Sie ändern – ich muß Sie bitten, von einer Erweiterung Ihres Beitrages (es sei denn um zwei oder drei Zeilen) absehen zu wollen. Schließlich wäre ich Ihnen noch dankbar, wenn Sie die Güte hätten, bei dieser Gelegenheit auch den Text des von Ihnen interpretierten Gedichtes aufmerksam zu prüfen.

Den Vertrag für den Abdruck Ihres Aufsatzes in der Buchausgabe der »Frankfurter Anthologie« werden Sie, wie üblich, vom Insel-Verlag erhalten. Ich bitte auch alle Mitarbeiter der »Frankfurter Anthologie«, eventuell notwendig gewordene Ergänzungen für das im Anhang gedruckte »Verzeichnis der Interpreten« uns mitteilen zu wollen. Ich bitte um Verständnis, daß wir von Ihren Veröffentlichungen in diesen Anmerkungen immer nur die wichtigsten anführen können. Die Interpreten wiederum, die bisher in der »Frankfurter Anthologie« noch nicht vertreten waren, bitten wir um kurze biographische Angaben, deren Umfang den Notizen in den bisherigen Bänden entsprechen sollte.

Senden Sie bitten den Ausschnitt möglichst rasch zurück. Sollten Sie nichts korrigieren, dann bitten wir ebenfalls um die Rücksendung der Anlage und zwar unbedingt.

Seien Sie bestens gegrüßt

von Ihrem

Marcel Reich

Maschinenschriftlich auf Kopfbogen FAZ, 1 S. A4, Rundbrief mit hs. Anrede
Frankfurter Anthologie: Band 13, hg. von Marcel Reich-Ranicki, Frankfurt a. M.
1990, dort Peter Rühmkorfs Interpretation des Goethe-Gedichts *Phänomen*
(*Zauberisches Hin und Her,* S. 78 ff.), vgl. Brief 224

---

233. Frankfurter Allgemeine Zeitung an Peter Rühmkorf

Die Frankfurter Allgemeine Zeitung GmbH,
die Deutsche Verlags-Anstalt GmbH,
die Frankfurter Studio- und Programmgesellschaft mbH
bitten

Herrn Peter Rühmkorf und Frau Gemahlin

zu einem Empfang mit anschließendem Abendessen zur Feier des siebzigsten Geburtstags von Herrn Professor Dr. Marcel Reich-Ranicki

am Freitag, dem 8. Juni 1990, 18.30 Uhr,
im Hotel Frankfurter Hof, Kaiserplatz, Frankfurt am Main.

Begrüßung:
    Hans-Wolfgang Pfeifer
    Vorsitzender der Geschäftsführung der
    Frankfurter Allgemeinen Zeitung GmbH

Über M.R.-R. und zu M.R.-R. sprechen:
    Verleger Ulrich Frank-Planitz
    Deutsche Verlags-Anstalt GmbH
    Professor Dr. Dr. h. c. Walter Jens
    Dr. Siegfried Lenz
    Professor Dr. Peter Wapnewski

Gedruckte Einladung mit hs. eingesetztem Namen, Klappkarte A5

---

234. Peter Rühmkorf an Marcel Reich-Ranicki

Hamburg, d. 30. 5. 90

Lieber Herr (zur Feier des Tages) Reich-Ranicki,

Sie scheinen öfter so herausragende Geburtstage zu haben als andere im öffentlichen Leben stehende Personen; aber das kann auch mit dem Exzellieren überhaupt zu tun haben, bzw. dem nun schon langjährigen Sichnahestehen. Ihr von schönstem Freundschaftsgeist behauchtes Telegramm zu meinem Sechzigsten steht mir immer noch mild leuchtend vor Augen; ich habe es damals als ganz informelle Ausnahme öfter herumgezeigt, und man hat sich allgemein gewundert über den positiv zu Herzen gehenden Ton. Alles erdenklich Gute also auch Ihnen heute (und Eva drückt kräftig mit auf die Tube), daß Sie uns auch in Ihren neuen Inkarnationen und Metamorphosen noch lange erhalten bleiben.

Der Film von der Pinkerneil war unterm Strich doch gar nicht so schlecht – man muß sich wundern, wie viele Menschen ihn gesehen haben und positiv davon angerührt waren. Fand meine eigenen Äußerungen eher ein bißchen unbeholfen; schriftlich kann ich mich schon viel beholfener bewegen, und so Abfragemethoden (investigativer Journalismus, Teufel!) gehen mir immer reichlich gegen den Geschmack. Egal, ich hoffe, Sie haben meine paar Charakterstriche gnädig aufgenommen und sich nicht ganz fehlverstanden gefühlt. Daß ich zum Empfang bei der FAZ nicht kommen kann, betrübt mich; aber ich habe einen vereiterten Kiefer und muß mir zwei Tage vorher ein paar einsame letzte Säulen ziehen lassen, was ja auch andererseits schmerzt.

Lieber Herr Ranicki, Dank Ihnen nochmal an diesem Tag für viele freundliche Förderungen, Ermunterungen, Bedrängelungen, die Sie mir über Jahre hin zuteil werden ließen; und seien Sie auf das herzlichste gegrüßt
von Ihren
Peter + Eva Rühmkorf

Maschinenschriftlich, 2 S. A4, Peter Rühmkorf unterschrieb auch für Eva
Rühmkorf

Ihr ... Telegramm: nicht erhalten

der Film von der Pinkerneil: vgl. Peter Leippe, Beate Pinkerneil, *Vor-Leser der*
Nation: Marcel Reich-Ranicki und die Schriftsteller. Ein Film, Mainz 1990
(ZDF)

---

235. Marcel Reich-Ranicki an Peter Rühmkorf

Frankfurt am Main

20. August 1990

Mein lieber Peter Rühmkorf,

vielleicht haben Sie sich schon gewundert, daß ich nicht von mir hören lasse. Das hat verschiedene Gründe – unter anderem mußte ich
operiert werden, war zwei Wochen im Krankenhaus und dann unterwegs, es sollte erholsam sein, war aber stattdessen immerhin sehr interessant.

Ich habe Ihnen für vieles zu danken. Zunächst für Ihre nachdenk-
lichen und freundlichen Worte in dem Film der Pinkerneil. Es gab ja in
diesem Film in jeder Hinsicht sehr unterschiedliche Äußerungen, Ihre
gehört zu den zwei oder drei (mehr waren es gewiß nicht), denen man
Vernunft und Intelligenz, Takt und Geschmack nachrühmen kann.

Ich danke natürlich für Ihren schönen Brief. Sie erinnern an die
»Förderungen, Ermunterungen, Bedrängelungen«. Man hat mich oft
in Interviews gefragt, was ich denn mit meiner Kritik bezwecke. Manche waren verblüfft, als sie hörten, ich könnte dies in zwei Worten ausdrücken – nämlich nichts anderes als Literatur ermöglichen. Dies hatten und haben meine zahlreichen Förderungen, Ermunterungen und
Bedrängelungen im Sinn – und manchmal führt das tatsächlich, wie in
Ihrem Fall, zu *guter* Literatur.

Man habe sich, als Sie Freunden oder Bekannten mein Telegramm
zu Ihrem 60. Geburtstag zeigten, »allgemein gewundert über den positiv zu Herzen gehenden Ton«. Sonderbar, sehr sonderbar. Da schreibe
ich nun in diesem Land seit über dreißig Jahren Kritiken, ich lobe und
rühme (wahrscheinlich viel zu häufig), schreibe zwischendurch natürlich auch Verrisse (denn man muß ja das Schlechte verdrängen, um
Platz zu machen für das Schöne und Gelungene), versuche Begeiste-

rung für Literatur zu wecken und eben auch zu fördern und muß immer wieder lesen, ich sei ein Miesmacher, Nörgler und Querulant, meine einzige Absicht sei es, Autoren zu kränken, zu verletzen, wenn nicht gar zu vernichten, ich hätte es darauf abgesehen, so viel wie möglich zu zerstören und zu zersetzen. Ich frage mich manchmal, was sich hinter diesen hartnäckigen Klischees verbirgt. Ich fürchte, ich weiß es.

Nun kommt vielleicht das Allerwichtigste: Das Gedicht, das Sie mir zum Geburtstag gewidmet haben. Es ist ein wunderbares Gedicht, in dem das Entscheidende steht: »wir müssen uns weiterhangeln: langsam den Hang entlang.« Ja, das müssen wir. Ja, »ich will mich noch ein Stückchen an der Böschung hochziehn«.

Seien Sie gegrüßt und umarmt
Ihr Marcel Reich

Maschinenschriftlich auf privatem Kopfbogen, 2 S. A4
Das Gedicht: Am grünen Hang entlang. Landschaftliches Lehrgedicht für M.R.-R. zum siebzigsten Geburtstag, erstpubliziert in: FAZ, 2. 6. 1990, vgl. *Wenn*, S. 78

---

236. Marcel Reich-Ranicki an Peter Rühmkorf

8. April 1991

Mein lieber Peter Rühmkorf,

ich habe sehr aufmerksam – wie immer mit Gewinn und Vergnügen – Ihren Aufsatz über den neuen Gedichtband von Enzensberger gelesen. Besonders gefallen haben mir jene diskreten Passagen, in denen Sie vorsichtig auf die verwundbaren Stellen des Poeten Enzensberger verweisen. Ich frage mich nun, ob Sie nicht, da Sie schon über den neuen Enzensberger-Band gearbeitet haben, Lust hätten, ein Gedicht aus ebendiesem Band (eventuell auch aus einem früheren Enzensberger-Band) für unsere »Frankfurter Anthologie« zu interpretieren. Natürlich darf es kein Gedicht sein, das schon in der F.A. war und da hatten wir bisher immerhin fünf Gedichte, und zwar:

call it love
Der Kamm
fremder garten
Der Fliegende Robert
Finnischer Tango.

Das Honorar für die Interpretation (60 Maschinenzeilen) beträgt jetzt DM 600,--. Aber Sie arbeiten mittlerweile ja nicht wegen des Geldes, sondern nur um des Ruhmes willen, der – wie es sich gehört – inzwischen enorm ist, und keinem bereitet dies soviel Genugtuung und Freude wie mir. Also machen Sie bitte ein Enzensberger-Gedicht und lassen Sie rasch von sich hören.

Sehr herzlich
Ihr Marcel Reich

Maschinenschriftlich auf neuem Kopfbogen FAZ (geändert nach dem Ausscheiden Reich-Ranickis aus der Redaktion 1988 und seiner anschließenden formal ausschließlichen Zuständigkeit für die Frankfurter Anthologie: »Frankfurter Allgemeine Zeitung / Zeitung für Deutschland / Marcel Reich-Ranicki«), 1 S. A4
Ihren Aufsatz: Der Sänger und sein Widergänger. Zu Hans Magnus Enzensbergers neuem Gedichtband »Zukunftsmusik«, in: DIE ZEIT, 22.3.1991

---

237. Peter Rühmkorf an Marcel Reich-Ranicki

Hamburg, d. 22.4.91

Lieber Herr Ranicki,

es war mir eine Lust, wieder von Ihnen zu hören, wie schon Ihr letzter beschwingter Thanksgivingbrief vom – ? – na, wo ist er? – mich fast zu sofortiger nochmaliger Freundschaftsbesiegelung veranlaßt hätte, wenn nicht, ja, was war noch? – die Kalenderblätter rasseln immer schneller herunter, man stiert ein paar Tage konzentriert auf die Tischplatte, und schon sind wieder Monate vergangen, halbe Jahre. Zum Enzensberger in Kürze: ja, ich war ziemlich tief drin und bin es wohl immer noch, nur daß ich das Meine zu E. eigentlich schon alles in der ZEIT geäußert habe und nun ein bißchen befürchte, daß ich mich nol-enz/vol-enz nur noch wiederholen kann. Die wiederholte Vermerkung Ihrerseits: 60 Zeilen / 600 Mark ist nicht ganz so müßig wie es scheint, man denkt immer: einerseits mehr und andrerseits weniger. Muß nochmal bißchen mit mir zu Rate gehen, vielleicht wird es dann auch etwas ganz anderes, sagen wir mal: August Stramm. Ich bin da auf einer Spur, die seinen gesuchten Eigentümlichkeiten auf eine verflucht familiäre Weise nahekommt: seine Frau, Else Krafft, war vor Umbenennung in Else Stramm (Krafft-Stramm hätte sie sich heute genannt) eine bekannt/beliebte Unterhaltungsautorin, und er mußte schon mächtig in die Syntax eingreifen, um da noch seinen Mann stehen zu können.

Herzlichst grüßt Sie
Ihr Peter Rühmkorf

Maschinenschriftlich, 1 S. A4, mit hs. Gruß am rechten Rand
August Stramm: Am 1. 9. 1990 hatte Peter Rühmkorf in Münster Gedichte von August Stramm gelesen und kommentiert.
verflucht familiäre Weise: Else Krafft (Pseudonym: Isolde Leyden) heiratete August Stramm 1902.

___

238. Marcel Reich-Ranicki an Peter Rühmkorf

25. April 1991

Mein lieber Dichter,
mit Freude, mit Vergnügen und mit Gewinn habe ich Ihren Brief vom 22. April gelesen.

Mit dem Vorschlag »August Stramm« bin ich selbstverständlich gerne einverstanden, doch liegt eine Gedichtinterpretation im Manuskript hier schon vor, nämlich »Patrouille«. Jedes andere Gedicht von Stramm ist mir recht, nur darf es, wie üblich, nicht zu lang sein, doch glaube ich mich zu erinnern, daß es lange Gedichte von Stramm gar nicht gibt.

Ich habe Ihnen nicht geschrieben, was mir unter anderem an Ihrem Enzensberger-Artikel besonders gefallen hat: Daß Sie die Foltergeräte, mit denen Sie dem Poeten Enzensberger zu Leibe rücken könnten, zwar zeigen, doch von ihnen dann aus Mitleid und Kollegialität keinen Gebrauch machen.

Sehr herzlich
Ihr Marcel Reich

Maschinenschriftlich auf Kopfbogen FAZ, 1 S. A4

239. Marcel Reich-Ranicki an Peter Rühmkorf

2.7.1991

Mein lieber und werter Poet,

am 22. 4. deuteten Sie gütigerweise an, daß Sie ein Gedicht von August Stramm für unsere »Frankfurter Anthologie« zu interpretieren bereit seien. Meine Freude war groß (Sie haben gewiß meinen Brief vom 25. 4. erhalten), meine Enttäuschung wächst, denn ich warte auf Ihren Beitrag wie Madame Butterfly auf Linkerton, wie Solveig auf Peer Gynt. Und was habe ich von Ihnen erhalten? Nichts. Sie haben mich im Stich gelassen. Wann, frage ich demütig, werden Sie sich bessern?

Ich weiß sehr wohl, daß Sie das Geld verachten und jede Erwähnung der finanziellen Seite als geradezu beleidigend empfinden. Gleichwohl erlaube ich mir den Hinweis, daß ich mit Rücksicht auf die vorzüglichsten unter den vorzüglichen Mitarbeitern der »Frankfurter Anthologie« eine Honorarerhöhung erbeten habe. Es gibt jetzt für diese 60 Zeilen DM 800,--, was angesichts der Qualität Ihrer Prosa nach wie vor natürlich sehr wenig ist. Sollten Sie inzwischen etwa gar einen anderen Vorschlag haben, dann bitte ich, mir dies mitteilen zu wollen. Denn der Teufel schläft nicht und es hat schon Dubletten gegeben. Vieles ist ja in Arbeit, was Sie gar nicht wissen können.

Umarmen Sie bitte Ihre ständige Begleiterin (ich meine die Ministerin, keine andere). Und wie gesagt: Ich warte!

Herzlichst Ihr

Marcel Reich

Maschinenschriftlich auf Kopfbogen FAZ, 1 S. A4

Madame Butterfly auf Linkerton: In der Oper *Madame Butterfly* von Giacomo Puccini (Uraufführung 1904) wartet die Geisha Cio-Cio-San, genannt Butterfly, jahrelang auf ihren Ehemann, den amerikanischen Marineoffizier Benjamin Franklin Pinkerton.

Solveig auf Peer Gynt: Peer Gynt, dramatisches Gedicht von Henrik Ibsen (1867), vertont von Edvard Grieg. Peer Gynts Geliebte Solveig wartete ein Leben lang auf ihn.

die Ministerin: Eva Rühmkorf wurde 1988 Kultusministerin im Kabinett Björn Engholm in Schleswig-Holstein und war 1990–1992 Ministerin für Bundesangelegenheiten und stellvertretende Ministerpräsidentin.

240. Peter Rühmkorf an Marcel Reich-Ranicki

Hamburg, d. 22. 7. 91

Lieber Herr Ranicki,

zwanzig Tage ist Ihr Brief nun schon wieder alt, das ist keine Art,
und dabei waren Ihre Flöten wieder so herzlich gestimmt, daß man
sich gar nicht an ein Zur-Arbeit-Pfeifen erinnert fühlte. An den Stramm
hätte ich mich schon längst gemacht, wenn mir das gesuchte Konterka-
riermaterial zugeflossen wäre, die Publikationen der Gattin. Das ist es
aber nicht, es ist nirgends aufzutreiben, jedenfalls im Moment nicht,
und so entfällt der eigentlich stichelige Anreiz. Da ich mich dies Wochenende in den Urlaub (meiner Gattin) und auf unsere schleswig-
holsteinischen Güter begebe, wo naturgemäß auch immer etwas Muße
anfällt, würde ich gern Ihr Plazet für einen anderen Dichter erbitten,
sagen wir Ringelnatz. Ich habe vor kurzem Gedichte von ihm für einen
Rundfunk gelesen und bin insofern noch in der Materie und in Fahrt,
nur ist das in Ihrem Rahmen doch wohl ein gern behandelter Artikel.
Waren schon mal dran, bzw. liegen etwa schon vor: »Jene brasiliani-
schen Schmetterlinge«? Dito »Kniebeuge«? Wahlweise »Schnee« oder
auch »An meinen Zigarettenrauch«, bzw. »Überall«, wenn nicht vielleicht »Die Krähe«? Auch »Stammbuchvers« ist doch hübsch, von dem
Miniatürchen »Schweigen« ganz zu schweigen, aber »Ich habe dich
so lieb« wär fast das allerschönste, wenn naja – wenn … Sehr herzlich grüßt Sie Ihr in 2059 Roseburg über Büchen, Dorfstr. 12 jederzeit
postalisch erreichbarer:

Peter Rühmkorf

Maschinenschriftlich, 1 S. A4

die Publikationen der Gattin: vgl. Brief 237

unsere schleswigholsteinischen Güter: vgl. Brief 14

sagen wir Ringelnatz: Prometheus und die halbe Portion. Über Ringelnatz'
  Gedicht »Kniebeuge«, in: FAZ, 14. 12. 1991 (Frankfurter Anthologie).
  Vgl. *Die Geschichte der Woche – Autoren lesen ihre Lieblingsautoren. Peter*
  Rühmkorf liest Joachim Ringelnatz, BR 2, 19. 7. 1991, 19:00–19:30 Uhr

241. Marcel Reich-Ranicki an Peter Rühmkorf

2. August 1991

Mein verehrungswürdiger Herr Rühmkorf,
es freut mich sehr, daß Sie nun ein Ringelnatz-Gedicht machen wollen – ich schlage von den Gedichten, die Sie genannt haben, vor: »Kniebeuge« oder »Überall« oder »An meinen Zigarettenrauch« oder »Schweigen«.
In großer Eile und in noch größerer Ehrfurcht und Herzlichkeit
Ihr Marcel Reich

Maschinenschriftlich auf Kopfbogen FAZ, 1 S. A4

---

242. Peter Rühmkorf an Marcel Reich-Ranicki

Hamburg, d. 24. Sept. 91

Lieber Herr Ranicki,
es freut mich, Ihnen endlich mal wieder einen bis zum Anschlag gefüllten Briefumschlag schicken zu können – also keine Aufschübe heute und keine Bitten um gnädige Fristenverlängerung. Ich hatte Ihnen seinerzeit ja einen ganzen Schwung von Gedichten zur Lektüre aufgenötigt, und von den freundlichst aufgeführten Stücken Ihrer Neigung habe ich mir nun die »Kniebeuge« vorgenommen. Hoffentlich ist die gymnopädische Leseanweisung zu Ihrem Vergnügen ausgefallen.
Herzlichst grüßt Sie
Ihr Peter Rühmkorf

Maschinenschriftlich, 1 S. A4

---

243. Marcel Reich-Ranicki an Peter Rühmkorf

1. Oktober 1991

Mein lieber Herr Rühmkorf,
ich verneige mich tief. Was Sie zu dem Gedicht von Ringelnatz gesagt haben, ist originell, belehrend und auch auf stille Weise amüsant.

Wie alles oder doch beinahe alles aus Ihrer Feder ist dieser Kommentar, ohne zu übertreiben, einzigartig.

Ich danke Ihnen herzlichst
Ihr Marcel Reich

Maschinenschriftlich auf Kopfbogen FAZ, 1 S. A4

---

244. Marcel Reich-Ranicki an Peter Rühmkorf

19. März 1992

Lieber Herr Rühmkorf,

es ist Zeit, den fünfzehnten Band unserer »Frankfurter Anthologie« vorzubereiten. Er wird wiederum im Insel Verlag erscheinen und ebenso wie die vierzehn vorangegangenen Bände sechzig Gedichte und Interpretationen enthalten.

Ihren Beitrag sende ich Ihnen beiliegend und bitte Sie, den Text genau zu lesen. Selbstverständlich sollten sachliche Irrtümer, die sich hier und da eingeschlichen haben, unbedingt korrigiert werden. Natürlich können Sie stilistische Korrekturen, die Ihnen notwendig erscheinen, vornehmen.

Ferner bitte ich Sie, auf Druckfehler zu achten, die uns leider gelegentlich unterlaufen sind. Doch was immer Sie ändern, ich muß Sie bitten, von einer Erweiterung Ihres Beitrages (es sei denn um zwei oder drei Zeilen) abzusehen. Schließlich wäre ich Ihnen noch dankbar, wenn Sie bei dieser Gelegenheit auch den Text des von Ihnen interpretierten Gedichtes aufmerksam prüfen wollten.

Alle Interpreten werden überdies gebeten, uns die eventuell in ihrer Biographie notwendig gewordenen Ergänzungen für das »Verzeichnis der Interpreten« mitzuteilen. Dabei bitte ich um Verständnis, daß wir von Ihren Veröffentlichungen immer nur die wichtigsten anführen können. Die Interpreten wiederum, die bisher noch nicht in der »Frankfurter Anthologie« vertreten waren, bitte ich um kurze biographische Angaben, deren Umfang den Notizen in den bisherigen Bänden entsprechen sollte.

Den Vertrag für den Abdruck Ihres Aufsatzes in der Buchausgabe der »Frankfurter Anthologie« werden Sie, wie üblich, vom Insel Verlag erhalten.

Senden Sie bitte die von Ihnen korrigierte Fassung des Ausschnittes sowie die biographischen Angaben möglichst rasch zurück. Um Rücksendung der Anlagen bitte ich auch dann, wenn nichts korrigiert ist.

Mit vielen freundlichen Grüßen

Marcel Reich

P. S.: Ich giere nach einem neuen Beitrag aus Ihrer Feder für unsere »Frankfurter Anthologie«. Wie wäre es mit einem Gedicht von Heine oder Brecht?

R.

Maschinenschriftlich auf Kopfbogen FAZ, 2 S. A4, Rundbrief mit extra getipptem P. S.

den fünfzehnten Band unserer »Frankfurter Anthologie« vorzubereiten: Band 15 der Frankfurter Anthologie erschien im Insel-Verlag, Frankfurt a. M. 1992, hg. von Marcel Reich-Ranicki, und enthielt Peter Rühmkorfs Interpretation des Gedichts *Kniebeuge* von Joachim Ringelnatz (*Prometheus und die halbe Portion,* S. 144ff.), vgl. Brief 240.

---

245. Peter Rühmkorf an Marcel Reich-Ranicki

Hamburg, d. 6. 4. 92

Lieber Herr Ranicki,

sehe eben, daß ich Ihnen die Ringelnatz-Interpretation noch gar nicht zurückgeschickt habe, entschuldigen Sie. Habe es nochmal durchgelesen und kann kein Fehl an ihm entdecken.

Herzlich grüßt Sie

Maschinenschriftlicher Durchschlag, 1 S. A4, ohne Unterschrift, Original nicht erhalten

246. Marcel Reich-Ranicki an Peter Rühmkorf

25. November 1993

Mein lieber Freund,
 Sie enttäuschen mich, und ich leide. Niemand kann diese Leiden
mindern oder beseitigen, nur Sie können es. Der langen Rede kurzer Sinn: Seit zwei Jahren, da in der »Frankfurter Anthologie« Beleh-
rendes und Richtungweisendes aus Ihrer Feder zu einem Gedicht von
Ringelnatz erschien, sind Sie in dieser Rubrik nicht mehr zu lesen gewesen. Das ist nicht nur mir aufgefallen. Wie wäre es nun mit einem
Gedicht von Heine oder Brecht, eventuell sogar von Rilke? Natürlich
ist mir auch jeder andere Dichter recht, mit Ausnahme von Goethe
und Rühmkorf.
 Ich hoffe, es geht Ihnen gut, Ihr Ruhm ist gewachsen – wie es sich
gehört. Darüber freut sich keiner mehr als der Ihnen ergebene
 Marcel Reich

Maschinenschriftlich auf Kopfbogen FAZ, 1 S. A4

---

247. Peter Rühmkorf an Marcel Reich-Ranicki

Hamburg
den 29. 11. 93

Lieber Herr Ranicki,
 es war mir eine große Freude (und sie hält an), einmal wieder so
herzlich von Ihnen beworben zu werden. Und wirklich sind Ihre Lore-
leyflöten bzw. Sirenengesänge so verlockend wie seinerzeit, als die
Welt noch einigermaßen in Ordnung war. Ist es denn wirklich schon so
lange her mit dem Ringel, nicht zu fassen. Und ebenfalls kaum zu glauben, daß die Erde mittlerweile doch wohl ziemlich heillos die Milch-
straße runtergeht, und Sie hüten immer noch eisern und unbeirrt Ihre
Schäfchen. Bißchen späte Stunde im Augenblick, was vielleicht verzeih-
lich erscheinen läßt, daß Sie mir teils als Sirene und dann gleich wieder
als Guter Hirte erscheinen, aber Sie sind ja vermutlich auch beides –
und am Ende mündet alle Mythologie in den Fängen Ihrer Frankfurter

Anthologie. Ja, Heine, ja, Brecht, ich glaube, die* sind beide (und seit langem) ein bißchen überrepräsentiert in diesem Rahmen, und auch Rilke hat sich mit den Jahren ein kleines feines Plätzchen bei Ihnen erobert. Ich muß nachdenken und mal ein bißchen in Büchern blättern. Bin ziemlich tief mit meinen TaBus befaßt und muß mit Lebenszeit/Schreibezeit haushalten. Aber sonst, wie gesagt und s. o. –
  Sehr herzlich Ihr Peter Rühmkorf

* Oder denken Sie etwa an so Sonder-Einzelbände wie beim Goethe? Dann ließe sich über Brecht gern reden.

Maschinenschriftlich, 1 S. A4, hs. Gruß, hs. Anmerkung am rechten Seitenrand
TaBus: Vorbereitung der Publikation von *TABU I*

---

248. Peter Rühmkorf an Marcel Reich-Ranicki

Hamburg
den 4. 12. 93

Lieber Herr Ranicki,
  kleiner Nachtrag schnell nochmal: auch Rilke könnte interessieren: »Sieben Gedichte« (Spätherbst 1915), absoluter Gipfel erotischer Lyrik in deutscher Sprache, nun, Sie werden kennen. Leider habe ich sie nicht mehr vollständig vorliegen, hatte Fotokopien, nun finde ich nur mehr Fragmente vor. Erstes Stück beginnt mit »Auf einmal faßt die Rosenpflückerin« – haben Sie Zugang und könnten Sie über Suhrkamp/Insel besorgen lassen? Auch Anmerkungen wären interessant. Möglich ja auch, daß schon mal eines davon in FAZ-Anthologie besprochen worden ist, und ich habe den Text versäumt. Eben im Moment erinnert, daß ich seinerzeit eines in PR »Fischer-Lesebuch« aufgenommen hatte (laut Anmerkung »Sämtliche Werke«, Bd. 3, 1959 – da wird mittlerweile doch wohl hist. krit. Ausgabe o. ä. vorliegen. Die sollen nicht so geizig auf ihren Produktionen rumhocken.
  Herzlich grüßt Sie
  Ihr Peter Rühmkorf

Maschinenschriftlich, 1 S. A4

Sieben Gedichte: vgl. Rainer Maria Rilke, *Werke,* hg. v. Manfred Engel, Ulrich Fülleborn, August Stahl, Horst Nalewski, Komm. Ausgabe in vier Bänden. Frankfurt a. M. und Leipzig 1996, Bd. 2, S. 136. Die Gedichte sind zwischen dem 14. 10. und 9. 11. 1915 entstanden.

»Fischer-Lesebuch«: Peter Rühmkorf, *Mein Lesebuch,* Frankfurt a. M. 1986, S. 133

---

249. Hannelore Müller an Peter Rühmkorf

7. Dezember 1993

Sehr geehrter Herr Rühmkorf,

da Herr Reich-Ranicki zur Zeit leider verreist ist, schicke ich Ihnen vorerst die Fotokopien der »Sieben Gedichte« von Rilke.

Mit freundlichen Grüßen

i. A. H. Müller

Maschinenschriftlich auf Kopfbogen FAZ, 1 S. A4, Hannelore Müller im Auftrag Marcel Reich-Ranicki

---

250. Marcel Reich-Ranicki an Peter Rühmkorf

9. November 1993

Mein Lieber,

ich habe Ihnen für Ihre Briefe vom 29. November und 4. Dezember zu danken. Der erste der beiden Briefe ist elegisch gestimmt, als würden Sie glauben, früher sei alles besser gewesen. Ich sehe das etwas anders. Sicher freilich ist, daß wir früher jünger waren.

Daß ich weiterhin meine Schäfchen hüte und mich um die Lyrik kümmere – ja, das stimmt schon, aber ich tue es nicht aus Pflichtbewußtsein, sondern aus einem ganz anderen Grund: Es macht mir nach wie vor Spaß.

Sie schreiben, Heine und Brecht seien in der »Frankfurter Anthologie« überrepräsentiert. Das ist richtig und hat vor allem damit zu tun, daß ich nach wie vor beide sehr liebe – den Heine mehr als etwa den

Mörike, und Brechts Lyrik steht mir nach wie vor näher als jene Rilkes oder Benns.

Apropos Rilke: Es sagt mir sehr zu, daß Sie eventuell eines der »Sieben Gedichte« machen wollen. Sie haben ja gewiß den Text inzwischen erhalten. Wie wäre es mit dem IV. Gedicht? (»Schwindende, Du kennst die Türme nicht«) oder mit dem V. (»Wie hat uns der zu weite Raum verdünnt«)? Die beiden scheinen mir (nach flüchtiger Lektüre) die besten.

Aber vergessen Sie bitte keineswegs, daß der Kommentar nicht mehr umfassen darf als 60 Maschinenzeilen mit maximal 65 Anschlägen. Wenn ich Ihre Texte kürzen muß, blutet mein Herz – und das wollen Sie doch nicht.

Seien Sie gegrüßt und umarmt
Ihr Marcel Reich

P. S.: Ich vergaß hinzuzufügen, daß in der Tat, wie Sie richtig vermuten, ich an Sonderbände denke: erst Brecht, dann Heine und schließlich Rilke.

Maschinenschriftlich auf Kopfbogen FAZ, 2 S. A4, falsch datiert (vgl. Brief 244 und 245), korrekt wohl 9.12.1993

Sonderbände: Als Sonderbände der Frankfurter Anthologie, hg. von Marcel Reich-Ranicki, wurden bis 1993 veröffentlicht: *Über die Liebe,* Frankfurt a. M. 1985; *Johann Wolfgang von Goethe: Alle Freuden die unendlichen,* ebd. 1987.

---

251. Peter Rühmkorf an Marcel Reich-Ranicki

IC-Helvetia
d. 12.2.95
15[51]

Lieber Herr Ranicki,

etwas abrupter Abschied eben; wo ich doch ei!-gentlich nur nach Ff/M gekommen war, um Sie mal wiederzusehen. Ja – ja, wenn Sie einmal in Hbg. sind, müssen wir uns auf jeden Fall sprechen. Stehe im Moment noch etwas stark unter Buch-Druck, *aber:* Ende März, *aber* Anfang April, wären das nicht auch Jahreszeiten? Egal, wenn es Sie schon früher verschlägt oder verlangt, stehen alle Räder still + alle Türen offen.

Sehr herzlich Ihr alter Peter Rühmkorf

Sehe eben, richtig, Gustav Freytag! Und nicht vergessen, Ihre Frau sehr herzlich zu grüßen! Den Dahn hatten mir wahrscheinlich die UBIER eingegeben, ...

Handschriftlich, 1 S. A4, Gruß am linken, Nachtrag am rechten Seitenrand

ei!-gentlich: so im Brief (Silbentrennung am Zeilenende)

stark unter Buch-Druck: TABU I

Gustav Freytag: Die Adresse von Marcel Reich-Ranicki lautete Gustav-Freytag-Straße 36 in Frankfurt a. M.

Dahn ... die UBIER: Peter Rühmkorf hatte den Brief erst an eine Felix-Dahn-Straße senden wollen; Marcel Reich-Ranicki wohnte vor seinem Umzug nach Frankfurt im Hamburger Ubierweg. Die Ubier waren ein westgermanischer Stamm, deswegen assoziert Rühmkorf Felix Dahn über dessen bekanntestes Werk *Ein Kampf um Rom* (1876).

---

252. Marcel Reich-Ranicki an Peter Rühmkorf

16. Mai 1995

Mein Lieber,

ich schicke Ihnen beiliegend vier Publikationen:

1. einen Vortrag über »Heine und die Liebe« aus dem Jahre 1991 (er war auch in der F.A.Z. gedruckt),

2. das Buch »Lauter Verrisse«, das Sie aus irgendwelchen Gründen haben wollten,

3. mein Buch »Lauter Lobreden«. Ich mache Sie auf das von Thomas Mann stammende Motto des Buches aufmerksam. Ich habe es gewählt, weil es meinen eigenen Standpunkt in dieser Sache vorzüglich formuliert.

4. Das Büchlein »Nichts als Literatur«, das gerade in dritter Auflage erschienen ist, mit ergänzter Biographie und Bibliographie.

5. Das wichtigste Buch, nämlich »Die Anwälte der Literatur« werde ich Ihnen in den nächsten Tagen schicken können.

6. Das ebenfalls gerade erschienene Buch von Hage und Schreiber über mich haben Sie wohl inzwischen direkt vom Verlag erhalten.

Sehr herzlich

Ihr Marcel Reich

Maschinenschriftlich auf Kopfbogen FAZ, 1 S. A4

vier Publikationen: Reich-Ranicki übersandte sie, damit Peter Rühmkorf über Material für seine Rede zum 75. Geburtstag Marcel Reich-Ranickis verfügte (vgl. Peter Rühmkorf, *Ich habe Lust, im weiten Feld ... Betrachtungen einer abgeräumten Schachfigur,* Göttingen 1996 (Göttinger Sudelblätter, hg. von Heinz Ludwig Arnold), S. 23 ff.). Es handelte sich um: Marcel Reich-Ranicki, *Heine und die Liebe,* Düsseldorf 1992; Marcel Reich-Ranicki, *Lauter Verrisse,* München 1992; Marcel Reich-Ranicki, *Lauter Lobreden,* München 1992; Marcel Reich-Ranicki, *Nichts als Literatur,* Stuttgart 1986 (1. Auflage). *Das wichtigste Buch:* Marcel Reich-Ranicki, *Die Anwälte der Literatur,* München 1994.

Buch von Hage und Schreiber: Volker Hage, Mathias Schreiber, *Marcel Reich-Ranicki,* Köln 1995

---

253. Peter Rühmkorf an Marcel Reich-Ranicki

den 26. 8. 95

Auch Mölln hat etwas eigenes
Deutschland ist schön – wir zeigen es!

Herzliche Grüße
Ihnen + der Ranicka
Ihr P. R. –
(-ühmkorf)

Handschriftliche Postkarte, nicht abgesandt; vgl. die folgende Auseinandersetzung wegen des Romans von Günter Grass.

Deutschland ist schön – wir zeigen es!: Werbeaufdruck der Postkarte; eine weitere Postkarte mit anderem Möllner Motiv und identischem Text sandte Peter Rühmkorf am 25. 8. an Harry und Ulla Rowohlt (vgl. Peter Rühmkorf, *Von mir zu euch für uns,* S. 111).

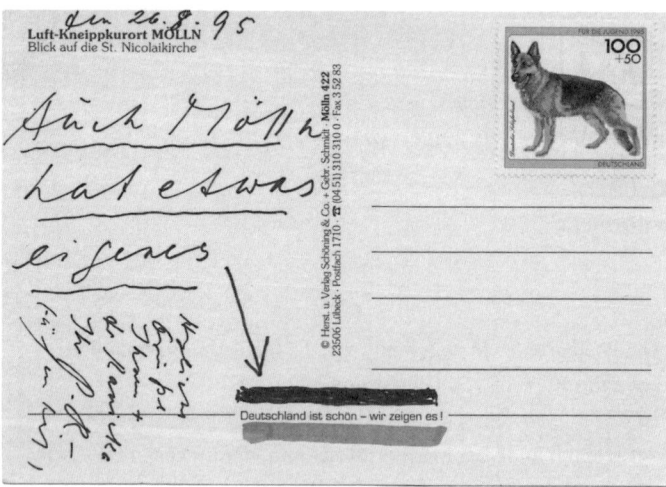

254. Peter Rühmkorf an Marcel Reich-Ranicki

Hamburg, d. 27. 8. 95

Lieber Herr Ranicki,

das »mein« erspare ich mir, um gar nicht erst erheuchelte Einvernehmlichkeit aufscheinen zu lassen. Was ich Ihnen mitzuteilen habe, hat auch mit früher fast blind vorausgesetzten Gemeinsamkeiten nicht mehr viel zu tun. Mit Ihrem Auftritt im letzten »Quartett« haben Sie einen Graben zwischen der Schönen Literatur und ihrer zur ideologischen Lehrmeisterin verklärten Kritik aufgerissen, der unserer geplanten Gemeinschaftsveranstaltung am 20. September leider den Boden entzieht. Nein, das war kein sogenannter »Verriß« mehr (wie noch am vorausgegangenen Montag im »Spiegel«), das war das autoritäre Niederschreien eines schwierigen Buches und der in ihm vertretenen Meinungen, die sicher nicht jedermanns Billigung, aber doch wohl ein gewisses Maß an abwägender Duldsamkeit verdient gehabt hätten. Ich hatte ja immer gehofft, daß Sie Ihrer überzogenen Devalvation ein Minimum an verbliebenem Selbstzweifel oder des revidierenden Common sense folgen lassen würden. Das Gegenteil war der Fall. Statt dem Autor auch nur so etwas wie rechtsanwaltlichen Beistand zu gönnen, rückten Sie den Namen eines auf vielen Podien bewährten Nazigegners und Radikaldemokraten in die Nähe von Joseph Goebbels, für mich das absolute Nonplusgehtnichtmehr, so etwas müssen Sie für sich mit Ihrem Dämon ausmachen, das Feixen der Mozartkugelclaque und den Samstagskommentar der völkischen »Welt« immer inklusive.

Da ich nicht der Richtkanonier vom Hohenzollernring bin und narzißtische Exaltationen hasse, schicke ich Ihnen diesen Brief auch nicht über das Reflexblatt, sondern privatnachhaus in die Gustav-Freytag-Straße. Ich werde Grass, der keine Kenntnis von ihm hat, weil er in Dänemark weilt, einen Durchschlag schicken; dito Michael Naumann vom Rowohlt Verlag, der im Augenblick noch unschuldsvoll in der Karibik surft. Ob Sie meine Absage als ein Äußerstes an Affront registrieren, kann ich natürlich nicht ahnen. Ich selbst empfinde mein »Ich-möchte-lieber-nicht-sagte Bartleby« eher als ein Äußerstes an Loyalität und möchte auch keine weiteren Kommentare damit verbinden. Daß dieser Schritt der Fortüne meines eigenen Buches nicht gerade förder-

lich ist, nehme ich in Kauf, ich kann seine über 600 Seiten hin vertre-
tene Kunstmoral, die sich gegen Gesinnungswertungen wendet, aber
nicht durch ein opportunistisches Tête-à-tête mit der neudeutschen
»Einheits«-Ästhetik in Frage stellen.

Da ich selbst einmal als Ersatzmann für einen kurzfristig ausgefal-
lenen Martin Walser eingesprungen bin, habe ich freilich keine Sorge,
daß sich auch diesmal Abhilfe schaffen lassen wird. Ich denke z.B. an
Carl Corino, der doch auch ganz hübsche Gedichte schreibt. Weiß der
Himmel, ob ich Ihnen mit meinem Verzicht nicht sogar einen voreilig
heranzitierten Alp von der Seele nehme.

Ich grüße Sie einseitig-herzlich (linke Klappe) und wiederhole die
dreieinhalb Worte-inhaltsschwer, die ich bei meiner Geburtstagsrede
an den Schluß setzte:

er hat Anlaß gegeben.

Ihr Peter Rühmkorf

Maschinenschriftlich, 3 S. A4

Gemeinschaftsveranstaltung am 20. September: »Nun war TABU-Premiere unter
Stabführung Marcel Reich-Ranicki für den 20. Sept. angesetzt, und es stand
mir ins Haus, daß er mich dort entweder gegen Grass auffahren würde oder
nach gehabter Introduktion in den gleichen Orkus stürzen«, Brief Peter
Rühmkorf an Michael Naumann, damals Chef des Rowohlt-Verlages, o. D.
(lt. Tagebuch am Abend des 29.8.1995 geschrieben), vgl. Peter Rühmkorf,
Ich habe Lust ..., S. 47. Die Veranstaltung sollte in der Jüdischen Gemeinde
Frankfurt a. M. stattfinden.

das autoritäre Niederschreien eines schwierigen Buches: Günter Grass, *Ein Weites Feld*, Göttingen 1995. Am 21.8.1995 erschien der SPIEGEL mit einem
ein Buch zerreißenden Marcel Reich-Ranicki auf dem Titelblatt und einem
Text von Marcel Reich-Ranicki zum neuen Roman von Grass, am 24.8.1995
sprach das Literarische Quartett des ZDF (Marcel Reich-Ranickis Fernseh-
format, 1988–2001) über das Buch (Tagebuch Peter Rühmkorf, 24.8.1995:
»Aufs Ganze gesehen, unsauberer und stellenweise richtig widerwärtiger
Diskussionsmäander zwischen literarischer Abwertung und ideologischer
Verdammung, mithin das Unappetitlichste, was präparierter Parteigeist
heutzutage zu bieten hat.«). Zur Trennung Peter Rühmkorfs von Marcel
Reich-Ranicki im Jahr 1995 vgl. Peter Rühmkorf, *Ich habe Lust ...* Die

Geburtstagsrede ist in dem Band ebenso enthalten wie Tagebuchnotate Peter Rühmkorfs von Ende 1994 bis Anfang 1996 und Briefe an Freunde und Gegner. Dieser Brief unterbindet für einige Jahre den Kontakt zwischen Peter Rühmkorf und Marcel Reich-Ranicki. Am 4.6.1995 hielt Peter Rühmkorf eine Rede auf Marcel Reich-Ranicki anläßlich der Feierlichkeiten zu dessen 75. Geburtstag, deren ebenso freundschaftlicher wie liebevoll-distanzierter Ton deutlich ist: »Ohne hier gleich auch noch die Frage nach der Freundschaft aufzuwerfen – denn wie wir alle wissen und Sie oft genug bedauert haben, zählt der Kritiker ja zu jenen unerlösten Ahasveren, die die Freundschaft nicht hindern darf, einem Freund gelegentlich die Tour zu vermasseln – bleibt für uns zu bewahren, daß wir uns jetzt schon an die 35 Jahre kennen, und da darf man vielleicht mal ein bißchen aus dem privaten Nähkästchen plaudern.« *Richtkanonier vom Hohenzollernring:* Wolf Biermann

---

255. Peter Rühmkorf an Marcel Reich-Ranicki

Hamburg, d. 3. Okt. 99

Lieber Herr Ranicki,

so ein Brief wie der folgende gehörte natürlich eigentlich handschriftlich abgefaßt; aber einerseits habe ich heute nicht gerade meinen Schönschreibetag und zum anderen schätze ich schwer entzifferbare Handschriftlichkeiten selbst nicht besonders. Daß ich mich nach so langer Zeit (und viel kabbeliger See) wieder an Sie wende, hat, so seltsam es Sie anmuten mag, mit Neigung zu tun, uralter und neu geweckter, und Letztere hängt natürlich mit Ihrem Buch zusammen, das hier im Haus viel Interesse und, ich muß es einfach sagen, so etwas wie herzliche Rührung geweckt hat. Ja, ich habe diesen leidigen Streit von Annoichweißnichtmehr schon lange bedauert, aber ich konnte seinerzeit nicht anders handeln, ziehen, reagieren, die Verhältnisse waren einfach so. Ich hatte zunächst sogar noch gehofft, daß Sie den Fehdehandschuh als solchen aufnehmen würden und daß sich die Meinungsverschiedenheiten auf dem literarischen Paukboden ausfechten ließen. Aber es nahm dann alles einen etwas anderen Gang – vielleicht, weil Sie sich zu tief getroffen fühlten – und die nachfolgende Wallstein-Streitschrift, die im übrigen von vielen Lesern als frech, aber fair empfunden wurde, hatte die ungute Auseinandersetzung dann nur noch verschlimmert. Seltsamerweise ging mir dann öfter mal ein Heine-Statement aus Ihrem Mund durch den Kopf, in dem Sie dessen Ausfälligkeiten gegen Börne und Platen mit etwa folgenden Worten entschuldigten: Er konnte einfach nicht anders. Nun will ich mich hier nicht unbedingt in Heinehöhen emporschrauben, aber das Phänomen ist unter Satirikern doch recht allgemein, daß sie einen besonders gut auf der Sehne liegenden Pfeil einfach abschießen müssen, egal, ob er andererseits dann besonders wunde Stellen penetriert. Nur nebenbei angemerkt, daß ich derart tief unter die Gürtellinie natürlich nie gezielt habe wie etwa H. bei B. und P., und daß, von mir aus gesehen, alles noch in einem gewissen Turnierrahmen blieb.

Aber ich will die alte Fehde hier gar nicht noch einmal durchargumentieren, sondern nur auf eine allgemein als merk-, heißt bedenkungswürdig empfundene Stelle in Ihrer Autobiographie Bezug nehmen. Sie steht auf der Seite 317 zu lesen und lautet (»Eva, wo ist das Buch?« – »Bei dir, wo sonst, ich hab es dir doch neulich auf die Treppe gelegt«) – also lautet etwa folgendermaßen, daß Sie noch nie eine Ihnen zur Versöhnung zugereichte Hand zurückgewiesen hätten. Nun hatte sich die meine mittlerweile schon lange entkrampft und ein gewisses Bedauern in meine Seele eingeschlichen, daß eine jahrzehntelange Befreundung so heillos in die Binsen gegangen sei, zumal sich rechts von unserem Spektrum doch ganz andere Kräfte zusammenzuballen schienen, die mit dem Wort Edelfaschismus wohl nicht ganz falsch bezeichnet sind. Ich weiß, ich weiß, Sie selbst unterscheiden zwischen Nazismus und Faschismus sehr streng, und ich teile Ihre Ansichten hier vorbehaltlos. Trotzdem sind die neu hochgequirlten Brühen auch wieder nicht nazistisch zu nennen, sie entstammen einer Protozone, einem völkisch nationalen Niflheim, aus dem sich in den Folgerungen dann allerdings schon wieder »Gedankengut« entwickeln könnte. Kurz, je tiefer ich mich in Ihre Memos versenkt habe, um so inniger fühlte ich mich Ihnen verbunden, um so heftiger juckte es mich in den Fingerspitzen, Ihnen mal etwas diesbezügliches zuzuklimpern, etwa, lassen Sie uns das Gewesene vergessen, diese Sache von neulich, nun schon längst verwehte, und nochmal an den alten Fäden anknüpfen

Maschinenschriftlicher Durchschlag, 3 S. A4, nicht unterzeichnet, Original
   des Briefes nicht vorhanden. Ob der Brief abgesandt wurde, ist unsicher.
mit Ihrem Buch: Marcel Reich-Ranicki, *Mein Leben,* München 1999
Wallstein-Streitschrift: vgl. Brief 254
Seite 317: »Und was auch in meinem Leben geschehen ist, welches Unrecht
   mir auch angetan wurde, ich habe niemals einen Menschen, der sich mit mir
   versöhnen wollte, zurückgewiesen. Das Gegenteil hat sich leider oft ereignet.«, in: *Mein Leben,* S. 317
Niflheim: dunkles, eisiges, scheußliches Gebiet weit oben im Norden. Das
   altnordische Wort ist nur in der Prosa-Edda von Snorri Sturluson aus dem
   13. Jahrhundert belegt.

---

256. Peter Rühmkorf an Marcel Reich-Ranicki

Peter Rühmkorf, Hamburg, d. 30. Mai. 00

Gestatten einen Lungenzug
aus langer Friedenspfeife.
Fünf Jahre Fehde sind genug,
wie ich die Welt begreife.
Zum Frieden ist es nie zu spät,
na wollen wir's mal hoffen,
daß diese Prise Calumet
nicht einfach so vorüberweht,
und wenn die neue Zehn angeht,
noch alte Wunden offen.

   Viel Fortuna zum 80. und herzliche Grüße dito an Tosia
   Ihre Peter und Eva Rühmkorf

Maschinen- und handschriftliche Postkarte, Peter Rühmkorf unterschrieb auch
   für Eva Rühmkorf; Zeichnung Peter Rühmkorfs auf Vorderseite

Peter Rühmkorf, Hamburg, d. 30. Mai.oo

Gestatten einen Lungenzug
aus langer Friedenspfeife.
Fünf Jahre Fehde sind genug,
wie ich die Welt begreife.
Zum Frieden ist es nie zu spät,
na wollen wir's mal hoffen,
daß diese Prise Calumet
nicht einfach so vorüberweht,
und wenn die neue Zehn angeht,
noch alte Wunden offen.

257. Marcel Reich-Ranicki an Peter Rühmkorf

Frankfurt am Main, 24. Juni 2000

Mein lieber Peter Rühmkorf,

Ihre Postkarte vom 30. Mai hat mich überrascht und gefreut. Fünf Jahre Fehde, das sei, schreiben Sie, genug, zum Frieden sei es nie zu spät. – Recht haben Sie, ich bin ganz und gar einverstanden. Und was nun? Jetzt ist alles wieder in Butter? Nein, mein Lieber, so geht das nicht.

Wir waren viele Jahre – jedenfalls bildete ich es mir ein – beinahe befreundet, ich habe Lobreden auf Sie gehalten, wann immer Sie es wünschten (und Sie haben sich nie hinterher beschwert). Als ich 1973 zur FAZ kam, habe ich Sie (man kann sagen: kontinuierlich und intensiv) beschäftigt, unterstützt, gelobt, gefördert und so weiter. Sie haben gut gearbeitet und wurden gut entlohnt, besser als andere. Im Laufe der Jahre und Jahrzehnte haben Sie viele Preise erhalten, die Ihnen alle gebührten – nur wissen Sie nicht, daß ich da in einigen Fällen zu Ihren Gunsten mitgewirkt habe und manches in Wege geleitet und auch erreicht. Ich bedaure es nicht – und ich habe nie mit Dankbarkeit gerechnet.

Aber vor etwa fünf Jahren haben Sie mich verletzt und beleidigt – mit unschönen, boshaften und mit einigen ziemlich üblen Bemerkungen und auch Unterstellungen: in Ihrem Tagebuch und in Ihrer Rede aus Anlass meines Geburtstags und, wenn ich mich recht entsinne, noch anderswo. Ich erwarte nicht, daß Sie zurücknehmen, was Sie damals verzapft haben. Nur sollten Sie jetzt etwas über meine Arbeit schreiben – nicht unbedingt liebevoll, doch freundlich und respektvoll. An passenden Anlässen fehlt es ja nicht, Sie wissen schon, was im Zusammenhang mit meiner Person in letzter Zeit publiziert wurde.

Kommt ein solcher ernster Artikel aus Ihrer Feder, dann will ich nicht etwa vergessen, doch immerhin verdrängen, was Sie mir angetan haben, alles sei dann vergeben – und wir wollen uns lieben, wie einst im Mai. Und wenn Sie einen solchen Artikel nicht schreiben, was dann? Hass und Feindschaft bis zum Ende des Lebens? Nein, natürlich nicht. Aber keinerlei Kontakte, bitte.

Ich werde mich freuen, wieder von Ihnen zu hören.
Mit einem eher kühlen Gruss
Marcel Reich

Maschinenschriftlich auf privatem Kopfbogen, 1 S. A4
nur sollten Sie jetzt etwas über meine Arbeit schreiben: Zwanglose Postalie in
Sachen M. R.-R., in: *Was sich ereignet, ist die Stille. Reflexionen über einen*
Bestseller: Drei Stimmen zu Marcel Reich-Ranickis Autobiographie »Mein
Leben«, in: FAZ, 21. 10. 2000 (neben Peter Rühmkorf Peter von Matt,
Nur so und nicht anders und Michael Krüger, *Woher kommt die Kraft?*)

---

258. Marcel Reich-Ranicki an Peter Rühmkorf

27. November 2000

Mein lieber Herr Rühmkorf,
ich habe Ihnen zu danken, Ihr Beitrag für das unlängst erschienene
Buch über mich hat mich berührt und gerührt. Er ist glänzend geschrieben, aber wenn Sie wissen wollen, welcher Satz mich am meisten gefreut hat, dann will ich es nicht verschweigen: Es ist der Satz, in dem
vom »gänzlichen Mangel an Larmoyanz« die Rede ist. Und es hat mich
natürlich sehr gefreut, daß der Beitrag auch in der F.A.Z. erschienen ist.
Nun ist wirklich allerhöchste Zeit, daß wir unseren von Anfang an
überflüssigen Streit beenden. Doch die Versöhnung wird erst komplett
und für die Menschheit sichtbar sein, wenn in der »Frankfurter Anthologie« ein Beitrag aus Ihrer Feder erscheint. Sie können sich auswählen, was Sie wollen, nur kommen nicht in Betracht: Gedichte, die
schon in unserer »Anthologie« waren und Gedichte, die die Grenzen der Menschheit übersteigen. Selbige umfassen nämlich 42 Verse.
Sie werden Verständnis dafür haben, daß die Grenzen der »Frankfurter Anthologie« jenen der Menschheit entsprechen. Und natürlich
sollte das Gedicht aus einer im Buchhandel erhältlichen Buchausgabe
stammen. Um Ihnen die Orientierung zu erleichtern, schicke ich Ihnen gleichzeitig den 23. Band der »Frankfurter Anthologie« mit dem
Gesamtverzeichnis der bisher in dieser Rubrik gedruckten Beiträge.
Das ist nur zur groben Orientierung. Verlassen können Sie sich auf

das Verzeichnis nicht, weil inzwischen schon die fünfzig Gedichte für den 24. Band vorbereitet sind und überdies manche Gedichte im Manuskript liegen oder in Arbeit sind. Wenn ich mir einen Vorschlag erlauben darf: Sie haben noch nie in der »Anthologie« über das Gedicht eines Romantikers geschrieben. Wie wäre es mit Eichendorff, auch Mörike wäre mir lieb, übrigens auch Platen.

Ich danke Ihnen noch einmal und warte auf ein Lebenszeichen von Ihnen.

Sehr herzlich
Ihr Marcel Reich

Maschinenschriftlich auf Kopfbogen FAZ, 2 S. A4
Ihr Beitrag für das unlängst erschienene Buch: Welch ein Leben. Marcel Reich-Ranickis Erinnerungen. Stimmen, Kritiken, Dokumente, hg. von Hubert Spiegel, München 2000; Peter Rühmkorfs Beitrag *Lieber Herr Spiegel, ...* S. 58f.
Grenzen der Menschheit: Anspielung auf das Gedicht *Gränzen der Menschheit* von Johann Wolfgang von Goethe, das 42 Verse umfaßt (in: *Sämtliche Werke* 2.1., München 2006, S. 45).

---

259. Peter Rühmkorf an Marcel Reich-Ranicki

Hamburg, den 29. Nov 2000

Lieber Herr Ranicki,

Ihr Brief hat ein uraltes sensorium commune wieder in mir angerührt, und Sie haben in beiderlei Schreibweise recht oder Recht: wir wollen diesen zwischenzeitlichen Paukboden mal lieber in die Vergangen-/Vergessenheit absacken lassen und stattdessen durch verbindende Musenhaine wandeln. Die brutalstmögliche Leitkultur, die neuerdings die politische Szene regiert und über Minderheiten jeglicher Art hinwegstiefelt, zwingt uns ein ehernes Zusammenhalten geradezu auf und läßt es angeraten erscheinen, uns mal wieder auf einer gemeinsamen Bühne zu zeigen. Ein gewisses Zögern hat einzig damit zu tun, daß einige Terminarbeiten mich gerade im Moment zu zermahlen drohen und ich so ganz aus dem Stantepede nicht loslegen kann. Hinzukommt die Qual der Wahl, denn der Blumenanger der

deutschen Poesie ist im Zusammenhang Ihrer »F.A.« ja schon einigermaßen abgegrast und ich muß mich erstmal ganz neu über verlok-
kende Lücken in Kenntnis setzen. Von Mörike würden mich eher die
Scherz- und Gelegenheitsgedichte interessieren, aber womöglich haben da gewisse Besserkenner schon längst zugegriffen, und zum anderen findet sich die m. E. in Marbacher Zusammenhängen (Wallmoden-
Druck?) erschienene Liebhaberausgabe nicht an ihrem vermuteten
Ort. Das rührt nun gleich ein Problem an, ein logistisches, das mir
schon seit Jahren zusetzt: alles was mit Poesie zu tun hat, befindet sich
hier in einer geradezu heillosen Diaspora. Meine Oevelgönner Kajü-
tenwände sind bis an den Rand des Gehtnichtmehr mit Fachliteratur
vollgekachelt, sodaß ich fast alles, was mit Lyrik zu tun hat, in meine
SH-Dependance auslagern mußte, wobei Auslagern notgedrungen mit
Einkasteln zu tun hatte: da ruht es nun im bunten Durcheinander in
Krosanke-Umzugskisten und wartet auf Neueröffnung und Aufersteh-
hung. Das Beste wird sein, ich warte hier erstmal das Eintreffen Ihrer
Habenliste ab, und dann wollen wir weitersehen. Stand Kafkas Liebling, ich meine Kerners »Der Wanderer in der Sägemühle« schon mal
bei Ihnen auf dem Programm? Sind Herwegh oder Freiligrath eventuell zu kurz gekommen? Ist jemals von Caesar Fleischlen die Rede gewesen? Sind Dehmel, Liliencron oder Arno Holz noch Desiderate?
Auf ausgesprochen romantische Auen verlockt es mich nicht so un-
gemein, da kennen sich andere Besprechungskandidaten besser aus,
aber im Barock gibt's natürlich noch allerhand Herzergreifendes nebst
angeschlossenen Tollitäten.

Dies für den Moment, weil gute Post schnelle Antwort erfordert,
und vergessen Sie nicht, der Ranicka zu sagen, daß ihr Buch uns unge-
mein zu Herzen, zu Augen und an die Nieren gegangen ist.

Herzliche Grüße, eingedenk alter Verbundenheiten, Ihr Peter
Rühmkorf

Maschinenschriftlich, 2 S. A4, hs. Gruß am rechten Seitenrand

brutalstmögliche Leitkultur: Roland Koch, damals Ministerpräsident von Hessen,
  äußerte sich am 8. 2. 2000 zur Spendenaffäre der CDU: »Seit dem 21. Dezember, seit es um diesen Rechenschaftsbericht überhaupt ging, war klar, daß
  brutalstmögliche Aufklärung notwendig ist, daß wir etwas ausbrennen

müssen, was extrem gefährlich ist.« – Der Begriff »Leitkultur« wurde von Bassam Tibi in die politikwissenschaftliche Debatte eingeführt, um einen Wertekonsens zu beschreiben (Bassam Tibi, *Europa ohne Identität,* München 1998). ZEIT-Herausgeber Theo Sommer verwendete den Begriff im gleichen Jahr (vgl. Theo Sommer, *Der Kopf zählt, nicht das Tuch – Ausländer in Deutschland:* Integration kann keine Einbahnstraße sein, in: DIE ZEIT 30/1998). Der damalige Fraktionschef der CDU, Friedrich Merz, nutzte den Begriff im Bundestag und in einem Beitrag in der Zeitung Die Welt (*Unionsfraktionschef Friedrich Merz zur Diskussion um die »freiheitliche deutsche Leitkultur«,* in: Die Welt, 25. 10. 2000:»Einwanderung und Integration können auf Dauer nur Erfolg haben, wenn sie die breite Zustimmung der Bevölkerung findet. Dazu gehört, daß Integrationsfähigkeit auf beiden Seiten besteht: Das Aufnahmeland muß tolerant und offen sein, Zuwanderer, die auf Zeit oder auf Dauer bei uns leben wollen, müssen ihrerseits bereit sein, die Regeln des Zusammenlebens in Deutschland zu respektieren.«). Diese simplifizierende Zuspitzung war Grundlage einer Debatte zur Frage europäischer Identität(en).

Liebhaberausgabe: In der Bibliothek Peter Rühmkorfs befand sich: Eduard Mörike, *Eine Auswahl.* Bd. 1 *Gedichte,* Bd. 2 *Idylle vom Bodensee. Das Stuttgarter Hutzelmännlein,* ausgewählt und mit einem Nachwort von Georg Britting, München o. J. Bei Wallstein ist keine Mörike-Ausgabe erschienen, auch keine Auswahl.

Krosanke-Umzugskisten: Kisten der Hamburger Möbelspedition Hermann Krosanke

Der Wanderer in der Sägemühle: Neben *Wohlauf noch getrunken den funkelnden Wein* das bekannteste Gedicht von Justinus Kerner (mit dem Peter Rühmkorf weitläufig verwandt war)

Dehmel: vgl. Peter Rühmkorf, *Vom schließlich doch verfehlten Zauberwort. Über Richard Dehmels »Manche Nacht«,* in: FAZ, 15. 9. 2001 (Frankfurter Anthologie)

Ranicka ... ihr Buch: Teofila Reich-Ranicki, Hanna Krall, Roswitha Matwin-Buschmann, *Es war der letzte Augenblick: Leben im Warschauer Getto. Aquarelle von Teofila Reich-Ranicki und Texte von Hanna Krall.* Übers. aus dem Polnischen von Roswitha Matwin-Buschmann, Stuttgart 2000

260. Marcel Reich-Ranicki an Peter Rühmkorf

12. Dezember 2000

Mein Lieber,

nur ganz kurz zu Ihrem schönen Brief vom 29. November: Der Blumenanger der deutschen Poesie sei in unserer »Frankfurter Anthologie« schon einigermaßen abgegrast. Da irren Sie sich aber gewaltig. Die »Frankfurter Anthologie« besteht vor allem aus Lücken und Löchern. Zur Sache: Von Herwegh hatten wir nur ein einziges Gedicht (»Ludwig Uhland«), von Freiligrath überhaupt keines, allerdings sind die meisten viel zu lang. Nichts hatten wir von Flaischlen, nur ein einziges Gedicht von Dehmel und nur zwei von Arno Holz. Liliencron hingegen ist noch verhältnismäßig gut repräsentiert (mit 5 Gedichten).

Kurz und gut: Sie können sich praktisch auswählen, was Sie wollen – und ob Sie Dehmel oder Holz, Herwegh oder Freiligrath machen – mir soll alles recht sein, nur: Ich weiß sehr wohl, daß Sie imstande sind, ein vergessenes und verstaubtes Gedicht mit einem glanzvollen Kommentar zu versehen. Keiner kann derartiges besser als Sie. Dennoch ist dies nicht der Zweck unserer »Frankfurter Anthologie«. Wir wollen nicht beleben, was schon tot ist, wohl aber zeigen, was sehr wohl lebendig ist, aber nicht beachtet wird.

Und noch zwei ganz wichtige Punkte, damit Kollisionen in unserer Zusammenarbeit vermieden werden. Die Grenzen der »Frankfurter Anthologie« entsprechen, wie ich Ihnen schon im vorigen Brief geschrieben habe und was ich nicht oft genug wiederholen kann, den »Grenzen der Menschheit«, also 42 Verse. Ausnahmen gibt es nicht und unter keinen Umständen. Der Kommentar beträgt zwei Maschinenseiten, also 60 Maschinenzeilen mit etwa 65 Zeichen. Auch hier gibt es keine Ausnahmen. Vergessen Sie nicht: Die »Anthologie« existiert seit über 26 Jahren und wir erreichen gerade in diesem Monat die bisherige Gesamtzahl von 1.350 Gedichten. Wenn diese Rubrik so lange zum Ruhm der deutschen Poesie besteht, so unter anderem auch deshalb, weil der Herausgeber unerbittlich ist und niemandem erlaubt, den Maximalumfang zu überschreiten.

Und daß ich es nicht vergesse: Barockgedichte sind mir ganz besonders lieb. Jetzt warte und freue ich mich auf Ihre Vorschläge und umarme Sie herzlichst

Ihr Marcel Reich-Ranicki
(i. A. H. Müller, Sekretariat)

P. S.: Der Brief ist nicht von mir unterschrieben, da ich ihn telefonisch diktiert habe.

Maschinenschriftlich auf Kopfbogen FAZ, 2 S. A4, unterzeichnet von
Hannelore Müller

---

261. Peter Rühmkorf an Marcel Reich-Ranicki

Roseburg, d. 15. Dez. 2000

Lieber Herr Ranicki,

Dank für Ihren herzhaften Brief, der die family entsprechend adventlich anwehte. Allerdings, nun geht's typographisch ein bißchen kutschwagenmäßig voran, da die alte Landmaschine sich auch nicht gerade verjüngt hat. Zur Sache in der gebotenen Eile dies. Einen Tag nach Ihrem Vorletzten erreichte mich die »Frankfurter Anthologie 23« mit dem hilfreichen Gesamtregister, und da taten sich die von Ihnen beklagten Lücken tatsächlich so bedauernswert wie verlockend auf. Ein uraltes Desiderat, über das wir uns in präpostalischen Zeiten schon einmal unterhalten hatten: Walter Mehring! – er glänzt auch jetzt noch durch eine kaum entschuldbare Abwesenheit, was mich insofern besonders berührte, als ich seit Jahrzehnten bedauert hatte, daß wir uns, daß ich mich noch zu seinen Lebzeiten nicht zur Genüge um ihn gekümmert hatten. Als ich 1958 in den Ro-Verlag eingetreten war, war dort gerade das TB »Der Zeitpuls fliegt« herausgekommen, und ein ganzes Stück später folgte dann nochmal eine von Fried-, Fried – Fried – (Heavens, ah, Friedental) herausgegebene Sammlung »Ketzerbrevier« und in den mittleren Achtzigern dann die Ullstein-Werkausgabe, und jedesmal setzte ich zu einer Besprechung an, die dann irgendwie in der Vorbesprechung steckenblieb. Also Versäumnisse noch und noch, die sich seltsam mit anderer Leute Unaufmerksamkeiten überlagern, damit muß jetzt Schluß sein. Erste einfache Frage, ist da schon irgendetwas von Ihnen vergeben worden und hockt da bereits eine Fülle von Mitbewerber/innen auf angebrüteten Eiern? Als Zweites: sein mit Abstand bedeutendstes Stück aus »Kein Weg zurück« (»Marseille, Silvester 1940/41«) ist leider auch eins von den längsten, und der Platz für den Adoranten reichte gerade für einen Betschemel. Aber ich weiß, ich weiß, der Raum, der Raum, der bei Ihnen kategorial vor dem Zeitbezug rangiert, und da ist vermutlich schlecht handeln. Bliebe? Unter nicht unendlich vielen Möglichkeiten vielleicht am ehesten eine Miniatur, die auch Ihnen zusagen dürfte, weil sie es mordsmäßig in sich hat, »Denn: Aller Anfang ist schwer«, was uns freilich fatal auf den Ausgang der Frage Numero 1 zurückführen könnte. Nur ein kurzes Zeilchen bitte, möglicherweise promptes, denn das Weihnachtsvakuum rückt näher und ich würde es gern sinnvoll mit einer außerplanmäßigen Kür überbrücken. Eben »Quartett« gesehen, sehr positive Séance, weil erbauliche, nur Ihre eingefleischte Abneigung gegen das Landleben scheint mir nicht durchweg stichhaltig. Es würde ja den halben Arno Schmidt und den gesamten Theodor Storm aus dem Rennen werfen. Auch in Husum oder Celle spielt sich hochelektrisiertes Leben ab, und bei der Liebe für E-Berufe leuchten am Bewußtseinshorizont im Zweifelsfall Ärzteromane und Juristenkrimis auf. Nicht so bei Wellershoff allerdings, den sie, klopstockisch gesprochen, »herzrührend« hervorgehoben haben, ein seltsames Spätentwicklungswunder.

Sehr herzlich grüßt Sie
Ihr Peter Rühmkorf

Maschinenschriftlich, 2 S. A4, hs. Gruß

family: Bei Peter Rühmkorf immer Bezeichnung des Paares Eva und Peter Rühmkorf

alte Landmaschine: Peter Rühmkorf schrieb nur auf mechanischen Schreibmaschinen. Im Nachlaß Rühmkorf im DLA sind acht Maschinen vorhanden.

Walter Mehring: vgl. Peter Rühmkorf, *Über die Unwillkommenheit von Zeitgedichten. Über Walter Mehrings »Denn: Aller Anfang ist schwer«,* in: FAZ, 17. 2. 2001 (Frankfurter Anthologie)

ah, Friedental: Richard Friedenthal war Hg. von Mehrings *Großes Ketzerbrevier. Die Kunst der lyrischen Fuge,* München 1974.

Kein Weg zurück: Mehring war 1939 in Frankreich interniert und entging der Auslieferung 1941 durch Flucht aus dem Lager St. Cyprien. Über La Martinique entkam er in die USA. Erstveröffentlichung *No road back.* Translations from the German by S. A. de Witt, Illustrations by George Grosz. English and German text, New York 1944. In der Bibliothek Peter Rühmkorf befand sich

von Walter Mehring *Die verlorene Bibliothek. Autobiographie einer Kultur.*
Frankfurt a. M., Berlin, Wien 1980 (Erstausgabe 1952 auf dt.).
Quartett: Am 15. 12. 2000 wurden folgende Bücher im Literarischen Quartett
besprochen: Rafael Chirbes, *Der Fall von Madrid,* München 2000; Julien
Green, *Adrienne Mesurat,* München 2000; Andreas Maier, *Wäldchestag,*
Frankfurt a. M. 2000; Jörg Steiner, *Wer tanzt schon zu Musik von Schostako-
witsch,* Frankfurt a. M. 2000.

---

262. Marcel Reich-Ranicki an Peter Rühmkorf

Frankfurt am Main, 18. Dezember 2000

Mein Lieber,
ich diktiere telefonisch die sofortige Beantwortung Ihres Briefes
vom 15. Dezember. Also: Ich bin glücklich, daß Sie Walter Mehrings
in der Tat ausgezeichnetes Gedicht »Denn: Aller Anfang ist schwer«
für unsere »Frankfurter Anthologie« machen wollen und ich warte gespannt.
Bei mir gibt es gar keine Abneigung gegen das Landleben, nur finde
ich die Romane, die in der Stadt, zumal in der Großstadt spielen, ungleich interessanter. Ich weiß schon: Hamsuns »Segen der Erde« ist
ein Meisterwerk und »Die Bauern« des Polen Reymont, den Sie gewiß nicht kennen, ebenfalls. Sie bringen Storm ins Gespräch. Mit Ver-
laub: An welchen Roman des Husumers denken Sie denn? (Verzeihen
Sie die boshafte Ironie). Mir ging es ja nur um Romane, bei kleineren
epischen Formen ist der Ort der Handlung weniger wichtig. Beispielsweise Kellers »Romeo und Julia auf dem Dorfe« ist mir unvergeßlich.
Arno Schmidt ist ein Sonderfall. Ich glaube, bei ihm ist es vollkommen
gleichgültig, ob die Sache in Berlin stattfindet oder in einem einsamen
Dorfe im Oldenburgischen.
Dies wollte ich Ihnen rasch sagen und Sie ergebenst bitten, mir
meine Vorliebe für Romane mit solchen Schauplätzen wie Paris, London, Dublin, Berlin, Petersburg oder Moskau zu verzeihen. Ich bin
eben ein unverbesserlicher Asphaltliterat.
Herzlichst
Ihr Marcel Reich-Ranicki
(i. A. H. Müller, Sekretariat)

Maschinenschriftlich auf privatem Kopfbogen, 1 S. A4, per Fax, unterzeichnet
von Hannelore Müller
Die Bauern: Chłopi (Die Bauern) von Władysław Stanislas Reymont erschien
1904–1909 in vier Teilen (dt. Erstausgabe *Die polnischen Bauern,* Jena 1912).

---

263. Peter Rühmkorf an Marcel Reich-Ranicki

Hamburg, den 6. Jan. 2001

Lieber Herr Ranicki,
anbei mein Einstands-Poem und gleich die alte bange Frage, ob es
vielleicht um 4-5-6 Zeilen zu lang geraten ist. Ich sähe es schon gern in
der vorliegenden Form veröffentlicht, habe mir für den Zweifelsfall allerdings bereits ein paar Verzichtsstriche überlegt. Ich habe den Text
nach vorliegenden Mustern bis zur letzten Letter ausgereizt, aber man
weiß ja nie, wie I h r e Zeilen so laufen, und mein MS-Flattersatz ist nie
mit allerletzter Genauigkeit einzuschätzen. Auf der Seite 1 geben zarte
Bleistiftmarkierungen eventuelle Möglichkeiten vor* und auch auf der
Seite 3 ließen sich die eingeklammerten Zitate bis auf ein letztes, schla-
gendes reduzieren. Hatte die Sache zunächst ganz anders angepackt,
unser aller Vergessensschuld einklagend und dabei bedauernd, daß
dem großen Mann nicht einmal in Ihrem Pantheon bisher ein kleines
Epitäphchen gesetzt worden sei. Aber damit war dann auch schon eine
halbe Seite verschmissen, und ich mußte noch einmal ganz neu beginnen, sehr zeitraubend, »Denn: aller (Neu-)Anfang ist schwer«.
Sehr herzlich grüßt Sie in alter Vertraulichkeit
Ihr Peter Rühmkorf

* Nein, doch wohl kaum entbehrlich.

Maschinenschriftlich, 1 S. A4, hs. Einschub am rechten Rand
mein Einstandspoem: vgl. Brief 261, Rühmkorfs Beitrag über Walter Mehrings
Denn: Aller Anfang ist schwer

---

264. Marcel Reich-Ranicki an Peter Rühmkorf

2. Juli 2001

Mein lieber Poet,
was soll werden? Naiv, wie ich nun einmal bin, habe ich geglaubt,
daß wir jetzt endlich Frieden geschlossen haben und Sie von zeit zu
Zeit unsere »Frankfurter Anthologie« mit den Produkten Ihrer begnadeten Feder schmücken wollen. Aber Sie schweigen, was mich vermuten läßt, daß Sie auf Mahnungen, Beschwörungen oder gar Bittbriefe
warten, was mir, unter uns, mißfällt. Also was soll nun weiter werden?
Nur wer die Sehnsucht kennt, weiß, was ich leide ...
Ihr R.

Maschinenschriftlich, 1 S. A4, Kopie von Marcel Reich-Ranicki abgezeichnet,
Original nicht erhalten
Nur wer die Sehnsucht: Johann Wolfgang Goethe, Anfangsverse eines der
vier Mignon-Gedichte in *Wilhelm Meisters Theatralische Sendung,* 6. Buch,
7. Kapitel, vgl. *Sämtliche Werke* 2.2., München 2006, S. 297

---

265. Peter Rühmkorf an Marcel Reich-Ranicki

Hamburg, den 4. Juli 2001

Lieber Herr Ranicki,
Sie gehen mir nach, so oder so: einerseits indem Sie mich wider
vieler Leute Erwartungen kanonisiert haben und zum andern als Ein-
mahner meiner Versäumnisse, da sind Sie mir allerdings nur um einen
Brief zuvorgekommen. Hatte nach zahlreichen Lesereisen noch Poetik-
-Dozentur in Tübingen zu absolvieren, was ich nicht auf die leichte
Schulter nehmen konnte, obwohl die Vorträge doch so aussehen sollten, wollten, als ob ich die Bürden ganz leicht geschultert hätte. Heute
erster freier Tag und nun fangen wir gleieieieich an! Hatte Ihnen
wohl schon geschrieben, daß ich mir gern Richard Dehmels »Manche
Nacht« (»Wenn die Felder sich verdunkeln«) neu ansehen würde, auch
solche Sache, die früher mal absolut Kanon war. Bin mir nur in einer
Sache nicht sicher, wo es im Augenblick im Buchhandel abgreifbar ist.

War seinerzeit aus repräsentativen Anthologien überhaupt nicht weg-
zudenken, wird bei Conrady aber dann nicht mehr mitgeführt und
scheint allenthalben unter den Horizont gerutscht.
Sehr herzlich und s. o.: am kommenden Wochenende mach ich mir
paar Dehmel-Gedächtnistage
Ihr Peter Rühmkorf

Maschinenschriftlich, 1 S. A4
mich ... kanonisiert haben: Marcel Reich-Ranicki, *Hundert Gedichte des
Jahrhunderts. Mit Interpretationen.* Frankfurt a. M. / Leipzig 2000,
vgl. ebd. Albert Schirnding über das Gedicht *Bleib erschütterbar und widersteh,* S. 391ff.
Poetik-Dozentur Tübingen: Die Tübinger Poetik-Dozentur wurde ab 1996 von
der Stiftung Würth finanziert und wird am Deutschen Seminar der Eberhard
Karls Universität Tübingen ausgerichtet, Peter Rühmkorf war dort im Jahr
2001.
Conrady: Das große deutsche Gedichtbuch, Vorwort von Karl Otto Conrady,
Kronberg/Taunus 1977

---

266. Peter Rühmkorf an Marcel Reich-Ranicki

Hamburg, den 16. Juli 2001

Lieber Herr Ranicki,
hoffe doch sehr Ihren Geschmack und Ihr untrügliches Gespür für
Zeilenlängen und Zeilenmengen diesmal einigermaßen zufriedenstel-
lend getroffen zu haben, denn das nachträgliche Gefeilsche um über-
zählige Anschläge ist doch beiderseits nervschmirgelnd. Hatte die
Sache zunächst ganz anders aufziehen wollen, Dehmel als Kultfigur
seiner Zeit und teils angebetet und teils mit Prozessen überzogen.
Aber nach Deterings famoser Klopstock-Exegese habe ich mich eisern
auf den Längsschnittorganisismus eines Gedichtes konzentriert, das
i. ü. auch in Conradys 1. Auflage seines »Großen deutschen Gedichtbu-
ches« noch vertreten war und mittlerweile anderen Dokumentations-
absichten geopfert wurde. War schon gut, daß wir das alte verrostete
Kriegsbeil begraben haben und inzwischen wieder zu Friedenspfeifen

übergegangen sind; aber Sie rauchen ja gar nicht, darum sagen wir besser Friedensflöten.

Sehr herzlich grüßt Sie
Ihr Peter Rühmkorf

Maschinenschriftlich, 1 S. A4, hs. Gruß

Deterings famoser Klopstock-Exegese: vgl. Heinrich Detering, *Woodstock der Empfindsamkeit. Über Friedrich Gottlieb Klopstocks »Mein Wäldchen«,* in: FAZ, 7. 7. 2001 (Frankfurter Anthologie)

---

267. Marcel Reich-Ranicki an Peter Rühmkorf

17. September 2001

Mein lieber Peter Rühmkorf,

da Ihre ausgezeichnete Dehmel-Interpretation bereits erschienen ist, wage ich, mich Ihnen mit einer Bitte zu nähern. Wir bereiten einen Brecht-Sonderband vor. Titel: »Der Mond über Soho«. 66 Gedichte mit Interpretationen. Wir hatten von Brecht bereits 64 Gedichte, aber Sie fehlen unter den Interpreten. Es gibt noch allerlei in seiner Lyrik, was Ihrer deutenden Feder würdig ist. Ein Verzeichnis aller Gedichte, die schon waren, erhalten Sie beiliegend. Lassen Sie mich bitte wissen, ob Sie ein Gedicht von Brecht (Maximalumfang 42 Verse) machen könnten und welches.

Sehr herzlich
Ihr R.

Maschinenschriftlich, 1 S. A4, Kopie von Marcel Reich-Ranicki abgezeichnet, Original und Anlage nicht erhalten

---

268. Peter Rühmkorf an Marcel Reich-Ranicki

Hamburg, d. 19. Sept. 2001

Lieber Herr Ranicki,

Sie sind ein Schmeichler und Rekrutenwerber in einem, und man kann sich Ihnen schlecht entziehen. Hatte fast schon befürchtet, daß ein Schreiben dieser oder ähnlicher Art mich erreichen würde und mich selbstquälerisch zwischen einem kleinen Ja und einem großen Nein herumgewunden, nun hat die dunkle Ahnung sich zum Fait accompli verdichtet, und wir müssen mal sehen. Kurz die Lage hier in Oev. 50. Ich sitze an meinem »TABU II« (70er Jahre, alles hochbrisant und viel Pulverdampf über der Szene), und ich sehe mich gezwungen, allen weltlichen, heißt aktuellen Verlockungen zu entsagen. Am betrüblichsten, es sind meine besten Freunde, Gönner, gute Nachbarn und desgleichen, die mich immer wieder aus der Spur reißen und mich auf Nebenpfade zu verleiten suchen, die zwar allesamt interessant sind, aber die nach nichts so sehr wie Sammlung verlangende Schreibperson in ihrem Zusammenhang gefährden. Nevertheless, betrachten Sie sie im Augenblick noch mal im Schwebezustand und lassen Sie uns überlegen. Wenn die Zeit nicht allzusehr drängt, stünden eventuell zur Debatte: 1. »Aus einem Lesebuch für Städtebewohner« die berühmte Nummer 8. (»Laßt eure Träume fahren«), weil sie zum Kommunistischwerden schön ist, meine, so schön satanisch. Und dann 2. das Sonett »Fragen« (anbei) weil es in seiner schlichten Eindringlichkeit ganz mächtig zu Herzen geht. Allerdings steht es mit meiner bibliografischen Versorgungslage nicht zum Besten, ich weiß nicht einmal, wer die Adressatin ist. Viele Zeichen deuten auf Margarete Steffin, was aber zeitlich nicht aufzugehen scheint, jedenfalls nicht was das Moskauer Exil anlangt. Meine kleine TB-Ausgabe von 1976 verzeichnet in den Anmerkungen Nullkommagarnichts, und ob die große kommentierte Ausgabe hier helfen kann, weiß ich nicht. Habe schon versucht, mich mit Herrn Berg vom Suhrkamp Verlag ins Benehmen zu setzen, er ist aber etwas reisig und auf der anderen Seite mein Telefon nicht ganztätig in Habachtstellung.

Sehr herzlich grüßt Sie
Ihr Peter Rühmkorf

Maschinenschriftlich, 2 S. A4

»TABU II«: Peter Rühmkorf, *TABU II. Tagebücher 1971–1972*, Reinbek 2004

Wenn die Zeit nicht allzusehr drängt: vgl. Peter Rühmkorf, *Gedanken eines Liebenden.* Über Bertolt Brechts »Fragen«, in: FAZ, 19. 1. 2002 (Frankfurter Anthologie)

meine kleine TB-Ausgabe von 1976: vermutlich falsche Jahreszahl, vgl. Bertolt
Brecht, *Gesammelte Werke,* Frankfurt a. M. 1967
Herrn Berg: Günter Berg war bis 2003 Leiter des Suhrkamp Verlags.
ganztätig: so im Brief

---

269. Marcel Reich-Ranicki an Peter Rühmkorf

2. Oktober 2001

Mein lieber Peter Rühmkorf,
 ich danke für Ihren Brief vom 19. September, auf den ich erst jetzt
reagieren kann. Das Sonett »Fragen« liebe ich sehr, ich zitiere es in
meinem kleinen Buch über Brecht, von dessen Existenz Sie nichts wissen, und ich freue mich außerordentlich, daß Sie über dieses Gedicht
für die »Frankfurter Anthologie« schreiben werden. Nun eine gute
Nachricht für Sie: es reicht, wenn ich das Manuskript im November erhalte, aber lassen Sie sich nicht mahnen, denn das tue ich sehr ungern.
Und zusammen mit dem Manuskript über das Brecht-Gedicht bitte ich
gleich um Nennung des nächsten Gedichts, das Sie für die »Frankfurter Anthologie« machen wollen.
 Ich grüße Sie herzlichst und warte ebenso geduldig wie doch immer
auch etwas ungeduldig.
 Sehr herzlich
 Ihr Marcel Reich-Ranicki
 (i. A. H. Müller, Sekretariat)

Maschinenschriftlich, 1 S. A4, nicht abgezeichnete Kopie, Original nicht erhalten
in meinem kleinen Buch: Ungeheuer oben. Über Bertolt Brecht, Berlin 1996

---

270. Peter Rühmkorf an Marcel Reich-Ranicki

Hamburg, d. 2. Okt. 2001

Lieber Herr Ranicki,
 selbst ein so unscheinbares Gedicht wie FRAGEN wirft seinerseits eine Fülle von Fragen auf und zieht Nachfragen nach sich, aber
Herr Wolfgang Jeske vom Suhrkamp Verlag hat mich mit allemmög-

lichen versorgt, Kopien aus Briefband nebst Brecht-Chronik von Werner Hecht, und da klärt sich auf einen Schlag der grau umwölkte Zeithorizont. Also Margarete Steffin, selbstverständlich, aber eben nicht 1941 (was mir sofort zweifelhaft schien), sondern 1934, Aufenthalt der M. St. im Sanatorium Arasindo (nahe Tiflis), was dann wenigstens der im Voraus erwitterten Richtung entspricht. Zusammenfassend: mit diesem Material läßt sich arbeiten, zumal einige Briefe genau die passenden Stichwörter herliefern; an einigen Stellen hat man den Eindruck, als ob manche Besorgnisse und Belehrungen nur von einem Medium (Briefpost) ins andere (Sonett/Poem) übersetzt worden wären. Nun nur noch die meine, mich bewegende Schicksalsfrage. Bis wann brauchen Sie die Sache? So bis Ende Oktober könnte ich liefern, in der Zwischenzeit staut und staucht sich noch so einiges Unerledigte auf dem Schreibtisch – kämen Sie mit besagtem Abgabedatum zurecht?

Herzlich wie immer
Ihr Peter Rühmkorf

Maschinenschriftlich, 1 S. A4, hs. Gruß
FRAGEN: »Schreib mir, was du anhast! Ist es warm? / Schreib mir, wie du liegst! Liegst du auch weich? / Schreib mir, wie du aussiehst! Ist's noch gleich? / Schreib mir, was dir fehlt! Ist es mein Arm? // Schreib mir, wie's dir geht! Verschont man dich? / Schreib mir, was sie treiben! Reicht dein Mut? / Schreib mir, was du tust! Ist es auch gut? / Schreib mir, woran denkst du? Bin es ich? // Freilich hab ich dir nur meine Fragen! / Und die Antwort hör ich, wie sie fällt! / Wenn du müd bist, kann ich dir nichts tragen. // Hungerst du, hab ich dir nichts zum Essen. / Und so bin ich grad wie aus der Welt / Nicht mehr da, als hätt ich dich vergessen.« (Bertolt Brecht, *Gesammelte Werke*, Bd. 9, *Gedichte 2,* S. 541)

---

271. Marcel Reich-Ranicki an Peter Rühmkorf

9. Oktober 2001

Mein lieber Peter Rühmkorf,
habe mit Freude und Interesse Ihren Brief vom 2. Oktober gele-

sen. Ich kann Sie beruhigen: Es reicht, wenn Sie das Manuskript über Brecht Ende Oktober oder Anfang November liefern.
Sehr herzlich
Ihr Marcel Reich-Ranicki
(i. A. H. Müller, Sekretariat)

Maschinenschriftlich, 1 S. A4, nicht abgezeichnete Kopie, Original nicht erhalten

272. Peter Rühmkorf an Marcel Reich-Ranicki

Hamburg, d. 28. Nov. 2001

Lieber Herr Ranicki,
war ja 'n bißchen umwegig, sich die nötigen positiven Kenntnisse anzueignen, denn meine anderthalb Meter Brecht u. Co. wiesen an den fraglichen Stellen doch entscheidende Lücken auf, aber der Suhrkamp Verlag hat mich freundlicherweise mit den nötigen Ablichtungen versorgt. Nach den Mühen der Versorgung dann die Mühen der Entsagung, denn die Verzichtsaufwände in Sachen der »Frankfurter Anthologie« sind wahrhaftige Tantalidenqualen. Immer noch mal drüber und immer noch paar Zeilen weg, aber ich hoffe, daß die drei Seiten unterzubringen sind. Hab nochmal durchgezählt, und im Vergleich mit dem (eingekürzten) Mehring, dito Dehmeln müßte es haargenau hinkommen.
Sehr herzlich grüßt Sie und hofft zu Ihrer
Unterhaltung beizutragen
Ihr Peter Rühmkorf

P. S. Beide Abdrucke wiesen ein paar schmerzliche Satzfehler auf. Kann man da nicht vorher noch mal reinkucken bei Ihren üppigen Vorlaufzeiten?

Maschinenschriftlich, 1 S. A4, hs. P. S. am rechten Seitenrand
meine anderthalb Meter Brecht u. Co.: vgl. die Bibliothek Peter Rühmkorf im
DLA Marbach

273. Marcel Reich-Ranicki an Peter Rühmkorf

4. Dezember 2001

Mein Lieber,

Ihr Beitrag über Brechts »Fragen« ist vorzüglich und wird in der ersten Januarnummer erscheinen. Beiliegend Ihr Text, damit Sie ihn genau überprüfen können. Ich habe auf Seite drei den Schluß des mittleren Absatzes etwas gekürzt, weil er in Ihrer Fassung für die Leser vollkommen unverständlich ist: »... gibt bereits das Metrum der ›Fragen‹ vor und bewirkt jenen eigentümlichen Dringlichkeitston, der in unserem Gedicht die Musik macht.« Einverstanden? Zur Erklärung: Die Leser kennen nicht den Begriff »Klinggedicht« und wissen nicht, was eine männliche Kadenz ist. Sie glauben wahrscheinlich, es handle sich um einen Körperteil. Was das Wort »Abrißkante« bedeutet, weiß ich nicht und niemand auf dieser Etage kennt ein solches Wort. Schikken Sie uns den von Ihnen kontrollierten Text gleich zurück.

Sie schreiben von schmerzhaften Satzfehlern in den beiden von Ihnen längst gedruckten Kommentaren. Warum haben Sie das nicht früher mitgeteilt? Können Sie uns jetzt noch die Fehler zeigen? Ich verspreche Ihnen, daß die Missetäterinnen, die das verschuldet haben, vor der Hauptwache in Frankfurt öffentlich ausgepeitscht werden, vorausgesetzt, daß Sie der Peitscher sein werden.

In alter Herzlichkeit
Ihr Marcel Reich

Maschinenschriftlich auf Kopfbogen FAZ, 1 S. A4, beiliegend drei Seiten Typoskript des Beitrags über Brecht

Klinggedicht ... männliche Kadenz: Ein Sonett wurde im dt. Barock auch als »Klinggedicht« bezeichnet; in der Poetik schließen männliche oder stumpfe Kadenzen mit einer betonten Silbe ab, weibliche oder klingende mit einer unbetonten.

Abrißkante: Geologisch eingeführter Begriff; Abriß- oder auch Abbruchkanten gibt es an norddeutschen Steilküsten häufig.

274. Peter Rühmkorf an Marcel Reich-Ranicki

Hamburg, d. 6. Dez. 2001

Lieber Herr Ranicki,

Dank für prompte Antwort, und gestatten Sie mir das Kompliment zurückzugeben: Ihre geringen Einkürzungen wurden auch hier als »vorzüglich« empfunden. Habe kein Jota zu bemängeln, nur der poetologischen Verständigung wegen eine Kleinigkeit zu ergänzen. In telegrammatischer Kürze, die dann auch gleich mit den »männlichen Kadenzen« zusammenfällt. Woran Ihre Leser bei der Formulierung so denken, können Sie natürlich besser einschätzen als ich, trotzdem scheint es sich hier eher um Projektionen zu handeln, etwa mit den »Etyms« von Arno Schmidt zu vergleichen. Wem man schon einen fünfhebigen Trochäus zumuten kann (was niemanden dazu verleitet, an einen fünfzehigen Pterodaktylus zu denken), dem dürften doch männliche Kadenzen kaum Schwierigkeiten bereiten. Aber das ist eigentlich nur ein kleines Vorspiel. Allerdings hatte mich in unserem Fall zunächst nichts so heftig interessiert wie Sonettenquartette mit männlichen Abbruchkanten, eine Verdeutschlichung, die zwar einen Neologismus darstellt (bzw. eine Hausmacherprägung), die aber kaum der Anschaulichkeit entbehren dürfte. »Schreib mir, was du anhast! Ist es warm?« / zack! – »Schreib mir, wie du liegst! Liegst du auch weich?« / zack, das sind doch jeweils ziemlich abrupte Abbruch- (bzw. wenn man eher an Notizpapiere denken möchte) »Abrißkanten«, auch wenn es sich nicht um wissenschaftlich eingeführte Begriffe handelt. Ich darf hinzufügen, daß es sich hier um einen in der deutschen Dichtkunst außerordentlich seltenen Strophentypus handelt, meines Wissens erst ziemlich spät, d. h. mit Keller in Gebrauch geraten, dann gerade noch bei Morgenstern und Rilke anzutreffen ... Heavens! Telefone. Kaum daß man mal reinsteckt, ist auch gleich die halbe Welt in der Leitung, von der Halbwelt völlig zu schweigen ... jedenfalls ein rares Versschema, das dann erst bei Brecht wirklich sein Glück gemacht hat und in der Nachfolge nicht ganz unvermittelt bei Peter Maiwald wieder auftaucht. Ja, und da wären nun noch einige privatpersönliche Entdeckungen hinzuzufügen, aber die Zeit (zack!) eilt (zack!) und der Abendbriefkasten läßt nicht mit sich reden (zack), sondern wird in

zehn Minuten geleert, was mich augenblicklich das (fast) makellose
Manu eintüten und zur Post rasen läßt (zackzack) –
Sehr herzlich grüßt Sie
Ihr Peter Rühmkorf

P. s. Ja die Überschrift, was machen wir da? Mir schwebt so etwas vor
wie »Konkrete Fragen – verbliebene Fragwürdigkeiten«

Maschinenschriftlich, 2 S. A4

»Etyms« von Arno Schmidt: Worte des Unbewußten, die auf akustischer Basis entstehen: »Was ›Worte‹ sind, wißt Ihr – ?«; / (sie nickten so schnell : !) / (Glück-
liches Völkchen; mir war's nich ganz klar.)). : »Also das bw spricht Hoch=
Worte. Nun wißt Ihr aber, aus FREUD's ›Traumdeutung‹, wie das ubw ein
eigenes Schalks=Esperanto lallt; indem es einerseits Bildersymbolik, andrerseits Wort=Verwandtheiten ausnützt, um mehrere – (immer aber im Gehirn
des Wirtstieres engbeieinanderlagernde!) – Bedeutungen gleichzeitig wieder-
zugeben. Ich möchte nun diese neuen, wortähnlichen Gebilde – die sowohl-
erzogen der scheinbaren Präzision der Normalsprache dienen; als auch den
fehllustig=doppelzüngelnden Amfibolien der›Hinter‹=Gedanken – ›ETYMS‹
heißen : der obere Teil des Unbewußten : spricht ›Etym‹.«. (Arno Schmidt,
Zettel's Traum, Frankfurt 2010, S. 30; Erstausgabe 1970)
Trochäus: Versmaß – auf eine betonte Silbe folgt eine unbetonte (»Éssen«)
»Pterodaktylus«: Kleiner Saurier; beim Daktylus folgen in der Poetik auf eine
betonte Silbe zwei unbetonte (»Réhragout«).

---

275. Marcel Reich-Ranicki an Peter Rühmkorf

11. Februar 2002

Lieber Herr Rühmkorf,
   wir bereiten jetzt den fünfundzwanzigsten Band unserer »Frankfurter Anthologie« vor. Ich sende Ihnen beiliegend Ihre Beiträge mit
der Bitte, den Text genau zu lesen. Selbstverständlich sollten sachliche
Irrtümer, die sich hier und da eingeschlichen haben, unbedingt korrigiert werden. Natürlich können Sie auch stilistische Korrekturen, die
Ihnen notwendig erscheinen, vornehmen. Ferner bitten wir Sie, auf
Druckfehler zu achten, die uns leider gelegentlich unterlaufen sind.

Doch was immer Sie ändern, wir müssen Sie bitten, von einer Erweiterung Ihrer Beiträge (es sei denn um zwei oder drei Zeilen) abzusehen. Schließlich wären wir Ihnen noch dankbar, wenn Sie bei dieser Gelegenheit auch die Texte der von Ihnen interpretierten Gedichte prüfen wollten.

Alle Interpreten werden überdies gebeten, uns die eventuell in ihrer Biographie notwendig gewordenen Ergänzungen für das »Verzeichnis der Interpreten« mitzuteilen. Dabei bitten wir um Verständnis, daß wir von den Veröffentlichungen immer nur die wichtigsten anführen können. Den Vertrag für den Abdruck Ihres Aufsatzes in der Buchausgabe der »Frankfurter Anthologie« werden Sie, wie üblich, vom Insel Verlag erhalten.

Senden Sie uns bitte die von Ihnen korrigierte Fassung des Ausschnittes sowie die biographischen Angaben wenn möglich per Fax unter der Nr. 069/7591-1623 zu.
Mit besten Grüßen
Ihr Marcel Reich-Ranicki
H. Müller
(i. A. H. Müller, Sekretariat)

Maschinenschriftlich auf Kopfbogen FAZ, 1 S. A4, personalisierter Rundbrief, unterzeichnet von Hannelore Müller
den fünfundzwanzigsten Band: Band 25 der Frankfurter Anthologie erschien 2002 im Insel-Verlag, Frankfurt a. M., hg. von Marcel Reich-Ranicki.
Ihre Beiträge: Der 25. Band der Frankfurter Anthologie enthielt Peter Rühmkorfs Interpretationen der Gedichte von Richard Dehmel (*Vom schließlich doch verfehlten Zauberwort,* S. 84ff.) und Denn: Aller (*Über die Unwillkommenheit von Zeitgedichten,* S. 128ff.); außerdem das Gedicht *Hochseil,* interpretiert von Heinz Ludwig Arnold.

---

276. Peter Rühmkorf an Marcel Reich-Ranicki

Hamburg, d. 24. 2. 2002

Lieber Herr Ranicki,
das war ja eine überraschende Eröffnung gestern und der Ausdruck des Gerührtseins meinerseits kein bißchen ironisch überhaucht oder

unterflossen. Ich lege Ihnen das Czepko-Gedicht mal bei, zu Ihrer Ent-
zückung sozusagen, obwohl Marian Szyrocki Ihnen natürlich kein
unbekannter Name ist – doch ob auch die gemeinte Anthologie im
Hause, wer weiß? Ich bin mit Barock-Dingen eigentlich ganz gut versorgt und insofern vertraut, habe aber die beigefügte Zimelie sonst
nirgends gefunden. Zu »ut desint vires« ganz kurz. Falls sich Ihnen
ein »tamen est laudanda voluptas« auf die Zunge drängen sollte, den
Scherz gibt es schon. Er flog mich in meiner Studi-Zeit so an und ich
hielt es für einen Initialfund, um ihn dann später bei Nietzsche wiederzufinden. Daß ich mit meiner Zeit geizen muß, habe ich Ihnen bereits
gesagt, schon zweimal Termin bei Rowohlt geschmissen, und ich steh
da insofern nicht bloß unter Dampf, sondern unter Druck. »TABU II«,
Siebziger Jahre, ziemlich bebenreicher Boden und die Freunde und
Bekannten in ihren Oberstübchen bis zur Unkenntlichkeit entwickelt.
Über Sie bislang nur Schmückendes entdeckt. Gepriesene Zusammenarbeit bei FAZ, dann das Bergen-Enkheim-Stipendium pp – Fragt sich
bei der Menge nur, ob ich so weit überhaupt komme. Da Sie die Fülle
der Preise ansprachen. Ich bin kein Frühentwickler gewesen – naja, in
einigen Kleinigkeiten und im späten Rückblick vielleicht doch – a b e r
ein vergleichsweise spät Entdeckter, der mit seinerzeit 46 Jahren gerade auf ein einziges 1000-Mark-Preiselchen verweisen konnte. Na,
und dann kamen Sie.

Ihnen und Tosia sehr herzliche Grüße und Fortuna – Fortuna – Fortuna!

Ihr Peter Rühmkorf

Maschinenschriftlich, 2 S. A4, hs. Gruß
überraschende Eröffnung: nicht ermittelt
lege Ihnen das Czepko-Gedicht mal bei: »Überall durch Zufall / Kein Gastgebot, kein Spiel, / Kein Tantzen und kein Wincken, / Kein Nahmen und
   kein Trincken, / Nach der Buchstaben Ziel. / Kein Krantz, kein Gruß, kein
   Brief, / Auch sonst kein Fund noch Grief / Kan bey den Liebes Sachen /
   Auch nicht das minste machen. / Es ist in uns ein Bronnen, / Draus kommt,
   was angenehm, / Behäglich und bequem, / Nach seiner Art geronnen: /
   Das wird numehr geliebt, / Weil sich es mehr ergiebt; / Als Gastgebot, als
   Spiel, / Als Tantzen und als Wincken, / Als Nahmen und als Trincken /
   Nach der Buchstaben Ziel. / Als Krantz, als Gruß, als Brief, / Und mehr, als

Fund und Grief: / Wer Liebe wil genüssen, / Muß diesen Brunnen wissen.«
(in: *Lyrik des Barock,* hg. von Marian Szyrocki, S. 141f.)

Marian Szyrocki: In Peter Rühmkorfs Bibliothek befanden sich fünf Bücher
von Szyrocki: *Martin Opitz.* Berlin 1956; *Der junge Gryphius.* Berlin 1959;
Poetik des Barock (Hg.), *Texte deutscher Literatur 1500–1800.* Reinbek 1968;
Lyrik des Barock (Hg.), *II. Texte deutscher Literatur 1500–1800.* Reinbek
1971; *Die deutsche Literatur des Barock. Eine Einführung,* Stuttgart 1994.

Zimelie: rare Schrift, rares Buch

ut desint vires ... tamen est laudanda voluptas: Das Zitat lautet korrekt »ut desint
vires tamen est laudanda voluntas«, lat. »Wenn auch die Kräfte fehlen, ist
der Wille trotzdem zu loben« (Zitat aus Buch III, 4, 79 der Exilbriefsamm-
lung Ovids, den Briefen vom schwarzen Meer / epistulae ex ponto); Rühmkorf zitiert in Anspielung auf Nietzsche, der das Zitat ironisch abwandelt und
Wille durch Begierde (voluptas) ersetzt – »Ut desint vires, sprach er dankbar,
tamen est laudanda voluptas.« (vgl. Friedrich Nietzsche, *Götzendämmerung.
Streifzüge eines Unzeitgemäßen, §13 (Emerson), in: Nietzsches Werke,* Bd. X,
Leipzig 1922, S. 303)

einziges 1000-Mark-Preiselchen: Gemeint ist vermutlich der Hugo-Jacobi-Preis,
den Peter Rühmkorf 1958 erhielt. Hugo Jacobi stiftete den Preis in seinem
Testament für »junge, um Stil und Existenz ringende Dichter«.

---

277. Marcel Reich-Ranicki an Peter Rühmkorf

5. März 2002

Mein Lieber,
über Ihren Brief vom 24. Februar haben wir ja inzwischen schon gesprochen. Ich glaube, daß wir die ganze Angelegenheit jetzt richtig beschlossen haben. Wir wollen in Frieden und Freundschaft leben und
uns gegenseitig keinerlei Schwierigkeiten bereiten.

Daß Sie in der »Frankfurter Anthologie« immer und besonders
gern willkommen sind, wissen Sie ja. Machen Sie also das Gedicht von
Czepko »Überall durch Zufall«. Entscheiden Sie bitte auch, ob wir die
Schreibweise des Textes behutsam modernisieren oder es so überneh-
men, wie es gedruckt ist. (also mit »trincken« und »wincken« und »ergiebt«). Je schneller Sie das Manuskript schicken (bitte Bibliographie

nicht vergessen), desto besser. Sie wollten dann ein Gedicht von Grass machen, aber bitte uns erst mitteilen, weil da schon etwas in Arbeit ist und wir Duplikate unbedingt vermeiden müssen.
Mit besten Grüßen
Ihr Marcel Reich

Maschinenschriftlich auf Kopfbogen FAZ, 1 S. A4

---

278. Peter Rühmkorf an Marcel Reich-Ranicki

Hamburg, d. 11. April, 2002

Lieber Herr Ranicki,
muß Sie leider noch etwas vertrösten. Im Hinblick auf den Czepko haben sich unerahnte Schwierigkeiten ergeben, die Fachwelt ist sich im Hinblick auf ganz schlichte Wortbedeutungen nicht einig, und ohne die genügenden Fachkenntnisse ist hier gar nichts zu machen. Habe bereits mit drei Ordinarien, u. a. Schöne in Göttingen, ausgiebig korrespondiert u. telefoniert, nur scheint die ethymologische Versorgungslage im Vergleich mit mittelhochdeutschen Speziallexika derart desolat, daß man es in Einzelfällen immer nur mit Vermutungen bzw. Ratespielen zu tun bekommt. Habe ellenlanges Schreiben auch noch an den Czepko-Herausgeber Roloff / Berlin in Marsch gesetzt und bisher nicht den Hauch einer Antwort erhalten – nehme an, bzw. kann nur annehmen, daß er entweder gerade in Neuseeland lehrt o d e r, was mich fast noch wahrscheinlicher bedünkt, daß er sich selbst im Unklaren ist u. es nicht zugeben möchte. Im Hinblick auf GG leider auch nicht viel Positives zu vermelden. Alle mich wirklich interessierenden Gedichte, sind bereits besprochen worden, z. T. sogar glänzend, und aus dem Taschengrund möchte ich mich ungern bedienen. Seien Sie herzlich gegrüßt und haben Geduld mit Ihrem Ihnen herzlich verbundenen
Peter Rühmkorf

Maschinenschriftlich, 1 S. A4, hs. letzter Halbsatz am rechten Rand
Schöne in Göttingen: Albrecht Schöne, dt. Germanist

279. Marcel Reich-Ranicki an Peter Rühmkorf

13. September 2002

Mein Lieber,
	Ihr Telegramm zum Goethe-Preis hat mich überrascht und sehr erfreut. Zugleich hat mich aber das Telegramm an die Tatsache erinnert, daß ich auf einen Beitrag von Ihnen für unsere »Frankfurter Anthologie« warte. Sie wollten doch über ein Gedicht von Daniel von Czepko schreiben. Darauf warte ich nun, glaube ich, über ein Jahr. Wenn Sie zu diesem Gedicht keine Lust haben, können Sie natürlich andere Gedichte vorschlagen. Mir ist alles recht, was noch nicht in der »Frankfurter Anthologie« war und was den zulässigen Umfang (42 Verse) nicht überschreitet.
	Nochmals herzlichen Dank und lassen Sie rasch von sich hören.
	Ihr Marcel Reich

Maschinenschriftlich auf Kopfbogen FAZ, 1 S. A4
Telegramm zum Goethe-Preis: Der im Drei-Jahres-Rhythmus verliehene Goethepreis der Stadt Frankfurt am Main wurde 1927 gestiftet. Reich-Ranicki erhielt ihn 2002.

---

280. Marcel Reich-Ranicki an Peter Rühmkorf

24. März 2003

Lieber Herr Rühmkorf,
	wir bereiten jetzt den sechsundzwanzigsten Band unserer »Frankfurter Anthologie« vor. Ich sende Ihnen beiliegend Ihren Beitrag mit der Bitte, den Text genau zu lesen. Selbstverständlich sollten sachliche Irrtümer, die sich hier und da eingeschlichen haben, unbedingt korrigiert werden. Natürlich können Sie auch stilistische Korrekturen, die Ihnen notwendig erscheinen, vornehmen. Ferner bitten wir Sie, auf Druckfehler zu achten, die uns leider gelegentlich unterlaufen sind. Doch was immer Sie ändern, wir müssen Sie bitten, von einer Erweiterung Ihres Beitrags (es sei denn um zwei oder drei Zeilen) abzusehen. Schließlich wären wir Ihnen noch dankbar, wenn Sie bei dieser

Gelegenheit auch den Text des von Ihnen interpretierten Gedichts prüfen wollten.

Alle Interpreten werden überdies gebeten, uns die eventuell in ihrer Biographie notwendig gewordenen Ergänzungen für das »Verzeichnis der Interpreten« mitzuteilen. Dabei bitten wir um Verständnis, daß wir von den Veröffentlichungen immer nur die wichtigsten anführen können. Den Vertrag für den Abdruck Ihres Aufsatzes in der Buchausgabe der »Frankfurter Anthologie« werden Sie, wie üblich, vom Insel Verlag erhalten.

Senden Sie uns bitte die von Ihnen korrigierte Fassung des Ausschnittes sowie die biographischen Angaben so schnell wie möglich zu.

Mit besten Grüßen

Ihr Marcel Reich-Ranicki

(i. A. Hannelore Müller, Sekretariat)

Maschinenschriftlich auf Kopfbogen FAZ, 1 S. A4, personalisierter Rundbrief, unterzeichnet von Hannelore Müller

den sechsundzwanzigsten Band: Band 26 der Frankfurter Anthologie erschien 2003 im Insel-Verlag, Frankfurt a. M., hg. von Marcel Reich-Ranicki.

Ihren Beitrag: Der 26. Band der Frankfurter Anthologie enthielt Peter Rühmkorfs Interpretationen des Gedichts *Fragen* von Bertolt Brecht (*Gedanken eines Liebenden,* S. 130ff.), vgl. Brief 268.

---

281. Peter Rühmkorf an Marcel Reich-Ranicki

Hamburg, d. 25. März, 2003

Lieber Herr Ranicki,

Korrekturbögen greifen einem alten Schreibimpuls voraus, weil ich glaubte u. glaube, daß E. Ihnen meine Verfassung doch etwas zu rosig dargestellt hat. Bin in dem Czepko ja seinerzeit steckengeblieben, weil die bemühten 5 Ordinarien sich nicht einig werden konnten, und die Interpretations- beziehungsweise Wortbedeutungsbedenken kühn zu überfliegen, fehlte mir die Traute. Das bringt uns auf's Thema, meinen seit einem Vierteljahr oder länger etwas ungemütlich umdüstertem Kopp, dem sich keine Wortgirlanden entrollen wollen, jedenfalls nicht in dem gewünschten Tempo, was sich mit den über mich verhängten

Abgabeterminen nun überhaupt nicht mehr verträgt. Einbrüche an allen Fronten, zuerst das durch die lange Beugehaft über der Schreibmaschine überstrapazierte Kreuz, dann ein zäh anhängliches Bronchialasthma, das sich erst jetzt ein wenig zu lösen beginnt, allerdings nicht ohne eigenes Zutun, bzw. strikt über mich verhängtes Rauchverbot, was dem Schreibfluß nicht gerade zugute kommt. Habe immer mal wieder Anflüge von schlechtem Gewissen, Sie im Hinblick auf FAZ-Anthologie im Moment nicht beliefern zu können. An unserer wiedergewonnenen wechselseitigen Zutraulichkeit liegt mir sehr, würde sie auch gern öffentlich besiegelt sehen, ich muß nur erstmal raus aus diesem Tal, bzw. über den Berg, und wenn der Karren dann wieder richtig rollt ..

Sehr herzlich grüßt Sie

Ihr Peter Rühmkorf

Maschinenschriftlich, 1 S. A4, hs. Gruß am rechten Rand und hs. Notiz unter dem Datum: »*nicht abgeschickt* / E. schilderte ihn vom letzten Besuch her als senil-autokratisch« (E. hier Abkürzung für Eva Rühmkorf)

---

282. Peter Rühmkorf an Hannelore Müller

Hamburg, d. 1. April 2003

Liebe Frau Müller,

entschuldigen Sie die Säumigkeit, ich war für ein paar Tage auf dem Lande u. hatte selbst die Vip-undwichtig-Post in Hamburg vergessen. Ich entdecke im Augenblick kein Fehl (und schon gar keinen Druckfehler) an der Sache und sende Sie Ihnen in der vorliegenden Form zurück. Bitte richten Sie Herrn Reich-Ranicki meine herzlichen Grüße aus und teilen ihm auch mein schlechtes Gewissen mit, daß ich als Beiträger zur FAZ-Anthologie noch nicht tätig werden konnte. Hatte mich drei Monate lang mit einem verschleppten Bronchialasthma herumzuplagen, was meine gesamten literarischen Tätigkeiten mächtig ins Hintertreffen geraten ließ. Sowie sich ein Luftloch auftut und ein geeignetes lyrisches Ufo meinen etwas eingeengten Gesichtskreis durchdringt, will ich mich gern wieder in den Reigen seiner Interpreten einfädeln.

Freundlichst grüßt Sie

Maschinenschriftlich, 1 S. A4, nicht unterschriebener Durchschlag, im Nachlaß
Rühmkorf im DLA kein weiteres Exemplar
entdecke im Augenblick kein Fehl: Vermutlich bezieht sich Peter Rühmkorf hier
auf seinen kurz danach erscheinenden Artikel *Der Forderer. Erinnerungen an
Walter Höllerer,* in: FAZ, 22. 5. 2003.

---

283. Peter Rühmkorf an Marcel Reich-Ranicki

Hamburg
den 8. Mai, 2004

Lieber Herr Reich-Ranicki,
   unerwartete Post, unerwartete Fragen, eigentlich kleine Bitte. Sie
waren so freundlich, meinem Bibliographen (Heavens! – ›meinem‹
s. auch Rilke: »So sagen sie: mein Leben, meine Frau« pp), na, jedenfalls Wolfgang Rasch die Genehmigung zum Abdruck einiger Briefe
zu erteilen, und das Ergebnis sieht sich eigentlich ganz propper an.
Geht zu keines der Beteiligten Lasten und wird auch nicht unfreund-
lich kommentiert. Nun steht mir die Komposition eines Bio-Bilderbu-
ches ins Haus (im Untertitel ›Lese-Bilderbuch‹ genannt), in dem ich,
falls die Zeit noch reicht, ganz gern eine kleine epistologische Triade
unterbringen möchte, die unsere langjährige Korrespondenz an einer
zunächst etwas kritisch-kitzlicht erscheinenden Stelle dokumentiert:
MRR vom 4. Nov 82 – PR vom 14.11. – Synthese MRR v. 19. Nov. d. J.,
die sich schließlich im wahrsten Sinne des Wortes dialektisch zu beider Wohlgefallen klärt. Ihr erster Brief war seinerzeit als etwas be-
sorgte Erkundigung nach unser beider Verhältnis zu lesen, und Sie
hatten ihn auch als eine Sache-entre-nous erklärt, aber sie liest sich im
späten Nachhinein doch so gewinnend, daß ich ungern darauf verzichten möchte. Sie stellt Sie auch keineswegs bloß, es sei denn, daß man
sie als Anfortas-Hinweis auf die eigenen Wunden versteht, was ja auch
nicht schändet, und da wäre ich Ihnen schon sehr verbunden, wenn
Sie sich zu einem Plazet aufschwingen könnten. Sie waren damals von
Feinden umringt und wähnten den geschätzten schwierigen Beiträger
irgendwie auf die andere Seite übergewechselt, was ich dann glücklicherweise entkräften konnte, mindestens insofern, als es Sie zu einem

erfreuten Aufatmer veranlaßte. Insgesamt präsentiert sich die Sache als gestaffelter Lebenslängsschnitt, als Stationendrama sozusagen, das sich als wohlkomponierte Kette von Zwiegesprächen hier u. da personalisiert. Autor und Autor: Grass. Autor und die Malkunst: Janssen. Autor mit Musikbegleitung: Naura. Autor u. Wissenschaft: Wapnewski. Und da würde denn doch eine unverzichtliche Lücke klaffen, wenn nicht auch das Zwiegespräch Autor und Kritiker eine wirkliche Zelebrität auf der anderen Seite vorzuweisen hätte. Blicken Sie sich bitte Ihren Eröffnungsbrief noch einmal genau an. Ich sehe aus dieser gewissen zeitlichen Entfernung nichts Genierliches darin, eher etwas sehr menschlich Berührendes, und es ist auch mitnichten als Paukbodenpièce, sondern als schönes Exempel berufsständischer Kribbeligkeiten mit versöhnlichem Ausgang gedacht. Also, in nuce, als Variation auf das alte Thema »scheinbarer Abschied und erneutes Willkommen« –. Da ich das pp Privatissimum ungern über den allzugänglichen STEIDL-Ticker laufen sehen möchte, wäre ich dankbar, wenn Sie mir eine Antwort über mein Privatarchiv zukommen lassen würden. Fax wie Tel. – Nr: 27 87 13 74 und e-mail per RUEHMKORF @BUECHERFREUNDE.de. Ihr Büro kennt die connection, wie mir Archivar Helmut Schenkel eben erzählte. Ist Vertrauensperson u. ich kann mir jede Nachricht via Tel. bei ihm erfragen. Auch – eventualiter, aber ich denke das erübrigt sich – über Streichungen, auf die Sie Wert legen möchten.

Mailich-herzliche Grüße Ihnen und Ihrer lieben Frau
von Ihrem letzten Endes altverbundenen P. R und der seinen
Peter Rühmkorf

P. S. Ja! – Bin ab Mo. d. 10. – Fr. d. 14. Mai f. 1 Woche im STEIDL Verlag, um das Layout zu bewerkstelligen.

Maschinenschriftlich, 3 S. A4, hs. P. S. am rechten Rand, nach der Unterschrift
das »Rühmkorf-Dienstsiegel«, das die Rendsburger Buchhändlerin Nina
Soltau als Stempel schnitzte
meinem Bibliographen: Wolfgang Rasch, Bibliographie Peter Rühmkorf,
Bielefeld 2004
Bio-Bilderbuch: Wenn ich mal richtig ICH sag ..., Göttingen 2004, vgl. S. 110f.
Vgl. Briefe 168, 170, 171

Anfortas-Hinweis: Im *Parzival* des Wolfram von Eschenbach ist Anfortas Burg-
herr der Gralsburg Munsalvaesche; er leidet an einer unheilbaren, dauerhaft
blutenden Wunde.

mein Privatarchiv: Die Archiv-Wohnung im Hamburger Fersenfeldtsweg 6,
3. Stock, wurde mit der Überführung des Nachlasses ins DLA im Herbst
2009 aufgelöst. Helmut Schenkel betreute das Archiv seit 1997.

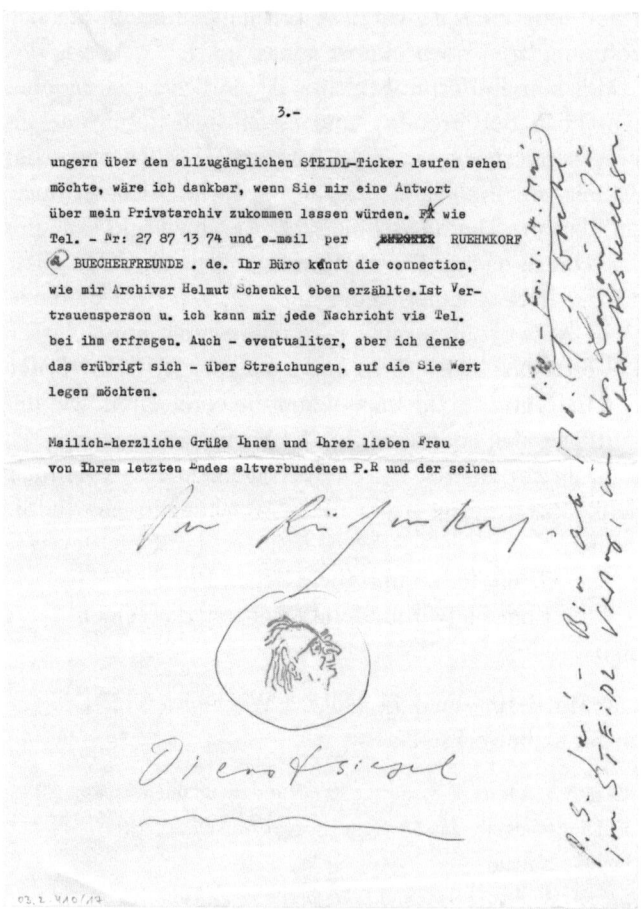

284. Marcel Reich-Ranicki an Peter Rühmkorf

Frankfurt am Main

13. Mai 2004

Mein lieber Peter Rühmkorf,

Ihren Brief vom 8. Mai habe ich erhalten. Natürlich wird es in dieser Angelegenheit meinerseits keine Schwierigkeiten geben, nur möchte ich die Briefe, an die ich mich naturgemäß kaum erinnern kann, doch sehen. Die Telefonnummer Ihres Sekretärs antwortet nie. Also veranlassen Sie bitte, daß man mir die Fotokopien der in Frage kommenden Briefe schickt.

Sehr herzlich

Ihr Marcel Reich

Maschinenschriftlich auf privatem Kopfbogen, 1 S. A4

---

285. Peter Rühmkorf an Marcel Reich-Ranicki

Hamburg, d. 17./18. Mai 2004

Lieber Herr Ranicki,

eben aus Göttingen zurück, finde ich zu meiner Freude Ihre freundschaftlich behauchten Zeilen vor. […]

Zu Ihrer Frage kurz die Unterlagen. Der meine Brief scheint nicht ganz dem seinerzeitigen Original zu entsprechen, er weist keinerlei handschriftliche Korrekturen auf, aber das tut der Liebe keinen Abbruch, es sind minimalia errata, und vielleicht findet sich die durch Strichelchen und Einschiebsel verunzierte Verbesserung noch irgendwo. Wo nicht, mag es auch so angehen und wirklich kritische Tippfehler würde ich mir erlauben, richtig zu stellen.

Daß ich die Rückantwort nicht über den STEIDL Verlag erbat, hatte Gründe. Ich hatte in meiner Zwischenbleibe kein Privattelefon zur Verfügung und wollte nicht gern im Windfang der Layout-Arena delikate Dinge erörtern, zumal ich befürchtete, daß man in der Bilderbuchredaktion für Briefe ohne Bilder nicht den richtigen Sinn aufbringen würde. Das Gegenteil war der Fall. Man fand gerade diese für sich sprechende »Triade« (Ich zitiere. Mich.) als in sich gefaßtes und für sich selbst sprechendes Dokument interessant und liebenswert, und so kann ich denn nur meinen Ihnen bekannten Wunsch um ein geneigtes Kopfnicken wiederholen.

Die corpora deliciosa im Anhang und Ihnen und Ihrer lieben Frau meine herzlichen Grüße. Die meine west in irgendwelchen berufsständischen, bzw. gender-spezifischen Gesinnungskreisen herum, u. a. in Bonn u. Ff/M. – und kann diesmal nicht mitwinken.

Ihr Peter Rühmkorf

Maschinenschriftlich, 2 S. A4, Datum hs. ergänzt

[...]: Kürzung aus persönlichkeitsrechtlichen Gründen

---

286. Marcel Reich-Ranicki an Peter Rühmkorf

20. Oktober 2004

Mein Lieber,

Jan Philipp Reemtsma hat einen originellen Beitrag über Ihr in der F. A. Z. gedrucktes Gedicht geschrieben, das mit den Worten beginnt: »Hochverehrte Frau, Sie tun mir leid«. Ist das Gedicht auch schon in einem Gedichtband von Ihnen enthalten oder wird es in absehbarer Zeit in einem solchen Band zu finden sein? Denn Gedichte, die nur in Zeitungen gedruckt waren, können wir im Sinne der Regeln unserer »Frankfurter Anthologie« in dieser Rubrik nicht bringen.

Lassen Sie mal von sich hören und seien Sie bestens gegrüßt

von Ihrem
Marcel Reich

Maschinenschriftlich auf Kopfbogen FAZ, 1 S. A4

»Hochverehrte Frau ...«: Das im letzten Gedichtband *Paradiesvogelschiß* (Reinbek 2008, S. 135) aufgenommene Gedicht wurde am 12. 3. 2004 in der FAZ erstveröffentlicht. Vgl. Jan Philipp Reemtsma, *Ein Endspiel. Über Rühmkorfs Gedicht »Hochverehrte Frau, Sie tun mir leid ...«,* in: FAZ, 8. 1. 2005 (Frankfurter Anthologie)

---

287. Peter Rühmkorf an Marcel Reich-Ranicki

Hamburg, d. 16. 8. 2006

Lieber Herr Ranicki,

Sie waren ja sehr freundlich zu mir, und Ihr kleines Witzwort/Wahr-
wort wurde weder von mir noch vom Publikum als ehrenrührig empfunden. Bedauert habe ich allerdings, daß ich die Ballade ›vom ertrunkenen Mädchen‹ nicht zum Vortrag bringen konnte, es sollte über die
kurze Zwischensentenz »Doch ihr, ich bitt euch, wollet nicht in Zorn
verfallen / Denn alle Kreatur braucht Hilf von allen« auf eine früh vor-
gezeichnete Mitleidslinie zulenken, die sich dann sehr bald politisierte
und Brechts Solidaritätsbegriff in einem etwas freundlicheren Licht erscheinen läßt, als die wieder und wieder wiederholte Parole von dem
großen Egoisten insinuieren möchte. Auf unser Telefongespräch zu-
rückgreifend, möchte ich Ihnen nur zur persönlichen Anschauung
zwei Visuals zur Kenntnis bringen, die für mich so etwas wie eine fast
magische Koinzidenz in einem vorsintflutlichen Geisterreich illustrieren. Hier der kleine Diversant (allerdings schon früh politisiert und in
mordsgefährliche Untergrundtätigkeiten verwickelt) und auf der andern der große BB, der fast zeitgleich die nämliche Bildvorlage mit einem seltsam erbarmungsvollen Epigramm untertextete. Dies auf jüngste Aufgeregtheiten bezogen, möchte ich, von unverfänglicher Warte
aus, meinen, daß man auch dem kleenen »Ladeschützen« (v. Beruf
»Schüler-pupil«) doch etwas gnädiger begegnen sollte, der nach dem
Krieg genau bei jenem Otto Pankok in die Schule gegangen ist, der die
Vorlage für das IdK-Abzeichen herlieferte, von dem ich in meinem mi-
nimen Vorspeach kurz sprach. Der zeitweilig landesweit beinah zur
Ikone aufgerückte Holzschnitt zeigt einen Christus, der ein Gewehr
auf seinem Knie zerbricht, und in diesem zu beherzigenden Sinne hat
unser GG dann ein langes schriftstellerisches Leben mit seiner ganzen
Stimmkraft gewirkt, um der Zerteilung Deutschlands in zwei kriege-
risch gegeneinander stehende Fragmente entgegenzuwirken. Die späte
Offenbarung – auch mir jetzt zum ersten Mal zur Kenntnis gekommen – scheint psychologisch vielleicht etwas sonderbar, aber eine gewissermaßen kleidsame Bitte um Entschuldung schien mir und scheint
auch weiter durch Dieter Meichsners Buch »Versucht's nochmal mit

uns« rechtzeitig dokumentiert, eine, nennen wir's mal verträgliche Erbittlichkeitsformel, die Grassens viel tiefer greifenden Allegorien kaum einen Entsprechungsgegenstand zu bieten scheint. Ich will hier nicht groß mit Ihnen debattieren. Nur kurz das, was mir unleidlich auf den Nägeln brennt, daß ein nie verhohlenes Schuldbewußtsein nun auf einmal in den Unrang einer verlogenen Biografie niedergestempelt wird. So etwas geht nicht. Zumal von Personen vorgebracht, denen nur eines zu ihrem ewig guten Gewissen reicht, die aus Altersgründen nicht rechtzeitig eingravierte SS-Rune.

Alt-herzlich Ihr Peter Rühmkorf – Oh, und grüßen Sie herzlich die von uns geliebte Toscha.

Maschinenschriftlich, 2 S. A4, hs. Gruß am rechten Seitenrand

Sie waren ja sehr freundlich zu mir: Peter Rühmkorf war Gast in der Sondersendung des *Literarischen Quartetts* (ZDF) zum 50. Todestag von Bertolt Brecht am 11. 8. 2006 (Aufnahmedatum). Die »Ballade vom ertrunkenen Mädchen« ist das Gedicht *Von der Kindsmörderin Marie Farrar,* vgl. Bertolt Brecht, *Gesammelte Werke 8, Gedichte 1,* Frankfurt a. M. 1967, S. 176f.

zwei Visuals: Nicht aufzufinden; der »kleine Diversant« ist vermutlich Peter Rühmkorf, vgl. auch Peter Rühmkorf, *Mein Stalingrad,* in: Frankfurter Allgemeine Sonntagszeitung, 1. 10. 2006.

jüngste Aufgeregtheiten: Am 12. 8. 2006 bekannte Günter Grass in einem Interview in der FAZ (*Warum ich mein Schweigen breche*) im Zusammenhang mit der Veröffentlichung seiner Autobiographie *Beim Häuten der Zwiebel* (Göttingen 2006) 1944/45 Mitglied der Waffen-SS gewesen zu sein und nicht, wie bisher immer behauptet, als Flak-Helfer in der Wehrmacht gedient zu haben.

Otto Pankok: Bei Otto Pankok studierte Günter Grass an der Düsseldorfer Kunsthochschule.

IdK: Internationale der Kriegsdienstgegner

Dieter Meichsners Buch: Dieter Meichsner, *Versucht's nochmal mit uns,* Reinbek 1948

Die nachfolgenden, für die FAZ verfaßten Texte Peter Rühmkorfs
wurden nicht an anderem Ort erneut publiziert, lediglich die beschließende
»Zwanglose Postalie in Sachen M. R.-R.« erschien später in einem von
Hubert Spiegel herausgebenen Buch (vgl. Brief 258).

FAZ, 13. 9. 1975, Literatur (Bilder und Zeiten)
Enthüllungsstrips im Halbdunkel
Flugblätter aus dem Zweiten Weltkrieg (vgl. Brief 29)

Die viel zitierte, häufig fehl zitierte Nostalgie – eine Rückwärtssehn-
sucht, die den Zeitgenossen mittels gefühlsaktiver Amulette nach hinten transportiert – hat nicht bei Jugendstil und Art Deco haltgemacht.
Die Beschwörung besonnter Vergangenheit hat sich auf dem Umweg
über scheinbar harmlos-unverfängliche Votivfiguren längst bis in die
Nazizeit vorgearbeitet, und was man vor einiger Zeit noch etwas schamhaft Vergangenheitsbewältigung nannte, scheint abgelöst durch das er-
innerungsselige Wohlgefallen an kleinen Pappmaché-Hitlern, Winter-
hilfswerk-Plaketten und Zigarettenbildchen mit Parteitagsmotiven.

Reichlich spät nach der Exhumierung und Faksimilierung zahlloser
NS-Embleme werden jetzt einige Erinnerungshilfen nachgeliefert, die
sich in die braune Magie nur schwierig einfügen wollen: Flugblätter
aus dem letzten Weltkrieg, von den Alliierten über Reichs- oder Front-
gebieten abgeworfen und von einer Minderzahl ehemaliger Volksge-
nossen seinerzeit als frohe Botschaft oder unentbehrliches Aufklärungsmittel begrüßt.

Wenn jetzt gleich zwei Publikationen erschienen sind – das Taschenbuch »Flugblätter« von Klaus Kirchner (Hanser Verlag) und die um-
fangreichere Dokumentation »Heil Beil« von Ortwin Buchbender und
Horst Schuh (Seewald Verlag) –, die uns diese historische Konterbande
neu ins Gedächtnis rücken, könnte leicht der Eindruck entstehen, als
ob es sich um einen Minderheitenservice für Widerstandsveteranen
oder Altunangepaßte handelte: auch der Randständige von gestern erhält nun endlich seine Erbauungsunterlagen und Traditionsbelege.

Genau dies scheinen die unterschiedlichen Herausgeber aber nicht
beabsichtigt zu haben, und so führt denn das eine Buch den Untertitel

»Psychologische Kriegsführung im Zweiten Weltkrieg in Europa«, das andre: »Flugblattpropaganda im II. Weltkrieg. Dokumentation und Analyse«. Ist darin eine Wertschmälerung zu sehen? Eine Eintrübung löblicher Wiedergutmachungsabsichten?

Man sehe mir nach, wenn ich die Antwort aus taktischen Gründen noch ein wenig in der Schwebe halte und mich für einige Besinnungsminuten selbst entführen lasse – zu stark sind die Anziehungskräfte, die von den bunten, frechen, krassen, plakativen Blättern ausgehen und den ehemaligen Liebhaber unversehens in seine eigne Sammlerzeit zurückversetzen. Zum Beispiel diese frühen, fast archaischen Frakturen – »Ein Raubreich bricht zusammen ... so wird jede totale Diktatur zusammenbrechen« oder »Wer Haß sät ... wird Rache ernten!« – welche reichen Erinnerungswelten werden durch sie wieder freigekeilt und welche fast untergegangen geglaubten Gefühlsgemische aus Finderstolz, Erkenntnisglück und Geheimnisträgerlust noch einmal neu heraufbeschworen. Erste Ausgaben eines sogenannten »Wolkigen Beobachter« oder einer »Luftpost« vom 25. Mai 1941 (»Heß wußte Bescheid. Er sah die Niederlage kommen«) – wie assoziationsmächtig zerren sie an den Erinnerungen, so daß mit den Zeitumständen auch die hundert kleinen Privatumstände mit ans Licht geraten.

Ein zerknittert blickender Hitler, vor eine Zeitungsseite mit verfehlten Prophezeiungen montiert, oder ein durchgekreuzt ausgestrichener Mussolini, und alle Hoffnungen oder Befürchtungen des damaligen HJ-Kindes tauchen wieder aus der seelischen Versenkung auf. Und wie Geschichte und persönlicher Lebenslauf noch einmal Revue passieren, so auch die Entwicklungsgeschichte dieser heimlichen Aufklärungsmittel selbst: angefangen bei den ungeschlachten und nie vergeßlichen Menetekelschriften der ersten Kriegsjahre, über sensationierende Fotomontagen, Enthüllungsstrips und Faltprospekte bis hin zu jenen im Stil von Boulevardblättern aufgemachten Miniaturzeitungen »Sternenbanner« oder »Nachrichten für die Truppe«.

Die Dokumentationen Kirchners und Buchbenders appellieren gewiß ein wenig an solche Wiedererkennungsgelüste, der eigentliche Ehrgeiz zielt freilich höher, tiefer und vor allem breiter: auf die wissenschaftliche Aufhellung einer von Haus aus zweideutigen Materie und die Zerlegung ihrer medialen Kräfte in unterschiedliche Reiz- und Wirkungsfaktoren. Bereits die vordergründig phänomenologische Betrachtung stellt denn auch gleich drei klassische Erscheinungstypen sicher: die biedersinnig »weiße«, die halbverhohlen »graue« und die bis zur Unkenntlichkeit vermummte »schwarze Propaganda«.

Während weiße Propaganda sozusagen mit offenem Visier kämpft und den Empfänger über den Absender nicht im Unklaren läßt, geraten wir bei der Grau-, gar der Schwarzsphäre in einen Dunkelbereich, wo der geheime Verführer mit verstellter Stimme spricht, mit Deckadressen arbeitet und sich in der Maske des Partei- oder Weggenossen naht. So geben zum Beispiel scheinbare NS-Schulungsbriefe erst beim Umdrehen ihr wahres Geheimnis preis, eine Auflistung der deutschen Personal- und Materialverluste. Ins Gewand eines Traktatblättchens hüllt sich die widerspenstige Kanzelrede des Bischofs von Galen vom 13. Juli 1941; oder ein als Ratgeber für Erste Hilfe verkapptes Heftchen stellt sich bei näherem Einblick als Simulationsanweisung für Kriegsdienstgegner dar. Propagandawelt ist, wir lernen es, sehen es hier an einem einzigartigen aufschlußreichen Material demonstriert: eine Mimikrywelt, Larvenwelt, in der Verhüllung und Enthüllung fortwährend neue seltsame Verbindungen eingehen und wo die Kunst der sinnreichen Maskierung über Erfolg oder Mißerfolg entscheiden kann. Entscheiden kann, so vorbehaltlich müssen wir uns allerdings ausdrükken, denn wenn die beiden Untersuchungen eines ganz gewiß nicht aufklären helfen konnten, dann ist es das Verhältnis von Wirkungsabsicht und tatsächlichem Wirkungsgrad, von Wirkungsästhetik und Effektivität.

Da stichhaltige Erhebungen auf diesem Gebiet nie stattgefunden haben, ist man wohl oder übel auf nachträgliche Zeugenaussagen angewiesen, ein Dilemma, das sich auch durch Meinungsumfragen in dem winzigen Eingeweihtenzirkel gewiß nicht lösen läßt. Der Rezensent, bei Klaus Kirchner mit einem Erinnerungsprotokoll zu Beleg gebeten, kennt wiederum einen der beiden Seewald-Kronzeugen als Tauschpartner – man sieht, in welchem Mikrokosmos von Spezialisten man sich hier bewegt und welcher Grauschleier immer noch über der Rezeptionsforschung lagert. Daß der Berichterstatter den Eindruck ungetrübter Fachkameraderie trotzdem gern vermieden sehen möchte, hängt allerdings mit gänzlich anderen Fragwürdigkeiten zusammen. Diese beginnen für ihn an der Stelle, wo die sich als ideologisch neutral verstehenden Dokumentaristen zusätzlich noch nazideutsche Propagandaartikel in ihre Analysen und Erwägungen einbezogen haben. Das mag für eine Sphäre, wo Propaganda, Gegenpropaganda und Gegenpropaganda sich gelegentlich bedingen und ergänzen, eine beinah unabdingbare Erkenntnishilfe sein. Und vielleicht kann, wer einen Beitrag zur »psychologischen Kriegsführung im Zweiten Weltkrieg in Europa« liefern möchte, solcher kontrafaktorischen Erhellungen gar nicht entraten.

Nur – und hier wird es nicht bloß kritisch, hier wird es fatal – was sich bei Klaus Kirchner allenfalls als Versuchung am Rande andeutet, Auflösung der Freund- und Feindbilder im Lichte eines interesselosen Wohlgefallens, das scheint im Seewald Verlag zur Strategie einer gezielten Humanrelations-Werbung zu gehören. Eine scheinbar nobel neutrale, werbepsychologisch sondierende und auf Kategorien einer allgemeinen Wirkungsästhetik abhebende Untersuchung führt zielgerecht in eine Zone des ideologischen Zwielichts, wo man vor lauter Schwarz-, Weiß- oder Grauwerten völlig übersieht, daß es womöglich auch noch Brauntönungen gab und gibt.

Ohne daß wir die Frontstellungen von gestern unbedingt zum Tagesgespräch von heute machen wollen: unerträglich für jeden jemals moralisch Engagierten wirkt diese nachträgliche Umfärbung von (allerdings!) qualitativen Antagonismen zu gewissermaßen berufsständischen Verwandtschaftsbeziehungen.

In der scheinbar unangreiflichen Fachmannsoptik von Militärwissenschaftlern lösen sich absolut unvermischliche Parteiungen in reinen schönen Korpsgeist auf, eine Gespensterallianz, in der eine »Propagandaorganisation Sefton Delmer« und eine »SS-Standarte Kurt Eggers«, ein »Komitee freies Deutschland« und faschistische KB-(Kriegsberichter-)Kompanien unter einer gemeinsamen Flagge antreten dürfen, dem Innungsbanner einer internationalen Subversions-Genossenschaft.

Die geneigte Aufmerksamkeit, die hier besonders einer ehemaligen SS-Sondereinheit gegönnt wird, schlägt (da die inhumanen Zielsetzungen des NS-Regimes überhaupt nicht mehr zur Debatte stehen) in pure Goodwill-Werbung um, ein Punkt, wo eine sich als wertungs- und ideologiefrei verstehende Analyse schon selbst zu einer Art von »schwarzer Propaganda« wird.

Klaus Kirchner: »Flugblätter«. Psychologische Kriegsführung im Zweiten Weltkrieg in Europa. Hanser Verlag, München 1974. 192 S., kt., 12,80 DM.
Ortwin Buchbender / Horst Schuh (Hg.), »Heil Beil«. Flugblatt-Propaganda im
2. Weltkrieg. Seewald Verlag, Stuttgart 1975 215 S., 176 Abb., kt., 24,– DM.

FAZ, 22.11.1975, Literatur (Bilder und Zeiten)
Der Forscher und der Falkner
Peter Wapnewskis Studien zur mittelhochdeutschen Lyrik
»Waz ist minne« (vgl. Brief 33)

Germanistik ist Geisterbeschwörung und – man verzeihe einem ent-sprungenen Scholaren die Lust am Geheimnisverrat – die Altgermanistik im besonderen. Sehen wir einmal davon ab, welcher faule Zauber allein mit dem einen Walther von der Vogelweide getrieben wurde, um ihn für völkische Anschlußbestrebungen und nazideutsche Heimins-reichvorstellungen zu ertüchtigen – gewisse alchimistische Verwand-lungspraktiken sind bis heute ein integraler Teil dieser Wissenschaft geblieben, auch und besonders dort, wo es aus mehreren voneinan-der abweichenden Handschriften so etwas wie ein Original hervor-zuzaubern gilt.

Die Lage ist allerdings bedenklich. Wer im Hinblick auf mittelhoch-deutsche Verskunst zu den Quellen gehen, auf die Urkunden zurück-greifen möchte, dem bieten sich sogleich zwei-drei Schreibweisen an und mit jeder Variante ein wahrhaftiger Sternschnuppenregen an Ent-zifferungsversuchen. Auch die besonnenste Textkritik gerät – und das noch lange vor der Sphäre geist- oder erkenntnisreicher Interpretatio-nen – in ein reichlich wolkenverhangenes Niflheim, in dem heute wie eh das Runenorakel, beziehungsweise die akademisch abgesegnete Kontaminations-Magie über den Sinn oder Unsinn einer Zeile, einer Strophe, eines ganzen Gedichts entscheiden.

Ich sage das vorweg, um jeden, der sich eine zügige Klärung des Minnesangproblems aus dem Geiste der Sprachwissenschaft erwartet, nachhaltig zu warnen. Vor die alte Minnesängerfrage »waz ist minne?« schiebt sich nach wie vor die immergrüne Philologenfrage »was ist Wortlaut?«, »was ist Text?«, ein Problem, das auch Peter Wapnewski veranlaßt, die berühmtesten Schachpartien auf diesem Felde noch einmal kritisch nachzuspielen. Mit feinen Pinzettfingern führt er uns die elegantesten Zugkombinationen der Forschungsgeschichte vor Augen, hebt er divergente Schreib-, Les- oder Umschreibarten voneinander ab, um sich dann, kopfwiegend, für die eine oder die andere Lösung zu entscheiden. Damit bleiben wir im Prinzip noch im Bannkreis mikrophilologischer Letternpusselei, ohne daß sich uns auf Anhieb ein neuer Erkenntnisspielraum auf tun will.

Interessanter scheint mir, daß der Verfasser eine Reihe verstreut erschienener Aufsätze strategisch eindrucksvoll geordnet und um einige aussichtsreiche Durchblicke erweitert hat. Was mit einer Erörterung der ältesten Zeugnisse deutscher Minnepoesie beginnt, der Untersuchung von »zwei altdeutschen Frauenliedern«, das setzt sich zielstrebig mit einer Analyse der Falkenstrophen des Kürenbergers fort, lenkt das Interesse dann behutsam vom monologischen Rollenlied zu dialogischen Gedichtformen über (so Morungens »Tagelied« und Walthers »Traumliebe«) und hebt mit der Betrachtung einer aufschlußreichen Parodie, dem literarischen Niederschlag jenes Konkurrentenstreits zwischen Walther von der Vogelweide und Reinmar von Hagenau, auf ein faßliches Stück mittelalterlicher Tageswirklichkeit ab.

Verwunderlich bleibt für mich dabei nur eins. Das für eine gesellschaftskundliche Durchdringung geradezu ideal hingebreitete Material wird soziologisch eigentlich kaum zur Kenntnis genommen und stattdessen in seiner, sagen wir einmal, kulturgeschichtlichen Rahmung belassen. Gedanken wie dieser krude, daß die Minnesanginnerlichkeit nur die andere Seite expansiver Kreuzzugsjahrhunderte war und die mit ihren überspannten Sehnsüchten allein gelassene Kreuzwitwe eigentlich ein trauriger Sozialfall, würden Peter Wapnewski gewiß dégoûtant erscheinen. Folgerungen der Art, daß die Reiztechniken sowohl wie die Tugendideale der Minne der erotischen Ventilation des Hoflebens dienten, nähmen sich in seinen Zusammenhängen beinah

schäbig aus. Nicht woher kommt und welchen Zwecken dient, sondern: in welchen Kreisen bewegt sich Minne, ist für ihn eine Kardi-
nalfrage, was uns sogleich in jene höheren Sphären hebt, wo die Ritu-
ale bereits ausgehandelt und die Spielregeln beschlossene Sache sind.

Auf diesem hochherrschaftlichen Tableau bewegt sich Peter Wapnewski dann allerdings mit einer bewundernswerten Weltkenntnis,
das subtilste Himmelsplankton mit vollen Händen vor uns ausbrei-
tend. Was man gemeinhin Toposforschung nennt – das heißt die Wissenschaft von den literarischen Stehsatz-Motiven – wird aus dem Rea-
lienfonds der Kulturgeschichte ständig mit neuem Leuchtmaterial
beliefert, Hinweisen auf rechts- oder religionshistorische Spezialge-
heimnisse, sinnstiftenden Zitaten aus archäo-ornithologischen Fach-
werken, wissenswerten bis unumgänglichen Deutungshilfen aus alten
Schachbrevieren, was weiß ich.

Zwei Beispiele für vieles. Um das in der altdeutschen Lyrik weitver-
breitete Falken-Symbol auf seinen zeitgenössischen Wirklichkeitswert
hin zu prüfen, scheut der Verfasser keine Mühe, sich in alle möglichen
frühzeitlichen Vogelkunden zu vertiefen, mit dem Resultat, daß das Ge-
fieder der Falkenverse des Kürenbergers jetzt in einem neuen, ganz unerwarteten Glanz erstrahlt, Oder: Wo die Dichter Walther von der Vogelweide und Reinmar von Hagenau sich wechselseitig auf dem Gebiet
der Schach-Allegorie bedrängen, leitet die Titelfrage über das Problem
»was war und hieß einmal Schach?« zu wahrhaftigen Aha-Einsichten
hin, weil die Gedichtstrukturen selbst sich plötzlich als ein Schachbrett-
muster dartun, auf dem die zwei rangelnden riter oder Ritter, heute
Springer genannt, eifersüchtig über die Züge ihrer Dame wachen und
ihre Schritte mit kaum verhülltem Eigennutz zu lenken trachten. Hof-,
Schach- und Minnewelt entfalten sich vor unsern erstaunten Kiebitz-
augen als eine zusammenhängende Trias, wo eins auf das andere ver-
weist, insoweit die Beherrschung der Spielregeln sehr direkt über die
eigene Position und die eigene Bewegungsmöglichkeiten entscheidet.

Dennoch beantwortet sich die Frage »waz ist minne« nicht eigentlich aus der Erkundung sozialer Seinsweisen, sondern aus der Zusam-
menschau von Bewußtseinsformen und Verhaltensregeln. Etwas ist
wie etwas Zweites, das wiederum stellvertretend für etwas Drittes ein-
steht, ein magischer Zirkel im ganzen oder doch ein kunstvoll instal-

liertes Spiegelkabinett, in dem die Analogien hin- und herblitzen und wo die eine Kulturerscheinung sich aus dem Widerschein der anderen erhellt. Der Geist, der mit solchen schönen Vergleichsverfahren harmonikale Ordnungen belegen möchte, besitzt nichtsdestoweniger ein eigenes, trutzig verteidigtes Wertsystem.

Gepeinigt von der Aussichtslosigkeit des textimmanenten Getüftels, das kaum je zu umfassenden Lebenswahrheiten gelangt, und bedrängt von der Ableitungslust einer Sozialwissenschaft, für die das Kunstwerk oft genug nur ein Demonstrationsobjekt für etwas Vor- oder Außerkünstlerisches ist, behauptet sich bei Peter Wapnewski ein unzeitgemäßer und fast fachfremder Mut, »ein Wunder und Rätsel« namens Minnesang aufzuklären, ohne sein Kunstgeheimnis zu zerstören.

Philologie – und hier fällt von allen Beleuchtungsebenen auch ein charakteristisches Licht auf Wapnewskis Auffassung von Wissenschaft zurück –, Philologie definiert sich als eine neigungsgelenkte Vermittlungskunst, die ihre Untersuchungsgegenstände in den Rang von Liebhaberstücken erhebt und die der analytischen Zergliederung auf jeden Fall die überhöhende oder verklärende Liebeswerbung vorzieht. Als eine »ars amandi« oder zumindest doch als eine kupplerische Disziplin zeigt sie sich unentwegt bemüht, unterschiedliche Sachgebiete (wie etwa das Schachspiel, die Falkenkunde und den Minnesang) synoptisch miteinander zu vermählen; und sie mischt sich unter der Hand auch selbst mit ins Spiel, so innig und tief, daß sie gelegentlich sogar in Zungen zu sprechen beginnt und die symbolische oder allegorische Redeweise ihrer Schutzbefohlenen annimmt.

Zu Beginn der Untersuchung über die Falkenverse des Kürenbergers heißt es: »Mustert man die Bemühungen der Forschung um das Falkenlied, so möchte man angesichts der meist kontroversen und insgesamt unbefriedigenden Ergebnisse resignieren und vermuten, das Gedicht entziehe sich den Anstrengungen der Wissenschaft nicht anders als der Falke der Gefangenschaft.« Das ist nun nicht nur überaus einfühlsam und mit einer für die Germanistik ungewöhnlichen Brillanz artikuliert.

Die direkte Inanspruchnahme der sinnbildlichen Ausdrucksebene des Gedichtes setzt insgeheim und doch auch wieder wortwörtlich die Jagdpassionen des Falkners und des Forschers zueinander in Bezie-

hung und nimmt über den Reflexionsgegenstand (Falkenjagd und Vo-
gelschau) gleichzeitig eine Positionsbestimmung des reflektierenden
Philologen vor. Mit den Worten Peter Wapnewskis noch einmal: »Wie
erkennt denn der Falkner, daß der frei kreisende Vogel der seine ist,
der ihm entflog? Hier war nur der Späherblick Burdachs scharf genug:
›Sie sah einen Falken, er trug Schmuck, das waren die wohlbekannten
Zeichen ihrer Liebe: es mußte ihr entflohener Liebling sein.‹«

So assoziiert der Anruf der einen Kunst unentwegt die Aura der anderen, so blinzelt über Jahrhundertweiten hinweg der germanistische
Augur dem altdeutschen Vogelkundigen zu. Aber es ist nicht nur dies.
Wo nämlich der entflohene Falk das Sinnbild für den entwichenen Ge-
liebten herleiht und gleichzeitig für das sich der Vereinnahmung ent-
ziehende Gedicht, da gibt sich der Philologe folgerichtig als ein Min-
nender zu erkennen, ein Minner des Minnesangs wohlgemerkt, der
mit all seinen erlesenen Kenntnissen und Fertigkeiten das Opfer eines
Liebeszaubers geworden ist.

Soll solches Eingeständnis von Gefangenheit unser Mißtrauen er-
regen? Ich glaube, eher das Gegenteil. Selbst vor die Wahl gestellt,
dem Minnesang neue und uns bewegende Züge abzugewinnen, würden wir, würde ich ihm mit Sicherheit ganz andere Wahrheiten entrei-
ßen mögen als Peter Wapnewski. Und ich würde mir Wahlverwandt-
schaft auch nicht gerade in diesem elitären Exklusivzirkel suchen, wo
das »königliche Spiel« und »die adelige Beschäftigung der Beizjagd«
den Ton angeben.

Immerhin, daß ein Fachgelehrter so unbefangen als verwunschener
Liebhaber vor uns tritt, scheint mir ein Hoffnungszeichen für eine wissenschaftliche Disziplin, die gemeinhin den Abdruck von Fußnoten für
ernstzunehmende Lebensspuren nimmt.

Peter Wapnewski: Waz ist minne. Studien zur mittelhochdeutschen Lyrik.
Beck Verlag, München 1975. 200 S., 2 Abb., br., 38,– DM.

FAZ, 18. 6. 1977, Literatur (Bilder und Zeiten)
Mit glitzernder Feder
Briefe von Joseph Caspar Witsch (vgl. Brief 79)

Unter seinen politischen Gegnern galt er zur Zeit des kalten Krieges für so etwas wie ein rhetorischer Kreuzritter, eine Etikettierung, die ihm so übel gar nicht zu gefallen schien. Er hatte in den ersten Nachkriegsjahren in Jena als Volksbüchereidirektor gewirkt und sich dort seinen Ärger mit den Kulturfunktionären der Besatzungsmacht zugezogen, den nahm er dann mit in den Westen wie ein unveränderliches Persönlichkeitsmerkmal, wie eine missionarische Grille, eine fixe Idee, und kaum eine öffentliche Debatte über »Die Freiheit der Kultur« im allgemeinen und »Die literarische Kritik in Deutschland« im besonderen, wo er sich nicht als ideologischer Fechtmeister hervorgetan hätte.

Das möchte für eine Briefauswahl, wie sie jetzt vom Kiepenheuer & Witsch Verlag für die Freunde des Hauses oder des ehemaligen Prinzipals herausgegeben wurde, nicht gerade groß von Belang sein, wenn sich diese gewisse Mischung aus Trauma und Sendungsbewußtsein nicht auch in den wechselnden Korrespondenzen wiederfände, seltsam verzwirbelt mit verlagspolitisch interessanten Vorlieben für gewesene Kommunisten, geoffenbarte Dissidenten oder stille Grenzüberschreiter, zu denken etwa an Marek Hiasko, Czeslaw Milosz oder Gerhard Zwerenz, an Ignazio Silone oder Manès Sperber, der übrigens auch das Vorwort zu dem bemerkenswerten Briefband beigesteuert hat.

Dabei liegen die Irritationsmomente des Buches gar nicht einmal so sehr in dieser erklärlichen Verknüpfung von penetrantem Glaubenseifer und Geschäftsstrategie, von Missionarismus und Marketing. Wahrhaft erstaunlich scheint mir erst, wie einer die Vermittlung als Kunst ausübt, das Fädenziehen als einen eigenen Drahtseilakt praktiziert, so daß man die Niederungen des Geschäftslebens oft genug aus den Augen verliert, gebannt von den Kommunikationskunststücken eines genialen Briefschriftstellers. Alle rhetorischen Qualitäten des schneidig-gelenkigen Podiumsredners zeigen sich hier gewissermaßen in einer höheren Potenz, beflügelt durch das vergnügliche Bedürfnis, dem Schreibepartner als ein Homme de lettres, beziehungsweise dem Profi als Auch-ein-Poet zu erscheinen.

Daß in diesem unausgesprochenen Wettstreit zwischen dem Werber und den Umworbenen häufig der Werbeakrobat das letzte Wort behält, bedünkt mich sogar ein wenig beängstigend. Mit des Josef Caspar Witsch einzigartigem Überredungsvermögen verglichen, nehmen sich die Schreiben seiner Autoren gelegentlich beinah etwas ärmlich aus, manchmal verlegen, oft genug steif, bemüht, wortkarg und ausdrucksarm. Gegenüber einem anscheinend immer startbereiten Sanguiniker, dem es nicht die geringste Schwierigkeit bereitet, seine jeweiligen Gemütsbewegungen zu Diktat (!) zu geben und aus jedem Sachargument eine gefällige Pirouette zu formen, haben die Berufsschreiber durchweg einen schweren Stand: den vergessen zu machen der Verleger keinen wohlapplizierten Diener scheut, den hervorzuheben aber manchmal doch eine beiläufige Gelegenheit gerade recht kommt.

»Wir hatten mal in Düsseldorf einen Vortrag – Verleger und Autor«, schreibt Witsch in der anmutigsten Selbstgefälligkeit an Erich Kästner, »wobei er (nämlich Hermann Kasack) eine schlechte Figur gemacht hat und die Leute freundlich genug waren, meine etwas besser zu finden.« Ein anscheinend durch keinerlei Selbstwertskrupel beeinträchtigtes Vertrauen in die eigenen Wirkungsqualitäten verleiht nun aber auch den Briefen insgesamt eine beinahe schwerelose Grazie, so daß man sich selbst bei großen Meinungsverschiedenheiten immer wieder veranlaßt sieht, dem Schreibschausteller eine Art von Artistenapplaus zu zollen. Man muß bloß eben auch in Rechnung stellen, daß besagter Artist seine Herzlichkeiten jederzeit aus dem Hut hervorzaubern kann und seine – eher gourmandiesisch entzückenden als sachlich überzeugenden – Argumente am liebsten aus dem Zauberkabinett der Speisekammer-Metaphorik bezieht.

Als es zum Beispiel darum geht, den Hausautor Manès Sperber als Herausgeber einer neuen Essayreihe einzuweisen und dieser eine etwas konsumptionsfremde Neigung für wissenschaftliche Erörterposen zu entwickeln beginnt, verlagert der Verleger die Konversation flugs und gezielt auf eine Picknick-Ebene, wo das von ihm perfekt beherrschte Küchenlatein gesprochen wird und die logische Beweisführung zwangsläufig vor einem hübsch gewählten Bild zurückzustehen hat. In einem Brief vom 10. Januar 1963: »Beim Essay ist es, wenn ich mich mal bildhaft ausdrücken darf, so wie bei einem männlichen

Fasan; seine Schönheit liegt weniger in dem vorgestellten Braten als in dem prächtigen Federkleid, d. h., der Essay muß also immer auch eine Anwendung von Sprache sein, die ... über ihre bloß mitteilende Funktion hinausgeht. Die bunten und glitzernden Federn dürfen nicht fehlen.« Das mag zwar, wie es so dasteht, nicht einmal unlauter klingen; in Anbetracht der verhandelten Gegenstände freilich – »Das wilde Denken« und »Die traurigen Tropen« von Claude Lévi-Strauss – scheint sich das Wesen des Essays ziemlich unzulässig auf seine Schmuckwerte und Schauseiten zu reduzieren, kurz auf das, was einer glitzernden Feder so als Substanz erscheint.

Daß Witsch sich gelegentlich sehr innig auf seine Autoren einläßt, soll dabei gar nicht bestritten werden. Seine viel gerühmte Verbindlichkeit hat dennoch ihre – ziemlich eigensüchtig gezogenen – Grenzen, und was als kulinarische Dialektik eine ästhetisch gewinnende Figur macht, ist häufig nichts anderes als eine mühelos gehandhabte Abwiegel-Rhetorik. Interessant in diesem Zusammenhang vielleicht das Brötchen-Gleichnis. Als sich der Ökologe Felix von Hornstein über das als allzu gering empfundene Entgegenkommen des Verlages beschwert, schreibt Witsch dem um Zuspruch Barmenden: »Ich muß das sehr häufig Autoren sagen, Verlage sind kalte Institutionen. Hier wird der Teig gerührt, und wir bewundern die Brötchen erst, wenn wir sie verzehren, aber nicht in der Zeit, wenn sie gebacken werden.« Herber noch und durchaus nicht mehr metaphorisch verbrämt, äußert sich der Verleger dann, wenn er es mit sperrigeren und gewissermaßen bereits ausgebackenen Figuren zu tun bekommt – dem eigensinnigen Polemiker Kurt Hiller, dem schwierig einzuordnenden Nationalbolschewisten Ernst Niekisch oder auch dem politischen und ästhetologischen Sonderjünger Max Bense. Hier entweicht der Geist der freiheitlichen Toleranz dann doch sehr jäh aus den nur noch mühsam höflich gehaltenen Geschäftspapieren, und hinter der konzilianten Werbefassade rasselt etwas herunter, was durchaus an einen eisernen Vorhang erinnert. Wahrhaftig gewinnend erscheint der courtoise Witsch eigentlich nur, wo es für ihn etwas zu gewinnen gibt, beziehungsweise wo sich ein von ihm begehrter Autor (»Hier wird der Teig gerührt«) umrühren, kneten, modeln und auf Witschens rechte Bahnen lenken läßt.

Charakteristische Beispiele bilden hier vornehmlich die von zweierlei Freundschaft eingefärbten Korrespondenzen mit Max Bense und mit Heinrich Böll. Während der Briefwechsel mit dem Duzbruder Bense immer wieder harsch ins Stocken gerät und auch Drucklegung und Inverlagnahme eher als lästige Freundespflicht erkennbar werden, waltet über und in dem Verhältnis zu Böll ein Geist der Sympathie, in der wechselseitige Hochachtung, innige persönliche Zuneigung und gemeinsame Geschäftsinteressen zu gleichen Teilen einfließen und in dem die (nicht verhohlenen, aber auch nicht gerade forcierten) Widersprüche in politicis zur Randerscheinung verblassen.

»Das Verhältnis zwischen einem Verleger und einem Autor wird bestimmt durch zwei Punkte: die notwendigen Geschäftlichkeiten und die notwendigen Freundschaftlichkeiten«, schreibt Witsch einmal an Rolf Dieter Brinkmann, um den über Ausbeutung klagenden Dichter an die erwünschten Loyalitäten zu mahnen. Jenseits solcher Belehrungs- und Bekehrungsbemühen entkrampft und über bloß kommerzielle Konzilianzen hinaus kameradschaftsfähig zeigt Josef Caspar Witsch sich, freilich insonderheit dann, wenn die »Geschäftlichkeiten« sowieso keinen Anlaß zur Unruhe bieten und sich das Geben und Nehmen einerseits als schöner Gedankenaustausch unter ökonomisch Gleichgestellten fortsetzen kann. Hier – und das betrifft neben Manès Sperber vor allem wieder Heinrich Böll – gedeiht die Handelskorrespondenz wie von ungefähr zum gemeinsamen Arbeitsprozeß und dieser wiederum zum innigen Freundschaftsgeflecht, in dem selbst herbste kritische Einwendungen als Liebesdienst und Neigungsbeweis erkennbar werden.

Joseph Caspar Witsch: »Briefe 1948–1967«. Verlag Kiepenheuer & Witsch, Köln 1977. 354 S., geb., 39,80 DM.

FAZ, 6.1.1979, Literatur (Bilder und Zeiten)
Welt des schönen Fadenscheins
»Das große Schlagerbuch« (vgl. Brief 113)

Wie es mit Namen manchmal so geht: was für uns heute nur noch ein ziemlich verwaschener Gattungsbegriff ist, war ursprünglich einmal die Bezeichnung für einen musikalisch-ästhetischen Knalleffekt. »Kinder, das hat eingeschlagen«, soll der Wiener Sängerschauspieler Alexander Girardi anläßlich der Uraufführung einer Millöcker-Operette (»Drei Paar Schuhe«) und der zehnmal nachgeforderten Gesangseinlage »Bei Tag, da bin ich hektisch, bei Nacht bin ich elektrisch« ausgerufen haben, eine Siegesmeldung, die sich in den achtziger Jahren des neunzehnten Jahrhunderts dann zu der Warenbezeichnung »Schlager« verselbständigte.

Die Methode, einen erhofften Erfolg durch Namensbeschwörung zu antizipieren, beziehungsweise die Ware selbst als Werbeträger zu nutzen, zählt seither nicht allein zu den Marketingstrategien des Schlagergeschäfts. Gerade im Augenblick sehen wir beispielsweise eine signifikante Vielzahl von Büchern als sozusagen Großbücher annonciert (»Das große Buch vom Leben auf dem Lande«, »Das große deutsche Gedichtbuch«, »Das große deutsche Balladenbuch«, »Das große Hausbuch der Balladen«, »Das große Fritz-Reuter-Buch«), und auch ein Romanwerk wie Walter Kempowskis »Aus großer Zeit« zehrt von dem insgeheim unterstellten Vertrauen auf Größe, vorzugsweise deutscher.

Bei solcher allgemeiner Größenkonkurrenz bleibt »Das große Schlagerbuch« durchaus im Wettbewerbsrahmen. Was verwundert und hier vielleicht auch neugierig macht, ist allerdings der Name der Herausgeberin Monika Sperr, den wir bislang mit so engagierten und scheinbar ganz dem Wellenschlag der Konjunktur entrückten Veröffentlichungen wie »Herr Bertolt Brecht sagt« und »Therese Giese – Ich hab nichts zum Sagen« in Verbindung brachten.

Diese gewisse Widersprüchlichkeit von Unternehmer und Unternehmung soll dabei keineswegs von uns unterschoben werden. Die Bedenken werden geteilt am heftigsten von der Autorin selbst, die uns bereits im Vorwort versichert, daß ihr die Branche fremd und die Materie beinah etwas obsolet sei, weil sie sich von ihrem eigenen Bildungsweg her eher der »Tradition der Arbeiterbewegung mit ihren Kampf- und Wanderliedern« verpflichtet fühle. Bleibt zu fragen, wie sie denn eigentlich zum Schlager gekommen ist – wenn nicht wie die Jungfrau zum Kind – und wie sich ein erklärtes Bedürfnis nach Enthüllung und Aufklärung mit solchen Verblendungsmedien wie der Ausstattungsoperette, dem Revuefilm und schließlich dem Schlager zusammenreimt.

Um es vorwegzunehmen, sie reimen sich zusammen nicht »wie der Wind und das Meer«, sondern allenfalls wie Peepshow und Lehrstück, wobei sich der gespannte Blick durchs Guckloch häufig genug nur als studienhalber zu entschuldigen sucht. Auf der einen Seite die bildersatte Dokumentation von über hundert Jahren deutscher Schlagergeschichte mit 330 fett herausgestellten Texten und unzähligen auf Hochglanz gezogenen Starfotos, auf der anderen das beinah verzweifelte Bemühen, sich die ungeratene Bagage vom Hals zu schaffen und die halbseidenen Vorlieben (öffentliche und eigene) mit historisch-materialistischen Passepartouts im Rahmen zu halten.

Natürlich kann man das Buch auch anders lesen, zum Beispiel als eine kritische Sozialgeschichte des deutschen Schlagerlieds mit erklärenden Illustrationen – bloß daß dann eben der Ausstattungsteil die grämlichen Bedenken immer wieder zu überstrahlen droht. Oder man läßt sich einfach achtlos in eine Welt des schönen Fadenscheins entführen, um sich hernach oder mittendrin die Marseillaise blasen zu lassen. Man kann das widersprüchlich organisierte Buch nur eben nicht ungeteilt zur Kenntnis nehmen, allenfalls hin und her gerissen, mal in den eigenen trüben Neigungen zu Glamour und Schischi bestätigt, mal in seinen höheren moralischen Abwehrkräften unterstützt, aber insofern dann auch gleich wieder mit dem frisch geweckten Vergnügen an alten und neuen Schmachtfetzen überkreuz.

Folgen wir der Autorin auf ihrem Protestmarsch durch mehr als hundert Jahre deutscher Sozialgeschichte (in die die Geschichte des Schlagers eingetupft ist wie eine oft sich verlierende Konfettispur), dann scheint zum Schlagersingen eigentlich wenig Anlaß gewesen, niemals und zu keiner Zeit. Unter Metternich wurden die politischen Fortschrittsköpfe verfolgt, aber der Kongreß tanzte Walzer und zwitscherte sich einen. Unter Bismarck wurden Sozialistengesetze erlassen, aber in den Kaffeegärten und Ausflugslokalen von Treptow und

Weißensee regierten der »Treue Husar« und die »Waldeslust«, als ob man die von oben verfügte Parole »Das Volk soll sich nicht versammeln, es soll sich zerstreuen« ganz in den eigenen Willen aufgenommen hätte. Noch um die Jahrhundertwende »starben zwei Drittel aller Arbeiterkinder in den Industriegebieten Deutschlands vor ihrem 15. Geburtstag«, und die betroffenen Massen versuchten sich mit Paul Linckes »Berliner Luft« und dem »Glühwürmchen-Idyll« über die eigene miserable Lage hinwegzutäuschen.

So geht es fort – durch die im ganzen reichlich trübe deutsche Klassengeschichte, quer durch den Ersten Weltkrieg, den Nachkriegsjammer, die Inflationswirren, die schlimmeren Nazijahre. Und der eben noch mit »Ausgerechnet Bananen« und »Was machst du mit dem Knie, lieber Hans« und »Wo sind deine Haare, August« und »Ich hab mein Herz in Heidelberg verloren« der erfolgreichste Schlagertexter der »Goldenen Zwanziger« gewesen war, der jüdische Wortexzentriker Beda, alias Fritz Löhner, dichtete nun ein von allen guten Geistern trostlos verlassenes Buchenwald-Lied: »O Buchenwald, ich kann dich nicht vergessen / Weil du mein Schicksal bist.« Was andere (»Mir geht's gut, ich bin froh, und ich sag dir auch, wieso«) natürlich nicht hinderte, den Amüsierbetrieb weiter mit ausgelassenen oder skrupellosen Leichtsinnsversen zu bedienen, denn: »So schön wie heut / so müßt es beiben / so müßt es bleiben / für alle Zeit.«

Was ich damit sagen will, ist nur, daß einem die leichte Muse gelegentlich schon einen schweren Kopf machen kann, weil man bei genügendem Unrechtsbewußtsein aus dem schlechten Gewissen gar nicht mehr rauskommt. Wo wir ehrlich genug mit uns umgehen, müssen wir vielleicht sogar zugeben, daß wir uns der in ihren Neigungen zu »Maskenball« und Entlarvung widersprüchlich zerspaltenen Moderatorin verwandt fühlen, nur daß wir natürlich keine schönen Bilderbücher über das Showbiz im allgemeinen und den Schlager im besonderen machen, weshalb wir uns vor unseren eigenen Geschmacksverirrungen in aller Stille schütteln können.

Fragwürdig oder doch bemerkenswert bleibt immerhin, daß man von den über dreihundert abgedruckten Texten mindestens die Hälfte halbwegs kennt. Daß uns die unterschiedlich anziehenden Stars zu unterschiedlichen Zeiten unseres Erdenwallens dies oder das zu sagen hatten, sei' es auch nur »So lang nicht die Hose am Kronleuchter hängt, sind wir noch nicht richtig in Schuß!«, sei es »Und über uns der Himmel / läßt uns nicht untergehn«. Ja, daß sich ganze Geschichtsschübe und höchstpersönliche Lebensabschnitte nach Schlagerrhythmen taktieren und durch Schlagertexte beschwören lassen, blumigen oder haarigen, feurigen oder schmierigen, immer seltsam haftenden und zumindest als Refrain in der Erinnerung verankert.

Und hier beginnt nun eine Dämmerzone unseres musikalischen Geheimlebens, an der sich die Begleittexterin des großen Schlagerbuches in ihrem ganzen ehrenwerten Entschleierungsfeldzug vorbeificht. Wenn sich ein Schlager einfach so bei uns einschleichen kann – was Monika Sperr auch nicht leugnet –, durch welche unvermuteten Ritzen aber dann und aufgrund welcher uns noch immer schleierhaften Anfälligkeiten? Beziehungsweise, wenn es wirklich bloß die sogenannten Inhalte wären, die hier die Musik machen, was schiede denn etwa Brentanos »Es sang vor langen Jahren / wohl auch die Nachtigall« von Balz / Jarys »Sing, Nachtigall, sing / ein Lied aus alten Zeiten« und Gottfried Benns »O daß wir unsere Ururahnen wären, / ein Klümpchen Schleim in einem warmen Moor« von, beispielsweise, Beckmann / Kreuders »Ich wollt ich war ein Huhn! / Ich hätt nicht viel zu tun … Ich brauchte nie mehr ins Büro, / ich wäre dämlich, aber froh«?

Seltsam dabei und gewiß einiger weiterführender Überlegungen wert, daß man sich über die wenigen wirklichen Prachtstücke des Genres sofort verständigen kann, es darf sich nur nicht immer gleich das Arbeiterlied als drohendes Über-Ich in die Debatte einmischen. So trennt den Rezensenten von der Herausgeberin zwar deren Vorliebe für die mit Gesinnungsstützen wie »positiv« und »realistisch« und »echt« und »volksnah« leicht zu unterfangenden Kreationen »Pack die Badehose ein« und »Hey, Boß, ich brauch mehr Geld«, wohl weil er sich bei seinen subjektiven Reizbarkeiten ungern durch moralische Rechtsbelehrungen lenken lassen möchte.

Aber schon bei des Außenseiters Ralph Arthur Roberts »Auf der Reeperbahn nachts um halb eins« oder bei des genialischen Gelegenheitstexters Käutner »La Paloma« oder bei des herausragenden Friedrich Holländer »Ich bin von Kopf bis Fuß« oder der unschlagbaren Grünwald / Beda »Bin nur ein Johnny / Zieh durch die Welt« wird sich vermutlich jene Harmonie der Sphären herstellen, die sich selbst nur schwer begründen kann, vermutlich, weil sich die Ausnahmeerscheinung dem verallgemeinernden Legitimationsbeweis großzügig und wohltuend entzieht.

»Das große Schlagerbuch«. Deutsche Schlager von 1800 bis heute, hg. v. Monika Sperr. Verlag Rogner & Bernhard, München 1978. 352 S., 300 Abb., geb., 39,80 DM.

FAZ, 21. 10. 2000, Literatur (Bilder und Zeiten)
Was sich ereignet, ist die Stille.
Reflexionen über einen Bestseller: Drei Stimmen
zu Marcel Reich-Ranickis Autobiographie »Mein Leben«

Peter Rühmkorf
Zwanglose Postalie in Sachen M. R.-R. (vgl. Brief 258)

Haben Sie Dank für Ihre Einladung vom – lese ich recht? dem 20. Juni? – o, das ist aber kurz vor Glockenschlag, und wir bewegen uns in heiklen Grenzen. Habe gerade Johann-Heinrich-Voß-Vortrag gehalten und soll jetzt, ohne einmal kräftig durchatmen zu können, gleich an eine neue Sache von solcher Delikatesse. Über das Memo-Buch von MRR ist ja viel, geradezu unendlich viel geschrieben worden, und wer es noch einmal von einer unerwarteten Seite her anvisieren möchte, brauchte in jedem Fall mehr Zeit, als mir zur Verfügung steht. Wie ich der Presse oder dem Fernsehen entnehmen konnte, hat sich der Autobiograph ja besonders darüber beklagt, daß kein einziger ernst zu nehmender literarischer Autor sich bei ihm gemeldet oder Zustimmendes zu dem Buch geäußert hätte, was ich besonders bedauerlich finde, weil es mich selbst zwar in der Feder gejuckt hatte, ihm meine freundliche (und streckenweise herzliche) Anteilnahme zuzufunken, was aus unterschiedlichen Gründen dann unterblieben war. Man erweckt ja nicht gern den Eindruck, mit der Wurst nach dem Schinken zu werfen und sich im Gegenzug geneigte Rezensionen einzuhandeln. Nun, wo das Lit-Quartett sich allmählich dem Ruhestand zubewegt und in absehbarer Zeit kein neues Buch von mir zu erwarten ist, wäre schon eher Gelegenheit gewesen, mal ein positives Rauchzeichen zu geben, nur, wie gesagt, die Zeit, und dann die Form, in die man so etwas hätte kleiden sollen. Dabei sind das ja keineswegs irgendwelche Memoiren, die hier verfaßt worden sind, das Wort »verfaßt« in seinem besten Sinne verstanden. Sie sind auf eigenartige Weise ergreifend, und das nicht bloß besonders zu Herzen gehender Kapitel wegen, Sie wissen, welche ich meine, sondern weil sich ein scheinbar intransigenter Charakter hier auf einmal überraschend eröffnet. In der Tat ist Ranicki als Kritiker eine völlig andere Person. Seine von ihm vorgetragenen Urteile erwecken oft einen vorgefaßten oder apodiktischen Eindruck. Lob und Tadel scheinen gelegentlich grenzenlos überzogen und manchmal etwas knalltütenmäßig. Und da entschlüpft der bekannten Puppe auf einmal – nein, überhaupt keine neue Puppe, sondern ein besonders seltsam innerviertes Subjekt, fast möchte ich sagen, ein zart besaitetes, das sich der eigenen Sache keineswegs immer derart bombensicher war, wie es öffentlich den Anschein haben mochte. Etwas anderes kommt noch hinzu. In allen Nazi-, Nolte- und Historikerstreiten pp bin ich absolut seiner Meinung und fühle mich ihm genossenschaftlich verbunden. Auch seine literarischen Wertfindungen zeigen eine ganz neue Färbung, weil man den Kopf beim Abwägen und beim Hin-und-Herbedenken beobachten kann, auch das Herz im Moment des Schlagens, die Herzrhythmusstörungen immer inklusive. Außerdem, das ist gewiß keine Kleinigkeit, ist das Buch außerordentlich sympathisch geschrieben, der Ton macht die Musik, der umstandslose Satzbau hat seinen eigenen Natur-drive, und der gänzliche Mangel an Larmoyanz gerade in den bedrückendsten Passagen scheint mir eine Verzichtsleistung der besonderen Art. Bin nach Erscheinen sehr oft gefragt worden, na, wie hältst du's denn, bzw. wie halten Sie es mit dem neuen Ranicki und habe dann, ungeachtet unserer früheren Schwierigkeiten miteinander, geantwortet: Ja. Doch. Das Buch erschließt ihn mir völlig neu. Seine Brechungswinkel, wie subjektiv sie immer sein mögen, scheinen mir allemal interessant. Einige, nein, zahlreiche Personalporträts (Adorno, Canetti etc.) nebst Begegnungen mit minder bedeutenden Zeitgenossen sind verdammt gut hinlavierte Kabinettstücke.

Ja und dann: das Buch ist wirklich eine zeitgeschichtliche und kulturhistorische Fundgrube, aus der man sich mit Gewinn verköstigen kann, was zumal im Hinblick auf die Nachgeborenen einem volkserzieherischen Desiderat entgegenkommt. Na, so könnte ich hier noch lange Strich für Strich weiterskizzeln, immer den gehabten Eindrükken nach, aber um das irgendwie in vertretbarer Form auf die Reihe zu kriegen, fehlt mir, s. o., einfach die genügende Muße, es sei denn, daß Sie diese zwanglose Postalie mal als kleinen Beitrag gelten lassen wollen.

Sehr freundlich grüßt Sie
Ihr Peter Rühmkorf

Freunde waren sie nicht. Doch gingen sie höflich und zuweilen freundlich miteinander um. In Hamburg lernten sie sich in den sechziger Jahren kennen, Peter Rühmkorf wohnte dort seit 1951, Marcel Reich-Ranicki war 1960 von Frankfurt am Main nach Hamburg gezogen. Die beiderseitige Interessenlage war klar – der eine wollte ein literarisches Feuilleton von allererstem Rang bewirken und verantworten (was gelang), der andere wollte ein deutscher Schriftsteller von allererstem Rang sein (was er wurde). Das Medium »Frankfurter Allgemeine Zeitung – Zeitung für Deutschland« kam ihnen beiden gelegen.

Rühmkorf hatte 1959 mit seinem ersten eigenständigen Gedichtband (ohne Nutzung von Pseudonymen und ohne weiteren Verfasser) das Fundament für seinen Ruf als bedeutender deutschsprachiger Lyriker gelegt.[1] Als »roter Rühmkorf und roter Romantiker, lustiger Gesell, Bruder Lustig, Prediger mit der Schiebermütze, denkender Zeitgenosse, altersloser Springinsfeld, rüder Schöngeist«[2] wurde er früh bekannt. Daß er »bedeutendster deutschsprachiger Lyriker der zweiten Hälfte des 20. Jahrhunderts« gewesen war, notierte die FAZ auf ihrer Titelseite am 10. 6. 2008 anläßlich seines Todes. Ein paar Wochen früher, am 27. 3. 2008, hatte man in der ZEIT lesen können: »Peter Rühmkorf ist Deutschlands wichtigster Lyriker, dazu ein Essayist und Polemiker von Gnaden.«

Reich-Ranicki begann 1960, für die ZEIT zu arbeiten und seinen Ruf und Ruhm als Literaturkritiker zu begründen. 1973 verließ er Hamburg und zog wieder nach Frankfurt – um bis 1988 das Ressort »Literatur und Literarisches Leben« der FAZ zu leiten, die »Frankfurter Anthologie«[3] ins Leben zu rufen und dort bis zu seinem Le-

---

1 *Irdisches Vergnügen in g,* Reinbek 1959

2 Vgl. Dieter Lamping u. Stephan Speicher (Hg.), *Peter Rühmkorf. Seine Lyrik im Urteil der Kritik,* Bonn 1987, S. 13

3 Seit dem 15. Juni 1974 erscheint in jeder Samstagsausgabe der Frankfurter Allgemeinen Zeitung die Frankfurter Anthologie: ein Gedicht mit einem Kommentar eines Lyrikkenners. Die Anthologie wurde von Reich-Ranicki bis zu seinem Tod redaktionell betreut.

bensende zu bleiben. Der Literaturteil der FAZ setzte in seiner Zeit Maßstäbe, an denen sich alle anderen Feuilletons messen lassen muß-ten.[4] Reich-Ranicki nutzte darüber hinaus das Medium Fernsehen und wurde der bekannteste und prominenteste Literaturkritiker im deutschsprachigen Raum. Den Rang eines national und europaweit sehr bedeutenden Publizisten, Zeitzeugen und Intellektuellen konnte ihm spätestens seit der Autobiographie »Mein Leben« (1999) niemand mehr streitig machen.

Am 10.11.1973 notiert Rühmkorf, ganz sicher kein begeisterter FAZ-Leser,[5] im Tagebuch: »Abends zu Hegewisch, ein Abschiedsfest für Ranicki. Duwe: ›1968/69 sammelte sich hier noch die linksliberale Schickeria, heute die neue Rechtsfronde: Fest – Ranicki – Zimmer – Karasek – auch Coulmas.‹ Heftiger Streit mit Fest über dessen politi-sche Geschmackskategorien (Hitler als Freund von gezuckerten Wei-nen, brrrr!). Hatte nicht nur einen über den Durst, sondern über den Komment getrunken und sagte zu ihm, daß er aussähe wie jemand, der gern beim 20. Juli gefallen sei (sein Konjunktivus irrealis). Ranicki, schräg ins Gespräch hinein: ›Das ist ja alles Blödsinn, was Sie da sa-gen‹ – Ich: wir sprächen über Geschmacksfragen, und das sei schon eine ziemliche Geschmacklosigkeit, wie er sich in anderer Leute Ge-spräche mischte. Allerdings ist er auf dem Sprung zur FAZ und steht zunächst unter erhöhtem Loyalitätszwang.«[6]

4 »Marcel Reich-Ranicki hat der Germanistik eine literarische Öffentlichkeit vermittelt, derer sie bis dahin nicht zu bedürfen meinte, und er hat der litera-rischen Öffentlichkeit eine Germanistik vermittelt, an der sie bis dahin nicht interessiert zu sein meinte«, Heinrich Detering, *Wenn Liebe sich als Angriff kostümiert. Was die Germanistik Marcel Reich-Ranicki alles zu verdanken hat – eine Würdigung,* in: FAZ, 2.6.2014
5 Friedrich Sieburg schrieb in der FAZ vom 21.11.1959 zu *Irdisches Vergnügen in g* (vgl. Anm. 1): »Rühmkorf hat das Recht zu dichten, wie er will. Sein Recht ist nicht geringer als das unsere, uns die Ohren zuzuhalten«.
6 Klaus Hegewisch (1919–2014), Hamburger Reeder und Fruchtimporteur und seine Frau Helga ›Hexi‹ Hegewisch (geb. 1931), Publizistin; »Duwe« i.e. Freimut Duve (geb. 1936), dt. Politiker und Publizist; Joachim Fest (1926–2006), dt. Publizist, FAZ-Mitherausgeber 1973–1993; Dieter E. Zimmer (geb. 1934),

Der erste Brief des Briefwechsels stammt aus dem Jahr 1967 (Nr. 1); Reich-Ranicki ist noch Pauschalist für die ZEIT und lädt zum Mitmachen bei einer Böll-Anthologie ein. Eine Antwort Rühmkorfs darauf ist nicht bekannt, zur Anthologie hat er nicht beigetragen. Im August 1974 schreibt Reich-Ranicki einen weiteren Brief an Rühmkorf (Nr. 2) – es geht sofort um die Arbeit für die FAZ und die »Frankfurter Anthologie«. Diesem Brief müssen Telefonate und auch Treffen vorangegangen sein, der Bezug darauf ist offenkundig, der arbeitsorientiert-vertraute Ton ist sofort da. Rühmkorfs Tagebuch verzeichnet solche Absprachen nicht, wir haben sie auf der Grundlage einer bis in die 60er Jahre zurückreichenden, literaturbetrieblichen und auch privaten Vertrautheit anzunehmen.[7]

Mit Brief 2 beginnt 1974 der eigentliche Briefwechsel, es vergehen manchmal nur Tage, höchstens einige Wochen, bis wieder ein Brief in der Frankfurter Redaktion oder im Övelgönner Arbeitsgeschoß von Rühmkorf eintrifft. Es geht zunächst ausschließlich um eines: ganz konkrete Arbeit, d. h. um Reich-Ranickis oder Rühmkorfs Vorschläge und Wünsche für Texte für die FAZ. Und dann um die damit verbundenen Themenfindungen, Abgabefristen, Korrekturen und/oder Kürzungen, Honorarangebote und -forderungen. Reich-Ranickis Geduld ist groß, seine Höflichkeit in Verbindung mit glänzender Ironie ebenso bestechend wie der Charme des Schriftstellers, der in die strikten Arbeitsverläufe des Feuilletons einer Tageszeitung praktisch nicht einzubinden ist und glanzvoll immer auch die Rollenprosa »Ich bin Künst-

dt. Publizist; Hellmuth Karasek (geb. 1934), dt. Journalist; Peter Coulmas (1914–2003), dt. Publizist. Die unveröffentlichten Tagebücher sind gesperrter Bestand des Nachlasses Rühmkorf im DLA.

7 Eva Rühmkorf erzählte im Dezember 2012 von häufigen privaten Begegnungen der Paare, Marcel und Teofila Reich, Peter und Eva Rühmkorf in den sechziger bis frühen siebziger Jahren. Literaturbetrieb: An den Treffen der Gruppe 47 nahm Peter Rühmkorf ab 1960 teil, Marcel Reich-Ranicki ab 1958. Insgesamt geben weder die veröffentlichten TABUs noch die unveröffentlichten Tagebücher im gesperrten Nachlaß im DLA zum Verhältnis beider, vor allem auch mit Blick auf ihre jahrzehntelange Korrespondenz, mehr als ein paar seltene, sehr verstreute Notizen her.

ler« beherrscht. Und: Welchen Rang er selbst in der FAZ hat, macht Rühmkorf bereits in Brief 3 unmißverständlich klar: »weil ich nie was hinwichse«. Daß Rühmkorfs Texte einen hohen intellektuellen Gewinn für die FAZ bedeuten würden, hat Reich-Ranicki von Anfang an richtig eingeschätzt. Was im übrigen ein früher Beleg seiner journalistischen Unerschrockenheit ist.

Ein markanter Punkt ist Brief 37 vom 27.11.1975: Reich-Ranicki faßt die Absprachen zwischen beiden, die am 24.11.1975 bei einem Abendessen im Hamburger Hotel »Vier Jahreszeiten« getroffen wurden, zusammen. Rühmkorf (der danach auf Lesereise gegangen war) antwortet erst am 20.12.1975. Eine höflich-freundliche Verständigung über die weitere Zusammenarbeit findet statt, doch die offenbare Absicht Reich-Ranickis, den freien Schriftsteller Peter Rühmkorf als Pauschalisten noch enger an die FAZ zu binden, findet wenig Gehör. Allerdings muß Rühmkorf ein paar Ausschließlichkeitsklauseln akzeptieren. Das ficht ihn nicht an – sein schriftstellerisches Selbstbewußtsein hatte nach den Jahren seiner Theaterkrise, verbunden mit lyrischer Zwangsabstinenz, mit der Wiederentdeckung seines mittelalterlichen Kollegen Walther von der Vogelweide Schwung bekommen, sein Ruf als auch literaturwissenschaftlich relevanter Essayist nahm ab dieser Zeit erheblich zu.[8]

---

8 Rühmkorfs Theaterstücke, mit denen er sich einen auch finanziellen Durchbruch erhoffte, blieben erfolglos (*Was heißt hier Volsinii?*, 1969; *Lombard gibt den Letzten*, 1972; *Die Handwerker kommen*, 1974). *WKI* erschien im Dezember 1975; die Arbeit mit den Übertragungen von Walther-Gedichten, der damit verbundene Briefdiskurs mit Peter Wapnewski und die Essays, Rundfunkarbeiten, Vorträge an Universitäten im Umfeld von *WKI* verändern Rühmkorfs bis dato beschädigtes Verhältnis zur Literaturwissenschaft grundlegend – beschädigt durch den Makel des beim Hamburger Ordinarius mit brauner Vergangenheit, Hans Pyritz, unfreiwillig nicht beendeten Studiums, vgl. auch *Jahre*, S.111f. Und im gleichen zeitlichen Umfeld beginnt er wieder zu dichten: *Phoenix – voran!* Gedichte, Dreieich 1977. (Das Titelgedicht mit Rühmkorfs poetologischer Grundsatzfeststellung: »Was nachher so schön fliegt … / wie lange ist darauf rumgebrütet worden.«)

Ein gutes halbes Jahr später, Brief 56, wird Rühmkorf einen Hauch zutraulich und – hinsichtlich der FAZ – sehr offen:»Ich genieße [...] die Früchte Ihrer Zuneigung, reflektiere sie freilich auch: als Produkt erstmaliger Kollaboration mit einem konservativen Meinungsträger (womit nicht Sie gemeint sind)«. Mit postwendender Antwort, Brief 57, zeigt Reich-Ranicki die kalte Schulter. Es ist das erste Mal, daß die beiden Briefsteller im Grundsatz aneinanderrasseln, schon der kameradschaftliche Jargon Rühmkorfs war zuviel: Wir können uns Marcel Reich-Ranicki in mancherlei Gestalt vorstellen, aber sicher – aus seiner Perspektive – nicht in aktiver ›Kollaboration‹ mit Rühmkorf. Welche Auseinandersetzungen auf der anderen Seite Reich-Ranicki damals innerhalb der FAZ zu bestehen hatte, um die besten intellektuellen Köpfe (damals, als diese Kategorien noch Geltung hatten, überwiegend ›links‹ einzuordnen), z. B. den ›roten Rühmkorf‹, mit ihren Texten im Blatt durchzusetzen, kann man sich heute noch gut vorstellen. Rühmkorf hat das an einer Stelle kommentiert:»Wie ich sehe, ist Ihnen jetzt ja auch der Enzensberger ins Netz gegangen – sehr schön.« (Brief 54)

Tiefer gehen drei weitere größere Auseinandersetzungen. Die erste gründet in dem im November 1979 geäußerten Wunsch Rühmkorfs (Brief 131), er wolle in Vorbereitung auf die Feierlichkeiten zu Reich-Ranickis 60. Geburtstag (2. 6. 1980) »gern dezidiert auf Sie zu sprechen kommen«. Erstmals beschreibt Rühmkorf einen gegenüber Reich-Ranicki in der literaturbetrieblichen Öffentlichkeit latent vorhandenen Antisemitismus, der in der Polarisierung, die der Großkritiker erzeugt, Nahrung findet. Rühmkorf möchte Material für seine These sammeln, »z. B. Ihnen selbst ein paar Meinungen abfordern«. Auch hier ist die Zurückhaltung Reich-Ranickis sehr deutlich (Brief 132), Rühmkorf erklärt erneut in einem langen Brief (133) seine Absicht, beschwört »unser langjähriges kommerziell-kameradschaftliches Zusammenleben«, die »preußisch kameradschaftliche Seite« von Reich-Ranicki; die öffentliche Geburtstagsadresse soll nun in einen Brief münden, der zum schönen Schein wie aus der laufenden Korrespondenz herausgenommen wirken soll. Die schwer gepanzerte autobiographische Verletzbarkeit von Reich-Ranicki im Verbund mit einer ganz offenbar sehr strikten Trennung von Literatur, Feuilleton und Privatheit war Rühmkorf damals wohl nicht klar; auch viele andere haben sie wohl erst mit Reich-Ranickis bedeutender Autobiographie verstanden.[9]

Anlaß der nächsten Auseinandersetzung ist der Vorschlag Rühm-korfs vom Mai 1983, das zeitkritische Eröffnungsgedicht in der Erst-ausgabe des Romans *Das steinerne Herz* von Arno Schmidt (1956) für die Frankfurter Anthologie zu interpretieren (Brief 179). Der Antwort von Reich-Ranicki (Brief 180) ist ein längeres Telefonat zum Thema vorausgegangen, auf das Rühmkorf in Brief 181 Bezug nimmt. Ranicki lehnt das Ansinnen aus – allerdings gewichtigen – formalen Grün-den ab: Gedichte in der Frankfurter Anthologie dürfen aus Platzgrün-den allerhöchstens 30, absolut ausnahmsweise auch mal 36 Verse um-fassen, Schmidts Gedicht ist 52 Verse lang. Rühmkorf vermutet eine Verschwörung der »alten Blöker und Blockierer« und entsprechende Anpassungsleistungen seines Briefpartners. In einem langen, heftig-emphatischen Antwortbrief (Nr. 182; »Ihr Brief [...] ist eine Unver-schämtheit. Es ist noch viel schlimmer: Ihr Brief ist töricht«) legt Reich-Ranicki die liberalen Grundsätze der Arbeit im Feuilleton der FAZ dar. Noch einmal antwortet Rühmkorf in gleicher Sache, noch einmal Reich-Ranicki – beide sind am Schluß verletzt, aneinander wundge-rieben. Die verlogenen Fünfziger waren Rühmkorfs großes (Jugend-) Thema, Arno Schmidts frühe Anerkennung seiner schriftstellerischen Arbeit bedeutete ihm viel, den Schriftsteller Schmidt schätzte er sehr hoch.[10] Darauf einzugehen lag für Reich-Ranicki nicht in der Natur der Sache – und die Sache war das von ihm verantwortete literari-sche Feuilleton, dessen Möglichkeiten, dessen Ruhm und Ruf. Etwas früher allerdings, im Tagebuch 1973, hat Rühmkorf diesen Teil der Lage offenbar begriffen (ohne später von dieser Einsicht in der Kor-respondenz Gebrauch zu machen): »Das Wort ›Poet‹ bekommt in Ra-nickis Mund immer so einen Hauch von ›Objekt‹. Für den Rezensen-ten ein Objekt, sich davon abzusetzen: Sprungbrett, man benutzt es

---

9   Vgl. auch Marcel Reich-Ranickis Antwort auf die Frage »War die ›Gruppe 47‹ antisemitisch?« in der Frankfurter Allgemeinen Sonntagszeitung vom 13. 4. 2003

10   Vgl. Schmidts Brief an Rühmkorf vom 1. 9. 1960, in: *»Und nun auf, zum Postauto«,* Briefe von Arno Schmidt, hg. von Susanne Fischer und Bernd Rauschenbach, Berlin 2013, S. 146

zum eigenen Abschnellen und sich von ihm entfernen. MRR kann gleichzeitig verwerten und kritische Abstriche machen: vollkommene Ausbeutung.«[11]

Der dritte Streit entzündet sich am Gedicht *So müde, matt, kapude,* das Rühmkorf Reich-Ranicki zur Erstpublikation anbot (Brief 220). Das Gedicht verbindet das Ahasver-Motiv mit dem Thema des Umgangs mit der deutschen Vergangenheit. Die Ablehnung (»Das Gedicht ist charmant, aber leider nicht ganz überzeugend«, Brief 221) ist nicht ohne ebenso höfliche wie bissige Bosheit – eine zeitgeschichtliche Haltung nimmt Reich-Ranicki nicht ein. Erst nach über einem halben Jahr antwortet Rühmkorf (Brief 222) – mit einer nochmaligen Übersendung des nun bereits anderweitig unter dem Titel *Was du hierzuland zu verbergen* publizierten Gedichts (»Ich hatte seinerzeit ja nur gehofft, daß es zu Ihnen sprechen möge«). Im längeren PS dieses Briefs (vier Seiten Typoskript) interpretiert Rühmkorf für Reich-Ranicki das Gedicht – der Brief ist ein herausragendes Dokument der politischen Haltung Rühmkorfs in Verbindung mit seiner literarischen Arbeit. Der Brief ist zugleich fast die Beschwörung einer von Rühmkorf immer noch gewünschten Solidarität in diesen Fragen. Ranicki antwortet zwei Monate später (Brief 223) – ohne auf das längere PS mit einer Silbe einzugehen, jedoch mit durchaus ehrenvollen Vorschlägen. Einen Tag später schreibt Rühmkorf zurück (Brief 224) – elegant balanciert er die Regelkreise der »Hochliteratur« und der »Großkritik«: »Hier kommen ja gelegentlich zwei Schwingungskreise nicht zur Deckung«. Ranicki antwortet nochmals sehr rasch (Brief 225): »Das muß man schon sagen: Sie schreiben ein ungewöhnlich originelles und schönes Deutsch«. Das war alles.

Sie hatten zu dem Zeitpunkt vielleicht beide etwas mehr davon verstanden, was sie einander zumuten sollten und was nicht. Sie hatten knapp 14 Jahre nach dem Beginn der intensiven Korrespondenz einander 225 Briefe geschrieben – ca. ⅘ des gesamten Konvoluts von 287 Briefen bis zum August 2006. Was sie aneinander schätzten, wußten sie nun, was sie trennte, war ihnen vermutlich ebenso bekannt. Im-

---

11 Unveröffentlichtes Tagebuch, 17. 8. 1973, Typoskript; gesperrter Bestand des Nachlasses Rühmkorf im DLA

mer noch »schmirgeln«[12] Rühmkorf die sehr wenigen und wenn, dann mit äußerst höflichen Zeilen kommentierten Rücksendungen bzw. Ablehnungen, immer noch akzeptierte er gern und selbstverständlich die guten finanziellen Bedingungen – Lyrik läßt sich nach Rühmkorf nur finanzieren, wenn »noch eine andere Schreibkraft tätig ist, die sich mit Nutzprosen hier und Gebrauchstexten dort um das einfache tägliche Brot sorgt. Um das tägliche Brot auch für jenen Tagedieb von Selbstdarsteller, der selbst seine Verhaltensstörungen noch für ausdruckswürdig erachtet und seine höchst subjektiven Anfälle und Ausschläge für einen objektiven Zeitanzeiger hält«.[13] Daß die FAZ mit den Jahren einen prominenten und gut bezahlten Platz auch für die Erstpublikation von Rühmkorf-Gedichten bot, paßt nicht vollkommen in dieses Modell, setzt es gleichwohl auch nicht vollkommen außer Kraft. Und belegt im Übrigen die gesellschaftliche Bedeutung und den selbstverständlichen Bildungsbezug des damaligen Feuilletons. Reich-Ranicki hält zu Rühmkorf; manchmal ist er ein wenig eitel-beleidigt, wenn der zunehmende Ruhm des Dichters von diesem nicht unmittelbar mit seinem Wirken im Hintergrund in Verbindung gebracht wird (vgl. z. B. Brief 213). Anderseits ist er sehr dankbar – immer wieder schreibt er begeistert über Rühmkorf-Texte für sein Feuilleton. Und das ihm gewidmete Gedicht *Am grünen Hang entlang. Landschaftliches Lehrgedicht für M.R.-R. zum siebzigsten Geburtstag* rührt ihn (Brief 235).

Anlaß des von Rühmkorf herbeigeführten großen Bruchs der Beziehung zwischen Dichter und Kritiker war im Jahr 1995 der Umgang Reich-Ranickis mit dem Roman von Günter Grass *Ein weites Feld*. Diese endgültige (und das heißt allerdings, retrospektiv, nur für die nächsten vier bis fünf Jahre!) Enttäuschung Rühmkorfs über den »Graben zwischen der Schönen Literatur und ihrer zur ideologischen Lehrmeisterin verklärten Kritik«, den Reich-Ranicki aufgerissen habe, war bedeutend, umfassend, tiefgehend. Sie war so tiefgehend, daß Rühmkorf sein Tagebuch und die Korrespondenz in dieser Sache publizierte und die offene Auseinandersetzung mit Reich-Ranicki wagte – in der

12 Das Verb verwendete Rühmkorf gern, um selbst zu kritisieren.
13 *Strömungslehre*, S. 201

ziemlich sicheren Gewißheit, daß er diese Auseinandersetzung in der literarischen Öffentlichkeit mit diskursiven Mitteln, egal ob sachlich oder polemisch, nie würde gewinnen können.[14] Es wurde eine einseitige Auseinandersetzung. Reich-Ranicki hat nie geantwortet, weder direkt noch indirekt – und es war wohl der Versuch einer letzten großen literarischen Auseinandersetzung der alten Bundesrepublik, die in ihrer Literaturgeschichte eine Schnittmenge zwischen Schöner Literatur und Politik stets (nie scharf definiert, immer eher vage vermutet) voraussetzte. Wenn Rühmkorf in seinem öffentlich gemachten Brief vom »autoritäre(n) Niederschreien eines schwierigen Buches und der in ihm vertretenen Meinungen« spricht, dann ist dabei eine Sache bemerkenswert: Sein Umgang mit Grass' Roman ausnahmsweise auch außerhalb literarischer Kategorien – ein Verfahren, das Rühmkorf auf das eigene Werk bezogen weder akzeptiert noch geduldet hätte. Literatur kann Politik kommentieren – Kunst kann keine Politik machen, Politik macht keine Kunst.[15] Rühmkorf sah die Vereinigung 1989ff. genau so kritisch wie sein Freund Günter Grass; im Gegensatz zu Grass machte Rühmkorf seine Haltung erst ein paar Jahre später, mit seiner Büchnerpreisrede 1993, öffentlich.[16] Daß die Literatur auch Belange einer öffentlichen Moral vertreten könne, war für Rühmkorf nie ausgeschlossen – daß eine solche Absicht weder Moral garantiert noch ästhetische Qualität notwendigerweise erzeugt, stand für ihn ein Leben lang außer Zweifel. Von Reich-Ranickis Haltung in derlei Zusammenhängen wissen wir nichts.

Vier Jahre später bricht Rühmkorf das Schweigen mit einem Brief (Nr. 255), der seine und Eva Rühmkorfs Lektüre der Autobiographie Reich-Ranickis zum Anlaß nimmt, den »leidigen Streit« zu bedauern. Er habe gehofft, daß sich »Meinungsverschiedenheiten auf dem literarischen Paukboden ausfechten ließen«. Und wieder macht Rühm-

14 Vgl. Brief 254, vgl. *Ich habe Lust, im weiten Feld … Betrachtungen einer abgeräumten Schachfigur*, Göttingen 1996 (Göttinger Sudelblätter, hg. von Heinz Ludwig Arnold)
15 Vgl. z.B. *Das Gedicht als Lügendetektor*, in: *Strömungslehre*, S. 206ff.
16 Vgl. *Deutschland, ein Lügenmärchen*, Göttingen 1993 (Göttinger Sudelblätter, hg. von Heinz Ludwig Arnold)

korf einen offenbar nicht vermeidbaren Fehler: Er beschwört freund-
schaftlich-kameradschaftliche Zusammengehörigkeit – nach Lektüre
der Autobiographie und angesichts dessen, daß »sich rechts von unserem Spektrum doch ganz andere Kräfte zusammenzuballen schienen«. Er bekommt keine Antwort;[17] acht Monate später schreibt er
(auch im Namen von Eva Rühmkorf) Reich-Ranicki eine ebenso an-
rührende wie schöne Postkarte (256). Reich-Ranickis Antwort trifft
drei Wochen später ein (257). Seine kühle Disziplin bei einer Auseinandersetzung, von der Rühmkorf gehofft hatte, sie mit literarischen
Mitteln bewältigen zu können, ist bemerkenswert. Reich-Ranicki führt
keine Debatte – er notiert die Verletzungen durch Rühmkorf und fordert (mit ziemlich offener Eitelkeit) gute Behandlung durch ihn an anderer Stelle: Rühmkorf soll öffentlich etwas über die Autobiographie
sagen. Was jener tut (vgl. Brief 258). Damit ist die ›Methode Reich-
Ranicki‹ endgültig klar: Über das Ausgangsthema einer (immer von
Rühmkorf ausgehenden) Debatte wird nie geredet, aber es gibt die
Möglichkeit, mit einem anderen Thema, auf einer anderen Ebene wieder zu kommunizieren und neuen Tatendrang zu entwickeln. Es gibt
– wie in der Mathematik – immer eine weitere Ableitung.[18]

Sie schreiben einander noch 29 weitere Briefe; die Bestätigung ihrer neugewonnenen Sympathie und Verbundenheit (»uraltes sensorium commune«, Brief 259) ist umfänglich, die Arbeit geht weiter und
mündet in Beiträgen Rühmkorfs für die Frankfurter Anthologie. In
zwei Briefen nimmt Rühmkorf nochmals politische Themen – wider
besseres Wissen – auf. In Brief 259 beschwört er ein »ehernes Zusammenhalten« angesichts der »brutalstmöglichen Leitkultur« in der
politischen Szene. In der Antwort zwei Wochen später (Brief 260)
kein Wort dazu, jedoch durchaus freundschaftlich-rührende Höflichkeit und Vorschläge für die Frankfurter Anthologie. Im letzten Brief
(vom 16. 8. 2006, Nr. 287) wirbt Rühmkorf inständig um Verständnis
für Günter Grass, der in jenem Sommer eingestanden hatte, in jungen

---

17 Es ist allerdings nicht eindeutig gesichert, daß der Brief abgesandt worden ist.
18 Wofür auch die fast hymnische Bewunderung Reich-Ranickis der Grass-
Novelle *Im Krebsgang*, Göttingen 2002, in der ZDF-3sat-Sendung *Reich-Ranicki
solo* vom 24. 2. 2002 spricht.

Jahren bei der Waffen-SS gewesen zu sein. Es ging noch einmal um politische Moral. Dieser Brief blieb unbeantwortet, weitere Briefe sind nicht überliefert. Im Dezember 2006 begann Rühmkorfs Siechtum, das zu seinem Tod im Juni 2008 führte.

Reich-Ranicki kannte den Dichter Rühmkorf früh sehr genau; seine kluge und respektvolle Einschätzung aus dem Jahr 1987 hat er in einem Nachruf auf Rühmkorf beibehalten und bestätigt: »Doch ähnlich wie seine Generationsgenossen Günter Grass und Hans Magnus Enzensberger hat auch Rühmkorf nichts mit jenen deutschen Autoren gemein, die singen, weil sie nicht denken können, die dichten müssen, weil ihnen das Schreiben unüberwindliche Schwierigkeiten bereitet. [...] Rühmkorf sieht in dem angeblichen Gegensatz zwischen Poesie und Intellektualität stets nur eine Herausforderung, die es in der Praxis zu widerlegen gilt. Was er seit vielen Jahren beharrlich anstrebt, nennt er selber die ›Wiedergeburt der Unschuld aus dem Geiste der Reflexion‹. [...] So ist Peter Rühmkorf immer auf der Suche nach einer schönen, einer verlockenden Blume. Ihre Umrisse verschwimmen [...] Ist sie blau? Oder rot? Man kann nicht ganz sicher sein. Doch ob blau oder rot – es ist auf jeden Fall die Blume der Romantik.«[19]

Der ehemalige persönliche Referent der früheren schleswig-holsteinischen Landesministerin Eva Rühmkorf, Frank Trende aus Marne / Dithmarschen, grummelte im Juni 2005 im Gespräch mit Peter Rühmkorf darüber, daß er, der Sozialdemokrat, nun Reden für den damals ins Amt gekommenen christdemokratischen Ministerpräsidenten Schleswig-Holsteins, Peter Harry Carstensen, schreiben müsse.

19 Vgl. *Peter Rühmkorf, der Prediger mit der Schiebermütze,* in: Dieter Lamping, Stephan Speicher, wie Anm. 2, S. 19ff. – Nachruf: *Nie seriös, immer ernst,* in: FAZ, 16. 6. 2008. – Rühmkorfs Formulierung von der »Wiedergeburt der Unschuld« (*Jahre,* S. 83) erinnert im übrigen an den vorletzten Satz im »niemals auszulesenden« (*agar agar,* S. 108) Essay *Über das Marionettentheater* von Heinrich v. Kleist (Aufsätze und Anekdoten, Frankfurt a. M. 1980, S. 16): »Mithin, sagte ich ein wenig zerstreut, müßten wir wieder von dem Baum der Erkenntnis essen, um in den Stand der Unschuld zurückzufallen?« Wenige Wochen vor seinem Tod, im Mai 2008, erklärte Peter Rühmkorf im Gespräch mit Joachim Kersten und Stephan Opitz: »Ich bin eigentlich ein Romantiker.«

Rühmkorf antwortete:»Frank, hör auf zu jammern. Wir sind beide nur Arbeiter und können uns unsere Fabrik nicht aussuchen. Ich muß auch für die FAZ schreiben.«

Lohklindt, Sommer 2014 *Stephan Opitz*

Dank

Herzlich danken die Herausgeber Andrew Ranicki und Thomas Anz – beide waren rasch und unkompliziert damit einverstanden, daß dieser Briefwechsel ediert werden sollte.

Wir danken weiterhin Eva Demski, die ebenso beharrlich wie behutsam die Absicht, den Briefwechsel zu edieren, noch mit ihrem Freund Marcel Reich-Ranicki besprach.

Dank an Nina Linek, Florian Ganzheuer und Hubert Spiegel von der FAZ für Hilfe bei der Zusammenstellung des Corpus aus dem Nachlaß Reich-Ranicki bei der FAZ.

Dank an die Dokumentationsstelle des DLA Marbach, besonders Andreas Kozlik, Nicole Nikodemus, Eva Oßwald.

Dank an die Fotostelle des DLA Marbach, besonders Chris Korner und Jens Tremmel.

Joachim Kersten danken wir für viele Gespräche und Anregungen.

Abgekürzt zitierte Werke von Peter Rühmkorf

agar agar	agar agar – zaurzaurim. Zur Naturgeschichte des Reims und der menschlichen Anklangsnerven, Reinbek 1981
Bleib erschütterbar	Bleib erschütterbar und widersteh. Aufsätze – Reden – Selbstgespräche, Reinbek 1984
Dreizehn	Dreizehn deutsche Dichter, Reinbek 1989
Einmalig	Einmalig wie wir alle, Reinbek 1989
Haltbar	Haltbar bis Ende 1999. Gedichte, Reinbek 1979
Ich habe Lust	Ich habe Lust, im weiten Feld ... Betrachtungen einer abgeräumten Schachfigur, Göttingen 1996
Jahre	Die Jahre die ihr kennt. Anfälle und Erinnerungen, Reinbek 1972
Strömungslehre	Strömungslehre I. Poesie, Reinbek 1978
TABU I	TABU I. Tagebücher 1989–1991, Reinbek 1995
TABU II	TABU II. Tagebücher 1971–1972, Reinbek 2004
WA	Werkausgabe, Reinbek 1999ff. (4 Bde.)
Wenn	Wenn – aber dann. Vorletzte Gedichte, Reinbek 1999
Widersprüche	In meinen Kopf passen viele Widersprüche. Über Kollegen, hg. von Susanne Fischer und Stephan Opitz, Göttingen 2012
WKI	Walther von der Vogelweide, Klopstock und ich, Reinbek 1975

Marcel Reich-Ranicki

geboren am 2. Juni 1920 in Włocławek an der Weichsel als Marcel
Reich, Eltern David (von den Deutschen ermordet 1942) und
Helene Reich (geb. Auerbach, von den Deutschen ermordet 1942);
die Familie war jüdischen Glaubens; zwei Geschwister, Alexander
(1911–1943 – ebenfalls von den Deutschen ermordet) und Gerda
(1907–2006)
1929 aus wirtschaftlichen Gründen Übersiedlung der Familie nach
Berlin, Abitur 1938, kurz darauf Deportation nach Warschau
1940 zwangsweise Umsiedlung ins Warschauer Ghetto, als Über-
setzer im »Judenrat« tätig
am 22. Juli 1942, dem Tag der ersten Deportationen aus dem Warschauer Ghetto, Hochzeit mit Teofila (geb. Langnas, 1920–2011),
gemeinsame Flucht im Februar 1943
im Versteck eines polnischen Helfers überleben Reich-Ranicki und
seine Frau den Holocaust, dem auch Teofilas Eltern zum Opfer
fallen
1948 zunächst Vizekonsul, dann Konsul im polnischen General-
konsulat in London, Annahme des Pseudonyms »Marceli Ranicki«,
zuvor u. a. im Dienst für den polnischen Auslands-Geheimdienst
und das polnische Außenministerium
1950 Entlassung aus allen Anstellungen und kurze Haft, danach
Beginn einer Tätigkeit als Lektor für deutsche Literatur beim
Verlag des polnischen Verteidigungsministeriums
ab Ende 1951 tritt Reich-Ranicki als Autor in Erscheinung, handelt
sich jedoch ein Publikationsverbot ein, das für die Jahre 1953–
1954 aufrecht erhalten wird
1958 Studienaufenthalt in der Bundesrepublik Deutschland, von dem
er nicht mehr nach Polen zurückkehrt
1960–1973 in Hamburg als Literaturkritiker für die ZEIT tätig, seit
1973 auf Vermittlung von Joachim Fest für das Literaturressort der
Frankfurter Allgemeinen Zeitung, das er schließlich bis zu seiner
Pensionierung 1988 leitet

1974 begründet er die Frankfurter Anthologie, eine regelmäßig in
der FAZ erscheinende Serie zu Gedichten mit Interpretationen
namhafter zeitgenössischer deutschsprachiger Schriftsteller,
Kritiker und Literaturwissenschaftler, die ab 1976 auch jährlich
in Buchform vertrieben wurde

zwischen 1960 und 1988 verschiedene Gastdozenturen an in- und
ausländischen Universitäten, Mitinitiator des Bachmann-Preises in
Klagenfurt, dort 1977–1986 Sprecher der Jury, Veröffentlichung
zahlreicher Bücher mit selbst verfaßten Essays und Kritiken, aber
auch Herausgeber von literarischen Anthologien

1981 Ricarda-Huch-Preis

1987 Thomas-Mann-Preis

1988 erstmals Fernsehsendung *Das literarische Quartett* im ZDF,
bis 2001 77 Ausstrahlungen der beim Publikum sehr beliebten
kontroversen, nicht immer skandalfreien Sendung

1994 im deutschen Feuilleton Debatte über Reich-Ranickis Geheim-
diensttätigkeit Ende der 40er Jahre

1995 Zerwürfnis mit Günter Grass als Folge seiner scharfen Kritik
an dessen Roman *Ein weites Feld*

1995 Ludwig-Börne-Preis

1999 erscheint die Autobiographie *Mein Leben*

2003 Auszeichnung mit dem Großen Verdienstkreuz mit Stern der
Bundesrepublik Deutschland

2004 Europäischer Kulturpreis

2006 Abschluß der Arbeit am *Kanon* der deutschen Literatur mit der
Herausgabe der Abteilung *Essays* (Frankfurt am Main 2006)

2008 Auszeichnung mit dem Deutschen Fernsehpreis, den er aber
ablehnt

Mein Leben wird 2009 mit Filip Jarek (Reich-Ranicki als Kind) und
Matthias Schweighöfer (Reich-Ranicki als junger Erwachsener)
verfilmt, gezeigt wird sein Leben bis zur endgültigen Übersiedlung
in die Bundesrepublik 1958

27. Januar 2012 Ansprache vor dem Bundestag am Tag des Geden-
kens für die Opfer des Nationalsozialismus

Marcel Reich-Ranicki stirbt am 18. September 2013 in Frankfurt
am Main

Peter Rühmkorf

geboren am 25. Oktober 1929 in Dortmund; Mutter Elisabeth
  Rühmkorf (1895–1989, Lehrerin), Vater Hans Westhoff (von
  Beruf Puppenspieler), den Rühmkorf nie kennenlernte
nach Kriegskindheit und Schulzeit in Hemmoor / Warstade Abitur
  1951 am Athenäum Stade
anschließend seit 1951 Studium zunächst der Pädagogik und
  Kunstgeschichte, später der Germanistik und Psychologie an der
  Universität Hamburg, 1957 abgebrochen
zu dieser Zeit erste Veröffentlichungen und Herausgabe der Zeit-
  schrift *Zwischen den Kriegen* in Zusammenarbeit mit Werner
  Riegel (1925–1956), mit diesem auch Veröffentlichung des
  Gedichtbändchens *Heiße Lyrik* (Wiesbaden 1956)
gleichzeitig zunehmend intensivere Mitarbeit an der Zeitschrift
  Studentenkurier, später *konkret,* Veröffentlichung von Essays,
  Rezensionen und Gedichten
Ende 1959 erster selbständig erschienener Gedichtband *Irdisches*
  Vergnügen in g
1958 bis 1963 als Lektor beim Rowohlt-Verlag; in dieser Zeit Biographie über den Schriftsteller Wolfgang Borchert (1921–1947),
  erschienen Reinbek 1961, und zweiter Gedichtband *Kunststücke*
  (Reinbek 1962)
am 17. April 1964 Heirat mit Eva, geb. Titze (1935–2013), Psycho-
  login und Politikerin, 1967 Bezug des Lotsenhauses Övelgönne 50
  in Hamburg
1966 erste Auftritte mit den Jazz-Musikern Michael Naura und Wolfgang Schlüter; die Vortragsform Jazz und Lyrik wird zu einem
  Markenzeichen Rühmkorfs – im Laufe der Jahrzehnte erscheinen
  mehrere Tonträger mit Live-Mitschnitten oder »Jazz und Lyrik«-
  Versionen zahlreicher Gedichte
seit den späten 60er Jahren Versuche, mit dramatischen Werken
  zu reüssieren; außerdem Veröffentlichung der Autobiographie
  Die Jahre die ihr kennt (Reinbek 1972), dann auch zahlreicher
  poetologischer Schriften wie *Walther von der Vogelweide,*
  Klopstock und ich (Reinbek 1975), *Über das Volksvermögen*
  (Reinbek 1967) oder *Strömungslehre I* (Reinbek 1978)

1970 Kauf einer Bauernkate in Roseburg (Schleswig-Holstein),
fortan Rühmkorfs Landsitz und Erholungsort
die Ernennung 1976 zum Stadtschreiber von Bergen-Enkheim ist
Rühmkorfs dritte Auszeichnung für sein Schaffen, zahlreiche
weitere folgen, beispielsweise 1979 der Erich-Kästner-Preis,
1986 der Arno Schmidt Preis, 1993 der Georg-Büchner-Preis
und 2002 der Joachim-Ringelnatz-Preis
Veröffentlichung des Gedichtbandes *Haltbar bis Ende 1999*
(Reinbek 1979)
Anfang der 80er Jahre wieder Hinwendung zu Prosatexten:
Poetologisches (*agar agar – zaurzaurim,* Reinbek 1981) und
Märchen (*Auf Wiedersehen in Kenilworth,* Reinbek 1980 und
Der Hüter des Misthaufens, Reinbek 1983)
zum 60. Geburtstag erscheinen *Einmalig wie wir alle* und
Dreizehn deutsche Dichter (beide Reinbek 1989) mit Einband-
illustrationen von Christian Boltanski; *Selbst III/88, Aus der
Fassung* (Zürich 1989) dokumentiert Rühmkorfs Arbeitsprozeß
an einem einzigen Gedicht auf über 700 Seiten
die 90er Jahre nutzt Rühmkorf zu einer umfassenden Werk- und
Lebensbilanz: neben zwei Tagebuchbänden – *Tabu I 1989–1991*
(Reinbek 1995) und *Tabu II 1971–1972* (Reinbek 2004) –
erscheinen nach und nach eine vierbändige Werkausgabe, ein
biographisches Bilderbuch (*Wenn ich mal richtig ich sag ...,*
Göttingen 2004) und ein Postkartenbuch (*Von mir zu euch für uns,*
Göttingen 1999), schließlich die zweibändige Bibliographie von
Wolfgang Rasch (Bielefeld 2004)
1999 erscheint *Wenn – aber dann. Vorletzte Gedichte* (Reinbek 1999)
letzte Veröffentlichung: der Lyrikband *Paradiesvogelschiß* (Reinbek
2008)
Peter Rühmkorf stirbt am 8.6.2008 nach langer Krankheit in
Roseburg

Register der Werke Peter Rühmkorfs

Die Zahlen beziehen sich auf die Briefnummern. *Kursiv:* Erwähnung in Erläuterung. Nachweise: Druck in der FAZ, anderenfalls Erstdruck oder erste Buchpublikation

Verzeichnis der in der FAZ publizierten Texte Peter Rühmkorfs

Datum FAZ / Titel / weitere Veröffentlichungen

24. 2. 1967 / Dem Volk aufs Maul geschaut / entnommen aus: Peter Rühmkorf: Ich will Dir was erzählen. In: Über das Volksvermögen. Exkurse in den literarischen Untergrund. Reinbek 1967, S. 104–135

7. 9. 1974 / In flagranti gefaßt / 1.) In: Frankfurter Anthologie. Gedichte u. Interpretationen. Hg. u. mit e. Vorw. von Marcel Reich-Ranicki. Frankfurt a. M. 1976, S. 103–105 / 2.) In: Peter Rühmkorf: Strömungslehre I. Poesie. Reinbek 1978, S. 167–169

14. 12. 1974 / Ströme unterhalb der Strömung. Ein Jahrbuch für Literatur: der »Tintenfisch« / In: Ein Büchertagebuch (9. 1975). Frankfurt a. M. 1975, S. 58–59

22. 2. 1975 / Das alte neue Alte oder: Unerwartete Verwandtschaften. Deutsche Schriftsteller erzählen Märchen / In: Ein Büchertagebuch (9. 1975). Frankfurt a. M. 1975, S. 50–52

12. 4. 1975 / Ein Poet mit viel Puste / 1.) In: Frankfurter Anthologie. Gedichte u. Interpretationen. Hg. u. mit e. Vorw. von Marcel Reich-Ranicki. Frankfurt a. M. 1976, S. 267–269 / 2.) In: Hundert Gedichte werden vorgestellt. Eine zeitgenössische Auswahl aus der Frankfurter Anthologie. Hg. u. mit e. Vorw. von Marcel Reich-Ranicki. Gütersloh 1983, S. 352–353 / 3.) In: Peter Rühmkorf: Strömungslehre I. Poesie. Reinbek b. Hamburg 1978, S. 93–95 / 4.) In: Peter Rühmkorf: In meinen Kopf passen viele Widersprüche. Über Kollegen. Mit Dichterporträts von F. W. Bernstein. Hg. von Susanne Fischer und Stephan Opitz. Göttingen 2012, S. 42–44

3. 5. 1975 / Kein Apolloprogramm für Lyrik / 1.) Was soll ein Gedicht? – Kein Apolloprogramm für Lyrik. In: Was alles hat Platz in einem Gedicht? Hg. von Hans Bender u. Michael Krüger. München 1977, S. 191–200 / 2.) In: Das Erscheinen eines jeden in der Menge. Lyrik aus der BRD / Lyrik aus Westberlin seit 1970. Hg. von Klaus Pankow. Leipzig 1983, S. 213–221 / 3.) In: Peter Rühmkorf: Walther von der Vogelweide, Klopstock und ich. Reinbek 1975, S. 183–190 / 4.) In: Peter Rühmkorf: Strömungslehre I. Poesie. Reinbek 1978, S. 83–92 / 5.) In: Peter Rühmkorf: Im Fahrtwind. Gedichte und Geschichte. Gütersloh 1979, S. 304–312 / 6.) In: Peter Rühmkorf: Komm raus. Gesänge, Märchen, Kunststücke. Hg. von Klaus Wagenbach. Berlin 1992, S. 90–92

31. 5. 1975 / Thomas Mann. Zum hunderststen Geburtstag / Gestelzte Manierlichkeiten. In: Was halten Sie von Thomas Mann? Achtzehn Autoren antworten, hg. von Marcel Reich-Ranicki, Frankfurt a. M. 1986, S. 69–70

13. 9. 1975 / Enthüllungsstrips im Halbdunkel. Flugblätter aus dem Zweiten Weltkrieg

1. 11. 1975 / Das Bettellied vom Minnesang. Walther von der Vogelweide als Bitt-
steller und Polemiker / entnommen aus: Peter Rühmkorf: Walther von der
Vogelweide. Reichssänger und Hausierer. In: Peter Rühmkorf: Walther von
der Vogelweide, Klopstock und ich. Reinbek 1975, S. 7–78

22. 11. 1975 / Der Forscher und der Falkner. Peter Wapnewskis Studien zur mittelhochdeutschen Lyrik »Waz ist minne«

29. 11. 1975 / Selbstbefriedigung im Büßerhemdchen / 1.) Peter Rühmkorf: In
unseren Händen hängt der Hammer schwer. R. M. Rilke, zum 100. Geburtstag. In: Peter Rühmkorf: Strömungslehre I. Poesie. Reinbek 1978, S. 126–
128 / 2.) Peter Rühmkorf: Ich liebe ihn, aber ich kann ihn nicht leiden. In:
Peter Rühmkorf: In meinen Kopf passen viele Widersprüche. Über Kollegen. Mit Dichterporträts. von F. W. Bernstein. Hg. von Susanne Fischer und
Stephan Opitz. Göttingen 2012, S. 284–286

7. 2. 1976 / Eine Ballade vom Schnee und vom Schnaps / 1.) In: Frankfurter
Anthologie. Bd. 2. Gedichte u. Interpretationen. Hg. u. mit e. Vorw. von
Marcel Reich-Ranicki. Frankfurt a. M. 1977, S. 238–240 / 2.) Peter Rühmkorf:
Eine Ballade vom Schnee und vom Schnaps. Zu Adolf Endler. In: Peter Rühm-
korf: Strömungslehre I. Poesie. Reinbek 1978, S. 96–98 / 3.) In: Hundert
Gedichte werden vorgestellt. Eine zeitgenössische Auswahl aus der Frank-
furter Anthologie. Hg. u. mit e. Vorw. von Marcel Reich-Ranicki. Gütersloh
1983, S. 268–269 / 4.) In: Krawarnewall. Über Adolf Endler. Hg. von
Gerrit-Jan Berendse. Leipzig 1997, S. 38–40 / 5.) In: Peter Rühmkorf:
In meinen Kopf passen viele Widersprüche. Über Kollegen. Mit Dichterporträts von F. W. Bernstein. Hg. von Susanne Fischer und Stephan Opitz.
Göttingen 2012, S. 82–84

28. 2. 1976 / Von Kuttel Daddeldu kam er nicht los. Joachim Ringelnatz, das vervielfachte Original / 1.) In: Ein Büchertagebuch (10. 1976). Frankfurt a. M.
1976, S. 131–133 / 2.) Peter Rühmkorf: Joachim Ringelnatz – das vervielfachte Original. In: Peter Rühmkorf: Strömungslehre I. Poesie. Reinbek 1978,
S. 162–166 / 3.) Peter Rühmkorf: Joachim Ringelnatz – das vervielfachte
Original. In: Peter Rühmkorf: Dreizehn deutsche Dichter. Reinbek 1989,
S. 50–61

23.3.1976 / Gedicht: Cicerone / In: Peter Rühmkorf: Walther von der Vogelweide, Klopstock und ich. Reinbek 1975, S. 164

29.5.1976 / Du, laß dich nicht verzärteln. Kritisch-solidarische Anmerkungen
zu einer neuen Biermann-Platte / Peter Rühmkorf: Du laß dich nicht verzärteln. Anmerkungen zu einer neuen Biermann-Platte. In: Peter Rühmkorf:
Strömungslehre I. Poesie. Reinbek 1978, S. 99–105

5.6.1976 / Gedicht: De mortuis oder: üble Nachrede / In: Peter Rühmkorf:
Gesammelte Gedichte. Reinbek 1976, S. 103

8.6.1976 / Gedicht: Heinrich-Heine-Gedenk-Lied / In: Peter Rühmkorf: Irdisches Vergnügen in g. Hamburg 1959, S. 62

19.6.1976 / Und aller Fluch der ganzen Kreatur. Gottfried Benn 1976 /
1.) In: Ein Büchertagebuch (10.1976). Frankfurt a. M. 1976, S. 104–106 /
2.) Peter Rühmkorf: »Und aller Fluch der ganzen Kreatur.« Gottfried Benn
zum 90. Geburtstag. In: Peter Rühmkorf: Strömungslehre I. Poesie. Reinbek
1978, S. 145–151 / 3.) In: Über Gottfried Benn. Kritische Stimmen 1957–
1986. Hg. von Bruno Hillebrand. Frankfurt a. M. 1987, S. 101–107 /
4.) In: Peter Rühmkorf: Dreizehn deutsche Dichter. Reinbek 1989, S. 62–69

19.7.1976 / Gedicht: Auf eine Weise des Joseph Freiherrn von Eichendorff / In:
Peter Rühmkorf: Kunststücke. Fünfzig Gedichte nebst einer Anleitung zum
Widerspruch. Reinbek 1962, S. 85

24.7.1976 / Gedicht: Wiegen- oder Aufklärelied / In: Peter Rühmkorf: Irdisches
Vergnügen in g. Fünfzig Gedichte. Reinbek 1959, S. 56

28.8.1976 / Zur Teilnahmslosigkeit erstarrt / 1.) In: Frankfurter Anthologie.
Bd. 2. Gedichte u. Interpretationen. Hg. u. mit e. Vorw. von Marcel Reich-
Ranicki. Frankfurt a. M. 1977, S. 128–130 / 2.) In: Peter Rühmkorf: Strö-
mungslehre I. Poesie. Reinbek 1978, S. 142–144

20.11.1976 / Ein modernes Liebesgedicht / 1.) Peter Rühmkorf: Ein modernes Liebesgedicht. Gottfried Benn »Mann und Frau gehen durch die Krebsbaracke.« In: Peter Rühmkorf: Strömungslehre I. Poesie. Reinbek 1978,
S. 151–154 / 2.) In: Frankfurter Anthologie. Bd. 3. Gedichte u. Interpretationen. Hg. u. mit e. Nachbemerkung von Marcel Reich-Ranicki. Frankfurt a. M.
1978, S. 141–143

24.12.1976 / Freudiges Wiedersehen unter düsteren Umständen. Die Lyrik des
Expressionismus / Peter Rühmkorf: Freudiges Wiedersehen unter düsteren
Umständen. Zur Lyrik des Expressionismus. In: Peter Rühmkorf: Strömungs-
lehre I. Poesie. Reinbek 1978, S. 136–142

6.1.1977 / Gedicht: Hochseil / In: Peter Rühmkorf: Walther von der Vogelweide, Klopstock und ich. Reinbek 1975, S.178

2.4.1977 / Der Portier und die Poesie / 1.) Peter Rühmkorf: Der Portier und die Poesie. Zu Rolf Haufs. In: Peter Rühmkorf: Strömungslehre I. Poesie. Reinbek 1978, S.107–109 / 2.) In: Frankfurter Anthologie. Bd.3. Gedichte u. Interpretationen. Hg. u. mit e. Nachbemerkung von Marcel Reich-Ranicki. Frankfurt a.M. 1978, S.258–261 / 3.) In: Hundert Gedichte werden vorgestellt. Eine zeitgenössische Auswahl aus der Frankfurter Anthologie. Hg. u. mit e. Vorw. von Marcel Reich-Ranicki. Gütersloh 1983, S.332–334; 4.) In: 1000 Gedichte und ihre Interpretationen. Hg. Von Marcel Reich-Ranicki. Bd.10. Frankfurt a.M. 1994, S.108–111

9.4.1977 / Tucholskys Krankheit und die deutschen Zustände. Seine Briefe an Nuuna, 1932–1935 / 1.) In: Ein Büchertagebuch (11.1977). Frankfurt a.M. 1977, S.173–176 / 2.) Peter Rühmkorf: Einkreisung im Exil – Kurt Tucholskys »Briefe aus dem Schweigen«. In: Peter Rühmkorf: Dreizehn deutsche Dichter. Reinbek 1989, S.76–92

18.6.1977 / Mit glitzernder Feder. Briefe von Joseph Caspar Witsch

20.8.1977 / Leidensmut und Überlebenslust. Gedichte vor und nach 1968. Jürgen Theobaldys Anthologie / 1.) In: Peter Rühmkorf: Strömungslehre I. Poesie. Reinbek 1978; S.110–115 / 2.) Peter Rühmkorf: Leidensmut und Überlebenslust. In: Literaturkritik. Bd.7. 1945–1980. Bearb. von Jost Hermand. Vaduz 1988, S.948–952

3.9.1977 / Die artistische Position eines Sitzriesen. Die Briefe Gottfried Benns an F. W. Oelze / In: Peter Rühmkorf: Strömungslehre I. Poesie. Reinbek 1978, S.154–161

10.12.1977 / Eine Wundertüte deutscher Poesie. Karl Otto Conradys Anthologie / 1.) Peter Rühmkorf: Das große Gedichtbuch. Über eine Gedichtanthologie von Karl Otto Conrady. In: Peter Rühmkorf: Strömungslehre I. Poesie. Reinbek 1978, S.170–176 / 2.) In: Ein Büchertagebuch. (12.1978). Frankfurt a.M. 1978, S.122–125

28.1.1978 / Des Falken Flucht / 1.) In: Frankfurter Anthologie. Bd.3. Gedichte u. Interpretationen. Hg. u. mit e. Nachbemerkung von Marcel Reich-Ranicki. Frankfurt a.M. 1978, S.14–17 / 2.) In: Über die Liebe. Gedichte und Interpretationen aus der Frankfurter Anthologie hg. von Marcel Reich-Ranicki. Frankfurt a.M. 1985, S.16–19

25.3.1978 / Ein Kampf um Heinrich Heine. Zwei Monographien und ein Lesebuch / In: Ein Büchertagebuch. (12.1978). Frankfurt a.M. 1978, S.198–200

8.7.1978 / Gedicht: Bleib erschütterbar und widersteh / In: Peter Rühmkorf: Haltbar bis Ende 1999. Gedichte. Reinbek 1979, S.28

5.8.1978 / Weltbewegter Atemstrom / In: Peter Rühmkorf: In meinen Kopf passen viele Widersprüche. Über Kollegen. Mit Dichterporträts von F.W. Bernstein. Hg. von Susanne Fischer und Stephan Opitz. Göttingen 2012, S.68–72

9.12.1978 / Gepünktelte Hoffnungslinie / 1.) In: Frankfurter Anthologie. Bd.4. Gedichte u. Interpretationen. Hg. u. mit e. Nachbemerkung von Marcel Reich-Ranicki. Frankfurt a.M. 1979, S.267–269 / 2.) In: Hundert Gedichte werden vorgestellt. Eine zeitgenössische Auswahl aus der Frankfurter Anthologie. Hg. u. mit e. Vorw. von Marcel Reich-Ranicki. Gütersloh 1983, S.384–385 / 3.) In: 1000 Gedichte und ihre Interpretationen. Hg. Von Marcel Reich-Ranicki. Bd.10. Frankfurt a.M. 1994, S.387–389

6.1.1979 / Welt des schönen Fadenscheins.»Das große Schlagerbuch«

31.3.1979 / Tendenz mutlos oder vom Elend des deutschen Förder- und Auszeichnungswesens / In: Peter Rühmkorf: Bleib erschütterbar und widersteh. Aufsätze – Reden – Selbstgespräche. Reinbek 1984, S.162–173

28.4.1979 / Von einem, der auszog, das Lieben zu lernen. Karl Krolows Erzählung»Das andere Leben« / 1.) In: Ein Büchertagebuch. (13.1979). Frankfurt a.M. 1979, S.57–59 / 2.) In: Fischer Almanach der Literaturkritik 1978/79. Hg. von Andreas Werner. Frankfurt a.M. 1980, S.163–165

10.10.1979 / Gedicht: Al fresco / In: Peter Rühmkorf: Haltbar bis Ende 1999. Gedichte. Reinbek 1979, S.72

11.7.1980 / Gedicht: Deutsche Zauberstrophen / In: Peter Rühmkorf: Bleib erschütterbar und widersteh. Aufsätze – Reden – Selbstgespräche. Reinbek 1984, S.38

13.9.1980 / Gedicht: Auf was nur einmal ist / In: Peter Rühmkorf: Haltbar bis Ende 1999. Gedichte. Reinbek 1979, S.65

29.11.1980 / Heimat – ein Wort mit Tradition oder Vom Angriff auf unsere Lebenszusammenhänge / 1.) Peter Rühmkorf: Heimat – ein Wort mit Tradition. In: Peter Rühmkorf: Bleib erschütterbar und widersteh. Aufsätze – Reden – Selbstgespräche. Reinbek 1984, S.40–49 / 2.) Peter Rühmkorf: Beschwörung der Vergangenheit. In: Peter Rühmkorf: Selbstredend und selbstreimend. Gedichte – Gedanken – Lichtblicke. Auswahl u. Nachw. von Peter Bekes. Stuttgart 1987, S.102–105 / 3.) Peter Rühmkorf: Heimat – ein Wort mit Tradition. In: Vaterland, Muttersprache. Deutsche Schriftsteller und ihr Staat seit 1945. Zusammengestellt von Klaus Wagenbach, Winfried Stephan, Michael Krüger u. Susanne Schüssler. Mit e. Vorw. von Peter Rühmkorf. Berlin 1994, S.358–360

7. 3. 1981 / Von der Unruhe des Kopfes. Guntram Vespers Gedichtband »Die Illusion des Unglücks« / 1.) In: Ein Büchertagebuch. (15. 1981). Frankfurt a. M. 1981, S. 126–128 / 2.) Peter Rühmkorf: In Entsagung gefaßt – zum Gedichtband »Die Illusion des Unglücks« von Guntram Vesper. In: Peter Rühmkorf: Dreizehn deutsche Dichter. Reinbek 1989, S. 194–199

21. 3. 1981 / Pimpf mit unbekanntem Vater (Meine Schulzeit im Dritten Reich, Teil 3 / 1.) Peter Rühmkorf: Fragwürdige Umstände. In: Meine Schulzeit im Dritten Reich. Erinnerungen deutscher Schriftsteller. Hg. von Marcel Reich-Ranicki. Köln 1982, S. 201–210 / 2.) Peter Rühmkorf: Die Stibierbande. Meine Schulzeit im III. Reich. In: Peter Rühmkorf: Bleib erschütterbar und widersteh. Aufsätze – Reden – Selbstgespräche. Reinbek 1984, S. 17–27 / 3.) Peter Rühmkorf: Fragwürdige Umstände. In: Schulerinnerungen aus Niedersachsen. Hg. von Günter Rickers. Husum 1990, S. 152–159

17. 10. 1981 / Showfreak und lyrisches Ich / In: Frankfurter Anthologie. Bd. 7. Gedichte u. Interpretationen. Hg. Marcel Reich-Ranicki. Frankfurt a. M. 1983, S. 184–186

26. 3. 1983 / Freche Kußhände aus der Luftschaukel. Bertolt Brechts »Gedichte aus dem Nachlaß« / 1.) In: Ein Büchertagebuch. 1983. Frankfurt a. M. 1983, S. 147–151 / 2.) Peter Rühmkorf: Bertolt Brecht. Gedichte. Selbständig paginierte Beilage zu: Bertolt Brecht. Gedichte. Ausgewählt von Peter Rühmkorf. Stuttgart, München 1985, S. 5–17 / 3.) Peter Rühmkorf: Vom Liebes- und vom Lehrgedicht – zur Lyrik Bertolt Brechts. In: Peter Rühmkorf: Dreizehn deutsche Dichter. Reinbek 1989, S. 93–106

29. 10. 1983 / Anfechtungen beim Singen eines Trutzliedes / 1.) In: Frankfurter Anthologie. Bd. 8. Gedichte u. Interpretationen. Hg. von Marcel Reich-Ranicki. Frankfurt a. M. 1984, S. 27–30 / 2.) In: Peter Rühmkorf: Bleib erschütterbar und widersteh. Aufsätze – Reden – Selbstgespräche. Reinbek 1984, S. 34–37

2. 2. 1985 / Sittenstücke von der bleibenden Sorte. Robert Gernhardts gesammelte Satiren / 1.) Peter Rühmkorf: Vom großen Gerneklein – zu Robert Gernhardts gesammelten Satiren. In: Peter Rühmkorf: Dreizehn deutsche Dichter. Reinbek 1989, S. 198–193 / 2.) In: Der Rabe. Magazin für jede Art von Literatur. Hg. von Heiko Arntz & Gerd Haffmans. Zürich 1997, S. 48–51

30. 11. 1985 / Gedicht: Durch dauernde Gedanken an dich … / In: Peter Rühmkorf: Außer der Liebe nichts. Liebesgedichte. Reinbek 1986, S. 89

15. 2. 1986 / Mein neuer Zeitvertreib / 1.) Peter Rühmkorf: Die neugewonnene
Wertschätzung des Prosaartisten. In: Was halten Sie von Thomas Mann?
Achtzehn Autoren antworten. Hg. von Marcel Reich-Ranicki. Frankfurt a. M.
1986, S. 121–137 / 2.) Peter Rühmkorf: Thomas Mann oder die Lust an der
Angstpartie. In: Peter Rühmkorf: Dreizehn deutsche Dichter. Reinbek 1989,
S. 36–49

12. 7. 1986 / Wu hi – ein Deckname als Programm. Der Aufklärer in der Rolle
des Spurenlesers: Arno Schmidt / 1.) Peter Rühmkorf: Bausteine zu einem
Arno-Schmidt-Denkmal. In: Arno Schmidt Preis 1986 für Peter Rühmkorf.
Bargfeld 1986, S. 17–29 / 2.) Peter Rühmkorf: Bausteine zu einem Arno-
Schmidt-Denkmal. In: Peter Rühmkorf: Dreizehn deutsche Dichter. Reinbek
1989, S. 123–140 / 3.) Peter Rühmkorf: Nachwort. Bausteine zu einem Arno-
Schmidt-Denkmal. In: »Lesen ist schrecklich!« Das Arno-Schmidt-Lesebuch.
Hg. u. mit e. Nachw. von Peter Rühmkorf. Zürich 1997, S. 471–494 /
4.) Peter Rühmkorf: Bausteine zu einem Arno-Schmidt-Denkmal. In:
Peter Rühmkorf: In meinen Kopf passen viele Widersprüche. Über Kollegen.
Mit Dichterporträts von F. W. Bernstein. Hg. von Susanne Fischer und
Stephan Opitz. Göttingen 2012, S. 292–308

31. 8. 1988 / Gedicht: Aufwachen und wiederfinden / In: Peter Rühmkorf:
Einmalig wie wir alle. Reinbek 1989, S. 148–149

8. 10. 1988 / Von der Körpersprache der Poesie. Rede auf den Dichter
Karl Krolow anläßlich der Verleihung des Friedrich-Hölderlin-Preises /
1.) Peter Rühmkorf: Laudatio. In: Friedrich-Hölderlin-Preis. Reden zur
Preisverleihung am 7. Juni 1988. Bad Homburg, 1988 / 2.) Peter Rühmkorf:
Die Körpersprache der Poesie – Rede auf Karl Krolow –. In: Peter Rühmkorf:
Dreizehn deutsche Dichter. Reinbek 1989, S. 141–153

24. 6. 1989 / Gedicht: Der Fliederbusch, der Krüppel / In: Peter Rühmkorf:
Einmalig wie wir alle. Reinbek 1989, S. 8–9

15. 7. 1989 / Zauberisches Hin und Her / 1.) In: Frankfurter Anthologie. Bd. 13.
Gedichte u. Interpretationen. Hg. von Marcel Reich-Ranicki. Frankfurt a. M.
1990, S. 78–80 / 2.) In: Goethe verweile doch. 111 Gedichte mit Interpretationen. Hg. von Marcel Reich-Ranicki. Frankfurt a. M. 1997, S. 314–316 /
3.) In: 1400 deutsche Gedichte und ihre Interpretationen. Hg. von Marcel
Reich-Ranicki. Frankfurt a. M., Leipzig 2002. Bd. 2: Johann Wolfgang von
Goethe, S. 314–316

2.6.1990 / Gedicht: Am grünen Hang entlang. Landschaftliches Lehrgedicht für M.R.-R. zum siebzigsten Geburtstag / In: Peter Rühmkorf: Wenn – aber dann. Vorletzte Gedichte. Reinbek 1999, S. 78

14.12.1991 / Prometheus und die halbe Portion / 1.) In: Frankfurter Anthologie. Bd. 15. Gedichte u. Interpretationen. Hg. von Marcel Reich-Ranicki. Frankfurt a.M. 1992, S. 144–146 / 2.) In: 1400 deutsche Gedichte und ihre Interpretationen. Hg. von Marcel Reich-Ranicki. Frankfurt a.M., Leipzig 2002. Bd. 6: Von Hugo von Hofmannsthal bis Joachim Ringelnatz, S. 466–468

29.4.1993 / Gedicht: Alles dunkel alles trübe / In: Peter Rühmkorf: Außer der Liebe nichts. Liebesgedichte. Reinbek 1986, S. 113–114

8.7.1995 / Durchgangsverkehr. Erweiterung und Schmerz: Über das Verhältnis von Dichtkunst und Drogengenuß / 1.) Peter Rühmkorf: Durchgangsverkehr – Über das Verhältnis von Dichtkunst und Drogengenuß. In: Vom Schreiben 3. Marbacher Magazin, Heft 72. Bearb. von Petra Plättner. Marbach a.N., 1995, S. 1–11 / 2.) Peter Rühmkorf: Durchgangsverkehr. Dichtkunst und Drogengenuß. In: Kopfnuß. 3. Essays über Kultur und Politik. Hg. von Klaus Wagenbach u. Bruno Preisendörfer. Berlin 1995 (Wagenbachs Taschenbuch. 252.), S. 127–138 / 3.) Peter Rühmkorf: Durchgangsverkehr – Über das Verhältnis von Dichtkunst und Drogengenuß. In: Peter Rühmkorf: Schachtelhalme. Schriften zur Poetik und Literatur. Hg. von Hartmut Steinecke. Reinbek 2001 (Werke. Bd. 3), S. 263–274

17.10.1997 / Gedicht: Dichterleben / In: Peter Rühmkorf: Wenn – aber dann. Vorletzte Gedichte. Reinbek 1999, S. 11–12

29.10.1997 / Gedicht: Fredmans Epistel Nr. 27, seine letzten Gedanken beinhaltend / In: Peter Rühmkorf: Wenn – aber dann. Vorletzte Gedichte. Reinbek 1999, S. 84 (Übersetzung)

26.11.1997 / Gedicht: Drei Arten / In: Peter Rühmkorf: Wenn – aber dann. Vorletzte Gedichte. Reinbek 1999, S. 13

11.5.1998 / Gedicht: Gedicht ohne Titel [Dieses ist der letzte Schliff] / In: Peter Rühmkorf: Wenn – aber dann. Vorletzte Gedichte. Reinbek 1999, S. 16–17

19.12.1998 / Gedicht: Altern als Problem für Künstler / In: Peter Rühmkorf: Wenn – aber dann. Vorletzte Gedichte. Reinbek 1999, S. 19

13.2.1999 / Gedicht: Abendstück con Musica nebst Schnauzeda / In: Peter Rühmkorf: Wenn – aber dann. Vorletzte Gedichte. Reinbek 1999, S. 18

24.8.1999 / Gedicht: Stilleben – bei Anruf Mord! / In: Peter Rühmkorf: Wenn – aber dann. Vorletzte Gedichte. Reinbek 1999, S. 50

21. 10. 2000 / Zwanglose Postalie in Sachen M. R.-R.

17. 2. 2001 / Über die Unwillkommenheit von Zeitgedichten / In: Frankfurter
Anthologie. Bd. 25. Gedichte u. Interpretationen. Hg. von Marcel Reich-
Ranicki. Frankfurt a. M. 2002, S. 128–130

15. 9. 2001 / Vom schließlich doch verfehlten Zauberwort / 1.) In: Frankfurter
Anthologie. Bd. 25. Gedichte u. Interpretationen. Hg. von Marcel Reich-
Ranicki. Frankfurt a. M. 2002, S. 84–86 / 2.) Peter Rühmkorf: Richard Deh-
mel: Manche Nacht oder ein Lehrstück vom schließlich doch noch verfehlten
Zauberwort. In: Peter Rühmkorf: In meinen Kopf passen viele Widersprüche.
Über Kollegen. Mit Dichterporträts von F. W. Bernstein. Hg. von Susanne
Fischer und Stephan Opitz. Göttingen 2012, S. 65–67

19. 1. 2002 / Gedanken eines Liebenden / 1.) In: Bertolt Brecht: Der Mond über
Soho. 66 Gedichte mit Interpretationen. Hg. von Marcel Reich-Ranicki.
Frankfurt am Main, Leipzig 2002 / 2.) In: Frankfurter Anthologie. Bd. 26.
Gedichte u. Interpretationen. Hg. von Marcel Reich-Ranicki. Frankfurt a. M.
2003, S. 130–132

22. 5. 2003 / Der Forderer. Erinnerung an Walter Höllerer / 1.) In: Sprache im
technischen Zeitalter. Heft 166 (Juli). Berlin, 2003, S. 149–150 / 2.) Peter
Rühmkorf: Nachruf auf Höllerer. In: Peter Rühmkorf: In meinen Kopf passen
viele Widersprüche. Über Kollegen. Mit Dichterporträts von F. W. Bernstein.
Hg. von Susanne Fischer und Stephan Opitz. Göttingen 2012, S. 167

1. 9. 2003 / Gedicht: Bilderrätsel wortwörtlich / In: Peter Rühmkorf: Paradiesvogelschiß. Gedichte. Reinbek 2008, S. 121–122

4. 9. 2003 / Gedicht: Botschaft an Kundschaft / In: Peter Rühmkorf: Paradiesvogelschiß. Gedichte. Reinbek 2008, S. 140

18. 9. 2003 / Gedicht: »Über Gräber, vorwärts!« / In: Peter Rühmkorf: Paradiesvogelschiß. Gedichte. Reinbek 2008, S. 121–122

30. 11. 2003 / Wir wollen unser Geld zurück! Solange die Rente nicht reicht,
muß das Schreiben eben weitergehen / Frankfurter Allgemeine Sonntagszeitung, S. 25

15. 1. 2004 / Gedicht: Lynkeus der Türmer – Vom Anstand aus singend /
In: Peter Rühmkorf: Paradiesvogelschiß. Gedichte. Reinbek 2008, S. 126

11. 2. 2004 / Gedicht: Ansteckendes Pfeifen / In: Peter Rühmkorf: Paradiesvogelschiß. Gedichte. Reinbek 2008, S. 123–124

12. 3. 2004 / Gedicht: Hochverehrte Frau Sie tun mir leid / Hochverehrte Frau …
In: Peter Rühmkorf: Paradiesvogelschiß. Gedichte. Reinbek 2008, S. 135

24. 3. 2004 / Lully / In: Peter Rühmkorf: Paradiesvogelschiß. Gedichte. Reinbek 2008, S. 118

5. 5. 2004 / Gedicht: Am Anfang des Jahrtausends / In: Peter Rühmkorf: Paradiesvogelschiß. Gedichte. Reinbek 2008, S. 112

14. 5. 2004 / Gedicht: Manchmal hörst Du mich große Namen nennen / In: Peter Rühmkorf: Paradiesvogelschiß. Gedichte. Reinbek 2008, S. 132

3. 10. 2004 / Das Geheimnis meiner Geburt. Aus dem Fotoalbum von Peter Rühmkorf / Frankfurter Allgemeine Sonntagszeitung, S. 24

23. 5. 2005 / Gedicht: Geburtstagcarmen für MRR und die Seine / In: Begegnungen mit Marcel Reich-Ranicki. Hg. von Hubert Spiegel. Frankfurt a. M. 2005, S. 118

16. 10. 2005 / Gedicht: Ja bitte machen Sie es publik / In: Peter Rühmkorf: Paradiesvogelschiß. Gedichte. Reinbek 2008, S. 104

21. 1. 2006 / Gedicht: Voll im Trend: Land's End / In: Peter Rühmkorf: Paradiesvogelschiß. Gedichte. Reinbek 2008, S. 116

3. 4. 2006 / Gedicht: Sappho: neu aufgebacken, ausgelegt und nachempfunden / In: Peter Rühmkorf: Paradiesvogelschiß. Gedichte. Reinbek 2008, S. 117

8. 4. 2006 / Gedicht: Die letzten Stufen / In: Peter Rühmkorf: Paradiesvogelschiß. Gedichte. Reinbek 2008, S. 108

18. 4. 2006 / Gedicht: Ballade von der Immer-mal-Wiederkehr / In: Peter Rühmkorf: Paradiesvogelschiß. Gedichte. Reinbek 2008, S. 133

8. 5. 2006 / Gedicht: Nicht ganz so komisch / In: Peter Rühmkorf: Paradiesvogelschiß. Gedichte. Reinbek 2008, S. 107

9. 5. 2006 / Gedicht: Widmung an ungenannt / In: Peter Rühmkorf: Paradiesvogelschiß. Gedichte. Reinbek 2008, S. 137 (dort Titel: Widmungsblatt für E.)

1. 10. 2006 / Mein Stalingrad / Frankfurter Allgemeine Sonntagszeitung, S. 33

20. 12. 2006 / Gedicht: Krippenspiel, frei nach Matthäus eins/zwei / In: Peter Rühmkorf: Paradiesvogelschiß. Gedichte. Reinbek 2008, S. 119–120

4. 1. 2007 / Gedicht: Über den Gartenzaun gesprochen / In: Peter Rühmkorf: Paradiesvogelschiß. Gedichte. Reinbek 2008, S. 100

13. 3. 2007 / Gedicht: Fortes Fortuna adjuvat / In: Peter Rühmkorf: Paradiesvogelschiß. Gedichte. Reinbek 2008, S. 138–139

18. 7. 2007 / Gedicht: Ballade von den geschenkten Blättern / In: Peter Rühmkorf: Paradiesvogelschiß. Gedichte. Reinbek 2008, S. 7–8

12. 12. 2007 / Gedicht: Vom Zielen und vom Zittern / In: Peter Rühmkorf: Paradiesvogelschiß. Gedichte. Reinbek 2008, S. 110

15.12.2007 / Gedicht: Sozusagen verschwiegene Fragen / In: Peter Rühmkorf: Paradiesvogelschiß. Gedichte. Reinbek 2008, S.134

5.3.2008 / Gedicht: Gesang vom verfehlten Verlangen / In: Peter Rühmkorf: Paradiesvogelschiß. Gedichte. Reinbek 2008, S.106

Personenregister

Die Zahlen beziehen sich auf die Briefnummern
Kursiv: Erläuterungen

Antes, Klaus (geb. 1940),
  dt. Journalist *48*
Arnold, Heinz Ludwig (1940–2011),
  dt. Verleger und Literaturwissen-
  schaftler *48* 154 *275*
Artmann, Hans Carl (1921–2000),
  österr. Schriftsteller 74
Assmann, Wolfgang R. (geb. 1944),
  Oberbürgermeister Bad Homburg
  1980–1998 225 227
Atze, Gêrhart 31
Aumüller, Uli *108*
Bächler, Wolfgang (1925–2007),
  dt. Schriftsteller 93
Bartoloni, Gilda, ital. Archäologin *95*
Bauer, Wilfried (1944–2005),
  dt. Fotograf *87*
Becker, Jurek (1937–1997),
  dt. Schriftsteller *170*
Becker, Rolf (geb. 1928),
  dt. Journalist *84*
Becker, Uli (geb. 1953),
  dt. Schriftsteller 209
Bellman, Carl Michael (1740–1795),
  schwed. Schriftsteller und Musiker
  72 74 165
Benn, Gottfried (1886–1956),
  dt. Arzt und Schriftsteller 31 37
  40 43 44 45 47 48 49 50 51
  52 53 55 60 62 65 72 84 86
  87 *101* 111 174 181 250

Benndorf, Friedrich Kurt (1871–1945),
  dt. Musikwissenschaftler *38*
Berg, Günter (geb. 1960),
  dt. Verleger 268
Bernhard, Karl 70
Bernstein, F. W. (Pseudonym für Fritz
  Weigle, Jg. 1938), dt. Zeichner und
  Schriftsteller *108* 113
Biermann, Wolf (geb. 1936),
  dt. Liedermacher 31 44 45 46 47
  48 49 51 *254*
Blass, Ernst (1890–1939), dt. Schriftsteller 147 148 149 152 153 156
  157 158 161 165
Bloch, Raymond (1914–1997),
  frz. Althistoriker 70 71
Blöcker, Günter (1913–2006),
  dt. Journalist 181
Bobrowski, Johannes (1917–1965),
  dt. Schriftsteller 223
Böll, Heinrich (1917–1985),
  dt. Schriftsteller 1
Börne, Ludwig (1786–1837),
  dt. Schriftsteller 102 194 255
Boldt, Paul (1885–1921),
  dt. Schriftsteller 125 126 129
  147 148 149 152 153 156 157
  158 165
Born, Nicolas (1937–1979),
  dt. Schriftsteller *16* 31 153
Brandt, Willy (1913–1992),
  dt. Politiker 133

Eine Edition der Arno Schmidt Stiftung
in Verbindung mit dem Deutschen Literaturarchiv Marbach
im Wallstein Verlag. Alle Rechte vorbehalten.
© der Briefe Marcel Reich-Ranickis: Andrew Ranicki
© der Briefe Peter Rühmkorfs: Arno Schmidt Stiftung, Bargfeld
© der Umschlag- und Einbandfotos: Isolde Ohlbaum
© der Faksimiles: Deutsches Literaturarchiv Marbach

Redaktion: Susanne Fischer
Gestaltung und Satz: Friedrich Forssman
Umschlag- und Einbandfotos: Isolde Ohlbaum
Schriften: »Life« und »Folio«
Druck und Verarbeitung: Pustet, Regensburg

Bibliografische Information der Deutschen Nationalbibliothek
Die Deutsche Nationalbibliothek verzeichnet
diese Publikation in der Deutschen Nationalbibliografie;
detaillierte bibliografische Daten sind im Internet
über http://dnb.d-nb.de abrufbar.

2. Auflage 2015
© Wallstein Verlag, Göttingen 2015
www.wallstein-verlag.de

Gedruckt auf säure- und chlorfreiem,
alterungsbeständigem Papier
ISBN 978-3-8353-1620-1